本专著受国家重点研发计划"政府间国际科技创新合作"重点专项项目（2021YFE0106300）资助

中药知识产权保护

主　编　肖诗鹰　刘铜华

副主编　吕爱平　宋江秀　徐　瑾

编　委（以姓氏笔画为序）

王振中　务勇圣　吕爱平　全　博　刘铜华

孙晓波　李小锋　杨金生　杨舒吟　肖军平

肖诗鹰　吴永忠　吴丽丽　邹文俊　宋民宪

宋亚南　宋江秀　张　淼　胡正宗　胡国健

柏　冬　贺　强　徐　瑾　郭德海　黄明光

梁　潇　程　芳　魏　锐

人民卫生出版社
·北京·

图书在版编目（CIP）数据

中药知识产权保护 / 肖诗鹰，刘铜华主编 . -- 北京 ：
人民卫生出版社，2025. 3. -- ISBN 978-7-117-37664-8

Ⅰ. D923.404

中国国家版本馆 CIP 数据核字第 2025KF8880 号

人卫智网	www.ipmph.com	医学教育、学术、考试、健康， 购书智慧智能综合服务平台
人卫官网	www.pmph.com	人卫官方资讯发布平台

中药知识产权保护

Zhongyao Zhishi Chanquan Baohu

主　　编：肖诗鹰　刘铜华
出版发行：人民卫生出版社（中继线 010-59780011）
地　　址：北京市朝阳区潘家园南里 19 号
邮　　编：100021
E - mail：pmph @ pmph.com
购书热线：010-59787592　010-59787584　010-65264830
印　　刷：北京华联印刷有限公司
经　　销：新华书店
开　　本：787 × 1092　1/16　印张：24
字　　数：355 千字
版　　次：2025 年 3 月第 1 版
印　　次：2025 年 3 月第 1 次印刷
标准书号：ISBN 978-7-117-37664-8
定　　价：128.00 元

打击盗版举报电话：010-59787491　E-mail：WQ @ pmph.com
质量问题联系电话：010-59787234　E-mail：zhiliang @ pmph.com
数字融合服务电话：4001118166　E-mail：zengzhi @ pmph.com

内容简介

　　随着我国加入世界贸易组织,中药知识产权保护问题备受关注,如何针对中药技术领域的特征,寻求整体协调、有效的保护方式,对中药自主知识产权的保护、中药行业的经济腾飞具有重要意义,为中药走向世界提供切实有效的保证。本书先后在中国医药科技出版社出版第一版、第二版,受到读者广泛好评,并荣获中华中医药学会科学技术奖(学术著作奖)三等奖。为适应社会发展需要,笔者结合目前的最新成果,对原书进行了部分调整,增加了最新研究成果和进展,特别是增加了专利侵权判定、知识产权保护战略方面等许多新内容。本书是一部中药知识产权保护的专著,内容涉及知识产权的概念、范围、特征、作用,国内外的现状和发展趋势、国际保护、知识经济与知识产权、侵权判定、保护战略等,重点阐述了中药知识产权保护的现状、范围、形式、内容、策略及相关热点问题等。本书适用于中药企业专职人员、药政管理人员、科研单位及有关社会各界人士阅读,亦可作为医药院校师生的参考书。

前　言

　　中医药是中华民族与疾病长期作斗争的实践产物，是世界医药学的瑰宝，是世界传统医学的重要组成部分，是一个拥有几千年宝贵实践经验的巨大宝库。经历代医家不断发展创新，总结提高，中医药逐渐形成独特系统的理论体系，为中华民族的繁衍昌盛及人民的医疗保健事业做出了巨大贡献，同时对世界医学也做出了卓越的贡献。随着生命科学界对人类疾病发病模式认识的发展，中医药已引起了国际医药界的广泛关注。中药产业是我国未来最具特色、最易获得独立知识产权的优先发展领域之一，加强中药知识产权保护，开发我国具有自主知识产权的药物，推动中医药现代化与产业化，保持中医药的可持续发展和在世界传统医药领域的领先地位，是民族利益赋予我们的责任。

　　随着我国加入世界贸易组织，中药知识产权保护问题备受关注。中药产业是具有新的经济增长点的朝阳产业，中药行业是由众多学科构建的综合性技术行业，中药行业的技术领域特征随着越来越多学科的参与、交融、汇流，正向着中药现代化、产业化和国际化的方向发展。就其总的技术特征来讲，它既包容了传统优秀文化内涵的继承，又涉及现代多学科技术融合的创新。因此，如何在发扬光大中医药学的同时，针对中药技术领域的特征，寻求整体协调、有效的知识产权保护方式，对中药自主知识产权的保护、行业的腾飞和科学技术进步等具有重要意义，为中药走向世界提供更加切实的保证。

　　中药知识产权涉及的范围非常广泛，包括了专利、商标、商业秘密等多方面；内容也很丰富，如中药材、饮片、处方、有效成分、制药、质控、相关产品及其用途、临床研究及经验、文献和信息资料等。由此可见，在中药领域能够获得知识产权保护的客体非常多。

本书分为四章，全面系统地探讨了中药知识产权保护这一重要议题。第一章概论部分深入浅出地介绍了知识产权的基本概念、范围、特征及作用，并对国内外知识产权现状和发展趋势进行了梳理。此外，本章还专门探讨了国内外植物药知识产权保护概况，以及中药品种保护制度建立与实施三十多年来的基本情况，为读者提供了宏观的国际视角。第二章聚焦中药知识产权保护的具体方式，包括专利、商标、著作权、商业秘密保护以及反不正当竞争等多个维度，为中药企业和研究机构提供了全方位的法律保护指南。第三章深入探讨了知识产权侵权判定的原则和方法，涵盖了各类知识产权侵权行为的识别和处理，为读者提供了全面的侵权判定知识体系。第四章就我国中药知识产权保护战略提出了富有洞见的思考和建议，为政策制定者和行业从业者提供参考。

编者

2024 年 10 月

目　录

第一章

概　论

第一节　知识产权的概念、范围、特征及作用 ……………………… 2

一、概念 …………………………………………………………… 2

二、范围 …………………………………………………………… 2

三、特征 …………………………………………………………… 4

四、作用 …………………………………………………………… 6

第二节　国内外知识产权的现状和发展趋势 ……………………… 7

一、国外知识产权的现状和发展趋势 …………………………… 7

二、我国知识产权的现状和发展趋势 ………………………… 48

三、国内外专利制度特点与专利法比较 ……………………… 54

第三节　国内外植物药知识产权保护概况 ……………………… 78

一、国外与植物药相关的知识产权保护概况 ………………… 78

二、国内与植物药相关的知识产权保护概况 ………………… 87

三、中药品种保护制度建立与实施三十余年概况 …………… 108

第四节　知识产权国际保护的方式与组织 ………………………… 115

一、知识产权国际保护的方式 …………………………… 116

二、主要国际组织 ………………………………………… 117

三、保护知识产权的主要国际公约 ……………………… 122

四、涉及关税贸易的知识产权保护 ……………………… 131

第五节　知识经济与知识产权 …………………………………… 137

一、知识经济的基本特征 ………………………………… 138

二、知识产权法律制度在知识经济时代的重要性 ……… 140

第二章

中药知识产权保护

第一节　中药专利保护 …………………………………………… 142

一、中药专利保护的内容和方式 ………………………… 142

二、获得中药专利保护的必备条件 ……………………… 150

三、中药专利申请文件的撰写技巧 ……………………… 177

第二节　中药商标保护 …………………………………………… 218

一、商标保护的内容 ……………………………………… 218

二、商标申请的方法 ……………………………………… 226

三、中药类商标注册案例分析 …………………………… 235

第三节　中药著作权保护 ………………………………………… 243

一、著作权保护的内容 …………………………………… 243

二、著作权保护的方法 …………………………………… 247

三、著作权保护案例分析 ………………………………… 258

第四节　中药商业秘密保护 ⋯⋯⋯⋯⋯⋯⋯⋯⋯⋯⋯ 261

一、商业秘密保护的内容 ⋯⋯⋯⋯⋯⋯⋯ 261

二、商业秘密保护的方法 ⋯⋯⋯⋯⋯⋯⋯ 262

三、中医药商业秘密保护案例分析 ⋯⋯⋯⋯ 267

第五节　反不正当竞争 ⋯⋯⋯⋯⋯⋯⋯⋯⋯⋯⋯⋯⋯ 268

一、反不正当竞争的内容 ⋯⋯⋯⋯⋯⋯⋯ 268

二、反不正当竞争的方法 ⋯⋯⋯⋯⋯⋯⋯ 269

三、反不正当竞争案例分析 ⋯⋯⋯⋯⋯⋯ 272

第三章

知识产权侵权判定

第一节　专利侵权的判定 ⋯⋯⋯⋯⋯⋯⋯⋯⋯⋯⋯⋯ 274

一、权利要求的解释与说明 ⋯⋯⋯⋯⋯⋯ 274

二、专利侵权行为 ⋯⋯⋯⋯⋯⋯⋯⋯⋯⋯ 279

三、专利侵权判定 ⋯⋯⋯⋯⋯⋯⋯⋯⋯⋯ 288

四、侵权抗辩 ⋯⋯⋯⋯⋯⋯⋯⋯⋯⋯⋯⋯ 305

第二节　商标侵权的判定 ⋯⋯⋯⋯⋯⋯⋯⋯⋯⋯⋯⋯ 314

一、商标侵权判定 ⋯⋯⋯⋯⋯⋯⋯⋯⋯⋯ 314

二、商标侵权与其他违法行为的正确区分 ⋯⋯ 322

第三节　著作权侵权的判定 ⋯⋯⋯⋯⋯⋯⋯⋯⋯⋯⋯ 324

一、著作权侵权的判定 ⋯⋯⋯⋯⋯⋯⋯⋯ 324

二、权利的限制 ⋯⋯⋯⋯⋯⋯⋯⋯⋯⋯⋯ 328

第四节　商业秘密侵权的判定 ·· 330

　　一、商业秘密侵权的行为 ·· 330

　　二、商业秘密的司法救济 ·· 331

　　三、商业秘密与专利技术、非专利技术的关系 ················ 331

第五节　不正当竞争的判定 ·· 333

　　一、不正当竞争行为的判定 ······································ 333

　　二、不正当竞争的行为与责任 ···································· 334

第四章

中药知识产权保护的战略与措施

第一节　关于我国知识产权战略的思考与建议 ······················ 338

　　一、我国知识产权战略的背景 ···································· 339

　　二、总体战略发展目标及主要内容 ······························ 339

　　三、总体战略的思考 ·· 340

　　四、总体战略的行动设想 ·· 341

第二节　关于中药知识产权保护战略的思考与建议 ·················· 342

　　一、中药知识产权保护的总体战略 ······························ 342

　　二、中药知识产权保护的基本策略 ······························ 343

　　三、中药知识产权保护的具体措施 ······························ 346

第三节　关于《中药品种保护条例》的思考和建议 ·················· 365

　　一、《条例》修订完善的总体思路 ······························ 365

　　二、《条例》修订完善的具体思路 ······························ 366

　　三、有关修订《条例》建议 ······································ 367

参考文献 ·· 374

第一章

概　论

　　知识产权制度是促进人类经济发展、社会进步、科技创新和文化繁荣的基本法律制度之一。随着世界科学技术的迅猛发展和经济全球化进程的加快，知识产权制度在经济和社会生活中的地位得到历史性提升，知识产权保护受到国际社会的广泛关注。然而，由于各国的法律体系、历史、文化、观念，以及国情的不同，致使各国知识产权制度的发展也不尽相同。发展中国家和发达国家之间相关法律制度的协调问题，地区知识产权制度与各国知识产权制度的衔接问题，知识产权法的国际化问题等已经成为现在乃至今后各国关注和研究的焦点问题。事实证明，注重完善知识产权制度的国家也是创新能力强的国家。完善的知识产权法律法规是互相尊重知识产权，和谐有序，公平竞争，全面保护知识产权所有人的利益，促进知识产权产业发展的前提。

　　随着社会发展、科技进步，知识产权领域发生了诸多变化，尽管表现形式和具体内容各不相同，但总体思想趋于一致，即充分利用知识产权制度，努力谋求国家利益的最大化。为了应对知识产权领域发生的新问题，主要发达国家以及一些活跃的发展中国家不断修改相关法律，调整与经济发展不相适应的条款，加快立法、改法速度，扩大知识产权保护的主题，特别是针对当前全球日益猖獗的假冒和仿造活动，制定新法律，加重处罚力度，打击各种侵权行为，为促进经济发展保驾护航。

第一节　知识产权的概念、范围、特征及作用

一、概念

在人类历史发展进程中，人们创造了大量的财富，这些财富在社会制度不同的国家，具有不同的占有方式，这就形成了财产权。世界上的财产权可以分为两大类，即有形财产权和无形财产权。有形财产权又可分为动产和不动产。动产就是可移动的财产，如汽车、电视、洗衣机等；不动产就是永久固定在土地上的财产，如土地、房屋、大型设备等。财产权的最大特点是排他性，这种排他性体现在权利人可以依法对自己合法的财产享有占有、使用、收益和处分的权力，并可以依法排除他人的干涉或侵犯。

知识产权是公民、法人或其他组织对其智力劳动成果依法享有的占有、使用、处分和收益的专有权利。一般认为它是财产权和人身权的结合，受国家法律保护，任何人不得侵犯。它可以像衣服、房屋、汽车等有形财产一样，进行买卖、赠予和使用，具有价值和使用价值。这种权利包括人身权利和财产权利，也称为精神权利和经济权利。所谓人身权利，是指权利同取得智力成果的人的人身不可分离，是人身关系在法律上的反映。例如，作者在其作品上署名的权利，或对其作品的发表权、修改权等，即为精神权利；所谓财产权，是指智力成果被法律承认以后，权利人可利用这些智力成果取得报酬或者得到奖励的权利，这种权利也称为经济权利。

二、范围

知识产权的内容相当宽泛，包括著作权及邻接权、专利权、工业品外观设计权、商标权、地理标志权、集成电路布图设计权、未披露过的信息的保护、植物新品种等。我国承认并以法律形式加以保护的主要知识产权为：著作权、专

利权、商标权、商业秘密、其他有关知识产权等。

根据1967年7月14日在斯德哥尔摩签订的《建立世界知识产权组织公约》中第二条第八款规定,知识产权包括以下一些权利:①文学、艺术和科学作品;②表演艺术家的表演,以及唱片和广播节目;③人类一切活动领域的发明;④科学发现;⑤工业品外观设计;⑥商标、服务标记及商业名称和标志;⑦制止不正当竞争,以及在工业、科学、文学或艺术领域内由于智力活动而产生的一切其他权利。(上述国际公约还是现行有效,此公约将科学发现列为知识产权行列,国际上公认的是科学发现不能申请专利)

1994年4月15日签订的《与贸易有关的知识产权协定》(TRIPS),知识产权包括:①版权与有关权;②商标;③地理标志;④工业品外观设计;⑤专利;⑥集成电路的布图设计;⑦未披露过的信息的保护;⑧协议许可证中对限制竞争行为的控制。

《建立世界知识产权组织公约》和《与贸易有关的知识产权协定》对知识产权所包括的对象在排列顺序、语言表述上虽有所差异,前者囊括的客体更宽泛,后者主要是从贸易的角度去界定范畴,但基本内容和精神是一致的。

知识产权通常分为两部分,即工业产权和版权,专利、工业品外观设计均属于工业产权,但不同国家对两者的归类有所不同。我国的专利法规定专利有发明、实用新型、外观设计三种类型,而美国的专利有发明、外观设计、植物三种。就我国的实际情况概括起来,知识产权应包括以下一些内容(图1-1):

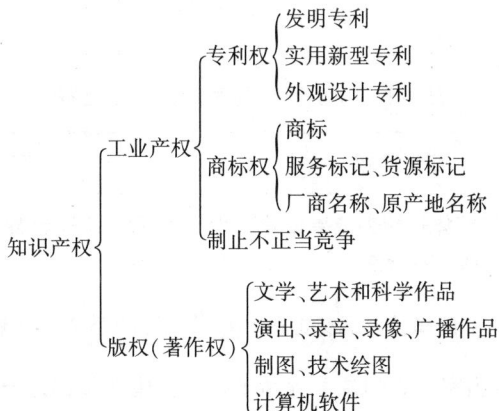

图1-1 知识产权包括的内容

工业产权:是指人们在生产活动中基于智力的创造性劳动所产生的一种特殊的权利。这里的"工业"泛指工业、农业、交通运输业、采掘业、商业等各个产业及科学技术部门。从狭义上讲,工业产权的内容主要是指专利权与商标权;从广义上讲,根据《保护工业产权巴黎公约》中的明文规定,工业产权的内容应包括发明专利,实用新型、工业品外观设计,商标、服务标记、厂商名称、货源标记、原产地名称,制止不正当竞争的保护等。

版权(在我国又称为著作权):是作者依法对自己在文学、艺术、科学和工程技术诸方面创作的作品所享有的专有权利。版权保护的客体有:文字作品,口述作品,音乐、戏剧、曲艺、舞蹈作品,美术、摄影作品,电影、电视、录音、录像和广播作品,工程设计、产品设计图纸及其说明,地图、示意图等图形作品,计算机软件等智力创作成果。一般来讲,版权受到保护的与其说是作者的思想本身,不如说是这种思想的表现形式。一件作品要享有版权保护必须是独创性的作品,作品中的思想并不要求都是新的,但思想所表现的形式必须是作者独创性的作品。版权所保护的对象并不取决于作品的性质或价值,也不依赖于作品预期所达到的目的,因为一件作品的用途与它的保护没有直接关系。

三、特征

知识产权是一种无形的财产权。它与有形财产的区别主要体现在以下几个方面(表 1-1)。

表 1-1　知识产权与有形财产的区别

	知识产权	有形财产
形态	无形:它的客体是智力成果或是知识产品,是一种无形财产	有形:具有一定形态,并占有一定空间
所有权	(可以多人共同申请并拥有)垄断性	所有权人对客观物的自然占有
法律上	必须经过国家一定的法律程序予以确认	各国法律都是一般性地承认并保护其所享有的所有权

知识产权具有下列法律特征：

1. 专有性   也称垄断性或独占性，即指这些权利具有排他性，一经法律确认，就为其权利人所专有。知识产权所有人对其权利的客体享有占有、使用、收益和处分的权利。权利所有人有权许可或者不许可他人使用其所获得的知识产权。而他人未经知识产权所有人的许可，不得制造、使用或销售已获得的专利权、商标专用权或者版权的智力成果。否则就构成法律上的侵权行为，将受到法律制裁。知识产权可以作为商品流通，可以转让和继承，转让时可以收取一定费用，获得一定经济利益。

2. 地域性   知识产权的地域性，就是对权利的一种空间限制。任何一个国家和地区所授予的知识产权，仅在该国或该地区的范围内受到保护，而在其他国家和地区不发生法律效力。如果知识产权所有人希望在其他国家和地区也享有独占权，则应依照其他国家和地区的法律另行提出申请。一般来讲，除本国已经加入的国际条约或双边协定另有规定之外，任何国家都不承认其他国家或者国际性知识产权机构所授予的知识产权。如《保护工业产权巴黎公约》规定：本联盟国家的国民向本联盟各国申请的专利，与在本联盟其他国家或者非本联盟国家就同一发明所取得的专利各不相关。这充分体现了专利的地域性特征。

3. 时间性   知识产权的法律保护除受空间（即地域）限制外，还受时间限制。知识产权都有法定的保护期限，一旦保护期届满，权利即自动终止，任何人再使用都不再认为是侵权，它可以作为社会的公共财富进行流通、使用。如各国的专利权期限一般为 10~20 年；商标权多数为 10 年，英国为 7 年；版权的保护期为作者的有生之年加死后 20~50 年。这一点同其他产权有很大不同，无论是动产还是不动产，它的所有人可以几年几十年以至于几代人占有其财产，并没有时间限制，而知识产权却有法定的占有时间。有些知识产权，例如商标的保护期限可以续展，但需履行法定手续。

四、作用

保护知识产权的实质是尊重知识、尊重人才。历史的经验证明,保护知识产权对于促进科学文化事业的发展,提高商品的质量和服务水平,维护经济秩序、促进国际贸易发展、文化交流,以及发展国民经济都起到了直接而有力的推动作用。其作用具体表现在以下四个方面。

1. 促进和鼓励发明创造 知识产权通过确认最新科学、技术、文化等成果的完成者,以法律的形式保障智力活动成果的财产属性,保护其精神权利和经济权利,是脑力劳动成果得以商品化的基础,也是推动科技和经济发展最强有力的手段。它极大地鼓励人们进行发明创新和创造活动,促进更多具有新颖性、创造性和实用性的发明创造和更多的优秀作品脱颖而出。

2. 推动科技进步和文化繁荣 知识产权保护的是世界范围内的最新科技生产力,是国际上普遍采用的促进科技进步和国际技术转移的重要制度。世界大多数国家参加保护知识产权的有关协议和条约,使知识产权制度更具有国际性。一个发展中国家健全知识产权制度,不仅能够有效地保护科技人员的智力成果,还可保障发明创造者的合法权益。就专利制度而言,使广大企业竞相研究和采用新技术,开发新产品,提高产品质量,降低生产成本,提高劳动生产力,增强自身的竞争能力,这必将促进广大企业逐步转向依靠科技进步的轨道,加速企业科技生产力的发展。适应现代研究开发产业化的特点,知识产权制度对其所保护的科学、技术和艺术等智力成果,都有独创性的要求。因而,它们是最新、最活跃、最具生命力的,代表科技和艺术发展方向的最新科技生产力,是科技资源中最重要的组成部分。对科学繁荣、技术进步和文化发展,无疑是一个巨大的推动。

3. 调节国家、集体和个人利益 知识产权制度不只是保护知识产权拥有者的利益,还可以调整和平衡知识产权人的利益、国家利益与社会公共利益的相互关系。对一项知识产权而言,享有权利与承担义务互为前提;保护知识产权与防止权利的滥用互为制约。专利法的实施,不仅明确了专利权人和专利受让人各方的利益,也明确了诸如抑制有害社会的发明创造和有效调节发明人、利害关系人与国家的各种利益关系;商标法的颁布与实施,是调整因确认商标所有权,以及商标在注册、使用、管理、保护过程中,发生的社会关系的法律规范的总和。正确运用知识产权制度,有利于建立一个有活力、有效率的科研、引进、创新、推广和应用相互结合、相互促进的新机制,有利于形成科技和文化成果得以推广、应用和辐射、扩散的良性环境。

4. 保障和适应国际合作与竞争 随着国际科技、艺术交流的不断频繁,知识产权法学作为一门国际性很强的应用法学,在国际的合作与竞争中发挥着重要作用。科学技术没有国界,从而导致知识产权从一开始就具有国际性。知识产权制度在法律保护下实行信息公开交流,在法律保护下实行有偿许可使用,这是知识产权制度适应人类智力活动深入发展的两大功能。它不仅为国际经济、技术合作创造了环境和条件,使知识和技术得以跨越国界进行传播和转移,同时也是各国在国际竞争中争取优势、保持优势和发展优势的工具和手段。

第二节　国内外知识产权的现状和发展趋势

一、国外知识产权的现状和发展趋势

（一）国外知识产权法的历史发展

1. 专利法的产生与发展

（1）专利法的产生:专利法是知识产权法体系中最早问世的。专利制度是社会生产和经济发展到一定阶段的产物。在刀耕火种、游牧狩猎、生产力和技术发展水平极为低下的年代,人类社会的竞争更多地表现为体力竞争,而非智力竞争。随着技术的进步、生产力水平的提高和商品经济的发展,新技术成为最有效的竞争手段之一,依靠技术创造的财富在社会总财富中所占的比例逐渐提高,专利制度应运而生。世界上许多国家的法律里开始出现一种保障发明人在一定期限内对其发明创造享有私有权的法律,即专利法。专利法随着专利制度的产生与发展,而逐步创立和完善起来。专利制度是实现技术创新中不可缺少的保护手段,为技术创新提供了最主要的激励机制,同时也有利于实现技术创新资源的有效配置。

世界专利制度的雏形最早出现在中世纪的欧洲。据记载,专利制度起源于英国。封建王室为鼓励发明创造和从国外引进新的工业技术,赐予商人和能工巧匠在一定时期内独家经营某种新产品的特权。例如,1236年英王亨利三世授予波尔多市一市民制作各种色布的垄断权,为期15年。1331年,英王爱德华三世授予弗莱明人约翰·肯特染布技术的特权。1367年,英国曾允许两名外国工匠到英国经营钟表业。这种由封建君主赐给发明人的属于恩赐性质的特权,带有浓厚的封建色彩,但可以看作是专利制度的雏形。

世界上第一个建立专利制度的国家是威尼斯共和国。早在1416年2月,威尼斯共和国批准了世界上有文字记载最早的一件专利。1474年颁布了世界上第一部专利法。该法简单粗陋,但包含现代专利法的一些基本因素,提出保护专利发明的三项原则:第一,发明公开;第二,申请专利不受国籍限制;第三,除发明者和威尼斯共和国政府外,其他任何人不得使用其专利发明。这些原则为现代专利制度奠定了基础。

(2)专利法的发展:随着专利制度发展,专利法逐步完善。具有现代意义的专利制度是资本主义生产方式确立以后形成的。1623年,英国颁布了《垄断法》。这部法律被公认为是世界上第一部现代意义的专利法。该法所确立的一些基本原则至今仍为大多数国家专利法所采用。英国专利制度促进了工业革命的进程。欧美各国资产阶级认识到发明创造的经济和社会价值,纷纷建立专利制度。美国于1790年、法国于1791年、奥地利于1810年、瑞典于1819年、比利时于1854年、加拿大于1869年、德国于1877年、日本于1885年都先后制定了本国的专利法。到目前为止,世界上建立起专利制度的国家和地区已经超过170个。

英、美、法、德四国的专利法体系均建立较早且相对完备,对许多国家产生了显著影响。英国和法国专利法体系分别对一些从前在政治、经济上附属于两国的前殖民地国家影响很大，如在新加坡、澳大利亚等国的专利法中可以清晰地见到英国专利法的影子，而阿尔及利亚、摩洛哥和巴西等国的专利法受到法国专利法体系的影响较大；德国专利法体系在中、西欧的一些发达资本主义国家，例如奥地利、瑞典、瑞士等国获得了广泛传播；美国体系对美洲大陆的一些国家，例如墨西哥等国产生了较大影响。

不管采用何种专利法体系的国家，其专利制度的建立和发展必然由其社会经济和历史发展特点等因素决定，其专利法的内容也必与其国情相适应，反映出该国的经济、科技发展水平以及政治和外交方略。各国自建立专利制度之初及第一部专利法实施以来，为适应和促进其经济发展和科技进步的需要，无不因时顺势地对其进行过多次调整，适时地将一些新兴技术领域纳入专利法的保护范畴，甚至对专利制度所采用的一些基本原则进行调整。例如，美国于1999年将"不公开审查制"改为"早期公开，延迟审查制"。但总体而言，各国对专利法的修改和调整均持审慎态度，十分注意平衡专利权人和社会公众之间的利益关系。

（3）专利制度的国际化：专利制度的国际化是技术发明成为国际商品的结果，是社会发展的必然趋势。科学技术的进步和国际贸易的发展，特别是资本主义发展进入垄断阶段，各国垄断集团迫切需要把专利权从一国范围扩展到世界范围。各国的专利法都是国内法，且各国申请专利的条件、程序、手续各不相同，给专利申请带来了诸多不便。一些工业发达国家都迫切希望有一个比较统一的专利制度和一个世界性的协调机构。19世纪末出现了专利制度国际化的趋势。专利制度国际化的重要标志是协调各国专利法的国际条约、地区性公约或双边条约的签订。第二次世界大战后，为了适应科学技术的迅猛发展和国际经济技术交流的不断扩大，发达国家相继采取措施修改和完善专利立法，发展中国家也纷纷制定和完善本国的专利法。主要表现在以下方面。

1）专利保护范围扩大：由最初保护产品发明扩大到材料发明和方法发明，现在又扩大到化学物质、药物、动植物品种、微生物方法和品种等发明。

2）采取延迟审查制度：在专利制度形成时期，很多国家专利法采用登记制,对申请案的内容不做审查,致使许多没有技术价值的申请获得专利。为克服这一弊端,各资本主义国家在修改或制定专利法时,采取审查制度。但二战以后,专利申请案大量积压,继续采用审查制度已不适应新的形势。为提高专利质量,专利审查制度经历了由形式审查制到实质审查,再到延迟审查制的革新过程,使专利审批程序更趋于科学化。

3)成立专利国际合作组织:为协调和统一各国专利法,加强各国之间的经济技术合作,除对原有的国际条约进行修改外,还成立了新的国际专利组织。迄今,专利制度的国际协调还有许多问题尚未彻底解决,专利制度的国际化将会进一步延伸。

值得关注的是,近年来,以美国为首的一些发达资本主义国家因其经济和科技发展水平所处的绝对优势,对外积极强化专利保护,借助世界贸易组织(WTO)的 TRIPS 协议全方位地提高了专利保护的标准,并以 WTO 的争端解决机制和贸易报复为手段,强迫发展中国家修改专利法。例如,印度 1970 年制定的专利法规定"只允许授予有关食品与药品的方法专利,而不授予产品本身专利",这与 TRIPS 协议中"无论是产品发明或方法发明……均应获得专利"的有关规定相抵触,美国与欧洲共同体先后于 1996 年和 1997 年启用 WTO 争端解决机构对印度专利法及有关规定提起诉讼,两次结果都是印度败诉,被迫修改专利法。

2. 商标法的产生与发展 各国商标法发展历史上的一个共同点是先有商标,而后有商标立法。世界上最早的商标至少要追溯到我国的北宋时期。13世纪以前欧洲已出现商标。当时的商标一般是作为生产者、经营者标明商品来源及其质量的标志。到 13 世纪,欧洲盛行行会,要求成员必须在其产品上使用一定的标志,目的在于对产品质量进行监督,对假冒他人产品的行为追究责任。到了 16 世纪,行会成为欧洲经济的支柱。行会标志、责任标志、个人标志非常普遍。其后,一些国家将之纳入法律管束的范围。但这一切都不是现代意义的商标和商标法。

现代商标法律制度的确立和发展是在资本主义制度确立之后。法国是世界上最早实行商标法律保护的国家。1803 年法国《关于工厂、制造厂和作坊的法律》,将假冒商标比照私自伪造文件罪处理,这是最早的商标保护的单行成文法规。1804 年法国《拿破仑法典》首次肯定商标作为无形财产与其他财产权一样受法律保护。1857 年法国制定的《关于以使用原则和不审查原则为内容的制造标志和商标的法律》,确立商标注册制度,是最早的成文商标法。随后英国于 1862 年,美国于 1870 年,德国于 1874 年,日本于 1884 年都制定了统一的商标法。随着商品经济的发展,各国商标法普遍经历了多次修改,逐步趋向完善。

商标制度的国际化是以 1883 年 3 月,由 21 个国家和地区参加,在巴黎缔结的《保护工业产权巴黎公约》(简称《巴黎公约》)为起点,商标作为工业产权的保护对象,被纳入工业产权国际保护的范围,使专利和商标的法律保护走出一国的范围。此后,以《巴黎公约》为中心,签订了一系列与商标有关的国际公约和协定。主要有:1891 年《商标国际注册马德里协定》(简称《马德里协定》),1957 年《商标注册用商品和服务国际分类尼斯协定》(简称《尼斯协定》),1966 年《保护原产地名称及其国际注册里斯本协定》(简称《里斯本协定》),1973 年《商标图形国际分类维也纳协定》(简称《维也纳协定》)等。

3. 著作权法的产生与发展 早在我国宋代首创活字印刷术之后不久,就出现了单行命令,禁止他人翻印印刷物的记载,但还称不上版权保护制度。版权保护制度最早出现在英国。1483 年,英国引进活字印刷术之后,英王查理三世颁布鼓励印制及进口图书的法令。随着资产阶级革命的胜利,英国议会1709 年通过了关于保护作者权利的法律——《安娜女王法令》,被称为世界上第一部现代意义的版权法。《安娜女王法令》首次确认了作者对作品享有首先印刷的权利,结束了书商对出版的垄断。

版权保护制度的快速发展是在 18 世纪末,法国大革命时期的版权法把版权保护推向新的阶段。法国 1791 年颁布《表演权法》,1793 年颁布《作者权法》。这一时期法律的最大特点是将作者的精神权利纳入版权法保护的范围。在理论上将精神权利放在首要位置。使用的名称中也引入了"著作权"的概念,使版权脱离了"印刷""出版"专有权的范围限制,成为保护创作的法律。这是版权立法的一个飞跃,对世界各国的版权法律保护产生了重大影响。此后,美国、丹麦、意大利、比利时、德国、日本、俄国等都相继实行了版权制度。美国将版权作为"最神圣的财产"加以保护。马萨诸塞州于1789年3月颁布了《版权法》;1790年,联邦版权法颁布,规定保护图书、地图和航海图;以后的立法又把表演、照片、歌曲和其他艺术形式包括进去。丹麦1741年颁布有关法令。西班牙1762年通过一项法律使版权合法。俄国1830年颁布版权法,保护文学作品。

版权保护的国际化是各国之间科学文化交流日益发展的必然结果。为解决作品跨国传播的版权保护问题,1886年在瑞士伯尔尼正式签订世界上第一个国际版权公约——《保护文学艺术作品伯尔尼公约》(简称《伯尔尼公约》)。1952年在日内瓦通过《世界版权公约》。此外,一些洲际性版权保护条约也相继诞生,使版权保护达到相当高的水平。

4. 反不正当竞争法的产生与发展　反不正当竞争法的立法宗旨是规范市场主体行为,维护市场竞争秩序。

反不正当竞争法源于侵权法,特别是"冒充"侵权,并随着工业产权法和消费者保护运动的发展而日益丰富。现代意义上的竞争法是在欧洲产生和发展起来的,其内容包括反不正当竞争和反垄断两个重要组成部分。19世纪后期,反不正当竞争法获得独立发展。1896年,德国制定了世界上第一部反不正当竞争专门法——《抵制不正当竞争行为法》;1909年,重新制定《反不正当竞争法》,取代了1896年立法。其他主要资本主义国家,如希腊于1914年、匈牙利于1923年、奥地利于1925年、波兰于1926年、瑞典于1931年、日本于1934年都先后制定了本国的反不正当竞争法。

第二次世界大战以前,反不正当竞争法的建立和发展,主要是在工业发达的国家。第二次世界大战之后,尤其在20世纪60年代以后,反不正当竞争进入国际化发展阶段。最具代表性的是《巴黎公约》《建立世界知识产权组织公约》和《发展中国家商标、厂商名称和禁止不正当竞争行为示范法》的缔结。

(二) 世界知识产权法的发展趋势

随着世界科技、经济的不断发展,市场的不断扩大,新技术的不断涌现以及国际技术合作的不断加强,知识产权制度发展很快,国际化的趋势越来越明显。在世界知识产权组织和一系列有关知识产权国际公约的推动下,世界各国迫于国际形势和自身利益的需要,从加强本国知识产权立法保护的目的出发,纷纷修订本国的知识产权法,使专利法的修改逐渐趋向国际化;商标、版权法的立法保护得到加强;高技术知识产权的立法保护进入了一个新的阶段。

1. 专利法逐渐趋向国际化 近年来,随着国际技术贸易的发展,专利制度国际化的趋势越来越明显。一些国家为适应国际知识产权相互协调的需要,从强化专利立法保护的角度,纷纷修改本国的专利法,主要内容有以下几点。

(1)延长专利保护期限:到目前为止,将发明专利的保护期限延长至20年的国家有:美国、英国、法国、芬兰、日本、中国、俄罗斯、墨西哥、沙特阿拉伯、捷克、斯洛伐克、波兰、加拿大、泰国、希腊等国,均自申请日起计算。

法国为了延长药品专利的保护期限,于1990年6月25日颁布法令,根据该法令制定了一种工业产权的新证书,延长了对药品专利权的保护期。

美国政府在1994年12月8日通过了《乌拉圭回合协定法》,该法案对美国的专利法进行了修改,以符合世界贸易组织《与贸易有关的知识产权协定》的要求。修改后的美国专利法第154条规定,对于发明专利、植物专利实行申请日起20年专利保护期限。外观设计的专利保护期限仍然是授权日起14年(后来修改为2015年5月13日后提交的,保护期限为授权日起15年)。修改后的专利法第154条又对于在某些特定情况下,如专利进入冲突程序,如果专利申请由于涉及保密范畴而不宜授予专利权,或者由于成功上诉导致批准时间延误,申请人可以申请延长专利保护期限,最长时间是5年。

德国早在1891年6月1日就颁布了世界上第一部实用新型法。为适应工业产权制度的发展,原联邦德国分别于1986年和1990年两次修改实用新型法,每次都延长了实用新型专利权的保护期限。1990年修订的实用新型法,把保护期限延长为10年。

芬兰从1992年1月开始实施北欧第一部实用新型专利法,保护期限规定为4年,期满可再延长4年;1994年通过的新专利法,不再对专利申请进行初步审查即可获得专利证书,其保护期限分别为6年(不要求新颖性检索)和20年(要求新颖性检索)。

欧洲共同体在 1992 年 6 月 18 日公布了《关于建立药品补充保护证书条例》,该条例于 1992 年 12 月底生效。这实质上是对各成员国的药品专利保护期的延长。只要按一定申请程序,通过颁布证书,可以使药品基本专利保护期届满后,最多可再延长 5 年。

俄罗斯联邦于 1992 年 2 月 12 日通过了《俄罗斯联邦专利法》,并于 1992 年 10 月 14 日正式实施。该法规定,发明专利的保护期限为 20 年;实用新型为 5 年,可续展 3 年;外观设计为 10 年,可续展 5 年,均自申请日起计算。现行的《俄罗斯联邦民法典》规定,发明专利的保护期限为 20 年(药品和农业相关发明专利可延长至多 5 年);实用新型为 10 年;外观设计为 15 年,可续展,最长保护期限为 25 年,均自申请日起计算。

日本在 1994 年 12 月 14 日颁布了修改专利法的法令,以使日本专利法和《关税及贸易总协定》(GATT)、《与贸易有关的知识产权协定》的要求更趋一致。修改前的日本专利法规定,发明专利权的期限自申请公告日起 15 年,且从申请日算起不超过 20 年。就此条规定可以看出,日本特许厅对申请的审理到公开和授权的周期有可能超过 5 年。新法规定,发明专利权期限为 20 年,自申请日算起。这使日本在这方面与大多数工业化国家的规定相一致。

尼泊尔在其专利法的修改中,将专利权的有效期限定为从申请日起 7 年,期满可以续展两次,每次为 7 年。

马来西亚 1986 年修改的专利法,规定实用新型专利的 10 年保护期限可办理两次延长,每次延长 5 年。

韩国 1990 年 1 月 13 日修改其实用新型法,保护期限为 10 年(现在的规定为自申请日起 10 年,实质审查授权登记制度类似于发明的实质审查)。目前修改后的外观设计法规定,外观设计保护期限为自申请日起 20 年。

(2)扩大专利保护范围:美国是世界上最早实行专利制度的国家之一,自 1790 年颁布第一部专利法以来,已有 200 多年的历史。美国现行的专利法对有关领域的保护范围比较广泛。在化学领域,常见的有化合物、组合物、生产工艺和使用该产品的方法等;在生物制品、生物技术方面,还包括保护菌种及重组的转化细胞等;在动植物专利方面,例如一种能用于测试癌症的哈佛鼠,以及一种特别的植物品种。

俄罗斯联邦制定的《俄罗斯联邦专利法》明确规定,受专利法保护的发明对象可以是装置、方法、物质、微生物菌种、动植物细胞培养品种,以及已知装置、方法、物质、微生物菌种的新用途。其中不少内容是扩大的新的保护范围。《俄罗斯联邦专利法》与苏联的法规相比,对申请案的撰写和审批过程更符合实际,减少了申请文件的数量,在专利局申诉院引入对审查决定不服的异议程序,第一次规定国内优先权,并对外观设计进行实质审查。

墨西哥工业产权法经历过多次修改,1987 年 1 月 16 日修改的法律分两步扩大专利的保护范围:第一步是立即对合金方法、部分化学医药产品、动物饲料、饮料的生产方法,以及核裂变方法进行保护;第二步是大约 10 年后开始对制药工业的生物学方法,获取动、植物品种的遗传方法和全部的化学医药产品给予保护。1991 年墨西哥实施新修改的《促进和保护工业产权法》,重新把实用新型定义为"物品、器械、设备或工具等,凡在其装配、排列、结构或形状上有所改进而导致对其零部件提供不同的功能,或对其用途提供优点者,均被认为是实用新型"。为此,实用新型的保护范围由原来的"式样或模型"扩大为"新的、可以进行工业应用的物品、器械、设备或工具"。

日本修改后的工业产权法,也扩大了专利权的效力。"出于转让的目的提供发明产品的行为"被认为是一种实施发明的方式。这次修改是继 1959 年修改之后又一次大的改革。专利法的修改,主要是为了加快审批速度,规定对说明书和权利要求书的修改进行限制,修改时不得加入新内容。实用新型法的修改,放弃了实行近百年审查制度而代之以"简略审查制",并引入"实用新型技术评价书制度",即采纳不经实质审查的注册授权。但实用新型专利被宣告无效以后,专利权人负有赔偿损失的责任。对外观设计专利,采用"特别审查"制度,即将外观设计专利申请予以提前审查,自申请日起在 1 个月内就可审查完毕,以防止仿制,这有效地保护了外观设计专利权。

韩国修改后的工业产权法,对有性繁殖的植物变种以及包括块茎、块根等无性繁殖的植物变种都给予专利保护,同时保护的范围还包括食品、调味品等。

泰国国家立法局在1992年2月27日批准了对1979年专利法的修改文本,并于1992年9月30日生效。该法将专利的保护范围扩大至药品、食品、饮料、农机以及培养动植物品种的生物技术。

沙特阿拉伯从1989年5月18日起,首次对专利进行立法保护,这部新专利法规定对微生物学方法及其产品、用于人体和动物的诊断和治疗方法,以及在运用这些方法中所使用的产品都给予专利保护。

智利议会1990年1月30日通过了《关于制定适用于工业权利证书和工业产权保护规定的法律》,该法最大的特点是保护药品,同时也对饮料、食品、化学制剂等给予专利保护。

德国1990年修改的实用新型法,放弃了"无空间形状物"和"不可移动物体"不能授予实用新型专利权的传统观念,将实用新型专利保护对象扩大到除方法之外的所有技术领域,几乎任何产品发明创造都可申请实用新型专利。如桥梁、建筑物、加油站等不可移动的物体;垃圾处理及回收设备;加工、生产和安装线等在功能上彼此相关的机器或设备;无固定形状的化学物质以及食品、嗜好品和药品等,均可以用实用新型专利权给予保护。

加拿大于1989年10月1日生效的新修改的专利法,将先发明制改为先申请制,增加了再申请条款,即允许申请人在提交首次申请后,如果放弃该申请,可以在一年内再次提交申请,只要第一份申请尚未供公众查阅,并且未在任何国家作为优先权的依据,则第二份申请将被假定为在第一份申请的申请日提交;同时,新专利法增加了复审程序。这既提高了专利审批效率,又加速专利信息的传播,更加方便了发明人和申请人,对专利权提供了更为充分的保护。

其他一些国家的相关法律,如1990年7月27日生效的南斯拉夫新《发明、技术革新和区别标志保护法》、1993年4月15日生效的波兰新专利法和1991年6月28日生效的墨西哥新专利法,均对药品通过化学方法获得的物质和食品等给予专利保护。

此外,各国在新修改的专利法中,都不同程度地强化了专利的保护措施。如欧洲共同体通过使用药品补充保护证书制度,加强了对药品专利的保护;法国自 1987 年以来采用"紧急诉讼"法,当发明人急于要保护自己的权益时,可以根据该法要求加速审理;墨西哥、智利、芬兰等国家都增加了对侵权行为的有效制裁措施。如新修改的芬兰实用新型法规定,对故意侵权行为,除罚款以外还将处以不超过 6 个月的监禁,等等。

2. 商标立法趋于完善　目前,世界上大约有 130 多个国家和地区制定了商标法,一般都经过多次修改。多数国家和地区商标法的内容趋于完善,已逐渐国际化,使商标不仅成为一项重要的国内法,而且成为一项重要的国际法律制度。近年来,在商标法的修订中内容变化较大的国家主要是美国和法国。

美国 1870 年颁布了第一部《联邦商标法》。1989 年 11 月 16 日生效的美国新商标法是美国商标法自 1946 年修改以来最大的一次修改。这次修订的商标法规定,商标注册申请可以基于两种情况提出:①实际在商业上使用;②善意的准备使用。专利与商标局审核申请书注册的基本要求,若符合规定则颁发《核准公告》,在批准公告后,6 个月内,申请人必须提交使用声明或延期请求,使用声明必须证明该商标已在商业上使用。第一个 6 个月的延期是自动的,其后 4 次则必须得到专利与商标局的批准。这一规定使各公司能够以准备使用为基础确立商标专用权,以保证一旦商品投入市场,商标专用权就能起作用。新修订的商标法将商标注册的有效期由之前的 20 年改为 10 年,但注册人在注册第 6 年的一年内,应向专利与商标局提出继续使用的声明书,声明书必须证明注册人在注册的各类商品中仍正在使用该商标。此外,新商标法还有多处修改,如商标申诉审议委员会的权限、共同使用、增补注册、诉讼和多类申请等。美国《2020 年商标现代化法案》已于 2020 年 12 月 27 日正式签署为法律,并在 2021 年 12 月生效,也是美国商标法的一个重要里程碑。该法对美国现行商标法进行了修改,引入了新的注册后撤销(post-registration)程序,扩大了异议函的适用范围,缩短了答复审查意见通知书的期限。

法国 1991 年 1 月 14 日通过了一部新商标法,以取代 1964 年 12 月 31 日颁布的《法国工业、商业和服务商业商标法》。新法在许多方面都有创意:一是增加了对音响商标的保护,并设立了商标异议制度,即持有人有权对注册商标提出异议,及任何人都有权就办理之中的注册申请向法国国家工业产权局提交异议;二是制定了有关被侵权商标持有人一经获悉侵权行为发生,对侵权商标采取行动的法定期限的条款;三是规定特别被许可人,除非合同中另有规定,在商标持有人不采取任何措施的情况下,有权对侵犯被许可商标使用权的行为提出诉讼。新商标法将集体商标与集体证明商标加以区别,增加了优先权和侵权行为的罚款金额,并规定法院可命令销毁带有侵权商标的商品。这些修改,迫使商标所有人必须及时采取措施,以制止竞争对手的不合理使用,来有效保护自己的商标权。

另外,还有一些国家对商标法进行了局部修订。如墨西哥延长了注册商标的保护期限,允许用合理的变化方法或形式使用商标,以不致使商标自动失效;日本引入了服务商标注册制度,对服务商标给予保护,保护期为 10 年,可以续展;韩国废除商标注册续展的使用要求,并对商业转让进行改进,同时对独占性或非独占性许可制度及商标撤销制度等也进行了修改;斯洛文尼亚1992 年简化了授予注册商标的程序。

3. 加强版权的立法保护　近年来,随着科技和文化事业的发展,世界各国版权法的修改重点是加强对计算机软件的法律保护。目前,世界上已有 40 多个国家和地区将版权的保护范围扩大到计算机软件,很多国家版权法的修改仍以计算机软件的法律保护为主要内容。

菲律宾 1972 年首先在立法中将计算机软件纳入版权法保护的范围。

美国在 1980 年修订 1976 年的版权法,将计算机程序定义为"一组旨在直接或间接用于计算机以取得一定结果的语句或指令",正式把计算机程序列入版权法的保护范围,该法案明确了计算机程序复制品的合法持有者所享有的权利,并规定了这些权利的使用条件。1992 年,美国国会通过一项新的版权保护法案。根据这一法案,软件盗版将被处以大量罚款并判处 5 年监禁。为了加入《伯尔尼公约》,美国于 1988 年 10 月 31 日颁布的《伯尔尼公约实施法》,取消了履行手续的强制性规定,对 1989 年 3 月以后发表的作品,没有标记也可获得版权保护。1993 年,美国参、众两院通过版权法修正案,明确未发表著作适用于合理使用原则。

英国于 1985 年 9 月 16 日通过并颁布了《版权(计算机软件)修订法》,这是一部基本依附于版权法,却又相对独立的法律,它除涉及程序外,还涉及一切原享有版权而又贮入计算机的作品。该法详细规定了计算机程序受版权法保护,计算机程序及其存储在计算机内的硬盘、软盘或其他任何存储媒介中的程序也享有版权,计算机程序及其他信息编制物的权利者及其保护期限与其他作品一样。

联邦德国在1985年对1965年的版权法进行修改,增加了对计算机程序的法律保护。

法国于1985年7月3日专门为保护计算机软件而对1957年的版权法进行修订。

日本于1985年6月颁布了关于修改版权法草案的62号法令,明确规定计算机程序受版权法保护,并于1986年5月再次修改版权法,又将数据库定义为作品之一,明确规定为版权法的保护对象。日本1986年制定了关于软件登记的法规,于1987年4月1日开始实施软件登记。1991年美、日分别作出对家用录音、录像设备与媒体交纳版权费的新规定。

韩国虽然在1987年颁布实施了《计算机软件保护法》,对登记的计算机软件给予法律保护。但由于该法的法律制裁不严,软件侵权行为屡屡发生。为了严厉打击侵害计算机软件著作权行为,最近通过了一项计算机软件保护法修正案,主要修改了对侵权者进行处罚的部分条款。不仅增加了罚款数额,同时还根据情节轻重给予刑事处罚。

欧洲共同体1991年5月制定了计算机软件保护新法令。新法令规定,对全部计算机软件实行彻底的版权保护。1993年,欧洲部长会议同意延长对来自美国和荷兰半导体的版权保护。1993年9月,欧洲共同体理事会还通过了新的卫星广播和电缆再传输方面的新版权法,进一步明确卫星广播权归属于广播组织和原版权持有国。同时,进一步协调广播执行者、录音工业和与卫星广播无关的广播组织间的权利,该法已于1995年1月1日生效。

俄罗斯于1992年5月14日批准电脑程序与数据库法律保护方案,该方案于同年7月1日生效。新法案指出,著作权保护将覆盖任何有形媒体上的电脑程序和数据库,不论其目的、功能如何,如果是由著作权人所创作,即可受到法律保护。自电脑程序、数据库创作之日起即产生著作权。有效期为50年,如电脑程序是著作权人死后发表的,则自首次发表后给予50年保护。

加拿大1988年6月8日对其版权法进行了60多年来第一次重要修改,加重了对侵犯版权的刑事处罚,废除了强制许可机械复制的条款,扩大了精神权利的范围,增加了溯及既往的规定等。

4. 深化高技术知识产权的立法保护 随着世界高技术的迅速发展,产业结构、贸易结构趋向软化,促进了知识产权保护制度的更新和发展。

（1）半导体芯片保护:美国国会1984年第98次会议通过《半导体芯片保护法》。比利时1990年1月10日通过了《半导体拓扑图法律保护法》,该法于1990年2月5日生效;与其他国家规定的不同点是,该法不要求登记和存放。韩国在1992年12月通过了《半导体芯片保护法》,规定电路图设计和基于半导体芯片开发的产品,经登记后,将受到法律保护,其有效期为10年。

（2）集成电路布图保护:集成电路布图设计保护法产生于20世纪80年代中后期,它是伴随半导体工业迅猛发展而诞生的。短短几年的时间里,几乎所有的工业化国家都相继制定了保护集成电路布图设计的单行法。如日本（1985）,瑞典（1986）,英国、法国、联邦德国、荷兰、丹麦（1987）,西班牙（1988）均已分别立法。欧洲共同体还特别制定出一个旨在协调各成员国集成电路保护法的指令。在某种意义上,这个指令起到了地区性国际条约的作用。1986年5月8日至26日,由世界知识产权组织（World Intellectual Property Organization,WIPO）主持,在华盛顿召开了缔结集成电路知识产权保护条约外交会议,通过了《关于集成电路知识产权条约》。从目前各国的立法情况来看,几乎所有国家的布图设计保护法都采用登记制,即要求布图设计在首次商业利用后一段时间内,例如两年内,必须到国家主管机关进行登记,否则将不予保护。芬兰1991年1月11日通过了《集成电路布图设计独占权法》,于1991年7月1日生效,该法规定申请人必须自拓扑图首次商业使用之日起两年内提出注册申请,其保护期为10年。

（3）生物工程技术保护:1980年美国最高法院确认微生物新品种可以受到专利权保护。美国专利与商标局1988年4月12日颁发了世界上第一个生物工程专利,即哈佛大学动物遗传工程专利。目前,美国、德国、日本、法国等国通过专门法和专利法对植物新品种实施双重保护。美国规定只有同一植物不同品种的对象才能实施两种保护,而非对某一品种对象实施两种法律保护。专利法只保护以无性繁殖技术(各细胞融合组织培养)培育的、在人工栽培状态下生长的植物。日本现行的专利法规定对新物质发明可授予专利权,植物新品种也可以作为一种新物质的发明享有专利保护。现又明确规定,专利法仅保护政府颁布的《植物品种明细录》中未被列入的植物品种,列入其中的要受专门法保护。罗马尼亚和匈牙利对微生物新品种及其制成方法给予专利保护。在西欧发达国家中,对植物新品种实施"双重保护"的国家只有德、法、荷三国,具体做法同日本类似。

(三)世界知识产权保护法律的最新进展

1. WIPO《专利法条约》已在 40 余国生效 WIPO《专利法条约》(Patent Law Treaty, PLT)启动于 1983 年,经过 20 多年漫长的磋商和签署过程,于 2005 年 4 月 28 日生效,美国于 2013 年 9 月 18 日将批准文书交由 WIPO 保管,并于 2013 年 12 月 18 日正式加入该条约。《专利法条约》第二十三届会议(第 13 次特别会议)于 2024 年 7 月在瑞士日内瓦召开。

(1)PLT 的发展历程:1970 年在华盛顿签署、1978 年生效的《专利合作条约》(Patent Cooperation Treaty, PCT)允许一国申请专利并指定多个国家和地区进行保护,即申请人只需提交一份国际专利申请,便可同时在该条约所有成员国中要求对其发明进行保护。虽然 PCT 体系大幅度简化了国际专利申请程序,为全球专利申请人提供了诸多便利,但未解决统一各国和地区专利局的形式要件及简化取得和维持专利的程序问题。据此,WIPO 自 1983 起启动了另一项与专利有关的国际公约,即《专利法条约》。经过多年努力,2000 年 5 月 11 日至 6 月 2 日,讨论通过《专利法条约》的外交会议在日内瓦召开,包括我国在内的 130 多个国家和地区,4 个政府间国际组织,20 多个非政府间国际组织参加了会议,与会代表终于就 PLT 条款达成共识,并共同签署了 PLT。该条约的规定不仅适用于国家专利申请和地区专利申请,也适用于进入国家阶段之后的 PCT 申请。

（2）PLT的主要内容:PLT旨在协调国家专利局和地区专利局的形式要件并简化取得和维持专利的程序。该条约所规范的主要内容有:①取得申请日的要件及避免申请人因未满足形式要求而失去申请日的有关程序;②适用于各国和地区专利局的一套国际标准化形式要求,且该要求与PCT的形式要求是一致的;③标准申请表格;④简化的审批程序;⑤避免因非故意原因未遵守期限而丧失权利的机制;⑥适用电子申请的基本规则。PLT所规范的内容仅涉及专利申请及程序,并未涉及授权标准、专利效力及权利限制等实质问题。

（3）PLT的实施国家:《专利法条约》的成员国数量呈逐步增加趋势,美国于2013年12月18日,日本于2016年6月11日正式加入该条约,进一步引起各国对其的关注。截至目前,加入并实施PLT的有摩尔多瓦、吉尔吉斯斯坦、斯洛文尼亚、斯洛伐克、尼日利亚、乌克兰、爱沙尼亚、丹麦、立陶宛、土库曼斯坦、俄罗斯、法国、美国、日本、荷兰、西班牙等40多个国家和地区。

（4）PLT的意义:《专利法条约》规定了缔约方专利局可以适用的最高要求。这意味着缔约方有自由从申请人和权利人的角度规定对他们更有利的要求。总之,《专利法条约》框架下形式要件的标准化和简单化将降低错误率,并有利于当事人较少丧失权利。此外,由于消除了复杂的程序和简化了专利流程,专利局可以更有效地操作并降低费用,这些均可能对发明人、申请人和专利代理更为有利。由于其规定与PCT一致,《专利法条约》的实施将为专利制度的国际化提供更坚实的基础。

2. 欧盟加大知识产权保护力度

（1）欧盟通过关于知识产权行动计划的决议:2021年11月11日,欧盟议会以多数票通过了关于欧盟委员会"恢复和复原力的知识产权行动计划"（Intellectual Property Action Plan for Recovery and Resilience）的决议,并就欧盟在知识产权领域即将开展的举措提出了一系列建议。在其决议中,欧洲议会强调知识产权的保护和执法对于欧洲经济以及欧盟的复苏和复原力都非常重要,特别是考虑到新冠疫情和其他全球性危机。它还强调了知识产权对中小企业和微型企业的特殊重要性,要求欧盟委员会继续帮助欧洲公司在全球范围内创新和开发关键技术知识产权制度。欧洲议会议员还强调了知识产权在激励研究和保护创新产品方面发挥的关键作用。

（2）欧盟通过人工智能法案：2021年4月21日，欧盟委员会发布了欧洲议事和理事会《关于制定人工智能统一规则》（简称《AI法案》）的提案，该法案为人工智能引入了首创的综合法律框架，旨在协调内部市场上有关人工智能的现有法律，以促进投资和创新，同时保护基本权利和确保遵守安全要求（包括保护个人数据）。该法案将人工智能的应用划分为三个风险类别：首先，禁止产生不可接受的风险的应用程序和系统；其次，高风险应用程序，例如对求职者进行排名的简历扫描工具，需要遵守特定的法律要求；最后，未明确禁止或列为高风险的应用程序在很大程度上不受监管。

（3）欧盟委员会发布人工智能观察指数报告：2022年3月1日，欧盟委员会科学和知识服务机构联合研究中心（JRC）发布了《人工智能观察指数》（AI Watch Index）报告，以便更好地了解欧洲在人工智能（AI）领域的优势以及值得关注的趋势。报告围绕人工智能领域的全球视野、产业、研发、技术和社会五个维度，涉及22个指标。

（4）欧盟知识产权局更新NFT和虚拟商品商标申请指南：2022年8月，为应对包含虚拟商品和非同质化代币（non-fungible token，NFT）相关术语的商标申请的突然增加，负责欧盟商标注册的欧盟知识产权局（EUIPO）发布了关于虚拟商品和NFT分类方法的指南。该方法被写入2023年版指南草案"EUIPO系统用户的主要参考点"中。EUIPO将NFT定义为"在区块链中注册的唯一数字证书，用于数字物品的验证，但是却与这些数字物品不同"。EUIPO表示，虚拟商品和NFT属于尼斯分类的第9类。这是因为它们被视为数字内容或图像。

（5）欧盟委员会将修订《外观设计条例》与《工业品外观设计指令》：2022年11月28日，欧盟委员会公布了《外观设计条例》与《工业品外观设计指令》的修正提案。此次修订旨在确保外观设计保护能够更好地与数字时代相适应，并通过下调官费、简化程序、提速处理、增强可预测性与法律确定性，使个人、中小企业、设计密集型产业更易获得有效的外观设计保护。此次修订主要涉及以下调整：①对现有条款进行"现代化"修改，明确权利范围和限制；②简化欧盟外观设计注册流程；③调整和优化官费水平与结构；④协调程序，确保补充成员国国家外观设计保护体系；⑤允许以维修为目的对复杂产品（如汽车）原始部件进行复制，即适用于欧盟范围内的"维修免责条款"。根据欧盟立法程序，上述提案将被提交至欧洲议会和理事会进行表决。提案通过后，《工业品外观设计指令》新规将在 2 年内转化为成员国国家法律。《欧盟外观设计条例》新法生效后，部分变更将在 3 个月内适用，其余变更将在新法生效18 个月后开始适用。

3. 美国提升知识产权领域执法和监督力度

（1）签署反垄断行政命令：2021 年 7 月 9 日，美国总统拜登签署了关于"促进美国经济竞争"的第 14036 号综合行政命令（executive order，EO）。"EO"提出了超过 72 项倡议，旨在为美国的消费者、工人、农民和中小企业带来切实利益。为了实现其监管目标，"EO"针对以下几个代表美国经济广泛领域的行业——包括农业、银行、消费金融、医疗保健、互联网服务提供商、技术平台、运输（航空、铁路和船舶）以及整个劳动力市场。"EO"授权每个行业的联邦机构使用其监管机构来促进竞争，除此之外，在采购和支出方面采用有利于竞争的法规和方法，并废除那些对进入市场设置壁垒、扼杀竞争的法规。"EO"还建立了新的白宫竞争委员会，由国家经济委员会主任领导，以协调联邦政府对市场竞争的监管。"EO"表示，这是为了解决美国经济中的过度集中、垄断和不公平竞争。

（2）修订专利律师资格：美国专利商标局（USPTO）于 2021 年 9 月 22日宣布更改"参加专利律师考试的科技学历资质"，修订了专利律师资格。根据该通知，USPTO 对参加专利律师考试的"科技学历资质"进行了三类变更：①扩大 A 类学士学位名单，包括航空航天工程、生物工程、生物科学、生物物理学、电子工程、环境工程、基因工程、遗传学、材料工程、材料科学、神经科学、海洋工程和纺织工程等；②扩展"A 类"以包括高级学位（如硕士和博士学位）；③修改"B 类"的课程要求，使其更加灵活。

（3）国际商标分类变更：2021 年 10 月 6 日，美国专利商标局（USPTO）

发布声明,根据世界知识产权组织的要求,尼斯联盟各成员国已于 2022 年 1 月 1 日起正式使用《商标注册用商品和服务国际分类》(即尼斯分类)第十一版 2022 文本。尼斯协定是一项多边条约,由世界知识产权组织管理,其建立了用于商标和服务商标注册的商品和服务分类。

(4)《2020 年商标现代化法案》实施:《2020 年商标现代化法案》(TMA)被认为是过去几十年中最重要的商标立法,其目的主要为改善和加强美国商标注册的准确性和完整性。TMA 中的大部分条款于 2021 年 12 月 18 日正式实施。该法案的重点内容有以下几方面。①发起了两项新的单方面程序:单方删除程序(ex-parte expungement)和单方复审程序(ex-parte re-examination),这两项程序旨在为商标审查与上诉委员会(TTAB)之前有争议的多方取消程序提供更有效、更廉价的替代方案,使第三方更易撤销不再使用的商标。②新增商标撤销程序的起诉理由:TMA 为 TTAB 程序也提供了新的起诉理由,即申请人可基于商标所有权人从未将商标用于商业用途为理由,提起撤销程序,但必须在商标注册后的 3 年内提起。③设置更加灵活的答复时间:TMA 实施后,美国专利商标局局长可在 60 天至 6 个月内,自行决定申请人的回复期限;若申请人欲延长官方所定回复期限,除了得缴交延期费外,至多也只能延至 6 个月。④允许第三方在审查中向商标局提交抗议函(letters of protests):TMA 为商标局已经施行许久的抗议函程序提供了法定授权,该程序允许第三方在商标审查过程中向商标局提交证据,质疑商标可注册性。⑤建立统一规则,确立难以弥补损害的可辩驳的推定:寻求禁制令救济的商标所有人有权在发现存在侵权或维权成功后,在法律程序中针对其遭受的难以弥补的损害提出诉求,且该诉求以推定形式判断。

(5)出台商标行政处罚程序:2022 年 1 月 5 日,美国专利商标局(USPTO)推出了一项新的商标行政处罚程序,以调查和处理商标的不当申请行为。在这一过程中,当申请人提交的商标申请可能违反《商标实践规则》或 USPTO 网站的使用条款时,USPTO 将对其发布行政命令,甚至进行相应制裁。制裁内容可能包括禁止当事人进行相关申请、终止 USPTO.gov 账户、终止程序等。

(6)签署《2022 年保护美国知识产权法案》:2022 年 12 月,美国参议院、众议院先后通过《2022年保护美国知识产权法案》，2023年1月5日该法案由美国总统签署通过，正式作为法律生效。要点包括：①该法案要求总统应定期报告"知情参与、受益于或协助窃取美国商业秘密且情节严重的外国个人和实体名单"。第一次报告需在正式签署后6个月提交，此后每年至少提交一次报告。报告还应列出参与所述窃取行为的任何外国实体的首席执行官或董事会成员的外国个人。②法案还授予实施制裁的权利：对于报告中确定的外国实体，总统可以从适用于实体制裁的措施中选出至少5项实施制裁，具体包括：财产冻结、出口禁令（列入商务部出口管制实体清单）、不得进行进出口银行援助（含担保、保险、信贷延期等）、美国/国际金融机构贷款禁令、采购制裁、禁止外汇交易、银行交易禁令、禁止股权或债务投资、驱逐高管出境等。对于报告中确定的任何个人，总统可以采取个人制裁，例如财产冻结、无法获得签证/录取/假释、吊销当前签证。③国际利益豁免。④实施处罚。

4. 日本修订专利法

（1）专利法修订：2021年3月3日，日本内阁会议通过了"修改专利法等一系列的法案"。主要内容包括：①建立起应对新型冠状病毒传播的数字化等程序（如使用网络会议系统进行审理部分专利案件、使用汇款方式支付专利费用、采用电邮方式寄送商标国际申请的注册评估通知）。②建立因数字化进程而导致的企业行为变化的权利保护审查（如针对数字技术发展导致专利许可形式日益复杂的情况，专利权更正无需非独占被许可人同意）。③巩固和完善现有的知识产权制度，重新审查知识产权诉讼程序和收费制度，修改与专利法有关的一系列法律，包括专利法、实用新型法、外观设计法、商标法、与工业所有权程序的特殊规定相关的法律、基于《专利合作条约》的国际申请法和专利代理人法等。

（2）发布《2021年知识产权推进计划》：2021年7月13日，日本知识产权战略总部发布《2021年知识产权推进计划》，提出未来日本要实现以"绿色""数字"为主轴的、面向社会的创新创造，并在国际竞争中占据优势。该计划总结了日本对知识产权形势的认识，讨论了未来日本知识产权战略，制订了七项优先措施，主要包括：强化资本及金融市场的功能，鼓励知识产权投融资；

建立适应数字时代的知识产权战略；加强知识产权在农业领域的运用；加强知识产权领域人才培养；优化中小企业、初创企业知识产权交易环境；加强知识产权审查制度；重构"Cool Japan"战略部署。

（3）通过《经济安全保障推进法案》：2022年5月11日，《经济安全保障推进法案》获日本国会批准，正式成为法律。该法案主要围绕四大领域的内容构成，分别是强化供应链弹性和韧性、保护和维持核心基础设施、加强尖端新兴技术研发和非公开专利制度。法案要求，针对铀浓缩技术等高度军民通用性的新兴技术相关专利，建立非公开的专利制度，自法案成立后两年内正式实施。日本现在的制度是申请专利后，一年半后原则上要公开，这意味着涉及安全保障的机密技术信息也会被公开。新法规定，除专利主管机构外还需引入防卫省相关负责人员进行二次审查。对进行虚假申报以及泄露不得公开的专利信息者，最高处以两年以下有期徒刑。

（4）宣布《2022年知识产权战略计划》：2022年6月3日，日本政府宣布了《2022年知识产权战略计划》（简称《战略计划》）。该《战略计划》规定了政府的政策和未来行动，以有重点和系统的方式促进知识产权的创造、保护和利用。知识产权战略总部是一个自2003年以来在内阁中成立并由总理担任主席的组织，每年都对其进行讨论和决定。《战略计划》的主要目标是转变经济和社会形势，使有动力的个人和参与者能够充分利用社会中存在的知识产权和无形资产。以下八项政策被认为是日本当前知识产权战略的重要组成部分：①加强初创企业和大学的知识产权生态系统；②加强促进知识产权和无形资产投资和利用的机制；③促进国际标准的战略使用；④改善数据分发和利用的环境，以实现数字社会；⑤制定数字内容战略；⑥加强中小型企业/本地区/农业、林业和渔业领域的知识产权利用；⑦加强支持知识产权利用的系统、运营和人力资源基础设施；⑧重新启动"Cool Japan"战略，以应对新冠疫情后的世界。

（5）发布《促进知识产权活用的理想制度》报告：日本特许厅（JPO）设立政策推进顾问委员会，围绕知识产权法律制度的争论点听取专家们的意见，讨论进一步的制度改进工作。根据该委员会五轮讨论的结果，于2022年6月编制并发布《促进知识产权活用的理想制度》报告。

该报告的要点包括新技术革新带来的竞争环境变化,立足新时代的知识产权制度研究,对中小企业、大学及风险企业的支援,数字化转型对策等内容。主要内容有:①制定与新技术相适应的知识产权制度。加强侵权的实质性担保("实施"定义的重新评估、救济制度的合理化),促进专利的社会实施,加强外观设计保护,促进商标权的活用等,推进面向中小、风险企业等支援政策在内的环境建设。②重新界定人工智能、物联网时代专利"实施"及相关问题。通过专利制度更好地保护计算机程序相关的发明,考虑服务的提供形式、所属地等,关注现行制度局限性。③对于惩罚性损害赔偿/获利返还型损害赔偿,持续关注后续国内外审判案例等。

5. 韩国修订专利法

(1)专利法修订:2021 年 9 月 29 日,韩国国会通过了修订《韩国专利法》的法案,该法案于 2022 年 4 月 20 日起生效。专利法修正案对申请人,尤其是国际申请人更加友好和有利。对外国申请人有意义的修订包括:在最终驳回后,申请人可以要求复审并提出修改(供韩国特许厅审查员进一步考虑),或直接向知识产权审判和上诉委员会提出上诉而不进行修改。在获得许可通知后,也可以要求重新审查和修改部分权利要求;引入"分离申请"制度,如果复审请求被拒绝受理,申请人可以在 30 天内,就任何未被最终驳回通知所拒绝的未决权利要求提出"分离申请"。但是,如果所有权利要求都被最终驳回通知所拒绝,则不能提出"分离申请",而且,不能以分离申请为基础提出进一步的分案/分离申请。放宽重新确立权利的要求,更好地防止专利申请人/专利权人因意外丧失权利。

(2)发布《标准必要专利指南 2.0》:2021 年 11 月 15 日,韩国特许厅发布了修订后的《标准必要专利指南 2.0》,该指南旨在帮助公司、大学和公共机构等领域的研究人员轻松理解标准专利的概念,并使用策略自行获得标准专利。

(3)修订《反不正当竞争法》:2021 年 12 月 7 日,韩国特许厅颁布了修订后的《反不正当竞争和商业秘密保护法》,此次修订,将非法获取和使用数据(2022 年 4 月生效)以及未经许可使用名人肖像和姓名(2022 年 6 月生效)的行为定义为不正当竞争行为,并在未来加以监管。

（4）通过《商标法》《设计保护法》等修正案：2022年1月11日,韩国国会全体会议上宣布通过了《商标法》修正案和《设计保护法》的程序改进法案,修订后的新法在2022年2月公布。此次商标法的修订引入了部分驳回制度和复审请求制度,以帮助个人和小型企业更轻松地申请商标。同时,还扩大了商标的适用范围,现在可以应用于数字产品。

（5）韩国特许厅发布《知识产权组合优化技术保护战略指南》：2022年11月30日,韩国特许厅（KIPO）发布《知识产权组合优化技术保护（IP-MIX）战略指南》,以支持企业、研究所、大学等加强技术保护。该指南主要围绕三个要点指导知识产权主管部门或负责人开展技术保护工作,具体包括：①指南根据企业、研究所、大学等研发的不同技术特点,提出了在专利和商业秘密中选择恰当保护手段的判断标准和实际案例。②为说明符合行业特点且有效的技术保护方法,指南提供了材料、零部件、机械、装备、化学、医药生物、电子、信息通信、航空航天等9大主要产业领域的知识产权组合优化技术保护（IP-MIX）战略。③为在技术开发过程中实际体现知识产权组合优化技术保护（IP-MIX）战略,指南介绍了各种规模的企业内部知识产权管理体系。

6. 澳大利亚通过《外观设计法》修正案　2021年9月11日,澳大利亚《2021年外观设计法修正案（咨询委员会对知识产权的回应）》获得批准,相对2003年澳大利亚外观设计法,主要修改如下：为设计师提供12个月的宽限期,在其设计发表或使用后申请设计保护；为在先使用引入侵权豁免；通过取消发布选项来简化外观设计注册流程；扩大"无辜侵权人（innocent infringer）"的权利辩护范围；赋予独家被许可人提起侵权诉讼的权利,而无需依赖设计的所有者；简化更新申请正式要求的流程；支付续展费有6个月的宽限期。其中大部分更改条款已于2022年3月10日正式生效。

7. 马来西亚多项知识产权法律修订　2021年12月22日,马来西亚上议院通过了三项法案,分别是2021年专利（修订）法案、2021年版权（修订）法案和2021年地理标志法案。新专利法包含69项修订条款,这些条款充分考虑了马来西亚在TRIPS公共卫生协议、区域全面经济伙伴关系协议（RCEP）

和跨太平洋伙伴全面进步协议（CPTPP）中的承诺。该修正案还计划促使马来西亚加入《关于为盲人、视力障碍者或其他印刷品阅读障碍者获得已出版作品提供便利的马拉喀什条约》，以承认视障者有权获得无障碍格式副本的作品的权利。

8. 新加坡修订商标法　新加坡议会于2022年1月12日批准《知识产权（修正）法案》。该修正法案在商业友好性、运营效率以及立法和程序的清晰度等方面改进了新加坡的知识产权制度，该法案已于2022年5月正式实施。

修正法案中关于商标部分的主要变化如下。

（1）新加坡知识产权局（IPOS）将允许单一国家申请商标部分注册。此次修订将加快仅对部分商品或服务提出异议的商标申请的审查周期，使之与目前马德里国际申请指定新加坡的做法保持一致。

（2）商标续展宽展期之后的"恢复期"由6个月缩短至2个月。商标注册人应在相关截止日期之前仔细监控并及时办理续展以免错过时限。缩短"恢复期"有利于等待在注册簿上删除已过期商标的潜在申请人。

（3）进一步明确了驳回中引用的"在先商标"的含义，"在先商标"包括仍然有资格续展或恢复的过期商标。

9.《欧亚专利公约专利实施细则》修正案和附录已生效　《欧亚专利公约专利实施细则》第一部分"发明"和第二部分"工业品外观设计"的修正案及其附录已于2022年11月1日生效；修正案及附录文件已于2024年1月1日开始施行。其中，最重要的变化是申请人可在欧亚专利申请文件中提交相关的三维（3D）模型，包括发明和工业外观设计申请。这项创新举措将允许申请人进一步进行说明，有助于提高专利审查效率。关于提交包含3D模型申请文件的相关信息，可在欧亚专利局（EAPO）官网上查询，相关文件更新版本现已发布。

此外，新版《欧亚专利公约专利实施细则》还包括如下变动。

（1）根据第53（1）条对欧亚发明专利、第116（2）条对欧亚外观设计专利提出异议的时限将延长（为专利授予公布之日起9个月）。

（2）根据第49（3）条，只有在向申请人发出准备授予欧亚专利通知前，才允许提交修改后的权利要求。

（3）第二部分"工业外观设计"附录扩展了外观设计实质审查阶段的审查清单，并扩大了排除产品外观保护要素的方法。

（4）若通过世界知识产权组织（WIPO）的数字访问服务（DAS）向 EAPO 提交申请，则无需提交早期申请的纸质副本。

10. 加入世界知识产权组织（WIPO）管理的国家数量不断增加

（1）《建立世界知识产权组织公约》：《建立世界知识产权组织公约》（简称《WIPO 公约》）于 1967 年 7 月 14 日在斯德哥尔摩签署，并于 1970 年生效。WIPO 的职责是通过国家间合作和涉及知识产权法律及行政问题的若干多边条约，促进世界知识产权的保护。2005 年，阿富汗和科摩罗加入《WIPO 公约》。2020 年，瑙鲁加入了《WIPO 公约》。截至 2022 年 12 月 31 日，《WIPO 公约》缔约方总数为 193 个国家和地区。

（2）《保护工业产权巴黎公约》：《保护工业产权巴黎公约》（简称《巴黎公约》）缔结于 1883 年，是国际知识产权制度的支柱之一。《巴黎公约》适用于最广义的工业产权，包括发明、商标、工业品外观设计、实用新型（一些国家法律规定的"小专利"）、厂商名称、地理标志（产地标记和原产地名称）以及反不正当竞争。2022 年，佛得角和基里巴斯加入了《巴黎公约》。截至 2022 年 12 月 31 日，《巴黎公约》缔约方总数为 179 个国家和地区。

（3）《专利合作条约》：1970 年缔结的《专利合作条约》（PCT），可就一项发明提交一件"国际"专利申请，即可同时在许多国家获得专利保护。缔约方所有国民或居民均可提出此种申请。PCT 确定了国际申请必须满足的形式条件。2022 年，牙买加、伊拉克、佛得角加入了 PCT。截至 2022 年 12 月 31 日，PCT 缔约方总数为 156 个国家和地区。

（4）《商标国际注册马德里协定》和《商标国际注册马德里协定有关议定书》：商标国际注册马德里体系建立在《商标国际注册马德里协定》（简称《马德里协定》）和《商标国际注册马德里协定有关议定书》（简称《马德里议定书》）的基础上。《马德里协定》缔结于 1891 年，《马德里议定书》于 1989 年签署，该议定书为马德里体系增添了一些新的特点。目的是在《马德里协定》

中做出新的规定,消除一些国家加入《马德里协定》的障碍,同时使得马德里体系更加灵活,且能够与这些国家的法律更加兼容。2022年,牙买加、智利、佛得角加入了《马德里议定书》。截至2022年12月31日,《马德里协定》的缔约方总数为56个国家和地区;《马德里议定书》的缔约方总数为114个国家和地区。

（5）《商标注册用商品和服务国际分类尼斯协定》:1957年缔结的《商标注册用商品和服务国际分类尼斯协定》(简称《尼斯协定》),为国际商标注册的商品和服务建立了统一的国际分类,该分类由建立在商品和服务类别基础之上的类目清单组成,其中商品34类,服务11类,并包括按字母顺序排列的商品与服务表。2022年,秘鲁和阿拉伯联合酋长国加入了《尼斯协定》。截至2022年12月31日,《尼斯协定》缔约方总数为92个国家和地区。

（6）《建立商标图形要素国际分类维也纳协定》:《建立商标图形要素国际分类维也纳协定》(简称《维也纳协定》)缔结于1973年。《维也纳协定》规定了由图形要素构成的或含图形要素的商标的分类法。该分类法将商标图形要素分为29个大类、144个小类和1 887个细目。2022年,秘鲁和巴拉圭加入了《维也纳协定》。截至2022年12月31日,《维也纳协定》缔约方总数为37个国家和地区。

（7）《建立工业品外观设计国际分类洛迦诺协定》:《建立工业品外观设计国际分类洛迦诺协定》(简称《洛迦诺协定》)缔结于1968年。《洛迦诺协定》规定了工业品外观设计的分类方法,该分类法由根据不同产品类型所确定的32大类和233小类组成。该分类法也有按字母顺序排列的商品表,并指明这些商品所属的大类和小类。商品表中共列有6 600种不同的商品。2022年,秘鲁和摩洛哥加入了《洛迦诺协定》。截至2022年12月31日,《洛迦诺协定》缔约方总数为62个国家和地区。

（8）《国际承认用于专利程序的微生物保藏布达佩斯条约》:《国际承认用于专利程序的微生物保藏布达佩斯条约》(简称《布达佩斯条约》)缔结于1977年。其主要特点是:缔约方必须承认为专利程序的目的向本国境内或境外的任何"国际保藏单位"交存的微生物。2022年,马来西亚和印度尼西亚加入了《布达佩斯条约》。截至 2022 年 12 月 31 日，《布达佩斯条约》缔约方总数为 87 个国家和地区。

（9）《保护奥林匹克标志的内罗毕条约》：《保护奥林匹克标志的内罗毕条约》（简称《内罗毕条约》）缔结于 1981 年。所有缔约方均必须保护奥林匹克标志（相互联结的五环），以防止奥林匹克标志在未经国际奥林匹克委员会许可的情况下被用于商业目的（广告、商品、商标等）。2022 年，巴拉圭加入了《内罗毕条约》。截至 2022 年 12 月 31 日，《内罗毕条约》缔约方总数为 55 个国家和地区。

（10）《保护原产地名称及其国际注册里斯本协定》：《保护原产地名称及其国际注册里斯本协定》（简称《里斯本协定》）缔结于 1958 年，其宗旨是保护原产地名称——"用于表明产品来源的国家、地区或地方的地理名称，而该产品的质量和特性完全或主要归因于地理环境，包括自然因素和人的因素"。2019 年，多米尼加共和国和阿尔巴尼亚加入了《里斯本协定》。截至 2022 年 12 月 31 日，《里斯本协定》缔约方总数为 30 个国家和地区。

（11）《工业品外观设计国际保存海牙协定》：工业品外观设计国际保存体系是依据《工业品外观设计国际保存海牙协定》（简称《海牙协定》）进行管理的，该协定签订于 1925 年，并经过多次修订，包括 1934 年的伦敦文本和 1960 年的海牙文本。1999 年 7 月 2 日，《海牙协定》的新文本在日内瓦通过。2022 年，中国加入了《海牙协定》。截至 2022 年 12 月 31 日，《海牙协定》缔约方总数为 77 个国家和地区。

（12）《专利法条约》：2000 年缔结的《专利法条约》（PLT）旨在协调和统一国家和地区专利申请的形式程序，以降低费用，提高各国专利局的工作效率。根据 PLT 第 21 条［注］，PLT 已于 2005 年 4 月 28 日生效。2021 年，土库曼斯坦加入了《专利法条约》。截至 2022 年 12 月 31 日，《专利法条约》缔约方总数为 43 个国家和地区。

（13）《保护文学和艺术作品伯尔尼公约》：《保护文学和艺术作品伯尔尼公约》（简称《伯尔尼公约》）缔结于 1886 年。该公约提出并确定了保护文学和艺术作品作者的经济和精神权利的最低标准。2022 年，乌干达加入了《伯尔尼公约》。截至 2022 年 12 月 31 日,《伯尔尼公约》缔约方总数为 181 个国家和地区。

（14）《保护表演者、录音制品制作者和广播组织罗马公约》：1961 年缔结的《保护表演者、录音制品制作者和广播组织罗马公约》（简称《罗马公约》），规定必须对表演者的表演、录音制品制作者的录音制品，以及广播组织的广播节目予以保护。2020 年, 土库曼斯坦加入了《罗马公约》, 从而使《罗马公约》缔约方总数达到 96 个国家和地区。

（15）《WIPO 版权条约》：1996 年缔结的《WIPO 版权条约》（WCT）扩大了版权保护的客体, 主要包括两个方面: 一是计算机程序; 二是数据或数据库编程。2022 年, 泰国和乌干达加入了 WCT。截至 2022 年 12 月 31 日, WCT 缔约方总数为 113 个国家和地区。

（16）《WIPO 表演和录音制品条约》：《WIPO 表演和录音制品条约》（WPPT）缔结于 1996 年。该条约涉及两种受益人的知识产权问题: 表演者（演员、歌唱家、音乐家等）以及录音制品制作者（对将声音录制下来提出动议并负有责任的自然人或法人）。该同一份文书之所以同时涉及两种受益人, 是由于该条约给予表演者的大多数权利都是与其已经录制的、纯声音的表演（即录音制品的内容）相关。2022 年, 越南和乌干达加入了 WPPT。截至 2022 年 12 月 31 日, WPPT 缔约方总数为 111 个国家和地区。

（17）《国际植物新品种保护公约》：《国际植物新品种保护公约》（简称《UPOV 公约》）缔结于 1961 年, 其宗旨是确认和保护植物新品种育种者的权利, 并由公约缔约方组成国际植物新品种保护联盟, 从而形成当代国际植物知识产权保护体系的基础, 为国际开展优良品种的研究、开发、技术转让、合作交流以及新产品贸易提供法律保护框架。2021 年, 圣文森特和格林纳丁斯、加纳加入了《UPOV 公约》。截至 2022 年 12 月 31 日,《UPOV 公约》缔约方总数为 78 个国家和地区。

（四）世界知识产权保护最新统计数据

1. WIPO 公布的最新国际 PCT 统计数据 世界知识产权组织发布的最新数据显示, 2022 年 PCT 国际专利申请量增长 0.3%, 总量达 27.81 万件。2022

年中国仍然是 PCT 申请量最大的来源国,有 70 015 件申请,同比增长 0.6%。排在第二至五位的分别是美国、日本、韩国和德国(表 1-2)。

表 1-2 2022 年全球 PCT 申请数量排名前 10 的国家

排名	国家	申请量 / 件	比例 /%
1	中国	70 015	33.6
2	美国	59 056	18.8
3	日本	50 345	11.8
4	韩国	22 012	4.1
5	德国	17 530	3.8
6	法国	7 764	3.5
7	英国	5 739	3.3
8	瑞士	5 367	2.3
9	瑞典	4 471	2.1
10	荷兰	4 092	1.8

亚洲国家表现优异:中国同比增长 0.6%,达到 7 万余件;印度同比增长 25%,达到 2 618 件;韩国同比增长 6.2%,为 2.20 万件。申请量仅次于中国的美国同比下降 0.6%,为 5.91 万件,排在第三位的日本同比增长 0.1%,为 5.03 万件。亚洲国家申请量占总申请量的 55%,相比 2012 年的 40% 有较大提升。

从厂商排名来看,中国电信巨头华为技术有限公司仍然是迄今为止最大的 PCT 专利申请人,在 2022 年公布了 7 689 件 PCT 专利申请。韩国的三星电子位居第二(4 387 件),紧随其后的是美国的高通公司(3 855 件)、日本的三菱电机株式会社(2 320 件)和瑞典的爱立信公司(2 158 件)。此外,中国的 OPPO 广东移动通信有限公司以 1 963 件 PCT 专利申请量位列第六,京东方科技集团股份有限公司以 1 884 件 PCT 专利申请量排名第八。在排名前十位的申请人中,三星电子的增速最快,增长了 44.3%,也借此排进了前两名。日本电信电话株式会社(NTT)也有大幅增长,在 2022 年上升了五位,排到榜单的第七位,其增长率为24.9%。在教育领域,加州大学在2022年以552件已公布的PCT申请继续位居榜首。浙江大学位居第二(309件申请),其次是苏州大学(303件)、斯坦福大学(217件)和得克萨斯大学(187件)。苏州大学在前十名教育机构中增长最快,PCT申请数量比2021年几乎翻了一番。

2021年11月21日,世界知识产权组织(WIPO)发布《世界知识产权指标2022》(World Intellectual Property Indicators 2022)。统计显示,2021年全球专利、商标、外观设计和植物品种的知识产权申请量均创下新高,主要内容见表1-3。

表1-3　2020—2021年全球知识产权申请情况

知识产权申请量	2020年	2021年	增长率/%
专利	3 281 900	3 401 100	3.6
商标	13 386 800	13 928 200	4.0
工业品外观设计	1 387 800	1 515 200	9.2
植物品种	22 620	25 340	12.0

在2021年全球范围内受理的340万件专利申请中,中国受理了158.566 3万件(表1-4),其次为美国(59.147 3万件)、日本(28.920 0万件)、韩国(23.799 8万件)和欧洲(18.877 8万件)。报告指出,主要受中国长期增长的推动,亚洲在2021年受理的专利申请数量占全世界申请总量的三分之二(67.6%),相比2011年的54.6%有了显著增加。

表1-4　1991—2021年中国、美国、日本、韩国和欧洲的专利申请情况

单位/件

年份	中国	美国	日本	韩国	欧洲
2021	1 585 663	591 473	289 200	237 998	188 778
2020	1 497 159	597 172	288 472	226 759	180 346
2019	1 400 661	621 453	307 969	218 975	181 479

年份	中国	美国	日本	韩国	欧洲
2018	1 542 002	597 141	313 567	209 992	174 397
2017	1 381 594	606 956	318 481	204 775	166 585
2016	1 338 503	605 571	318 381	208 830	159 358
2015	1 101 864	589 410	318 721	213 694	160 028
2014	928 177	578 802	325 989	210 292	152 662
2013	825 136	571 612	328 436	204 589	147 987
2012	652 777	542 815	342 796	188 915	148 560
2011	526 412	503 582	342 610	178 924	142 793
2010	391 177	490 226	344 598	170 101	150 961
2009	314 604	456 106	348 596	163 523	134 580
2008	289 838	456 321	391 002	170 632	146 150
2007	245 161	456 154	396 291	172 469	140 763
2006	210 501	425 966	408 674	166 189	135 231
2005	173 327	390 733	427 078	160 921	128 713
2004	130 384	356 943	423 081	140 115	123 701
2003	105 317	342 441	413 093	118 651	116 604
2002	80 232	334 445	421 044	106 136	106 243
2001	63 450	326 471	439 175	104 612	110 027
2000	51 906	295 895	419 543	102 010	100 692
1999	50 044	265 763	404 457	80 642	89 359
1998	47 396	236 979	402 095	75 233	82 087
1997	24 774	220 496	401 618	92 684	72 904
1996	22 742	211 946	376 674	90 326	64 035
1995	18 699	228 142	368 831	78 499	60 559
1994	19 067	202 755	341 201	45 712	57 842
1993	19 618	184 196	355 500	36 493	56 974
1992	14 409	183 347	362 197	31 073	58 896
1991	11 423	172 115	361 590	28 133	55 984

2. WIPO 公布的最新商标国际注册申请统计数据 2021 年, 大多数国家的商标申请活动量实现增长, 全球商标按类计达到 1 815 万件, 同比增长 5.5%, 连续第 12 年实现增长。工业品外观设计申请活动量增加 9.2%。亚洲各主管局的外观设计申请量增长最大。在排名前 20 位的主管局中, 有 18 个主管局的商标申请活动量有所增长, 有 11 个主管局在 2021 年实现了两位数的增长。据统计, 2021 年全球商标申请数量约为 1 390 万件, 中国国家知识产权局申请的数量最多, 按类统计约 950 万件, 其次是美国专利商标局 (90 万件), 欧盟 (50 万件)、印度 (49 万件) 和英国 (45 万件) 位列其后 (表 1-5、表 1-6)。亚洲各主管局占 2021 年所有商标申请活动量的 69.7%。欧洲所占份额从 2011 年的 31.6% 下降到 2021 年的 15.7%。北美洲占 2021 年世界总量的 5.9%, 而位于非洲、拉丁美洲和加勒比地区以及大洋洲的主管局在 2021 年的合计份额为 8.7% (表 1-7、表 1-8)。研究与技术是 2021 年申请人在国外寻求商标保护最多的行业部门, 占所报告的全球非居民商标申请量的 20%。其次是卫生 (13.8%)、服装及配饰 (12.8%) 以及休闲和教育 (10.5%) 部门。与家用设备 (9.7%)、农业 (9.6%) 和商业服务 (9.5%) 相关的商标占总数的份额排名紧随其后。

表 1-5 2007—2021 年全球商标申请趋势

年份	申请数量 / 件	增长率 /%
2007	3 427 000	3.1
2008	3 391 800	−1
2009	3 342 900	−1.4
2010	3 816 600	14.2
2011	4 283 200	12.2
2012	4 555 900	6.4
2013	4 856 800	6.6
2014	5 236 700	7.8
2015	6 029 200	15.1
2016	7 024 000	16.5

年份	申请数量 / 件	增长率 /%
2017	9 158 700	30.4
2018	10 881 900	18.8
2019	11 497 300	5.7
2020	13 386 800	16.4
2021	13 928 200	4

表 1-6　2021 年国际注册商标申请量前 20 的国家和地区

国家或地区	申请总量 / 件	增长率 /%	居民申请量 / 件	非居民申请量 / 件
中国	9 454 794	1.2	9 192 749	262 045
美国	899 678	3.4	551 748	347 930
欧盟	497 542	13.5	311 073	186 469
印度	488 526	15.1	435 580	52 946
英国	450 815	61.8	223 471	227 344
土耳其	434 406	19.4	395 159	39 247
俄罗斯	395 726	−0.6	327 407	68 319
巴西	394 087	32.3	346 748	47 339
日本	364 376	−13.5	269 515	94 861
韩国	360 474	12.7	299 621	60 853
法国	314 992	8.5	298 103	16 889
德国	272 425	2.9	246 291	26 134
墨西哥	199 389	22.7	142 012	57 377
加拿大	175 907	19.5	66 435	109 472
澳大利亚	174 095	16.4	97 204	76 891
印度尼西亚	127 142	2.7	91 362	35 780
意大利	119 578	18.5	108 257	11 321
瑞士	116 581	15.3	46 410	70 171
越南	113 079	4.1	77 404	35 675
阿根廷	85 844	9.4	70 131	15 713

表 1-7　2011 年和 2021 年按地区划分的商标申请量统计

地区	申请数量 / 件		居民份额 /%		占世界总量 /%	
	2011 年	2021 年	2011 年	2021 年	2011 年	2021 年
非洲	194 800	292 800	46.4	44.3	3.1	1.6
亚洲	2 825 600	12 648 000	78.9	91.7	44.7	69.7
欧洲	1 999 000	2 850 300	72.2	70.1	31.6	15.7
拉丁美洲和加勒比地区	611 800	1 034 000	64.9	74.1	9.7	5.7
北美洲	544 700	1 075 700	72.1	57.5	8.6	5.9
大洋洲	144 600	244 300	58	49.7	2.3	1.3
全世界	6 320 500	18 145 100	73.4	84	100	100

表 1-8　2011 年和 2021 年按地区划分的商标注册量统计

地区	注册数量 / 件		居民份额 /%		占世界总量 /%	
	2011 年	2021 年	2011 年	2021 年	2011 年	2021 年
非洲	160 200	196 900	34.3	39.4	3.4	1.4
亚洲	2 029 700	9 900 300	71.9	90.4	43	70.8
欧洲	1 687 800	2 385 300	66.9	68.5	35.7	17.1
拉丁美洲和加勒比地区	400 800	676 400	59.1	66.2	8.5	4.8
北美洲	350 900	613 200	61.9	41.9	7.4	4.4
大洋洲	93 600	202 100	51.4	46.5	2	1.5
全世界	4 723 000	13 974 200	66.6	82	100	100

3. WIPO 公布的最新植物品种申请统计数据　2021 年, 全球共提交了约 25 340 项植物品种申请, 较 2020 年增长了 12%（表 1-9）。中国国务院农业和林业行政部门在 2021 年受理了 11 195 份植物品种申请, 相当于全球总量的 44.2%。排在中国之后的是欧洲联盟共同体植物品种局 3 480 件, 以及美国

1 902件、乌克兰944件、荷兰836件（表1-10）。在排名前五的主管局中，中国（+24.9%）和美国（+32.8%）在2020年到2021年间的申请量呈现两位数的增长，而乌克兰（-25.1%）在同一时期受理的申请量大幅减少。

表1-9　2007—2021年全球植物品种申请趋势

年份	申请数量 / 件	增长率 /%
2007	13 450	7.1
2008	12 780	-5
2009	13 180	3.1
2010	13 170	-0.1
2011	14 160	7.5
2012	14 310	1.1
2013	15 160	5.9
2014	15 610	3
2015	15 330	-1.8
2016	15 970	4.2
2017	18 620	16.6
2018	19 880	6.8
2019	21 400	7.6
2020	22 620	5.7
2021	25 340	12

表1-10　2021年植物品种申请数量前20的国家和地区

国家和地区	总量 / 件	较去年增长 /%	居民申请量 / 件	非居民申请量 / 件
中国	11 195	24.9	10 539	656
欧盟植物品种保护局	3 480	1.5	2 662	818
美国	1 902	32.8	1 250	652
乌克兰	944	-25.1	322	622

国家和地区	总量 / 件	较去年增长 /%	居民申请量 / 件	非居民申请量 / 件
荷兰	836	-0.1	701	135
日本	776	8.8	474	302
俄罗斯	672	-16	478	194
韩国	625	-14.3	530	95
阿根廷	478	6.7	358	120
英国	409	214.6	169	240
加拿大	366	8.3	89	277
巴西	325	-3	183	142
南非	305	10.9	27	278
澳大利亚	297	-6	124	173
土耳其	273	-3.2	149	124
墨西哥	190	-24	40	150
越南	166	-35.9	114	52
智利	139	75.9	8	131
波兰	123	-16.9	76	47
新西兰	119	26.6	39	80

（五）国际对传统知识的知识产权保护

1. 传统知识的知识产权保护日益受到重视

（1）世界银行公布与发展中国家和知识产权相关的研究报告:《穷人的知识:改善发展中国家的知识产权》报告主要就两大方面的问题进行讨论。一是贫困国家的人民应当如何将自己发明与掌握的特殊知识和技能商业化,并利用这些技术获得更多的收入;二是如何完善当前法律,以对知识产权相关的知识与活动加以保护。该报告包括了 9 篇论文,内容涉及印度的手工艺制造、在公平贸易条件下加强知识产权出口、非洲音乐项目、如何防止工艺制造遭到仿冒、生物勘探协议以及与当地的利益共享、民族植物学知识的生物盗版与商业化、利用知识产权法律保护无形文化遗产等。

报告指出,文化与商业并非两个对立层面,有时,保护传统知识的最佳方式是商业方法,而非正规的专利或商标保护。尽管对社会来说,传统工艺本身具备的价值远远超出利用这种手艺所能获得的收入,但对大多数穷人来说,这是保证收入的来源。如果没有市场,任何传统手工艺技术都不可能保留。因此,价值驱动和市场认同才是保护传统工艺的根本。但是,拥有传统知识的群体往往更重视这些传统知识的社会与文化价值,而非商业潜力。因此,如何避免造成这种道德层面的冲突,是贸易活动中需要首先考虑的问题。同时,尽管商业化的目的是保留传统手工艺,提高优秀工匠的生活水平,但随着改革创新,这些知识不可能、也没有必要一成不变地完全保留。

(2)WIPO成员国采取措施保护传统知识:知识产权与遗传资源、传统知识和民间文学艺术政府间委员会于2000年10月在WIPO大会上设立,其任务是讨论与获取遗传资源与惠益共享、传统知识及与创新相关的知识产权问题,包括传统创造和文化表现形式(民间文学表现形式)。2003年WIPO大会向该委员会赋予了新的工作使命,要求该委员会加速工作,并在不损害其他国际进程的情况下,侧重国际层面的工作。在政府间委员会的工作中,使用的两个术语"传统文化表现形式"和"民间文学艺术表现形式"为同义词。政府间委员会向WIPO所有成员国开放,其他联合国会员国、政府间组织和被认可的非政府组织可以观察员身份参加政府间委员会。

(3)起草知识产权、遗传资源和遗传资源相关传统知识国际法律文书草案:世界知识产权组织(WIPO)193个成员国的约900名代表出席了2022年7月14日至22日举行的WIPO成员国大会第六十三届系列会议。会议中,WIPO成员国批准为两项拟议的国际协定召开外交会议:一项是关于保护外观设计以促进跨境贸易的协定,另一项是关于知识产权、遗传资源和遗传资源相关传统知识的协定。自2010年以来,知识产权与遗传资源、传统知识和民间文学艺术政府间委员会(IGC)一直在就有关知识产权、遗传资源和相关传统知识的国际法律文书,以及保护传统知识本身和传统文化表现形式/民间文学艺术表现形式进行谈判。植物、动物和微生物等遗传资源是生命科学的宝贵材料,与之相关的传统知识具有科学价值,与全世界土著和当地社区的经济及文化福祉密不可分。在 WIPO 内部制定的新国际法律文书将解决与这些资源和知识系统的获取、使用和惠益分享有关的某些知识产权问题。例如,许多国家支持的一个主要观点是,发明中使用遗传资源和相关传统知识的专利申请人应在其专利申请中公开这一事实和其他相关信息。

2. 传统知识和遗传资源保护讨论焦点[①] 传统知识和遗传资源保护是发展中国家用以对抗在现有的知识产权制度中占明显优势的发达国家所提出的主张。曾经,不同的国际组织、机构和论坛从不同的角度对这一问题进行了深入讨论,也形成了不同的观点和认识。

（1）WIPO 的讨论:1998 年,世界知识产权组织（WIPO）创立了一个全球知识产权问题部,该部门对传统知识问题进行了一些调研,特别是对世界不同地方组织了实地调查。目前,在 WIPO 框架下,有关传统知识和遗传资源保护的讨论主要是在专门的政府间委员会中进行;同时,近年来《专利合作条约》（PCT）和《实体专利法条约》（SPLT）中也有所涉及。此外,WIPO 还积极与联合国环境规划署（UNEP）和世界贸易组织（WTO）合作,探讨有关知识产权与生物多样性公约及遗传资源、传统知识保护与 TRIPS 之间的关系问题。

1）WIPO-IGC:在 2004 年 11 月初召开的第七次会议上,IGC 明确归纳了遗传资源、传统知识的政策目标、指导原则和具体规定,为 WIPO-IGC 尽快达成关于传统知识的国际条约奠定了基础。

在 IGC 中,目前其有关传统知识和遗传资源所关注的主要问题有三项。

①专利审查中对传统知识和遗传资源的承认。对于传统知识的保护,有一种所谓的防卫性保护方式,即通过公开传统知识的内容,阻止他人就该传统知识或相关遗传资源获取知识产权。防卫性保护方式虽然可以阻止他人获得知识产权,但也会使相关知识进入公有领域,传统知识持有者自己也会失去获得知识产权的可能,而且不能禁止他人使用或利用该传统知识。因此,要真正有效地实现防止他人获得知识产权,还需要相关知识产权制度的协调和配合。

---

① 苏娟,杨红菊.遗传资源与传统知识保护的策略选择［N］.中国知识产权报,2005-03-30.

以专利为例,还需要各地区、国家的专利审查机构在专利审查程序中充分尊重和利用那些已经公开的传统知识信息。

②发明中使用的传统知识和遗传资源来源的公开。在发展中国家看来,在专利制度中增加这样的要求是对遗传资源利用的一种有效制约,而另一方面也引起发达国家在一些问题上的强烈抵制。就此问题,应《生物多样性公约》缔约方大会的要求,WIPO编写了"关于与遗传资源和传统知识有关的公开要求问题的技术研究报告草案"和"对WIPO关于遗传资源来源公开问题的审查报告(初稿)"。这是目前WIPO提供的直接针对遗传资源来源公开问题的文件。

③惠益分享中的知识产权问题。遗传资源的获取条件、遗传资源提供者的事先知情同意、遗传资源使用后惠益分享等都是十分重要的问题。就上述问题,现有的一些国际条约、地区和国家法律法规已经有一些框架性的规定。其中,主要的国际公约有《生物多样性公约》(CBD)、联合国粮食及农业组织的《有关粮食和农业的植物遗传资源国际条约》(ITPGR)等。

以协议和合同方式解决遗传资源获取和惠益分享,是发达国家(特别是美国)极力主张的方式。应当说,合同方式有许多不足和限制之处。例如,合同双方当事人信息和能力等方面的不对称很可能会影响合同的公平合理。因而在国际讨论中,此种方式受到发展中国家的批评和拒绝。但是在发达国家的极力推动下,合同解决方式也被列入了WIPO关注的领域。为此,WIPO-IGC着手制定有关遗传资源获取和惠益平等分享协议中知识产权问题的指南(以下简称"指南")。目前该"指南"草案已经初步拟订并在公开征求意见,并已经在IGC第七次会议上进行了讨论。

2)WIPO-PCT:在PCT改革工作组第五次会议上,瑞士提出了关于在专利申请中标明遗传资源和传统知识来源的建议。其建议主要包括以下内容:①允许国内立法要求在专利申请中说明遗传资源和传统知识的来源。②修改PCT细则,明确规定:如果发明直接基于某一遗传资源或传统知识,应在进入国家阶段之时或之后(也可以在提交国际申请之时)说明其来源;如果没有说明,国家法律可以规定在国家阶段该申请不被处理,直到其提供了这样的说明。③修改 PLT，使得 PLT 的成员国能够在国内立法中要求专利申请说明遗传资源和／或传统知识的来源，国家法还可以规定，如果申请人恶意不说明或提供不正确说明的，所授予专利的有效性将受到影响。

3）WIPO-SPLT：如前所述，瑞士也提出了修改专利法条约（PLT）的建议，这样能够更进一步地将遗传资源和传统知识保护与成员国的国内专利法结合起来。但是，由于种种原因，在 PLT 的讨论中这一问题却没有涉及。

（2）WTO 中的讨论：世界贸易组织（WTO）的 TRIPS 理事会也是一个讨论知识产权、生物多样性和传统知识保护的重要论坛。在 2004 年 12 月及 2005 年 3 月召开的 TRIPS 理事会会议上，重点议题之一就是讨论传统知识和遗传资源保护与 TRIPS 的关系问题。

概括起来，围绕遗传资源、传统知识的保护，在 TRIPS 中讨论的议题有以下几方面。

1）如何对生物技术发明适用现有的 TRIPS 规定，包括何种与生命有关的形式可以获得专利保护。

2）对植物新品种有效的"专门"保护的含义，包括允许农民继续保留和交换其收获的种子问题。

3）如何处理传统知识、民间文艺和遗传资源，以及其来源社区的权利。其中包括：如何阻止专利被错误地授予，是否支持建立数据库以帮助专利审查员审查，现有的知识产权在何种程度上有助于保护传统知识和民间文艺，以及在什么程度上需要专门的法律，对这些问题进行讨论的适宜场合是什么。

4）如何共同实施 TRIPS 以及 CBD，TRIPS 是否应当修改，特别是专利申请是否必须公开传统知识或遗传资源的来源；在使用自己的发明前，研究者和发明人必须获得什么形式的同意，当发明人在其他国家就其从当地获得的材料作出的发明享有权利时，其与当地社区进行利益分享的可能方式是什么。

而在上述问题中，关注比较集中的是在专利申请中公开遗传资源来源问题，而这一问题争议的焦点在于遗传资源来源的公开要求是否应对专利权的授予产生影响，即具有专利法意义上的强制力。

（3）《生物多样性公约》（CBD）的讨论：1992 年，在巴西里约热内卢召开了由各国首脑参加的最大规模的联合国环境与发展大会；在此次"地球峰会"上，签署了有历史意义的协议——《生物多样性公约》（CBD），它获得了快速和广泛的接纳，150多个国家和地区在大会上签署了该文件，此后共175个国家和地区批准了该协议。CBD有3个主要目标：保护生物多样性；生物多样性组成成分的可持续利用；以公平合理的方式共享遗传资源的商业利益和其他形式的利用。

关于知识产权，CBD已有一些规定和决议，如CBD第16条第5款规定：缔约方认识到专利和其他知识产权可能影响到本公约的实施，因而应在这方面遵照国家立法和国际法进行合作，以确保此种权力有助于而不违反本公约的目标。

而CBD缔约方大会第Ⅵ/24号文件则请缔约方和各国政府：如申请的主题涉及或在开发中使用了遗传资源，在知识产权申请中鼓励公开遗传资源的原产国，作为跟踪遵守事先知情同意和同意获取该资源的相互约定条件的一种可能手段，以及如申请的主题涉及或在开发中使用了这种知识，在知识产权申请中鼓励公开关于生物多样性的保护和持续利用的相关的土著和地方社区的传统知识、创新和实践。

在1998年4月第四次《生物多样性公约》成员国会议上，成立了一个休会期间特设工作组。工作组于1999年召开第一次会议，初步讨论了遗传资源获取和惠益分享、知识产权制度、TRIPS、传统知识和土著社区的参与等问题。2000年5月15日至26日，《生物多样性公约》第五次成员国会议上，代表们在临时议程第23项《遗传资源的获取》议题下，讨论了知识产权与TRIPS和《生物多样性公约》二者之间的关系问题。在2002年2月召开的第二次会议上，特设工作组讨论了现有国内法律、国际文书，特别是知识产权文书对传统知识保护的影响和作用。2002年召开的第六次缔约方大会通过了旨在帮助各政府和利益相关者制定各种措施确保遗传资源获取和惠益分享（ABS）的《关于获取遗传资源并公正和公平分享通过其利益所产生的惠益的波恩准则》。此后，在CBD第七次和第八次会议上也都涉及了遗传资源获取和惠益分享国际制度、传统知识的保护等问题。

（4）其他国际组织的讨论

1）联合国粮食及农业组织（FAO）在遗传资源保护方面的工作也取得了一定成果，主要体现在《粮食和农业植物遗传资源国际条约》的达成上。尽管条约只限于粮食和农业的植物遗传资源有关的知识，但该条约却被看作是植物遗传资源保护方面的一个重要成果。此条约建立了一套遗传资源的多边交换体系，其中也涉及相关遗传资源的知识产权问题。

2）2000年10月30日至11月1日，联合国贸发会议召开了一个"保护传统知识、革新和实践的制度和国家经验专家会"。会议的成果是提出了对政府、国际社会和对联合国贸发会议的共同建议。建议包括：提高对传统知识保护的关注程度，支持当地和土著社会的创新潜力，方便传统知识的文献化，促进以传统知识为基础的产品的商业化。

3）除了前面列举的国际组织和论坛之外，还有许多国际组织和论坛，如国际植物新品种保护联盟（UPOV）、联合国教科文组织（UNESCO）等，也在关注或涉及遗传资源、传统知识的保护。

传统知识不像现代科技知识那样有清晰的界限和形式，它常常是通过口头传统方式传递，并在不同的社区之间传播，传统知识的知识产权保护需要更灵活、更具本土化的解决方案。当前的知识产权制度大多是以西方知识体系为基础的，无法完全适应传统知识的保护需求。综上所述，传统知识和遗传资源的保护已经引起国际社会的广泛关注。我国作为一个文明古国、资源大国以及重要的发展中国家，传统知识和遗传资源保护的重要性不言而喻。应当说，国际上的研究成果和经验也只是一种参考，我们还需要探索出适合自己国情和需要的保护模式。为此，还有许多的基础性调查和研究工作要做。

二、我国知识产权的现状和发展趋势

（一）我国知识产权法的历史发展

1. 专利法的产生与发展

（1）中华人民共和国成立以前的专利制度是从萌芽到雏形阶段：在我国

历史上,专营专卖独占权的垄断经营制度实际上是专利制度的萌芽,远比西方国家出现得早,而我国真正的专利制度的建立较发达国家滞后了200多年。西汉时期即有对盐、铁、茶、丝、瓷器等实行官办或商卖等垄断经营制度,以后的各朝代也多有沿用。当时封建社会经济技术十分落后,尚不具备产生专利制度的基础。直到19世纪中叶以后才从西方传入专利制度的思想。

1859年,太平天国时期的政治家洪仁玕在其著名的《资政新篇》中首次提出建立专利制度的建议。他认为,对发明实行专利保护,是赶上西方发达国家的必备条件,甚至提出在同一专利制度下分别保护发明专利与"小专利"(实用新型)的设想,"器小者赏五年,大者赏十年,益民多者年数加多"。太平天国运动在1864年失败,洪仁玕的设想未能真正实现。

1881年,我国早期民族资产阶级代表人郑观应,曾就上海机器织布局的机器织布技术,向清朝皇帝申请专利。1882年光绪皇帝批准了该局可执有为期10年的专利。这是我国历史上较有影响的"钦赐"专利,但比西欧国家的类似进程迟了近300年。

1898年,光绪皇帝实行"戊戌变法",签发《振兴工艺给奖章程》,这是我国历史上第一部专利法。章程规定,根据发明创造的意义和实际价值的大小授予50年、30年、10年的专利权。"戊戌变法"失败,章程未付诸实施。

1912年,民国政府颁布《奖励工艺品暂行章程》,该章程规定对发明或改良的产品经考验合格,分等级给予5年之内的专利权,这是我国历史上实际付诸实施的第一部专利法。这部专利法的保护范围非常有限。从名称上即可看出,只保护称得上发明(或改进)的工艺品,而不保护制造方法。食品、药品均被排除在保护之外。章程规定:受到奖励后一年内未实施有关发明,或实施中无故中止一年,均导致专有权灭失。1923年,民国政府修订该章程,增加对制造方法的保护。

1932年,国民党政府公布《奖励工业技术暂行条例》。该条例规定奖励、审查、颁证的方式方法、条件要求、承办机构等内容。1939年修正,增加"新型"和"新式样"两种专利。至此为止,初步具备专利法的雏形。

(2)中华人民共和国成立以后我国专利制度是从建立到完善阶段:中华

人民共和国成立后，中央人民政府政务院于 1950 年 8 月颁布《保障发明权与专利权暂行条例》；同年，政务院财政经济委员会颁发该条例的施行细则及《发明审查委员会规程》。这是中华人民共和国成立初期试行的专利保护制度。《保障发明权与专利权暂行条例》仿效苏联实行"双轨制"，发明权和专利权并行。条例对发明、专利的审查程序、申请范围、审查标准、权利、保护期限等，都作了分述，特别规定：居住在中国的外国人，可以依照该条例申请发明权和专利权。1963 年，《发明奖励条例》颁布，《保障发明权与专利权暂行条例》即被废止。自此，在我国，发明奖励制度代替了专利保护制度。

1978 年底，根据党的十一届三中全会精神，中华人民共和国国家科学技术委员会在进行充分调研的基础上，提出建立专利制度的问题。1979 年 3 月，"中华人民共和国专利法起草小组"正式成立。1980 年，中华人民共和国专利局正式成立。1984 年 3 月，第六届全国人民代表大会常务委员会第四次会议正式通过《中华人民共和国专利法》。1985 年 1 月 19 日经国务院批准，中华人民共和国专利局颁布《中华人民共和国专利法实施细则》。其后，为保障和配合专利法的实施，中华人民共和国专利局又制定一系列有关专利法实施的规章制度。《中华人民共和国专利法》（以下简称《专利法》）的诞生，是我国专利制度建立的里程碑。

1992 年，对《专利法》进行了第一次修正，并于 1993 年 1 月 1 日正式施行。它的主要特点是扩大了专利保护的技术领域，开放了对食品、饮料、调味品、药品和用化学方法得到的物质的专利保护；延长了三种专利权的期限；增加了专利权人对方法专利延及的产品以及进口的保护，使我国在专利保护水平方面基本符合了 GATT 的 TRIPS 的要求。

2000 年、2008 年、2020 年，我国分别对《专利法》进行了第二、第三、第四次修正。

2. 商标法的产生与发展　我国最早较为完整的商标是北宋时期山东济南刘家功夫针铺所用的"白兔商标"，其基本具备现代商标的外貌。但我国以成文法保护商标专用权始于晚清时期。

1904 年，清政府颁布我国第一部商标法——《商标注册试办章程》。其法规由总税务司英国人赫德起草,具有典型的半殖民地性质。

1923年,北洋军阀政府颁布《商标法》。这是真正付诸实施的我国第一部商标法。

1927年,国民党政府开始修改、制定新的商标管理法令。1930年,公布《商标法》,1931年1月1日起施行。

1950年7月,中央人民政府政务院颁布《商标注册暂行条例》,1953年公布《关于未注册商标管理原则与处理办法》。

1957年,国务院转发工商行政管理局《关于实行商标全面注册的意见》。

1978年,经党中央批准,成立工商行政管理总局,内设商标局,负责商标统一审查、注册。1982年,我国正式颁布《中华人民共和国商标法》,并于1993年、2001年、2013年、2019年对其进行了四次修正。

3. 著作权法的产生与发展 我国著作权的形成和发展过程与西方很相似。我国著作权法的立法始于清朝末年。1910年,中国历史上第一部著作权法——《大清著作权律》颁布。这部版权法对后来北洋政府及国民党政府的历次版权立法产生重大影响。

1950年,中华人民共和国全国第一次出版工作会议提出《关于改进和发展出版工作的决议》。1953年,出版总署制定《关于纠正任意翻印图书现象的规定》。

1980年,国家出版局颁布第一部涉及版权保护的法规——《关于书籍稿酬暂行规定》。1982年,广播电影电视部发布我国第一个保护邻接权的法规——《录音、录像制品管理暂行规定》。1986年,我国颁布《中华人民共和国民法通则》,对著作权的保护作了原则规定,这一规定为我国建立著作权制度奠定了坚实的基础。1990年,第七届全国人民代表大会常务委员会第十五次会议上通过中华人民共和国第一部《著作权法》。2001年、2010年、2020年分别进行了修正。

4. 反不正当竞争法的产生与发展 反不正当竞争法是商品经济的产物。早在半殖民地半封建时期,西方商品经济渗入我国市场,就出现了不正当竞争行为。

1982年,国务院颁布《广告管理暂行条例》,首次在我国法规中引入反不正当竞争的概念。

随着我国改革开放深入进行,商品经济快速发展。1993年《中华人民共和国反不正当竞争法》颁布。2017年和2019年分别进行了修正。

(二)中国知识产权法的现状与进展

1982年《商标法》、1984年《专利法》以及1990年《著作权法》相继出台后,我国知识产权法律体系框架逐步确立,知识产权行政管理机构也随之不断健全。我国知识产权法律的类型和层级日益完善,已基本形成法律、行政法规、部门规章以及地方性法规等多维度、多层次的知识产权法律体系。1993年,《反不正当竞争法》出台,从维护市场竞争秩序的角度,为商业秘密以及知名商品的名称、包装和装潢提供了法律保护。随后,国务院于1997年发布《植物新品种保护条例》,明确了植物新品种应当具有新颖性、特异性、一致性和稳定性等特征,并对植物品种权的内容、归属、授权条件、申请受理、审查批准以及保护期限等进行了详细规定。2001年出台了《集成电路布图设计保护条例》,确认布图设计是智力劳动成果,具有独创性的布图设计的创作者可依法获得布图设计专有权。国务院针对各类知识产权单行法分别制定并颁布了《商标法实施细则》(后修改为《商标法实施条例》)、《专利法实施细则》和《著作权法实施条例》。此外,为满足特殊智力成果的保护需求,国务院还出台了《奥林匹克标志保护条例》和《世界博览会标志保护条例》等行政法规。相关部门也适时针对特定事项或行业发布了《专利审查指南》《专利代理条例》《专利实施强制许可办法》《商标实质审查规程》《商标代理管理办法》《互联网著作权行政保护办法》以及《著作权行政投诉指南》等法规和规章。同时,各地方根据自身科技发展状况和法制需求,制定了地方性法规,如《广东省专利保护条例》《重庆市专利促进与保护条例》《北京市发明专利奖励办法》和《北京市展会知识产权保护办法》。

知识产权客体范围和类型逐步充实。1984年《专利法》第25条规定:科学发现,智力活动的规则和方法,疾病的诊断和治疗方法,食品、饮料和调味品,药品和用化学方法获得的物质,动物和植物品种,用原子核变换方法获得的物质等均不授予专利权。随着社会经济发展,1993 年《专利法》取消了食品、饮料、调味品及药品和化学方法获得物质不得授予专利权的限制,扩大了专利权保护的技术方案与方法范围。1982 年《商标法》规定,商标的构成要素为文字、图形或者其组合。2001 年《商标法》将商标的构成要素扩展为文字、图形、字母、数字、三维标志和颜色组合;还明确了地理标志的概念和排除性使用规则。2013 年《商标法》进一步将声音商标纳入保护范围。对比 1990 年《著作权法》,2001 年修订的《著作权法》在作品类型中增加列举了杂技艺术作品、建筑作品、以类似摄制电影的方法创作的作品、地图、示意图等图形作品和模型作品等。

知识产权行政管理体系逐步完善。1980 年中国专利局正式成立,并于 1984 年颁布了《中华人民共和国专利法》,随后各地陆续设立专利管理部门。1990 年《国家科委、中国专利局关于加强专利管理工作的通知》明确了专利管理机关具有执法和管理的双重职能;1993 年国务院机构改革将中国专利局调整为国务院直属事业单位;1998 年,中国专利局更名为国家知识产权局,成为国务院直属行政机构。为了加强版权管理工作,1995 年在文化部的建议下,经国务院批准成立了国家版权局,负责全国范围内的著作权管理事务。在 2013 年的国务院机构改革方案中,国家新闻出版总署和国家广播电影电视总局的职能被整合,组建了国家新闻出版广电总局,并加挂国家版权局的牌子。1999 年,农业部成立了植物新品种保护工作领导小组和植物新品种保护办公室,专门负责植物新品种的保护工作。同时,国家林业局也增加了保护林业植物新品种的相关职能。2014 年我国首个知识产权法院在北京成立。随后,最高人民法院发布了《关于北京、上海、广州知识产权法院案件管辖的规定》,该规定明确了知识产权法院的案件管辖范围,并针对北京、上海、广州的特殊知识产权市场环境,为部分法院设置了专门的管辖规则。

部分省市在知识产权行政管理机构改革方面率先进行尝试。2004 年,深圳市知识产权局从科技局中独立出来,将专利和著作权管理机构合并,统一管理,实施"二合一"的管理模式,深圳积极探索管理模式,为地方知识产权综合行政管理模式改革提供了宝贵经验。2014 年上海市委市政府也着手推动知识产权综合管理改革，2015年在浦东设立了全国首个专利、商标、著作权为一体的"三合一"独立知识产权局，该知识产权局集管理、服务和执法于一体，形成了一体化知识产权综合管理体制。

我国在修订知识产权法律制度的过程中逐步展现出更大的开放性与包容性。以《著作权法》第三次修订为例，为顺利推进修订工作，国家版权局成立了"国家版权局著作权法修订工作领导小组"和"国家版权局著作权法修订工作专家委员会"，并委托相关科研机构起草专家建议稿。同时，国家版权局通过官网发布公告和专函的方式，分别向社会公众、立法、司法、行政机关以及相关社会团体广泛征求意见。此外，还组织或参与了针对特定领域、行业和部门的专题会议，直接听取相关利益方的建议。2012年3月31日，国家版权局发布了《著作权法（修订草案）》并面向全社会征求意见，据统计，不到两个月时间内，共收到约1560份意见和建议，涉及草案中的81个条款。

三、国内外专利制度特点与专利法比较

随着我国参与国际经济和贸易活动的日益频繁，尤其是加入世界贸易组织以后，人们已不仅仅局限于了解中国专利制度和《中华人民共和国专利法》，同时也需要了解世界上其他国家的专利制度和有关专利法的规定，特别要了解其异同，从而在我方与外方进行技术交流和经济贸易活动中充分保护自身的各项权益。

（一）中外专利制度的共同特点

专利制度就是根据专利法授予发明创造专利权的方式来保护、鼓励发明创造，促进发明创造的推广应用，推动科学技术进步和经济发展的一种法律制度。

专利法是专利制度的核心，专利法是用来调整发明人和发明所有人以及发明使用人之间对发明所有权的行为关系的法律规范。专利法的核心是专利权。保障专利权人的合法权益，鼓励公平竞争，达到促进科技、经济交流和发展的目的，这就是专利制度的作用，也就是说，专利制度的本质作用就在于市

场的占有和保护。

尽管各国所建立的专利制度不完全一样,但基本包括专利审查、专利代理、专利文献及信息服务,以及专利司法和管理等方面的内容。

世界上大多数国家的专利局组织架构大致相同,专利局中涉及专利实务的部门主要包括专利审查和文献两个部门。中国专利体系在很大程度上与欧洲专利体系(包括德国、法国、英国、西班牙、欧盟)十分接近,而与美国专利体系稍有差异。

世界各国专利制度特点可以概括为如下几点。

1. 专利申请制 专利权的取得并非国家主动给予的,也不是自然产生的,获取专利的前提是由申请人提出专利申请。专利申请制是专利制度的首要特点。

我国采取的是先申请原则。所谓先申请原则,就是一项发明创造有两个或两个以上的单位或个人分别提出专利申请,专利权授予第一个提出专利申请的人。我国采取先申请原则,目的是鼓励发明人尽早提出专利申请,保护为公众利益而尽早公开自己的发明的单位和个人。

在实行专利制度的国家中,大多数国家采取先申请原则,少数国家采取先发明原则。目前,菲律宾采取先发明原则。2013年起,美国由先发明原则改为先申请原则。

所谓先发明原则,就是一个发明创造有两个或两个以上的单位或个人分别提出申请,专利授予第一个实际做出创造的申请人。先发明原则保护最早发明人,但不利于尽早公开其发明,尽早造福于人类,而且,采用先发明原则,要搞清谁先做出发明,手续复杂,费时费钱。

2. 专利审查 绝大多数国家对发明创造均授予专利权,而且大多数国家所称的发明创造是指发明、实用新型和外观设计。

美国是世界上最先采用审查制的国家。目前,世界上绝大多数国家对发明创造专利都采用审查制。

所谓专利审查,包括初步审查和实质审查。实质审查主要是对发明专利是否符合新颖性、创造性和实用性等授权条件的审查。当今各国的专利审查制度主要分为三种类型：不进行实质审查（如中国、德国的实用新型专利）、先行实质审查（如中国、日本的发明专利）以及半实审制（如法国、荷兰的发明专利）。

审查工作是严格依据专利法及其实施细则并经过文献检索等进行的，不是通过开会讨论或投票表决等方式进行的，因此，通过专利审查而批准授予的专利权绝大多数都具有较高的稳定性。

一般来说，各国对实用新型和外观设计专利都进行初步审查，只是在有争议的情况下，才开始进行实质审查。

3. 公开性　公开性是专利制度的重要特点之一。

所谓公开性，就是发明人向公众尽早公开自己发明创造的内容，以便使专利尽早造福人类。换句话说，公开性是指任何单位或个人申请专利时，将其发明创造的主要内容写成说明书等提交专利局，经专利局审查合格后，以专利说明书的形式向世界公开通报。

申请人在世界各国提出专利申请，几乎都需要准备的文件有：专利请求书、说明书、权利要求书、摘要等。专利申请有助于使科研成果得到保护和转化运用。尤其是在世界经济日趋一体化的今天，技术商品化，专利技术很快就会超越国界成为国际商品在世界范围内流通，有力地促进了相互之间的技术交流和合作。

4. 具有知识产权的共同特性　各国专利权均属于知识产权的一种，具有知识产权的共同特性，即专有性、地域性和时间性。

（二）主要国家专利法比较

1. 中华人民共和国专利法（1984 年 3 月 12 日制定，2020 年 10 月 17 日第四次修正）

（1）何人有权提出专利申请

《中华人民共和国专利法》第六条：执行本单位的任务或者主要是利用本单位的物质技术条件所完成的发明创造为职务发明创造。职务发明创造申请专利的权利属于该单位，申请被批准后，该单位为专利权人。该单位可以依法处置其职务发明创造申请专利的权利和专利权，促进相关发明创造的实施和运用。

非职务发明创造,申请专利的权利属于发明人或者设计人;申请被批准后,该发明人或者设计人为专利权人。

利用本单位的物质技术条件所完成的发明创造,单位与发明人或者设计人订有合同,对申请专利的权利和专利权的归属作出约定的,从其约定。

《中华人民共和国专利法》第八条:两个以上单位或者个人合作完成的发明创造、一个单位或者个人接受其他单位或者个人委托所完成的发明创造,除另有协议的以外,申请专利的权利属于完成或者共同完成的单位或者个人;申请被批准后,申请的单位或者个人为专利权人。

《中华人民共和国专利法》第九条:同样的发明创造只能授予一项专利权。但是,同一申请人同日对同样的发明创造既申请实用新型专利又申请发明专利,先获得的实用新型专利权尚未终止,且申请人声明放弃该实用新型专利权的,可以授予发明专利权。两个以上的申请人分别就同样的发明创造申请专利的,专利权授予最先申请的人。

（2）专利保护的对象

《中华人民共和国专利法》第二条:本法所称的发明创造是指发明、实用新型和外观设计。

发明,是指对产品、方法或者其改进所提出的新的技术方案。

实用新型,是指对产品的形状、构造或者其结合所提出的适于实用的新的技术方案。

外观设计,是指对产品的整体或者局部的形状、图案或者其结合以及色彩与形状、图案的结合所作出的富有美感并适于工业应用的新设计。

《中华人民共和国专利法》第二十二条第一款:授予专利权的发明和实用新型,应当具备新颖性、创造性和实用性。

《中华人民共和国专利法》第二十三条:授予专利权的外观设计,应当不属于现有设计;也没有任何单位或者个人就同样的外观设计在申请日以前向国务院专利行政部门提出过申请,并记载在申请日以后公告的专利文件中。

授予专利权的外观设计与现有设计或者现有设计特征的组合相比,应当具有明显区别。

授予专利权的外观设计不得与他人在申请日以前已经取得的合法权利相冲突。

本法所称现有设计,是指申请日以前在国内外为公众所知的设计。

《中华人民共和国专利法》第二十五条:对于下列各项,不授予专利权:

(一)科学发现;

(二)智力活动的规则和方法;

(三)疾病的诊断和治疗方法;

(四)动物和植物品种;

(五)原子核变换方法以及用原子核变换方法获得的物质;

(六)对平面印刷品的图案、色彩或者二者的结合作出的主要起标识作用的设计。

对前款第(四)项所列产品的生产方法,可以依照本法规定授予专利权。

《中华人民共和国专利法》第五条:对违反法律、社会公德或者妨害公共利益的发明创造,不授予专利权。对违反法律、行政法规的规定获取或者利用遗传资源,并依赖该遗传资源完成的发明创造,不授予专利权。

(3)专利的申请

《中华人民共和国专利法》第二十六条:申请发明或者实用新型专利的,应当提交请求书、说明书及其摘要和权利要求书等文件。

请求书应当写明发明或者实用新型的名称,发明人的姓名,申请人姓名或者名称、地址,以及其他事项。

说明书应当对发明或者实用新型作出清楚、完整的说明,以所属技术领域的技术人员能够实现为准;必要的时候,应当有附图。摘要应当简要说明发明或者实用新型的技术要点。

权利要求书应当以说明书为依据,清楚、简要地限定要求专利保护的范围。

依赖遗传资源完成的发明创造,申请人应当在专利申请文件中说明该遗传资源的直接来源和原始来源;申请人无法说明原始来源的,应当陈述理由。

《中华人民共和国专利法》第二十七条:申请外观设计专利的,应当提交请求书、该外观设计的图片或者照片,以及对该外观设计的简要说明等文件。

申请人提交的有关图片或者照片应当清楚地显示要求专利保护的产品的外观设计。

《中华人民共和国专利法》第二十八条：国务院专利行政部门收到专利申请文件之日为申请日。如果申请文件是邮寄的,以寄出的邮戳日为申请日。

《中华人民共和国专利法》第二十九条：申请人自发明或者实用新型在外国第一次提出专利申请之日起十二个月内,或者自外观设计在外国第一次提出专利申请之日起六个月内,又在中国就相同主题提出专利申请的,依照该外国同中国签订的协议或者共同参加的国际条约,或者依照相互承认优先权的原则,可以享有优先权。

申请人自发明或者实用新型在中国第一次提出专利申请之日起十二个月内,或者自外观设计在中国第一次提出专利申请之日起六个月内,又向国务院专利行政部门就相同主题提出专利申请的,可以享有优先权。

《中华人民共和国专利法实施细则》第二十条规定,发明或者实用新型专利申请的说明书应当写明发明或者实用新型的名称,该名称应当与请求书中的名称一致。说明书应当包括下列内容：

（一）技术领域：写明要求保护的技术方案所属的技术领域；

（二）背景技术：写明对发明或者实用新型的理解、检索、审查有用的背景技术；有可能的,并引证反映这些背景技术的文件；

（三）发明内容：写明发明或者实用新型所要解决的技术问题以及解决其技术问题采用的技术方案,并对照现有技术写明发明或者实用新型的有益效果；

（四）附图说明：说明书有附图的,对各幅附图作简略说明；

（五）具体实施方式：详细写明申请人认为实现发明或者实用新型的优选方式；必要时,举例说明；有附图的,对照附图。

发明或者实用新型专利申请人应当按照前款规定的方式和顺序撰写说明书,并在说明书每一部分前面写明标题,除非其发明或者实用新型的性质用其他方式或者顺序撰写能节约说明书的篇幅并使他人能够准确理解其发明或者实用新型。

发明或者实用新型说明书应当用词规范、语句清楚,并不得使用"如权利要求……所述的……"一类的引用语,也不得使用商业性宣传用语。

发明专利申请包含一个或者多个核苷酸或者氨基酸序列的,说明书应当包括符合国务院专利行政部门规定的序列表。

实用新型专利申请说明书应当有表示要求保护的产品的形状、构造或者其结合的附图。

(4)专利申请的审查和批准:在我国,专利局对发明专利的审查是一种典型的早期公开延迟审查制。

《中华人民共和国专利法》第三十四条:国务院专利行政部门收到发明专利申请后,经初步审查认为符合本法要求的,自申请日起满十八个月,即行公布。国务院专利行政部门可以根据申请人的请求早日公布其申请。

《中华人民共和国专利法》第三十五条第一款:发明专利申请自申请日起三年内,国务院专利行政部门可以根据申请人随时提出的请求,对其申请进行实质审查;申请人无正当理由逾期不请求实质审查的,该申请即被视为撤回。

《中华人民共和国专利法》第三十九条:发明专利申请经实质审查没有发现驳回理由的,由国务院专利行政部门作出授予发明专利权的决定,发给发明专利证书,同时予以登记和公告。发明专利权自公告之日起生效。

《中华人民共和国专利法》第四十条:实用新型和外观设计专利申请经初步审查没有发现驳回理由的,由国务院专利行政部门作出授予实用新型专利权或者外观设计专利权的决定,发给相应的专利证书,同时予以登记和公告。实用新型专利权和外观设计专利权自公告之日起生效。

(5)专利权的期限

《中华人民共和国专利法》第四十二条:发明专利权的期限为二十年,实用新型专利权的期限为十年,外观设计专利权的期限为十五年,均自申请日起计算。

2. 美国专利法

(1)何人有权提出专利申请

1)涉及申请人身份确定的法律条文主要有五条,即专利法第101条、第102条之(f)款、第115条、第117条、第118条,可以总结出:美国专利权的申请主体是完成发明的真实的发明人,如发明人死亡或丧失行为能力,则其法定代理人享有专利权。只有当真实发明人拒绝将其发明申请专利时,对该发明有重大利害关系人,根据所出示的证据才可以申请专利。发明人可以书面合同转授发明人名义。发明由二人或二人以上共同完成的,一般应共同提出专利申请。

2)美国《专利审查指南》对共同发明人的规定:即使发明人实际上不在一起共同工作或不在同一时间内工作,他们可以共同提出专利申请,他们所起的作用不具有相同的性质或相同的数量,他们当中并非每个人对专利中的每个权利要求的内容都起到作用。目前,美国专利局认为,一旦当共同申请人中的每个发明人为专利申请中任一权利要求的发明人,那么,专利就应该授予共同发明人。

3)关于职务发明,专利法规定,属于雇佣人的发明,应由发明人先将专利申请权转让给所属单位,然后由单位申请。

(2)专利保护的对象:与《中华人民共和国专利法》不同,在美国专利法中没有明确地写明何种发明不可获得专利,而是在专利法及其以后若干判例中确定了可以获得专利的发明。

美国专利法规定了发明必须具有新颖性、创造性和工业实用性。

美国专利法第101条规定了对新的和有用的方法、机器、组合物或产品,以及对上述各项新的和有用的改进,都可给予专利保护。其中“方法”明确保护对已知方法、机器、物质或原料、化合物或产品的新用途。

组合物的种类很多,它涉及化学产品、混合物、合金等。这一类发明中可以给予保护的范围在不断扩大。到目前为止,除了一般意义上的关于组合物的发明外还包括:①某些将自然界中发现的产品经结构变化后而获得的物质;②具有新用途的公知产品;③微生物;④多细胞活性有机物。对于动物新品种的专利权是近年来美国专利保护范围的最先突破。

美国专利法第161条至第164条规定了植物专利这一类型。按照规定,任何人发现或发明、利用无性繁殖培植出任何独特而新颖的植物品种,包括培植出的变形芽、变种、杂交种及新发现的种子苗(但不包括由块茎繁殖的植物或在非栽培状态下发现的植物），均可以获得植物专利保护。

美国专利法第 171 条至第 173 条规定了外观设计专利：外观设计专利是授予对制造品作出新颖、独特和装饰性的外观设计的发明者。

美国专利法经 1984 年修改后，决定对半导体集成电路芯片及计算机程序一般是通过版权法进行保护的。

20 世纪 80 年代初，美国通过判例确定对那些新的无性生殖植物品种及微生物都可以申请专利。

总之，美国专利法对可以实施专利保护的发明范围较广，除原子能裂变物质和核能的发明以及有性繁殖的植物新品种，分别按原子能法和植物品种保护法（美国已加入《国际植物新品种保护公约》）保护外，从法律上讲，专利法并未明确规定不能获得专利保护的技术领域。当然，科学理论是明显不能作为发明而被授予专利的。

（3）专利的申请：与《中华人民共和国专利法》相比，美国专利法对于申请文件的规定更加具体些。它涉及美国专利法第 111 条至第 115 条：

美国专利法第 111 条：专利的申请。申请专利，除了美国专利法另有规定外，应由发明人以书面形式向专利商标局局长提交专利申请的基本文件：①美国专利法中第 112 条所规定的说明书；②美国专利法第 113 条所规定的附图；③美国专利法中第 115 条所规定的申请人的誓词。申请人应当在申请案上签名，并应当同时依法缴纳费用。

美国专利法第 112 条：说明书。说明书应该对发明、制作与使用该项发明物的方式和工艺过程，用完整、清晰、简洁而确切的词语加以叙述，使任何熟悉该项发明所属的或与该项发明密切相关的技术人员都能制作及使用该项发明。说明书还应该提出发明人所拟定的实施其发明的最好实施方式。

在说明书的结尾，申请人应该提出包括一项或一项以上的权利要求，具体指出并清楚地确定其发明内容。权利要求的每一项可以用独立权利要求或非独立权利要求的形式描述；如果用非独立权利要求的形式写成，那么，应认为已用参考对照的方式把非独立权利要求中有关权利要求的一切限制都已说明。

关于组合物的发明，权利要求中可有一部分说明实现特定功能的方法或步骤,而不必详细描述其结构、材料或作用。这种权利要求说明也应认为已包括说明书及其相应文件所叙述的相应的结构、材料和制法。

美国专利法第113条:附图。在申请事项的性质利于图示时,申请人应附绘图。

美国专利法第114条:模型和样本。专利商标局局长可以要求申请人提供适当大小的模型,以利于展示其发明物的区分部分。发明如系组合物,那么,专利商标局局长可要求申请人提供样本或其组分,以便检查或试验。

美国专利法第115条:申请人的誓言。申请人应宣誓表明深信自己为某种方法、设计、产品或组合物,或其改进等请求取得专利的原始且最早的发明人,并应说明本人国籍。宣誓可以在美国国内依法有权监督宣誓的任何人面前进行。如果在外国宣誓,可以在有权监督宣誓的美国外交官员或领事官员面前进行,也可以在其有正式官印并经美国外交官员或领事官员书面证明其在申请人所在的国家有权监督宣誓的任何官员面前进行。该项宣誓如符合宣誓地的国家(或州)的法律,即为有效。如果按照本编规定,申请由发明人以外的人提出时,宣誓的形式可以有所变更,以便由其宣誓。

根据美国专利法及其有关规定,一份向美国专利局提交专利申请的说明书的内容有:①发明名称;②发明所属的技术领域;③与本发明内容相关的现有技术的描述;④发明目的;⑤发明的主要内容;⑥附图的图示说明;⑦详细描述最佳实施例;⑧权利要求部分。

在美国专利说明书中,第一个重要特点是专利局对于最佳实施例描述的要求通常是比较严格的,专利局在审查专利时不会审查申请人是否提供了最佳的实施例,但如果日后此案因其他原因被起诉到了法院,法官在审理此案时,认为申请人向专利局隐瞒了最佳的实施方式,则可能构成本案的驳回理由。

美国专利说明书中的另一个重要特点就是,说明书中不仅应当描述请求保护的发明本身,而且,应当使技术人员依照说明书"制作及使用该项发明"。对大多数国家来说,往往是只有在涉及化学产品时,才要求申请人充分公开该产品的使用方法。特别是对新的药物化合物或药物组合物,应当公开其具体医药用途、药理功能、有效量及使用方法,应当有实验室试验、动物实验,或者临床试验的定性或定量数据;有效量和使用方法或制剂方法等应当公开在该领域的技术人员能够实施的程度。在法国,甚至对申请人请求保护一种新的化学产品的专利说明书中,都不强制性地要求申请人说明这种新的化学产品如何获得以及如何使用。至于对那些非化学产品,申请人在描述一项发明的结构及其具有的优点时,一般常借助其使用时的方法及功能来加以说明。在《中华人民共和国专利法》中,对非化学类产品的使用的描述不作强制性的规定,如果一个中国申请人以一份中国专利申请为基础向美国专利局提交专利申请时,对说明书的撰写是否符合了美国专利法的要求则要特别注意。

美国专利法又规定:对发明专利优先权期限为 12 个月,对外观设计的优先权期限为 6 个月。

(4)专利申请的审查和批准:美国专利局对专利申请采用完全审查制,即一切专利申请,只要确认该申请包括了所要提交的文件,都全部进行审查,直到授予专利权时才予以公布,并无公开和异议程序。

(5)专利权的期限:美国专利权保护期限曾经是自授权日起 17 年,而且不准延长。但随着美国实施《关税及贸易总协定》的关于知识产权的实施法则,其专利权期限由 17 年改为 20 年,且从申请日起算,从而与大多数国家的专利法规定相一致。当然,也有人认为,20 年的保护期不公正地缩短了专利的保护期,因为有些技术领域所要花费的审批时间较长,据说生物领域就要用 3 年的时间。美国以前曾对属于特殊领域的专利权期限给予照顾,如对属于《药品价格竞争法》所管理的药品,规定自其得到新药使用许可证后的 60 天内,可依法请求延长其专利期限 5 年,因为药品会因临床等医疗试验要求而延迟享用专利权期限。

(6)专利申请费:美国专利法第 41 条有明确规定。

1)专利委员会将收取如下费用:①在最初申请专利时,除了外观设计及植物,收费 320 美元;独立权利要求超出 3 项时,额外的每项收费 480 美元;如权利要求超过 20 项,额外的每项收费 100 美元。②外观设计或植物的案件,提出一个外观设计专利申请,收费 220 美元;提出一个植物申请,收费 220 美元。

2）专利委员会将收取如下费用以维持专利有效：①授予后三年半，收费2 000美元；②授予后七年半，收费3 760美元；③授予后十一年半，收费7 700美元。

除非美国专利商标局在上述维持期到期之间或到期后六个月的宽限期内又收到申请维持费，这项专利将在六个月宽限期结束时过期。要维持一个外观设计或植物专利，不收费。

（7）附则：根据美国《食品、药品和化妆品法案》（FDCA），美国对药品的保护有如下规定：

1）美国对药品的专利保护有哪些实质规定？

美国的专利药是指拥有专利的制药公司、科研机构或个人有权生产或进行技术转让的药品。

专利药品法律保护，专利是政府依法授予的权利，即在限定的一段时间内给予发明人，而排除他人生产、使用和销售发明的权利，给发明人一段时间的独占权。专利对发明者以保护，同时也要求发明者必须向公众公开发明的全部资料，让人们了解发明者的发明和创造，使科学技术得到进一步发展。根据有关规定，发明人提出新药申请时，在他的申请书中必须有包括该药专利的详细说明，FDA批准申请时公布这一信息。药品专利保护时间从批准之日起，有效期为22年。

美国专利不仅保护药品制备工艺与技术路线，而且对药品品种给予保护。如化学或遗传工程所制备的复合物；具有潜能的生物制品，如DNA或其载体，天然植物的纯化物，天然多肽蛋白的纯化技术以及遗传工程变异后的药用植物及其种子。

虽在保护期的药品，又发现具有新的用途，也可申请专利，寻求法律保护。但不拥有该药的处方（专利）权。

2）如何申请美国的药品专利？

作为药品的专利，往往是经药理和生化筛选发现有药理作用的生物活性成分后，在Ⅰ期临床前由研究单位或企业先向本国专利局或子公司所在国专利局申请专利。从专利申请到新药上市通常需要8~12年。

在美国申请专利一般有两种方法。一则找律师申请；二则由发明者直接申请。如果认为研制的新药有必要申请美国药品专利，先将内容填一次简单的申请表。

申请表的内容大致包括：药品名称；研制药品的目的；研制药品和现行工作、合同、计划有何关系。

申请还需简略说明研究药物的内容：研制药物的背景、研制药物最初思路来自何方；实验室记录，何时公开使用、出售，时间、签名。

将填好的简单表格送委员会审查后，委员会将根据申请专利必须符合的条件，即合适的主题，全新的东西是有用、不是显而易见的，是一种创造发明，然后得出结论；如果委员会通过了，则可以请专利律师填报详细的申请表或发明者自己填写后请律师过目修改，再由申请者直接送交。

3）美国对药品的保护除了专利保护外，是否还有其他保护方式？

美国对药品的保护，除了用专利保护外，还可以用行政保护，或采用商业秘密和商标注册等方法进行自我保护。而行政保护是指从批准 NDA（新药申请）当天算起，该品种可获得 3~7 年独家生产销售的行政保护。

3. 法国专利法

（1）何人有权提出专利申请

法国专利法第 1A 条：工业产权证书获得权属于发明人或其法定继续人。两个或两个以上的人分别做出的同一发明，工业产权证书获得权属于最先申请的人。向国家工业产权局办理申请手续的人被视为是有权获得工业产权证书的人。

法国专利法第 5 条：专利授予最先提出申请的人。外国人也可享受本法之权益，条件是非法国人在上述外国人所属国家享有对等的保护。如果专利首次申请是在一个未参加巴黎联盟的国家提出的，按对等原则，法国可以给予这个首次申请同样的优先权。

法国专利法第 1B 条对职务发明作如下规定：如发明人为一雇员，除非合同规定对雇员更为有利，否则工业产权证书的获得权按下列条款决定。①雇员的工作合同包括与其职务相符的发明任务，雇员在执行此合同过程中做出的发明属雇主所有；雇员从事明确委托给他的设计和研究工作所做出的发明也属雇主所有。该雇员作为该发明的从事者可以获得额外报酬，但报酬应由集体协议、公司协议和个人雇佣合同确定。②除上述规定之外的所有发明均属雇员所有。但雇员的发明是在执行本职工作或在公司的业务范围内做出的，或是由于考察或使用了属于公司的技术，设备或资料，则雇主根据行政法院法令规定的条款和期限，有权将专利归为己有或者享受部分乃至全部其雇员的发明专利权。雇员应有权获取合理的报酬，该报酬金额，若各方达不成协议，则由第68条之二确立的调解委员会或地区法院确定；这些法律机构应当考虑他们提供的所有事实，特别是由雇主和雇员提供的事实，以便根据双方最初贡献大小和该发明的工业及商业实用性来计算雇员应得的合理报酬。③受雇的发明人应当将其发明通知雇主，雇主应当根据法令条款及期限确认接受。雇员和雇主应当互通有关该发明的一切情报，双方应防止泄密以免全部或部分损害本法所赋予权利的实施。雇员和其雇主之间的任何有关雇员所做的一项发明的协议应当以书面形式订立，否则无效。④本条的执行办法应由行政法院的法令确定。⑤本条同样适用于国家工作人员、地方政府工作人员、公共团体工作人员以及所有根据公法确立的法人，具体执行办法由行政法院法令条款确定。

（2）专利保护的对象：法国专利保护产品发明和方法发明，但属于下列情况的不能获得专利（《知识产权法典》第 L611-10 条、第 L611-16 条至第 L611-19 条）。

1）发现、科学理论和数学方法。

2）美学创作。

3）在游戏或经济活动中进行智力活动的方案、原理及方法，以及计算机程序。

4）信息的展示。

5）人类或动物的手术、诊断、治疗方法，但用于实施此类方法的产品不属于此列。

6）发明商业应用后将损害人类尊严、公共秩序和社会公德，但不得仅仅因为法律法规的禁止而判定发明违反公序良俗。

7）对于不同成长阶段的人体及其某一部分的发现不能获得专利,包括:①克隆人类的方法;②改变人类遗传特性的方法;③工业或商业性使用人类胚胎;④对全部或部分基因序列的认识。

8）动物品种、根据《共同体植物品种权条例》（第 2100/94 号欧洲共同体条例）已确立保护机制的植物品种,以及实质上是通过生物学方法获得的植物或动物品种。

（3）专利的申请

法国专利法第 13 条:申请人提交下列文件的日期为申请日。①专利请求书;②申请人的身份证件;③说明书,一项或数项权利要求,即使说明书和权利要求书并不符合本法的其他要求。

法国专利法第 14 条 A 条:专利申请文件必须对发明作出清楚完整的说明,以所属技术领域的技术人员能够实现为准。

如果一项发明涉及公众所无法获得的某种微生物的应用,只有将该养殖的微生物交由有关当局保存,该发明的说明书才被认为充分公开。公众是否能获得该微生物将由法律条文规定。

法国专利法第 14 条 B 条:权利要求书应限定所要求保护的范围,还应当清楚简洁,并得到说明书的支持。

（4）专利申请的审查和批准:法国专利法第 17 条表明,专利申请文件,自申请日起,如有优先权的,则从优先权日起,满 18 个月公布;也可根据申请人的请求早日公布其申请文件。

（5）专利权的期限

法国《知识产权法典》第 L611-2 条:保护发明的工业产权证书有以下几种。①发明专利,保护期为申请提交之日起 20 年;②实用证书,保护期为申请提交之日起 10 年（2020 年 1 月 10 日起）;③补充保护证书,该证书按 L611-3 条规定的条件依附于已有专利,自该专利法定届满之日起生效,最长不超过该日起 5 年及该条中所述市场准销许可颁发之日起 15 年。

法国《知识产权法典》第 L611-3 条:在法国生效的发明专利的标的为药

品、获取药品的方法、获取药品必需的产品或制造这一产品的方法的,如这些药品方法及产品用于制作一种作为按《公共健康法典》L601条或L617-1条取得市场准销许可标的的药品时,可依本卷及行政法院法规规定的形式和条件,自市场准销许可颁发日起就专利中与该许可相应的部分取得补充保护证书。

《法国外观设计法》第5条:外观设计保护期限为自申请日起5年,期满后还可每5年续展一次,最长不超过25年。

（6）专利申请费:《法国外观设计法》第8条表明,提交外观设计申请时,申请人应向委员会秘书处或法院档案室缴纳费用,每件申请38欧元。

4. 德国专利法

（1）何人有权提出专利申请:德国专利法第6条表明,专利权可授予专利发明人及其继承人。如果是两人或多人为共同发明,专利权将共同授予他们。如果两人或多人分别做出同一发明,专利权将授予最先向专利机构提出专利申请的人。

（2）专利保护的对象

德国专利法第1条:①本法所称发明及实用新型是指具有新颖性、建立在创造性基础上并适于工业应用的发明。②下列各项不属于第1条定义下的发明及实用新型:发现、科学原理和数学方法;美学创作;用于智力活动、娱乐或商业活动的图表、规则和方法;信息的表达。③在对主题或活动申请专利保护时,对第2条所列内容不授予专利。

德国专利法第2条:下述各项不给予专利保护。①发明的公开或使用违反公共秩序或善良风俗。这种违反不能仅从发明的应用被法律或管理条例所禁止的事实来认定。②动、植物品种以及产生的植物的基本生物过程。③本规定不适用于微生物过程及其产品。

（3）专利的申请

德国专利法第4条:①要求发明及实用新型保护的发明,应向专利局提交书面申请。一种发明作为一件申请提出。②申请文件应当包括:专利登记请求,其中清楚简要地描述专利的主题;一项或多项权利要求书,其中说明请求保护的范围;关于专利主题的说明书;与权利要求书或说明书有关的附图。

③联邦司法部部长被授权通过法令颁布申请一般条件的规定,他也可以通过法令将授权转交专利局长。④每件请求注册的专利申请应在申请时按费用表缴纳费用。若未交费,专利局将通知申请人,如费用未在通知书送达后一个月内缴纳,则申请视为撤回。⑤专利在登记前允许修改申请文件,但修改不能超出申请主题所记载的范围。若修改超出了原申请主题记载的范围,则不能授权。⑥申请人可以随时将申请分案。分案应提交书面请求。每件分案申请保留原申请日,并维持所要求的优先权。分案申请在分案时应缴纳与原申请已缴的相同的费用。

德国专利法第 6 条:①自申请日起十二个月内,申请人享有就先向专利局提交的发明专利或实用新型的同一主题申请优先权。②专利法中关于外国优先权的有关规定同样适用。

德国专利法第 28 条:任何人如在德国内既无居所又无营业所,必须在德国内请一名专利律师或法律律师作为代理人,方可参加本法所规定的在专利局或专利法院的程序,有效地行使专利权利。

(4)专利申请的审查和批准:德国专利法第 31 条提到,专利申请文件自申请日起,满 18 个月公布;也可根据申请人的请求早日公布其申请文件。专利文件如公布,任何人均可以查看申请人提供的模型及样品。

(5)专利权的期限

德国专利法第 16 条:发明专利保护期为 20 年,自申请日起计算。

《德国实用新型法》第 23 条:①实用新型保护期限为三年,自申请日起计算。②按费用表缴纳费用后,保护期限可以首先续展三年,此后每次可以再续展两年,最多至十年。

《德国外观设计创作权法》第 9 条:①外观设计保护期限为五年,从递交申请之日起计算。②保护期可以多次续展,每次五年或五年以上,但最长总数不得超过二十年。

5. 澳大利亚专利法(2021 年 8 月 26 日合并本)

(1)何人有权提出专利申请

澳大利亚专利法第 15 条:什么人可以被授予专利权?①除本法另有规定

外，一项发明的专利权只能授予以下人：（a）发明人；或（b）接受转让的人，即通过转让所有权拥有该专利的人；或（c）从发明人或（b）中所述之人那里获得权利的人；或（d）上述（a）（b）（c）中所述之人死后的合法代表人。②澳大利亚公民和非澳大利亚公民均可被授予专利权。

澳大利亚专利法第 16 条：专利的共同所有人。如果有两个或两个以上专利权人，除协议另有规定外，他们当中的每个人都平等地享有不可分割的专利权；并且他们当中的每一个人都有权为了他（或她）自己的利益，行使专利权所赋予的独占权，而不必征得他人的同意；并且他们当中的任何人，在没有征得其他专利权人同意的情况下，都无权批准专利的许可，或转让其中的利益。

澳大利亚专利法第 17 条：对共同所有人的指示。①具有两个或两个以上专利权的人，专利局长可以根据其中任何一个申请人的申请，作出局长认为合适的相应的指示：处理该专利或其中的一项利益；或批准专利许可合同；或行使第 16 条中规定的与专利有关的权利。②如果某专利权人在接到其他专利权人的书面请求的 14 天内，没能采取任何行动来执行依①款所作出的指示，则专利局长可以依据其他专利权人的申请，指示某人以失职的专利权人的名义来执行上述指示。③在发出指示通知之前，专利局长必须给出适当的时机：在①款所述的专利权人请求的情况下，使其他专利权人知道；且在②款中所述的情况下，使失职的专利权人知道。④专利局长所发出的指示通知，不能影响受托人或死者的合法代表人的权利或义务，或由上述这两种关系派生出来的权利或义务；或与专利权人之间的协议条款相矛盾。

（2）专利保护的对象：澳大利亚专利法第 18 条规定，可获得专利的发明如下。①除②款另有规定外，一项可获得专利的发明应当是：《反垄断法》中第六条所定义的一种工业上的生产方式；且与所要求的优先权日之前的现有技术相比，具有新颖性、创造性、实用性；并且在所要求的优先权日之前，在专利区域内，没有被专利权人或指定人或其原权利人秘密使用过，或者以他们的名义或经他们许可而秘密使用过。②涉及人和生物的繁殖方法的发明，不授予专利权。

（3）专利的申请

澳大利亚专利法第29条：专利申请。①某人就一项发明申请专利，应当按规定提交一份专利请求书和所规定的其他文件。②申请可以是临时申请，也可以是完整申请。③临时申请的专利请求书必须符合规定的形式并附有临时说明书。④完整申请的专利请求书必须符合规定的形式并附有完整说明书。⑤本条所称的人包括个人和团体。

澳大利亚专利法第40条：说明书。①临时说明书必须描述发明内容。②完整说明书必须包括以下内容：完整地描述发明内容，包括申请人所知道的实施其发明的最佳实施例；并且若是标准专利，应有一项或多项能限定其发明内容的权利要求；并且若是小专利，应有能限定其发明内容的一项权利要求或一个独立权利要求和不多于两项的从属权利要求。③权利要求必须清楚简明，并以说明书内容为依据。④权利要求只能涉及一项发明。

澳大利亚专利法第43条：优先权日。①说明书的每一项权利要求必须有一个优先权日。②一项权利要求的优先权日为：提交说明书的日期；或如果有确定优先权日的不同规定，则依据该规定所确定的日期。③如果一项权利要求包含了多种发明种类，为了确定该权利要求的优先权日，应将该权利要求分开，以便每个权利要求仅表明一种发明。④说明书的一项权利要求的优先权日可以不同于另一项权利要求的优先权日。

（4）专利申请的审查和批准：澳大利亚专利法没有明确专利审查的期限是多长时间。

澳大利亚专利法第61条：标准专利的授权。①专利局长必须按规定的形式授予一项标准专利，如果没有人对授权表示异议；除非因异议或专利局长的决定，或法院的决定，一项标准专利就应授予。②一项标准专利必须在规定的期限内授予。

澳大利亚专利法第62条：小专利的授权和公布。①如果专利局长接受了有关一项小专利申请的专利请求书和完整说明书，则专利局长必须按规定的形式颁发小专利证书，授予小专利权。②如果授予了一项小专利权，则专利局长必须在公报上发布通知，声明该小专利已被批准；并且对于小专利申请的请求书和完整说明书尚未公开供公众查阅的,其专利请求书和完整说明书将公开供公众查阅。

澳大利亚专利法第 65 条:专利权日为提交完整说明书的日期;或若有确定专利权日的不同规定,则依据该规定确定专利权日的日期。

（5）专利权的期限

澳大利亚专利法第 67 条:标准专利的期限。一项标准专利的期限自授予专利日起 20 年。

澳大利亚专利法第 68 条:小专利的期限。从批准专利权之日起 12 个月,并且如果专利延期请求获得批准,则还有一附加期限,该期限从上述的 12 个月结束之日开始,至专利权日之后满 6 年为止（2021 年 8 月 26 日起不再授予这项专利权）。

《澳大利亚外观设计法》:外观设计保护期限为 5 年,从申请日起算,可续展一次顺延至 10 年。

6. 西班牙专利法

（1）何人有权提出专利申请

西班牙专利法第 2 条:①凡西班牙自然人或法人,及凡在西班牙有住所的或在境内建立了有效的工商业实体的外国自然人或法人,或属于《巴黎保护工业产权公约》的成员国,可适用本法授予专利权。②凡非上款所提及的外国自然人及法人,西班牙可依其所在国对西班牙人的对等原则对其给予专利法保护。

西班牙专利法第 10 条:①专利权属于发明人或其法定继承人,或依法受转让的人。②如果几个人共同完成一项发明,专利权属于这几个人共同所有。③如果几个人分别单独完成同一项发明,专利权属最先提出申请的人。

西班牙专利法第 15 至 20 条:对雇员的发明,其专利权属于雇主。

（2）专利保护的对象

西班牙专利法第 4 条:①可工业应用,并且具有新颖性和创造性的发明可获得专利。②下列情况不属于前款意义的发明:发明、科学理论和数学方法;文学或艺术作品或任何其他艺术创造,包括科学作品;进行智力活动、游戏或商业活动的图表、规则和方法以及计算机程序;情报表述。③前款规定仅在专利申请或专利仅涉及前述内容本身时,排除其作为专利对象的可能性。④对人体或动物进行外科手术或治疗的方法以及诊断方法不是第①款意义上的具有工业应用性的创造发明,本款不适用于产品,特别是物质或组合物以及用于这些方法的设备或仪器的发明。

西班牙专利法第 5 条:①下列各项不是专利的主题:(a)公开或实施这些发明与公共法规和道德相矛盾;(b)由 1975 年 3 月 12 日生效的《植物品种保护法》保护的植物品种;(c)动物品种;(d)实质为生产植物或动物的生物方法。②上述(b)(c)和(d)项的规定不适用微生物方法和微生物产品。

西班牙专利法第 43 条:①依照本章的规定,新的具有创造性的,并且是针对物品的形状、结构或组成,并导致该物品的使用和生产有显著改进的发明可作为实用新型得到保护。②尤其是下列物品可得到实用新型的保护:器具、仪器、工具、设备、装置或其零部件,但应满足前款所述规定。③方法发明和属于 1975 年 3 月 12 日制定的第 12 号法律的植物品种,不能作为实用新型保护。

（3）专利的申请

西班牙专利法第 21 条:为获得专利,申请人必须提交如下材料。①申请书;②发明的说明书;③权利请求书;④说明书及权利请求书的附图;⑤发明的摘要;⑥申请费。

西班牙专利法第 28 条:一个人只要向《巴黎保护工业产权公约》缔约国的任何一个国家和地区申请专利,他及他的继承人在西班牙提出同一发明的专利申请时,享有优先权。如果一个人首先在非《巴黎保护工业产权公约》缔约国提出专利申请,该国给予西班牙公民同样的优先权,他在西班牙就同一发明提出专利申请时,也同等享有优先权。

（4）专利申请的审查和批准

西班牙专利法第 30 条:如果专利申请不完全符合工业产权注册要求,专利局应在 8 天内做出拒绝决定。如果是因没有交费,应通知申请人。

西班牙专利法第 32 条:专利局收到发明的专利申请并经审查,自申请日起满 18 个月后,可以公布。专利局也可以根据申请人的请求早日公布其申请。

（5）专利的期限

西班牙专利法第 49 条：发明专利保护期限为自申请日起 20 年，不得续展。它将自专利授予被公告后有效。

西班牙专利法第 152 条第 2 款：实用新型的保护期限为自申请日起 10 年，不得续展。

7. 日本专利法（1959 年 4 月 13 日制定，1994 年 12 月 4 日修订）

（1）何人有权提出专利申请

日本专利法第 7 条、第 8 条：日本人或日本法人可依本法获得专利权。在国外短期居留的日本人也依本法获得专利权。

日本专利法第 25 条：非在日本永久居留的外国人不享有专利权或与专利权有关的其他权利，有下列情况之一的除外：①在他的国家，在同样条件下，日本人与本国人同等享有专利权及与专利有关的其他权利。②日本人在他的国家在专利权上享受国民待遇。③在条约中有特殊的条款。

日本专利法第 39 条：①对同一专利不同日提出的两件以上申请时，仅最早提出申请的人可以获得该专利。②对同一专利于同日提出的两件以上申请时，只有经所有专利申请人协商决定一个专利申请人可以获得该专利登记。如达不成协议或不能进行协商时，任何一方都不能获得该专利登记。

日本专利法原第 35 条：雇员的职务发明专利权属于雇主。雇主可根据此专利获得的收益给予雇员酬劳。2004 年 5 月 28 日，日本国会通过了 JPO 提交的"关于修订《专利法》第 35 条草案"，并于 2005 年 4 月 1 日实施。主要修订部分如下：①如职务发明专利权归雇主时，雇员的发明补偿标准可依照雇佣合同和公司规定。②如雇佣合同和公司规定中的发明补偿合理，可作为向雇员支付补偿的依据。③如雇佣合同和公司规定的补偿额不合理，将不被适用。④判断补偿额是否合理的标准为：制订补偿标准是否与雇员磋商；确定标准后是否向雇员披露；计算补偿额是否听取雇员意见。

（2）专利保护的对象

日本专利法第 29 条、第 30 条：具有新颖性、创造性、实用性的发明及实用新型可授予专利。

日本专利法第 32 条：下列发明不授予专利权。①原子转变的物质；②可能违反公共秩序、道德或公共健康的发明。

（3）专利的申请

日本专利法对专利申请的要求如下：①欲想获得专利的人应向专利局局长提交记载下述事项的请求书，专利请求人的姓名或名称及长期或临时住址，是法人的还应写明代表者的姓名；提交年、月、日；发明的名称；发明者的姓名及长期或临时住址。②请求书应附具说明书、附图及摘要。③前款的说明书中应记载下述事项，发明名称；附图的简单说明；技术方案的详细说明；专利请求的范围。

日本专利法第 42 条：发明及实用新型专利优先权期限均为一年。

日本专利法第 43 条：外观设计的优先权期限准用于依照《巴黎公约》要求优先权的手续。

（4）专利申请的审查和批准

日本专利法第 48 条：发明专利申请后，任何人均可在该申请日起七年以内（实用新型为四年内）向专利局局长提出审查的请求。

日本专利法第 65 条：自申请日起 18 个月，特许厅厅长可以公布其专利申请。

（5）专利保护的期限

日本专利法第 67 条：发明专利保护期限为自专利申请公告之日起 15 年，但不能超过自申请之日起 20 年，发明专利也可续展，但不超过 5 年。

《日本实用新型法》第 15 条第 1 款：实用新型专利权有效期限自申请公告之日起十年。但不超过实用新型申请之日起十五年。

《日本外观设计法》第 21 条：外观设计专利权的有效期限为自注册之日起十五年。

8. 英国专利法（1977 年 7 月 29 日制定，1994 年修正）

（1）何人有权提出专利申请

英国专利法第 7 条：①一个人可以单独或与其他人一起申请专利。②一项发明专利授予最先发明人或共同发明人。

英国专利法第 6 条：如果同一发明由不同的人提出，专利授予最先提出申请的人。

英国专利法第 40 条：雇员的职务发明所有权属于雇主，雇主应按其所得收益给雇员以酬劳。

（2）专利保护的对象：在英国，具有新颖性、创造性、能够产业应用（包括农业）的发明可以申请被授予专利。

不可授予专利的主题包括：文字、戏剧、音乐或艺术作品；经营方式（经营方式之外的技术功能除外）、思考方式、游戏规则；动物或人体的治疗或诊断方法；发现、科学理论或数学方法；信息的呈现方式；计算机软件（软件之外的技术功能除外）或移动应用程序；动植物品种或其生产的任何实质生物学方法；对人类胚胎进行工业或商业目的的使用；商业利用违反公共政策或道德的发明等。

（3）专利的申请

英国专利法第 14 条：①每一项专利申请，以规定的方式，按规定的格式提交专利局；按规定交费。②每一项专利申请应包括如下内容：专项请求书；说明书，内容包括对发明的描述，权利要求，以及其附图；摘要。

英国专利法第 5 条第 2 款：优先权期限为自提交申请之日起 12 个月。

（4）专利的审查和批准

英国专利法第 17 条：对专利初步审查的规定。初步审查之后专利便可公告。

英国专利法第 18 条：对专利进行实质审查的规定。

（5）专利的保护期限

英国专利法第 25 条第 1 款：发明专利保护期限自申请日起 20 年。

《英国外观设计注册法》第 8 条：①注册外观设计中的权利首先在自该外观设计注册之日起 8 年期限内有效。②通过向专利局局长申请续展并缴纳规定的续展费，该权利的有效期可以第 2 次、第 3 次、第 4 次和第 5 次延长，每次期限为 5 年。

第三节　国内外植物药知识产权保护概况

一、国外与植物药相关的知识产权保护概况

（一）国外医药专利状况

目前,世界上已有 170 多个国家和地区建立了专利保护制度,制定了专利法。各国的专利制度与专利法因各国的政治、经济及文化背景不同,在具体内容上有所不同,各具特色。但总的来讲,由于专利保护表现出国际化的趋势,因此,在一些主要内容上表现出相同或相近的特点,只是程度、水平有所差别。迄今为止,已有 100 多个国家和地区实行了药品专利保护。意大利在药品实施保护之前,新药研究成果是零;德国是在 1968 年以后才开始对药品给予专利保护;日本从 1976 年开始实施药品专利保护,在此之前,1940 年至 1975 年的 35 年间研制出 10 种新药,而在 1976 年至 1987 年的 11 年间,研制开发了 81 种新药。由此可见,对药品实施专利保护能够促进新药的研制与开发工作。下面简要介绍在国际上较有影响的美国、德国、日本的专利现状。

1. 美国专利

（1）美国专利制度:美国是世界上建立专利制度较早的国家之一,其专利制度对美洲及东南亚国家影响较大。加拿大、阿根廷、墨西哥、菲律宾等国家基本采用了类似美国的专利制度。

美国专利法的保护对象是发明专利、植物专利和外观设计专利。发明专利是指"制法、机器、产品、组合物或其他任何新颖而适用的改进",这里既包括重大发明,也包括小发明;植物专利是指"任何人发明或发现以及利用无性繁殖培育出任何独特而新颖的植物品种,包括培植出的变形芽、变种、杂交种以及新发现的种子苗,但不包括由块茎繁殖的植物或在非栽培状态下发现的植物";外观设计是指"制造品的新颖、独创和装饰性的外观设计"。

美国专利法规定,专利申请人必须是发明者本人,而不能是其雇主或受让人,以此保护发明人的利益,只有当发明人死亡或丧失能力才能由其合法代理人申请专利。雇主申请专利,需要有雇员转让给他们的转让证明书。每件申请都需要提交特写的代理人委托书。

美国专利法规定的专利保护范围比较广泛。除用于核武器生产的有关申请专利之外,凡具有新颖性、创造性和实用性的有益发明均可申请专利。

此外,美国专利法允许任何国家的发明人在美国申请专利,而无对等条件限制。近几年,每年约有 40% 的专利为外国人所获准。

（2）美国药品专利申请

药品专利申请:①确定保护类别,在药品及化学品中常见的有化合物、组合物、生产工艺和生产该产品的方法等方面的专利申请。②准备专利申请文件的必要材料。

生物制品、生物技术专利申请的类别及准备文件与化学专利的申请相同,并且可以保护菌种、重组的转化细胞。

动物专利申请:动物专利申请的种类包括,品种专利,如能用于测试癌症的哈佛鼠;用途专利,如哈佛鼠用于测试癌症。

植物专利的申请:植物专利申请的种类包括,品种专利;特别品种;用途专利。

（3）美国对天然药物的专利保护

1）美国专利对草药的保护,主要体现在以下几方面:对草药提取物本身实行产品保护;从草药中分离出的有效单体;对单体化合物本身实行产品保护;草药的制备方法;首次医药用途:美国专利保护这种用途权利要求;药物的第二用途。

2）美国专利对草药制品保护的要求

草药提取物:对草药进行提取得到的生物活性物质可以申请专利保护。但是,申请人必须说明主要提取物具有意想不到的效果。

从草药中分离出的有效单体:从草药中得到的单一活性化合物及其含有该活性化合物的药物组合物,但是这种化合物及其药物组合物在现有技术中是未曾有过记载的。

草药的制备方法：所述的制备方法并不限于某一种方法。它可以是化学的、微生物学的或者是其他的方法。

值得注意的是，美国专利商标局迄今还没有十分明确的审查制度，规定天然植物经过改变或者提纯而使其转变成具有专利性物质的标准。在美国，对处于天然状态的植物进行专利保护是不允许的。当植物的有效成分被纯化后，其有效成分和治疗疾病中的用途都能取得专利保护。但在对植物活性成分进行保护时，需要证明其与植物天然状态下的成分相比，具备其他新颖且实用的效果。

（4）美国对于植物的知识产权保护

发明专利保护：在美国，发明专利可以保护有性和无性繁殖的植物。其保护的主要部分是种子、植物本身。这种植物是人造的植物并满足于美国专利法对该植物的保护要求。另外，要求申请人在指定的保藏单位保藏植物的种子或者植物组织细胞。

植物专利保护：美国专利商标局只授予任何无性繁殖的新的种类植物为美国植物专利，包括培养孢子、突变体、杂交植物、新发现的籽苗等。

植物专利的权利要求仅有一项，此权利要求必须写成："to the new and distinct variety of the specified plant as described and illustrated"，即：如说明书所述的一种新的具有区别特征的特定种类的植物。

《美国植物品种保护法》：美国于 1995 年 4 月 4 日起实施修改后的植物品种保护法，修订范围与 1994 年的《国际植物新品种保护公约》（UPOV 公约）修订本相协调。该法由美国农业部的植物品种保护办公室负责管理。

2. 德国专利

（1）德国专利制度：德国第一部专利法是 1877 年制定的，尽管比英、美、法等国要晚，但由于具有自己的特点，也在世界上有一定影响，并为一些国家所效仿。德国专利法不但成为挪威、芬兰、丹麦、瑞典、荷兰等国专利法的母法，而且对日本现行的专利法有较大影响。

德国专利法保护的对象只限于发明专利，并规定从主专利的申请日起 12

个月内,可以申请增补专利。增补专利是指对发明的改进,即"如果一项发明的效用是改进或进一步发展申请人已经获得专利保护的另一项发明",那么就可以申请增补专利,享受基本专利未届满的保护期限。如果主专利因宣布无效或其他原因而终止,则增补专利就成为独立的专利,其有效期从主专利申报之日起计算。对实用新型和外观设计分别根据实用新型法和外观设计法加以保护。对植物新品种或生产这类植物新品种的培育方法,则根据 1968 年 5 月公布的植物新品种法加以保护。

德国专利法对发明专利的保护范围较广泛,具体的规定与现行的英国专利法规定基本一致,除了科学发现、数学方法、智力活动或者经商的规则和方法、计算机程序、疾病的诊断和治疗方法等,其他技术领域内的发明均可申请专利保护,但违反公共秩序或道德风尚的发明除外。

(2)医药发明专利保护方式:德国自 1968 年开始对药物化合物给予专利保护,但只能以产品和制备方法两种方式请求专利保护,而不能以应用方式请求保护。1977 年,联邦法院对物质第一次医药应用的专利性给予了肯定;1982 年,法院又肯定了药物或药品第二适应证应用发明的专利性,使对医药发明的专利保护日趋完善。

德国对药物发明的专利保护包括:对化学药品的物质保护;对药用植物的提取物进行保护;对药物组合物的保护;物质的第一、第二医疗用途及药物的制备方法保护。

根据具体医药发明技术内容的不同,可以选用下述几种专利保护方式。

1)绝对的物质保护:第一种可选用的方式是产品专利保护。这种方式只适用于新的药物化合物或组合物,并且具有良好的、显而易见的医疗效果。作为新的药物化合物,亦即新的药物活性成分,它们既可以是新合成的化合物,也可以是从天然物质,例如植物或动物细胞中提取的、过去无法得到的物质,甚至还可以是新制造的人体器官和人体组织的移植物。作为药物组合物,既可以含有新的活性成分,也可以是已知物质的新组合,甚至是已知物质组合的新配比或新剂型。其关键在于,这种新的组合和 / 或配比和 / 或剂型能为该药物组合物产品带来意想不到的良好医疗效果,因而也具有创造性。

这种物质专利的保护范围,包括了所有的工业制备及应用方式,其中包括申请所公开的各种制备方法和应用,也包括当时未知的由后人发明甚至获得依存专利的制备方法和应用。这里所述的应用,不限于其本身用作药品,也包括用作其他非医药目的或以组合物方式使用的药品。

2)用途限定的物质保护:德国专利对于现有技术中已知的物质或组合物,如果可以用于人或动物体疾病的诊断和治疗且该应用不属于现有技术,则不视为丧失新颖性。也就是说,首次用于医疗方法的已知物质或组合物仍有可能获得用途限定的物质专利保护。

这种物质专利保护既是相对的,又是绝对的。相对于绝对保护的物质专利来说,它受到应用领域限制,且与已有物质专利有依存关系;但对于医药领域,它又享有一定程度的绝对保护,包括任何方式的工业性制造和应用含该物质的药品;并且,其保护可涉及整个医药领域,而不必限定治疗哪种具体疾病。后人虽有可能对其他适应证获得用途专利,但只能成为前者的依存专利。

3)制造方法保护:除了上述产品专利保护之外,还可以以药品制造方法的形式请求专利保护。这时,所有发明技术特征均应与方法有关。制造方法授予专利的前提条件有:对于所有已知或未知的物质或药物组合物,新的、有独创性的制备方法均可授予专利;对于新的物质或新的药物组合物,化学方面无特色的合成方法或简单的混合法(相似方法)也可以授予专利,其专利性在于对原料的创造性选择,从而使该方法所制造出来的新产品具有意想不到的良好疗效。对于新的药物组合物或制剂,如果在活性组分和载体的组合或剂型方面具有创造性的构思,也可授予一种制造方法专利。

上述制造方法专利权的保护也延伸到由该方法所直接得到的产品,其中包括该产品的所有应用。制备已知产品则无相似方法可言,即使该产品有特殊疗效也不行。用常规方法制备成药则一般因缺乏创造性而不能授予专利。

4)医药用途保护:除了药品的制造方法外,医药发明还可以要求用途形式的方法专利。如已知物质 X 用于治疗疾病 Y,如果符合新颖性、创造性和实用性的要求,也可授予用途形式的方法专利。这里所述的应用不是指直接针对医生或病人的治疗方法,而是针对制药厂而言的药品制造,如药品的配料、剂量、成型、包衣及成品包装过程,亦即涉及工业化生产的部分。在制药厂用所述物质制成适于所述应用(适应证)的药品并出售后,该应用专利的保护作用即完成,因而对医生及病人是毫无意义的。由于药品的制造方法一般是常规的,因而在说明书中往往不必详细描述。该应用的创造性在于其出乎意料的医疗效果。

3. 欧洲专利局对天然药物的专利保护

(1)欧洲专利局对医药专利的保护期有特殊规定:自 1993 年 1 月 2 日以来,欧洲共同体国家对受到有效专利保护的药品(药物化合物、药品、它们的制备方法或应用)在获得有关卫生部门的生产许可后,如果专利的剩余保护期不足五年,还可以到专利局申请一种补充的保护证书,使其医药专利的法律保护延长最多五年。

(2)欧洲专利局对植物药的保护范围

提取物:即对于草药进行提取得到的具有生物活性的物质;从草药中纯化出的具有特殊活性的化合物;由草药中得到的单一化合物和草药组合物,但是这种化合物和组合物在现有文献中未曾有过记载。

草药的制备方法:植物产品的首次医药用途;植物药的第二医药用途。

附:法国对天然药物的专利保护

法国的专利制度在审批方式上采取了登记制或不审查制,其特点是对专利申请的技术内容不做实质审查,如果符合一定的形式要求,专利即登记颁布。

法国的发明专利证书自申请日起 20 年内有效,实用新型证书自申请日起 6 年内有效。

法国授予专利权的技术领域范围广泛,对食品、药品、化学物质以及微生物品种都给予专利保护。

法国对植物药发明的专利保护包括:当植物药是植物的提取物时可予以专利保护。但当该提取物的确切组成是未知物时,可以用 product-by-process 权利要求对该组成进行保护。主要保护形式有植物的制备,植物的第一、第二医疗用途,植物的成分和组方。

4. 日本专利

（1）日本专利制度：日本于1885年正式建立了专利制度。现行专利法是1959年颁布的《特许法》，同年还颁布了实用新型法。日本授予专利权的类别包括发明专利、实用新型、外观设计。发明是指任何利用自然规律、技术思想作出的高度创造，实用新型保护对象包括工具设备、装置或对物品的组合，外观设计根据日本的"意匠条例"给予保护。

日本专利保护的范围比较广泛，对食品、饮料或奢侈品均给予保护。对由原子核变换产生的物质以及违反公共秩序或道德风尚或对卫生健康有害的发明不能获得专利权。

（2）日本对天然药物的专利保护：日本专利制度源于西方，专利的种类有发明、实用新型和外观设计。1971年日本开始实施早期公开和审查请求制度，1976年决定对药品给予专利保护，而在此之前，日本只对药品制造方法给予专利保护。

日本对药品的专利保护包括：化学物质保护、化学物质的医药用途、药用化学物质的制备方法、药品的外观设计、制药机械、药用植物及其提取物、生物制品、药用植物提取物的组方（但只限于中国古代的210个汉方）等。不保护以原药用植物为原料的中药复方，如安中散、芍药甘草汤。

（二）国外商标保护现状

商标是商品经济的产物，伴随商品经济的发展而逐渐形成。商标权作为一种工业产权受到法律的确认和保护，则是发展到资本主义阶段才确立和完备起来。目前，大约有130个国家和地区制定了商标法，商标法的内容也逐渐趋于国际化，使得商标不仅成为一项重要的国内法，而且成为一个重要的国际法律制度。

1. 美国　美国商标法是在其判例法基础上发展起来的。1870年美国颁布了第一部联邦《商标法》。从1905年开始，美国注册商标与虽未注册但已使用了的商标，都纳入了联邦《商标法》的调节范围。

美国对商标专用权早先采取使用在先的原则，凡已在合众国使用的商标，任何人不得以注册相对抗。随着情况的变化，目前采用商标所有权原则上属于首先注册人制,但商标首先使用人可以在一定期限内提出指控,请求予以撤销,如法定期限已过,首先注册人才能取得有效的所有权。

2. 德国 德国历史上第一部《商标法》是 1874 年德意志帝国时期颁布的。现行的联邦德国《商标法》于 1968 年颁布,1979 年重新修订。

联邦商标权在绝大多数情况下通过注册取得,但如果商标在贸易活动中的使用获得了公众的承认,亦即变成了驰名商标,则不注册也能够取得专用权。联邦德国的商标注册程序,与实行实质性审查的国家相同。对于申请注册的商标,专利商标局将对其申请格式是否包含禁用标记、是否与已注册商标或未注册驰名商标冲突等进行审查,还要对它是否具备一定的"识别性"进行严格审查。

联邦德国使用注册在先的原则。商标所有权属于第一申请人,自核准注册之日起获得专用权。使用在先而未经注册者,得不到法律的保护。对侵权行为,法律规定有立即制止侵权、赔偿、处以罚款或监禁等处分。

3. 日本 日本现行的《商标法》是 1959 年颁布的,1978 年最后一次修订。

日本商标法采用注册原则,即商标专用权仅能通过注册获得,两个以上相同或相似商标由不同所有人申请注册时,先申请者获准注册。此外,日本采用"审查原则",对申请案实行形式审查与实质审查。如果符合法律规定的条件,例如具备商标注册条件而非不能注册的商标,将被认为可以授予商标权,审查官将做出"注册审定",之后便可取得注册。审查后,如果有驳回理由,审查官必须把驳回理由通知申请人,听取申请人的意见。如果申请人不提交意见书,或意见书不能使审查官改变意见,申请就被驳回;相反,如果审查官看了申请人提交的意见书,认为不应当驳回,或者自始就没有发现驳回理由,审查官将做出申请公告的决定。

(三)国外商业秘密保护现状

国外对商业秘密的认定并非漫无边际,如德国的《不公平竞争法》认为商业秘密应符合不公开、有守密意愿及正当的守密利益等特点。其中"不公开"是指仅有特定人或可限定的人知悉。"守密意愿"是指商业秘密持有人应有排除外人知悉秘密的意愿,并且应有适当的守密措施,他人不花费相当的时间、精力或财力,无法获悉秘密。"正当的守密利益"是指该秘密有助于提高企业的竞争能力;若泄密,将造成经济上的损失。

对于侵犯商业秘密的行为,国外规定了三种救济制度:第一,禁止侵害请求权。该请求权以商业秘密的侵权行为结束后商业秘密仍然存在为前提,如果商业秘密已因侵权行为而被无限公开,则该请求权即失去了行使的前提。第二,损害赔偿请求权,即对侵犯商业秘密的行为,被害人可请求损害赔偿。损害赔偿的计算方法,不限于所受的损害及所失去的利益,因为这方面的损失难以举证估算,可依据授权的报酬或侵害所得的利益。第三,除去请求权。被害人在申请防止侵害之后,往往因为某种事实或物体的存在,侵权者有可能随时再次使用和侵害,对此,被害人可以请求予以除去。

在对企业与职工在商业秘密问题的处理上,国外法理认为,职工在职期间,不得泄密;但离职后,以其善意取得的知识,另起炉灶经营企业,或就职于其他企业,不在处罚之列。其法律处罚的范围仅限于自己不法刺探取得秘密的行为。当企业保密的利益与职工的发展利益发生冲突时,立法者最终倾向是保护职工利益。对于一些特殊情况,如企业的高级职员在短时间内离职,利用职务上所知悉的商业秘密另起炉灶,这种情况则被认定为不正当竞争。

关于劳动合同的效力问题,国外一般规定,如果合同约定,解除劳动关系后,职工不得独立或非独立从事特定的职业,则应有书面协议,并应有相当数额的赔偿金,该赔偿金每年至少是职工最后工资的半数,否则,该劳动合同无效。另外规定,基于职工的职业自由基本权,对职工的守密义务的年限,根据不同情况均作了规定。对于雇员泄露商业秘密的处罚,一些国家的法律规定,雇员泄露商业秘密罪必须符合下列条件:①在主观方面,必须是出于竞争目的,或供自己使用,或为他人谋取利益,或有加害于商业秘密所有人的故意。②在行为主体上,包括职员、工人、学徒,以及董事会、监事会成员和股份有限公司经理等。③在客体上必须是雇佣关系存续期间,因职务上的受托而知悉的秘密。另外,对于职务受托期间的发明,即便企业不知道,也应认定为企业的商业秘密。④在客观方面,必须是在雇佣关系存续期间泄露商业秘密。立法者规定这一条,主要是顾及了劳动者的生存权。泄露不以全部或部分被告知人是否已予以利用为要件,只要被告知人不可以予以利用或已告知了第四人(如中介人),即可构成此罪。另外,泄露也不以积极的作为为限,消极的不作为也构成此罪。

对使用违法取得秘密的处罚,法律规定,在原则上,违法取得的商业秘密,永远不能使用;如果予以使用、出卖、赠予,或再向他人泄露,则以此罪处罚。其中,违法取得商业秘密的方式包括经由职工泄密获得,雇用离职员工而获得,以及离职职工为离职后予以使用,例如,以图纸、速描、笔记等加深印象的方式等。另外规定,为维护本国的竞争能力,对向国外泄露、使用本国商业秘密的情况予以重罚。

二、国内与植物药相关的知识产权保护概况

天然药物系指以源于大自然(植物、动物、矿物)的原料而制成的药品及医疗保健品。目前,国外天然药产品主要来源于植物及其提取物,其产品形式包括植物药粉末和提取物制剂等,因此,也常称为植物药。在国内,天然药物主要指中药,在中药中占主导地位的主要是植物药。为此,本书重点介绍以中药为主的植物药知识产权保护现状。

(一)专利保护

1. 中药专利申请的现状

(1)中草药和植物药专利申请在曲折中上升:随着我国对外开放政策的不断完善,市场经济体制改革的不断深入,医药发明专利的申请数基本上呈上升趋势。1985—2022年,我国实施专利制度37年来,涉及中草药的专利申请累计达到40多万件。回顾历史,不难发现,我国的中草药和植物药专利申请也走过了曲折的发展道路。

1985—1992年为专利申请起步阶段。专利制度刚刚在我国实施,由于人们缺乏专利保护意识,且药品领域更多采用新药保护制度,方法专利保护力度较弱等原因,发明人申请专利的积极性不高,中草药和植物药的专利申请数量

不多,年平均143件。随着时间的推移,中草药和植物药专利申请数量有所上升,其中职务发明所占比例较高(24%)。

1993—2000年为中草药和植物药专利申请发展阶段。《中华人民共和国专利法》于1992年进行了第一次修订,给予药品发明专利保护,这激发了国内申请专利保护的热情。中药专利申请量增多,1993年的中药发明专利申请突破2 000件,是1992年的2.5倍。在这一时期,个人的中草药专利申请热情高涨,民间许多祖传秘方都纷纷申报专利保护。但盲目性较大,因为他们认为专利仅仅是一种名誉权,拥有专利是件光荣的事情,很少考虑专利的投入与可获得的商业利益。虽然职务发明数量也在上升,但增长较慢。事实上,此间对专利申请冲击最大的是药品领域的新药保护制度和《中药品种保护条例》。因为许多制药企业认为,在国内市场中,产品有新药保护和中药品种保护就足够了,有的甚至将其混同为知识产权保护。

2001年后,我国中草药和植物药专利申请进入新时期。加入世界贸易组织后,国人更加注重对知识产权进行保护。对药品领域全面采用专利保护制度,从而极大地刺激了中草药和植物药专利申请的积极性。据统计,2001年全国中草药专利申请达3 043件,首次实现年申请量突破3 000件。从2002年1月1日—2005年12月31日,中药发明专利申请达到16 565件,并呈现出下列特点:①企业和科研院所的专利申请数量呈现快速增长的趋势。长期以来,中药专利申请以个人申请为主。如今职务发明上升势头较快,据统计,职务发明由2001年的26.71%上升到2005年的33.40%,尤其是企业的专利申请量增长较快。②个人中药专利申请数量表现出急剧下降的势头。多年的专利保护实践经验表明,个人获得专利授权后实施专利艰难,尤其是在药品领域。如一个药品必须投入大量资金进行许多药理和临床试验后方可获得新药生产许可证书,然后方可生产,这对个人来说几乎是无法承担的,所以许多个人专利虽然获得专利权,但是无法生产,也无法从市场中获益,反而每年须向专利局支付不断增加的专利费用。久而久之,许多专利都被专利权人中途放弃,这大大影响了个人专利申请的热情。据统计,2005年非职务发明(66.60%)比2001年(73.29%)下降了6.69%。这表明个人申请专利变得更加理智和成熟,盲目申报的局面得到了扭转。

总的来说,现阶段国内的中草药和植物药的专利申请呈上升势头,申请人的分布也逐渐趋于合理,专利将发挥出越来越大的保护和促进中药产业发展的作用。随着国内中草药和植物药向国外提出专利保护的申请意识进一步加强,我国中药产业的国际市场竞争优势将会得到不断巩固。在有效的法律保护下,我们定能在激烈的中草药和植物药国际市场竞争中崭露头角。据统计,1985—2005 年期间,国家知识产权局公开的专利中,涉及中医药专利申请的共 43 951 件,其中发明专利 37 356 件,占 84.99%;实用新型 5 640 件,占 12.83%;外观设计 955 件,占 2.17%。

1985 年 4 月实施的《专利法》对药品不授予专利,但对药品的制备方法可以授予专利。由于方法保护发明专利有一定的局限性,所以在当时企业和个人对利用专利保护自己的迫切性并不是太高,造成了申请量上升幅度不大的现象。据国家知识产权局专利检索咨询中心的统计显示,全国 1985 年申请中药方面的专利仅 109 项(其中发明 76 项、实用新型 33 项、外观设计 0 项),到 1990 年申请量已达到 530 项(其中发明 323 项、实用新型 196 项、外观设计 11 项),到 1992 年申请专利量超过 1 000 件。

自 1992 年修改专利法后,明文规定药品可以获得专利保护,使得人们利用专利保护自己正当权益的热情迅速高涨,表现在专利申请量骤增。1993 年申请中药专利数达到 2 707 项(其中发明 2 196 项、实用新型 483 项、外观设计 28 项),成为 20 世纪申请量最高的一个年度。此后几年申请量呈下降趋势,到 1997 年中药专利申请量有所回升。我国对于专利法进行第二次修订是在 2000 年,此次修订是为了更好地契合 WTO 关于专利法律法规政策方面的规定。在经济体制改革与技术发展需求的背景下,我国就专利法的强制许可制度进行修订,主要包括以下四方面内容:一是明确"许诺销售"制度在专利法中的地位。通过加强与深化专利权的效力,进一步打击非法许诺销售专利产品的行为。二是利用司法手段监督专利审查。对于知识产权有关程序的行政终局决定,均应接受司法或准司法当局的审查,这一做法与 TRIPS 中第 62 条"序公正原则"相契合。三是新增诉讼保全制度。依当事人申请,法院可责令侵权人停止中药产品生产、销售、流通环节的侵权行为，或责令被申请人采取财产保全措施。四是简化程序，以专利权无效宣告取代撤销专利权的程序。本次修订内容与国际专利保护法律法规政策相协调，规定提交PCT（《专利合作条约》）申请的法律依据，使得我国的专利制度能够达到国际水准，助力国内中药产能升级。

2023年12月21日，国家知识产权局公布了修订后的《专利审查指南》，新《审查指南》第二部分新增第十一章，对中药领域发明专利申请审查进行了一系列专门规定，要求对中药的创造性审查要结合中药的"理、法、方、药"，这意味着对中药专利的审查不再是单纯地以化合物为标准，而是要结合中医药理论、法治法则、配伍理论、诊疗方法等，从整体上考察中药的创造性。新《审查指南》区分产品和方法，正向列举了中药领域可被授予专利权的客体类型；同时，新《审查指南》分别针对现行《中华人民共和国专利法》，细化列举了不可授予专利权的申请。2001年我国加入WTO，WTO的核心内容之一就是知识产权保护。表1-11展现了30年来我国专利申请和授权的整体态势，充分反映了知识产权保护在国家发展中的重要地位，尤其是在2001年加入WTO之后，这一趋势更加明显。根据表1-11的数据，从2001年到2021年，我国专利申请量从203 573件增长到4 732 665件，其中发明专利申请量从63 204件增长到1 498 389件。可以看出，随着知识产权保护力度的不断加大，创新主体的专利意识和能力也在不断提升，专利申请数量呈现爆发式增长。与此同时，专利授权量也实现了大幅增长。2001年专利授权总量为114 251件，到2021年增长到4 601 465件，其中发明专利授权从16 296件增加到695 954件，这表明在知识产权保护制度日益完善的背景下，我国创新主体的研发实力和专利管理能力也在不断提升。值得关注的是，在专利类型结构上，实用新型专利和外观设计专利一直占据较大比重，这说明企业在产品优化和市场竞争方面投入也在不断增加。近年来，发明专利的比重逐步提高，反映出我国在基础研究和关键技术创新方面的能力也在快速增强。

（2）中草药和植物药专利国际竞争日趋激烈：中草药和植物药近年来在国际上越来越受欢迎，市场已经从中国、东南亚扩展到欧美发达国家。与此同

表 1-11　1989—2021 年我国专利申请与授权量统计　　单位 / 件

| 年份 | 专利申请量 | | | 小计 | 专利授权量 | | | 小计 |
	发明	实用新型	外观设计		发明	实用新型	外观设计	
1989	9 659	20 727	2 519	32 905	2 303	13 508	1 318	17 129
1990	10 137	27 615	3 717	41 469	3 838	16 952	1 798	22 588
1991	11 423	33 282	5 335	50 040	4 122	17 327	3 167	24 616
1992	14 409	44 369	8 357	67 135	3 966	24 060	3 449	31 475
1993	19 618	47 499	10 159	77 276	6 556	46 639	8 932	62 127
1994	19 067	45 511	13 157	77 735	3 883	32 819	6 595	43 297
1995	21 636	43 741	17 668	83 045	3 393	30 471	11 200	45 064
1996	28 517	49 604	24 614	102 735	2 976	27 171	13 633	43 780
1997	33 666	50 129	30 413	114 208	3 494	27 338	20 160	50 992
1998	35 960	51 397	34 632	121 989	4 733	33 902	29 254	67 889
1999	36 694	57 492	40 053	134 239	7 637	56 368	36 151	100 156
2000	51 747	68 815	50 120	170 682	12 683	54 743	37 919	105 345
2001	63 204	79 722	60 647	203 573	16 296	54 359	43 596	114 251
2002	80 232	93 139	79 260	252 631	21 473	57 484	53 442	132 399
2003	104 839	109 055	93 752	307 646	37 154	68 906	76 166	182 226
2004	130 133	112 762	110 849	353 744	49 360	70 623	70 255	190 238
2005	173 327	139 566	163 371	476 264	53 305	79 349	81 349	214 003
2006	2 111 944	129 206	138 155	2 379 305	58 371	103 387	97 728	259 486
2007	233 756	150 514	173 553	557 823	65 778	145 137	131 901	342 816
2008	270 470	192 642	199 438	662 550	89 944	177 103	142 860	409 907
2009	306 158	269 625	239 029	814 812	128 674	200 035	231 700	560 409
2010	368 784	343 024	293 989	1 005 797	129 813	315 832	328 007	773 652
2011	472 316	485 468	367 108	1 324 892	164 063	404 520	350 333	918 916
2012	598 442	627 014	489 353	1 714 809	217 718	539 762	478 882	1 236 362

年份	专利申请量			小计	专利授权量			小计
	发明	实用新型	外观设计		发明	实用新型	外观设计	
2013	741 890	641 966	404 512	1 788 368	219 430	734 043	439 482	1 392 955
2014	837 768	703 766	411 375	1 952 909	230 152	700 576	364 283	1 295 011
2015	985 447	947 618	450 177	2 383 242	333 278	859 925	474 079	1 667 282
2016	1 196 174	1 116 640	473 247	2 786 061	418 686	918 305	455 436	1 792 427
2017	1 409 992	1 437 249	519 955	3 367 196	420 190	973 294	442 996	1 836 480
2018	1 549 024	1 671 948	551 480	3 772 452	432 192	1 479 062	536 251	2 447 505
2019	1 402 188	2 122 605	620 011	4 144 804	452 818	1 582 274	556 529	2 591 621
2020	1 584 556	2 759 089	706 559	5 050 204	530 135	2 377 223	731 918	3 639 276
2021	1 498 389	2 509 449	724 827	4 732 665	695 954	3 119 990	785 521	4 601 465

时,中草药和植物药的专利申请也相应增多。《世界专利数据库》显示,目前国际上已公布 24 667 件有关中草药和植物药的发明专利申请。在这些专利申请中,中国占 44.4%,其次为日本（26.8%）、美国、德国、法国、韩国、英国。由此可见,中草药和植物药领域的专利竞争非常激烈,同时也表明中国依然是中草药和植物药的最大市场。此外,日本汉方药市场、美国植物药市场、德国植物药市场、法国化妆品市场、韩国草药市场、英国植物药市场都逐渐形成了一定规模。

按照《专利合作条约》（PCT）进行的国际专利申请是一种被普遍采用的向其他国家申请专利的便捷途径。截至 2016 年 8 月,全球领域 PCT 共 7 154 件,以美、欧、中、日、韩申请为主,其中美国占据全球申请量的 30%,中国仅占中药领域 PCT 的 10%。已在我国申请专利保护的中药和植物药中有 99.7% 放弃了在国外申请专利保护,这使得其他国家可以无偿使用我国中草药和植物药的专利技术。我国中草药也将因此丧失走向国际市场的竞争优势。而韩国和日本在此方面却做得很好。一方面,这可能是由于国内申请人专利保护意识薄弱和国外专利申请费用较高造成,另一方面还是与中草药迟迟进入不了国际药品市场有关。虽然近年来,我国中草药和植物药领域提出 PCT 国际申请的数量呈上升趋势,情况逐渐好转,但形势仍不容乐观。国家和企业只有高度重视,积极应对,才有望扭转其在国际专利竞争中的被动局面。

2. 中药专利保护存在的问题 近年来,中药专利保护虽然取得了一些进展和成绩,但也存在一些问题,突出表现在以下几方面。

（1）在专利保护意识方面,中药行业专利保护意识有待提高:在我国,起步实行知识产权保护制度的时间较晚,所以企业对于知识产权的理解,与国外特别是发达国家相比存在较大差距,还缺乏知识产权意识,怕技术失密和支付各种专利费用,缺乏专利人才和专利知识,抱着能省钱就省钱的态度,没有把知识产权保护工作提到关系企业生死存亡的高度去认识,没有认识到无形资产存在和转化的重要价值。

在中药知识产权保护方面,我国企业面临的形势是,知识产权保护的国际化不可避免,工作迫在眉睫;同时,我国正处在新发展阶段,中药知识产权保护与现代知识产权制度的衔接有待完善。这就要求中药企业加强研究,提出正确的应对策略,加强培训和学习,培养中药知识产权保护人才,使员工有兴趣致力于企业的知识产权保护研究,从而全面地推进企业技术进步,促进企业发展。

发明人对中药专利保护存在认识上的偏见。大部分的科研人员简单地认为专利保护的组合物,如药物组分,一旦经他人加减几个组分,即可不构成侵权,因而认为中药专利无法保护其核心技术,这种认识是片面的。由于上述认识的问题,专利的公开性特征,使得大部分发明人不愿将自己的技术申请专利,发明创造的技术所有人多采用保密措施来保护自己的技术,个人发明人尤其如此;即使是企业、事业单位也愿意尽可能地申请保密品种保护。

企业专利工作落后,在竞争中处于不利地位。在《中华人民共和国药典》（简称《药典》）和部颁药品质量标准、地方药品标准中却公布了不少中成药品,而这些中成药品在公布前都没有申请专利保护,所以,这些中药品种都丧失了自主知识产权,因此对目前的中药企业而言,拥有自主知识产权的实际上很少。每个企业在申报新药生产许可时,尤其政府要将其发布于《药典》或药

第一章 概 论 | 93

品质量标准时,应当事先寻求专利保护,才不至于更多地丧失已有的知识产权。中药企业应当尽快熟悉和了解国际上的知识产权保护规则,建立现代企业制度,只有这样,才能应对新形势。

（2）在科技创新水平方面,中药专利申请高科技含量偏低:目前我国中药专利申请创造性偏低,我国新药开发以中药复方制剂为多,这些复方制剂通过各组分的协同作用产生疗效,是我国传统医药的精华,应鼓励开发。寻找有特色疗效的佳品,使传统医药发扬光大,同时必须加强中药有效成分的研究,使中药发明达到更高水平。

从中药专利申请的情况来看,中药复方制剂的申请占总申请量的50%左右。中药复方制剂的发明主要是保护中药配方。这类发明所采用的制剂制造技术大多数是普通常规技术,其发明的特征在于提供一个新的中药配方,这些专利申请大部分创造性较低,是我国在实行专利制度初始阶段的产物,反映出我国的中药新产品开发大多仍处在以变换处方为特色的阶段。

在发明专利申请中有许多改变制剂剂型的申请,这类申请中所采用的中药配方是已知的,发明的特征在于剂型的改变。变换剂型的制造方法大多是常规方法,剂型的改变使新产品具有使用更方便、稳定性更好、生物利用度更高的特点,但一般难产生新的治疗作用,这种发明的创造性也是较低的,有些甚至不具备创造性,如将片剂改成口服液、丸剂改成散剂等。

从中药中提取有效成分的发明专利不多,仅占中药发明申请的3%,但这种类型的发明从一个侧面反映了我国比较先进的中药研究成果,代表了我国中药发明的较高水平,如青蒿素及其衍生物的提取等。从中药中提取有效成分的难度较大,一味中药含有多种化学成分,找到有效部位十分困难,而提取一个有效的纯化合物就更难了。

中药专利技术类别属有效单体的极少,主要是中药配方。制剂大多数是普通常规剂型,或是剂型改进,一般都是片剂改口服液、丸剂改散剂,其创新性较低,专利保护价值不大。在实施中药现代化的过程中,要加大中药专利技术的含金量,加大对中药有效部位、有效单体的研究和开发,使中药专利水平有一个较大的提高。

中药专利申请创造性偏低的主要原因在于研发投入较低,专利创新源头不足。

（3）在专利产业化方面,专利技术产业化水平低:专利交易障碍大,交易成本高,专利技术产业化水平低,产业化环境亟待改善。在我国,专利实施过程中专利管理和制止违反合同及侵权的费用十分高昂。高昂的交易费用毫无疑问将阻碍知识资产的使用、消费,影响知识产权分配效率。据世界银行估计,中国的科技成果转化率平均只有15%,专利转化率只有25%,专利推广率在10%~15%,而日本等发达国家的科技成果转化率高达70%~80%。此外,有些中药技术即使是申请了专利,也没有将专利的价值通过本企业的实施或许可他人实施体现出来,从而造成了浪费。由此可知,我国对专利的认识和运用还存在不少盲区。

（4）在国际保护意识方面,缺乏国际经济意识:专利权是有地域性的,即一项发明在中国申请专利,可以得到中国法律的保护,但该发明在其他国家则不受法律保护,可以无偿使用,加之申请专利的发明必须公开其技术内容,很容易被他人所利用而抢先在国外建立起该技术的市场垄断地位,反而会影响我国中药产品走向国际市场。

由于专利的国际化公开,使国外能够更多地借鉴国内专利所公布的中药信息优势加以发展。另外,由于中药迟迟不能以药品的身份打入国际药品市场,使得中药界依然满足于国内市场的现状。而国内市场,由于有新药保护和中药品种保护,企业的技术竞争程度还不激烈,所以企业对专利保护的要求尚不强烈,只是采取观望态度。

缺乏国际经济意识,导致中药科技成果和产权流失严重。例如,日本在我国六神丸的基础上开发出救心丸,年销售额达上亿美元;韩国在中国牛黄清心丸的基础上开发出牛黄清心液,一个品种产值高达0.7亿美元。这些事实表明:我国中药知识产权在大量流失。青蒿素是我国首创的新型抗疟疾药,发明者屠教授获得了2015年诺贝尔生理学或医学奖。以屠教授为首的课题组历经380多次失败,进行临床验证治愈了2 099例疟疾,最终从中药青蒿中找到化学结构全新的抗疟药——青蒿素。1992年,他们又开发出药效高、毒性低、剂量小、服用方便的抗疟新药——双氢青蒿素。但是,由于没有申请专利,国外一家企业根据我们的科研论文,对它进行了一些结构改造并申请了专利,我国的发明变成了国外专利。仅此一项,我国每年至少损失2亿至3亿美元的出口额。

(5)在专利申请水平方面,缺乏基本知识和技巧:许多个人发明申请的成功率低,多数发明人对专利的基本知识缺乏了解,认为只要具有好的疗效的中药复方制剂即可获得专利权,但对如何寻求保护点和完成专利申报程序不清楚。一些申请人在了解到专利审查的复杂程序和过高的要求后,不愿继续投入精力维持专利申请。这种由于缺乏对专利审查程序的了解,限制了发明人申请专利的积极性,致使许多已经申请的专利中止或撤销。

从专利申请中得到利益的申请人,对专利制度抱有明显的好感,申请专利的愿望比较强烈。有些申请人认为:中药产品的技术关键是中药配方,在专利申请过程中如被公开,对专利申请人是不利的。因此,许多申请人愿意将他们的申请列为保密申请而不愿公开其内容。许多专利申请人是在产品已经上市后才申请专利,其目的是通过申请专利来宣传产品,成为促销的一种手段。还有的申请人把申请专利作为晋级和评定职称的资本,对发明的技术含量和商业价值较少考虑。中药发明人对专利制度的认识和想法多种多样,但对专利制度能够促进技术进步的看法是一致的。

(6)中药专利申请文件质量有待提高:近年来,中药专利申请量增长较快,但在中药发明专利申请文件中比较普遍地存在以下问题。说明书中缺少对技术方案能够达到发明目的的必要试验数据;权利要求的类型不明确,权利要求描述不清楚;说明书中的发明名称使用商品名,等等。

专利申请失败原因众多,从统计数据可以看到,发明专利申请有相当大的比例被驳回、视为撤回或权利中止,其原因有如下几种:①中药非职务发明的申请数量较多,说明我国有很多民间中医药从业者希望通过申请专利将自己的中药研究成果转化为生产力,这对中药的开发提供了极好的选题依据。但是,由于个人受资金、研究手段等条件的限制,难以使发明达到高水平,因此,很多专利申请由于发明本身缺乏创造性而被驳回。②因未缴纳费用而丧失权利。未缴纳费用的主要原因有：申请人对申请的专利技术本身重视不够；申请人认为申请专利的技术难以产生经济效益；申请人不了解专利的申请程序而未交缴专利费；申请专利的目的是评职称、晋级等，一旦达到目的则放弃。③对发明的描述不符合专利法的要求。首先，因技术方案无法实施而被驳回。其次，因缺少证实技术效果的实验数据而被驳回。有些说明书中缺乏阐明发明目的的必要实验数据。作为药品的发明来说，是否有疗效，要靠实验数据来证明，如果说明书中描述模糊、不清楚、不完整，就会导致发明公开不充分。④医药专业的专利代理人缺乏，相当一部分中药申请为非医药专业的专利代理人，申请人和代理人对医药专业的专利申请特点缺乏了解，导致提交的申请表难以满足专利申请的授权条件。

（7）在法律和司法救济方面尚不完善

1）对中药知识产权保护力度不足。由于公众对中药专利保护的意识及自觉遵守和维护知识产权有关法律条款还不够了解，导致知识产权侵权及技术转让纠纷增多。另外，中药专利保护范围的判定复杂，各地法院又缺少相应的专业人才，以及地方保护主义等诸多因素，使有关侵权案件及技术纠纷很难得到及时判决与处理。如我国首创的抗疟新药青蒿素，曾荣获国家发明奖，并为我国实施新药审批办法以来第一个获得国家级一类新药证书的创新药物。但被国内多家单位长期大量生产、销售，使该药研制单位蒙受巨大损失，虽经法院一审、二审判决，但判决赔偿数额太小，而且周期太长。从以上案例可以看出，目前我国对中药知识产权的保护力度尚有不足，不利于保护新药研制单位及专利权人的合法权益。

2）中药专利侵权的司法救济问题。人们普遍关心的是中药专利侵权如何判定，判断时掌握怎样的标准；突出的问题是侵权纠纷过程中，涉及诉讼周期太长，如由于侵权程度和专利权无效程序的审查无法定期限，从而导致诉讼周期无制约地延长。中药专利侵权判决执行难也是较为棘手的问题。

（二）商标保护

1. 商标申请情况　据国家知识产权局发布的统计数据，2022年1月1日至2022年12月31日，我国商标注册申请量累计617.7万件，同比减少

20.2%。其中,国内商标注册 600.2 万件,占总量的 97.2%,同比减少 20.5%;国外在华商标注册 17.5 万件,占总量的 2.8%,同比减少 9.4%。截至 2022 年年底,有效注册商标量为 4 267.2 万件,同比增长 14.6%。其中,国内有效注册商标 4 064.2 万件,占总量的 95.2%,同比增长 15.1%;国外在华有效注册商标 203.0 万件,占总量的 4.8%,同比增长 5.9%。世界知识产权组织(WIPO)在 2023 年 11 月发布的《世界知识产权指标》显示,2022 年,全球约有 1 180 万件商标申请,涵盖了 1 550 万个类别。尽管受到新冠疫情的影响,但商标申请的长期趋势依然良好。全球 152 个知识产权局约有 8 250 万件有效商标注册,比 2021 年增长 9.4%;商标申请活动量最高的是中国申请人,国内外申请类别总量约为 770 万件,其后依次是美国、土耳其、德国和印度。2022 年,国外商标保护最多的领域主要是研究和技术,占全球非居民商标申请量的 22%。其后依次是卫生(13%)、服装及配饰(11.9%)、休闲和教育(10.9%)、商业服务(10.5%)、农业(9%)和家用设备(8%)。相比之下,与化学(3.1%)、建筑(5.5%)和交通运输(6.2%)相关行业在国外申请中所占份额最少。

表 1-12 的数据显示,我国商标申请及有效注册数量自 1979 年以来一直保持快速增长态势。从申请量和注册量的发展趋势来看,两者基本保持同步增长,申请量快速增长的同时,注册量也不断攀升,体现了我国知识产权保护体系的不断健全。在这一长期增长过程中,国内商标申请和注册一直占据主导地位。通过分析表 1-12 数据,我们还可以发现商标申请及注册数量存在一定的阶段性波动。1979 年至 1984 年呈现较为平缓的增长态势,1985 年至 1990 年则出现较大幅度的增长,1991 年至 2000 年保持较为稳定的发展。进入 21 世纪后,商标申请量加速增长,尤其是 2002 年以来增长趋势更为明显,年增长率经常超过 20%。我国商标申请及注册数量的快速增长既反映了企业品牌意识的提升,也得益于相关法律法规的不断健全和知识产权保护力度的不断加大。未来,随着我国经济社会的持续发展,相信商标申请及注册数量仍将保持良好的增长势头。

表 1-12　1979—2019 年我国商标申请及有效注册情况统计表

单位 / 件

年份	申请数量				注册数量（累计）			
	国内	国外在华	马德里	合计	国内	国外在华	马德里	合计
1979					27 459	5 130		32 589
1980				26 177	42 807	6 427		49 234
1981				23 004	58 514	8 476		66 990
1982	17 000	1 565		18 565	70 899	13 148		84 047
1983	19 120	1 687		20 807	75 182	15 436		90 618
1984	26 487	3 077		29 564	88 444	16 944		105 388
1985	43 445	5 797		49 243	107 916	19 076		126 992
1986	45 031	5 939		50 970	135 021	24 154		159 175
1987	40 014	4 055		44 069	159 038	28 588		187 626
1988	41 683	5 866		47 549	181 882	32 177		214 059
1989	43 202	5 209		48 411	212 643	36 796		249 439
1990	50 853	4 371	2 048	57 272	237 300	42 097		279 397
1991	59 124	5 885	2 595	67 604	271 056	47 859	2 306	321 221
1992	79 837	8 367	2 591	90 795	312 972	53 230	2 486	369 688
1993	107 758	21 014	3 551	132 323	351 695	59 466	5 528	416 689
1994	117 186	20 238	5 193	142 617	398 649	70 216	8 544	477 409
1995	144 610	21 442	6 094	172 146	429 287	76 596	27 896	533 779
1996	122 057	22 615	7 132	151 804	517 167	81 665	39 247	638 079
1997	118 577	21 676	8 502	148 755	705 214	106 623	49 280	861 117
1998	129 394	18 252	10 037	157 683	785 309	120 760	62 758	968 827
1999	140 620	18 883	11 212	170 715	881 448	134 656	75 124	1 091 228
2000	181 717	24 623	16 837	223 177	1 010 889	150 983	87 931	1 249 803
2001	229 775	23 234	17 408	270 417	1 178 452	169 635	104 190	1 452 277

年份	申请数量				注册数量（累计）			
	国内	国外在华	马德里	合计	国内	国外在华	马德里	合计
2002	321 034	37 221	13 681	371 936	1 348 356	192 999	123 455	1 664 810
2003	405 620	33 912	12 563	452 095	1 554 426	214 187	138 708	1 907 321
2004	527 591	44 938	15 396	587 925	1 779 820	239 256	154 864	2 173 940
2005	593 382	52 166	18 469	664 017	1 998 551	263 048	170 873	2 432 472
2006	669 276	56 840	40 203	766 319	228 814	25 254	21 573	275 641
2007	604 952	59 714	43 282	707 948	215 161	19 159	29 158	263 478
2008	590 525	60 704	46 890	698 119	342 498	31 870	29 101	403 469
2009	741 763	51 966	36 748	830 477	737 228	68 471	31 944	837 643
2010	973 460	67 838	30 889	1 072 187	1 211 428	108 510	29 299	1 349 237
2011	1 273 827	95 831	47 127	1 416 785	926 330	66 074	30 294	1 022 698
2012	1 502 540	97 190	48 586	1 648 316	919 951	58 656	26 290	1 004 897
2013	1 733 361	95 177	53 008	1 881 546	909 541	59 496	27 687	996 724
2014	2 139 973	93 284	52 101	2 285 358	1 242 840	86 394	45 870	1 375 104
2015	2 699 156	116 687	60 205	2 876 048	2 077 037	99 852	49 552	2 226 441
2016	3 526 827	112 347	52 191	3 691 365	2 119 032	97 497	38 416	2 254 945
2017	5 538 980	141 951	67 244	5 748 175	2 656 039	94 147	41 886	2 792 072
2018	7 127 032	174 959	68 718	7 370 709	4 796 851	129 336	81 208	5 007 395
2019	7 582 356	188 489	66 596	7 837 441	6 177 791	155 894	72 155	6 405 840

2. 存在问题 中药老字号有悠久的历史，在海内外享有一定声誉，是中药企业宝贵的无形资产。如北京的"同仁堂"，广州的"潘高寿""陈李济"，重庆的"桐君阁"，天津的"达仁堂"等。这些名称大多申请了注册商标，受到我国商标法的保护，但仍有许多不法之徒假冒著名商标获取不义之财，给商标权人造成了损害。由此看来，中药驰名商标的保护力度尚需加强。但更多的企业

仍缺乏名牌意识,在商标注册使用中存在诸多问题。

（1）药品商标注册量不足。由于我国医药企业缺乏名牌意识,药品商标的注册量少,尤其很多中药企业对商标注册缺乏足够的认识,中药的商标注册数量有限,中药驰名商标有限、驰名商标在国外被抢注等,甚至许多中药生产企业往往是一个商标多个甚至上百个产品使用。一些企业在开发出一种新药品后,给药品命名并用该名称注册商标,后来该药品名称被收入《中华人民共和国药典》,被主管部门认定药品的通用名称,该名称失去了商标的意义,任何厂家都可以把它用在自己的产品上,原来拥有该注册商标的企业,不得不重新注册另一商标,致使原商标中所蕴含的无形资产消失殆尽,给原厂带来不可估量的损失。

（2）中药商标意识淡薄,名牌丧失。一些医药企业商标意识淡薄,导致商标权自然丧失,突出表现为商标过期不续注、缺乏在国外注册商标的意识而被抢注等。由于多数国家的商标注册采用申请在先的原则,因而"商标抢注"就成为合法的行为。我国有部分名牌中药商标在国外已被抢注。美国在国际上注册的商标有 20 多万种,仅在我国注册的就有 2.5 万种,而我国在国外注册的商标只有 1.1 万种。

（3）中药商标与通用名称混淆。一个药品应有通用名称（药品名）、化学名称、商品名称（商标名）。过去我国的西药多为仿制药品,因而企业对新化合物及药品商品名重视不够,但随着市场经济与商标意识的增强,如果药品名与商标名的关系处理不当,将导致药品商标纠纷案增多。《中华人民共和国药品管理法》第二十九条规定:"列入国家药品标准的药品名称为药品通用名称。已经作为药品通用名称的,该名称不得作为药品商标使用。"如安宫牛黄丸、云南白药、六神丸等药品名称,虽然知名度很高,但属于该药品的通用名称,无法申请商标注册。

（4）中药商标的区分作用不强。我国民众对中药的识别还习惯于通过名称识别。中药产品的命名有着严格的规范,产品标准中的名称即通用名称在全国统一使用,无专有性。从药品名称难以区别产品的来源和质量的优劣,因此,区别产品来源的方式是认识商标和生产地标志。有些厂家将商标放在产品包装极不显眼的地方,这就更造成商标的显著性和识别性作用在中药产品上不能充分体现。

(5)中药商标的专一性不强。许多有中药产品的企业只注册一个或很少几个商标,往往是一个商标多个品种使用,而不是一个药品一个商标,有的企业甚至上百个产品使用一个商标,这样就削弱了商标与产品作用之间的关系,使商标在区别药品的治疗作用上无法发挥作用。药品商标应具有特指性,通过宣传,使消费者了解到商标与某治疗作用相关,便于识别和推广。如果专治某种疾病的药品没有一个独特的商标,那么商标的作用很难体现。

(6)道地中药材忽视商标注册。道地中药材申请商标的不多。我国中药材极为丰富,有的中药材仅仅在中国这块土地存在。韩国将"高丽参"作为国家的一个特殊产品,列为国家专卖品。我国的中药材优于韩国,特产的著名药材如"天麻""冬虫夏草""长白山人参"等也应有相应的注册商标,而且某些药材也可成为国家专卖品,以确保产品质量,提高产品声誉。

(7)中药商标的设计缺乏竞争力。一件好的商标来自好的设计,商标设计的基本要求是使商标具有显著性,能给人留下深刻印象和记忆的商标标识可能是好的商标。如果企业商标只是简单地将企业名称缩写或简称,当地有河则用河名、有山则用山名、有塔则用塔名,就达不到商标注册应有的目的。以山西省为例,其制药行业中以"晋"字为商标的就有晋地、晋药、晋春、晋光、晋恒、晋新等。这种简单化的商标,就不具备商标自身所要求的显著性,难以给人留下深刻的印象。

(三)著作权

我国是一个发展中国家,有段时间书刊、录音、录像制品、计算机软件制品等盗版泛滥,著作权的保护并不十分理想。另外,在立法、执法等方面,我国的著作权保护也不尽完善。但总的来说,我国的著作权保护法律制度正逐渐形成体系。现已基本形成了《中华人民共和国著作权法》及其实施细则、《计算机软件保护条例》、《音像制品管理条例》等一大批法律法规构成的保护体系。这些法律法规对著作权的保护起到了积极作用。但我国的法律制度与TRIPS 的法律规定还有一定差距。正如学者们在论述我国知识产权保护现状时所指出的那样：首先，成果的创造与传播推广在绝对数量上同发达国家相比有较大差距；其次，智力成果的管理和保护水平同发达国家相比也有差距。因此，我国面临着双重压力。一方面，我们要提高我国的著作权保护水平，以便与国际上著作权保护发展趋势接轨并履行相应国际义务；另一方面，我国的知识产权（著作权）由于以前缺乏维权意识，权利保护现状并不乐观，面临着被其他国家侵权的可能性。这就要求我国自己的著作权保护法律体系一定要立足于我国的实际国情，在履行国际义务的前提下，最大限度保护自己的国民权益。

2001 年 10 月 27 日，第九届全国人民代表大会常务委员会第二十四次会议通过了全国人大常委会关于修改著作权法的决定，对《中华人民共和国著作权法》进行了全面修改。这次修改的意义在于：首先，进一步完善了著作权法的内部结构，为著作权的保护提供更有力的法律保障。其次，使国内立法和国际著作权的法律规范衔接，为履行 TRIPS 提供国内法律支持。这次修改著作权法的特点在于：①修改的内容广泛，幅度大。本次修改是全面性的，共涉及 53 项，有删有增有改。整体上改变了以前著作权法的结构。②增加了大批新内容，如第 7 条关于著作权内容的规定，第 8 条、第 51 条等都属于新增加的内容。③在内容上基本上与 TRIPS 精神相吻合。如关于计算机程序和数据库的规定，关于出租权作品保护期的规定，关于邻接权的规定。又如关于民事及行政程序及救济的规定、关于刑事责任的规定，等等。2010 年、2020 年又分别进行了修正。随着《中华人民共和国著作权法》的不断修改与完善，我国著作权法的内涵和要求更加具体化、规范化，我国的著作权交流与保护必将跃上一个新台阶。

（四）商业秘密保护

商业秘密已为许多发达国家所重视，成为企业保持竞争优势的"秘密武器"。近年来，尽管我国许多企业为保护商业秘密投入了大量资金，加强了对商业秘密的保护，但是与我国市场经济发展的要求和对外开放的要求还是不相适应，保护的效果也并未因此得到改善，有关法律法规中仅就技术秘密的保护作了不同程度的规定，且缺乏统一性和可操作性。侵犯商业秘密的行为不仅损害了权利人的民事权利,而且扰乱了市场竞争秩序。为保护商业秘密持有人的权益,维护正常的经济秩序,各国法律原则上都确认了商业秘密的保护。当商业秘密遭到他人非法侵害时,权利人可以通过法律途径,取得司法上的救济。因此,我国迫切需要建立商业秘密法律保护制度,以便更好地维护商业秘密权利人的利益,规范社会市场经济秩序。

1. 我国企业商业秘密的保护现状及存在的问题 1993 年 9 月 2 日颁布的《中华人民共和国反不正当竞争法》第一次从立法上界定了商业秘密的含义,明确规定:"本条所称的商业秘密,是指不为公众所知悉、能为权利人带来经济利益、具有实用性并经权利人采取保密措施的技术信息和经营信息。"根据这一规定,商业秘密的范围主要包括两大类:一类是技术信息,即指凭借经验或技能产生的,在实际中尤其是工业中适用的技术情报、数据或知识,其中包括化学配方、工艺流程、设计图纸等,且未获得知识产权法的保护;另一类是经营信息,即指具有秘密性质的经营管理方法以及与经营管理方法密切相关的信息和情报,其中包括管理方法、产销策略、客户名单、货源情报,以及对市场的分析、预测报告和未来发展规划等。商业秘密具有的四个内在属性,即秘密性、新颖性、实用性和价值性,无论是物质生产领域还是非物质生产领域,只要是经营者依靠自己的创造性劳动或长时间的经验积累或其他正当方法取得的信息,符合商业秘密的四个内在属性的,都应当纳入商业秘密的范围并加以保护。目前,我国企业商业秘密保护中主要存在以下问题。

(1)大多数企业尚未认识到商业秘密在市场经济中的实际和潜在的经济价值。商业秘密作为无形资产的财产属性已为许多国家所确认,许多国家从经济发展中感到,技术信息和经营信息都是一种财富,会给拥有者和社会带来种种利益。因此,一些国家制定有专门的商业秘密法对商业秘密加以保护和规范,如美国制定有《统一商业秘密法》。而我国大多数企业的商业秘密保护意识淡薄,许多企业不仅对自己的一些经营信息不懂得保护,对一些专有技术也不加以保护。我国发生过不少企业随意泄露或无偿将商业秘密提供给外国企业或他人的事件,使国家利益受到损失,也失去了自己在竞争中的优势。

(2)绝大多数企业对泄露商业秘密或商业秘密侵权行为未求助于法律保

护,我国现有商业秘密保护法律、法规,也未对商业秘密形成有效的保护。许多企业的负责人和职工,缺乏保护本企业或本部门商业秘密的意识,加之商业失密案件一般都涉及面广,案情比较复杂,取证困难,我国相应的法律尚不健全,《中华人民共和国民事诉讼法》《中华人民共和国反不正当竞争法》等法律虽然对商业秘密有规定,但都是非原则的规定,一旦发生纠纷,法院仍无具体的法规可依,加大了案件审理的难度。

（3）人才流动中泄露商业秘密已成为普遍现象。由于我国行业协会等组织不健全,一些人在"跳槽"时往往带走一些不该带的原企业的技术秘密;一些企业在接收人员时,也以此作为条件。对这种行为,国外一般通过行业协会等加以限制,我国在这方面缺乏管理手段,尤其是一些技术含量高的企业,在人才流动中带走商业秘密的现象极为普遍。

（4）缺乏对商业秘密的正确认识和科学使用,商业秘密保护困难重重。侵害商业秘密的事件时有发生,如违反与权利人的合同约定,包括在履行技术开发、服务、咨询、转让合同过程中的违约披露行为;违反限制使用条款,超越期限、地域、数量的自己使用或允许他人使用的行为;在履行劳动合同和公司章程过程中,违反商业秘密权人的要求和公司章程,披露、使用或允许他人使用本单位、本公司商业秘密的行为;以占有为目的违法获取:包括采取秘密窃取的手段,采用利益引诱的手段,采用威胁、逼迫的手段,采取违反商业道德的手段。

2. 我国对商业秘密的法律保护现状

（1）《中华人民共和国反不正当竞争法》的保护。《中华人民共和国反不正当竞争法》（2019 年修正,以下简称《反不正当竞争法》）第九条明确阐明了"侵害商业秘密权益"的行为。该条规定:"经营者不得实施下列侵犯商业秘密的行为:（一）以盗窃、贿赂、欺诈、胁迫、电子侵入或者其他不正当手段获取权利人的商业秘密;（二）披露、使用或者允许他人使用以前项手段获取的权利人的商业秘密;（三）违反保密义务或者违反权利人有关保守商业秘密的要求,披露、使用或者允许他人使用其所掌握的商业秘密;（四）教唆、引诱、帮助他人违反保密义务或者违反权利人有关保守商业秘密的要求,获取、披露、使用或者允许他人使用权利人的商业秘密。经营者以外的其他自然人、法人和非法人组织实施前款所列违法行为的，视为侵犯商业秘密。第三人明知或者应知商业秘密权利人的员工、前员工或者其他单位、个人实施本条第一款所列违法行为，仍获取、披露、使用或者允许他人使用该商业秘密的，视为侵犯商业秘密。"《中华人民共和国反不正当竞争法》将侵犯商业秘密的行为列为不正当竞争行为，其中第二十一条规定："经营者以及其他自然人、法人和非法人组织违反本法第九条规定侵犯商业秘密的，由监督检查部门责令停止违法行为，没收违法所得，处十万元以上一百万元以下的罚款；情节严重的，处五十万元以上五百万元以下的罚款。"

（2）《中华人民共和国民法典》的保护。《中华人民共和国民法典》于2020年5月28日通过，并于2021年1月1日起施行。《中华人民共和国民法典》第五百零一条规定："当事人在订立合同过程中知悉的商业秘密或者其他应当保密的信息，无论合同是否成立，不得泄露或者不正当地使用；泄露、不正当地使用该商业秘密或者信息，造成对方损失的，应当承担赔偿责任。"从该条可以看出，《中华人民共和国民法典》规定了合同双方当事人保护商业秘密的义务，如对方当事人泄露或不正当地使用则应当承担赔偿责任。在订立合同的过程中，当事人可以将属于商业秘密的内容写进合同条款，要求对方当事人保守商业秘密。

（3）《中华人民共和国刑法》的保护。第八届全国人民代表大会第五次会议通过的我国《中华人民共和国刑法》中规定了侵犯商业秘密罪，其中规定："有下列侵犯商业秘密行为之一，给商业秘密的权利人造成重大损失的，处三年以下有期徒刑或者拘役，并处或者单处罚金；造成特别严重后果的，处三年以上七年以下有期徒刑，并处罚金。"这标志着我国对侵犯商业秘密行为的制裁发生了质的变化，由原来的仅限于民事责任和行政责任上升到刑事责任，加大了对商业秘密的保护力度。

（4）国家对技术秘密的保护并没有专门立法。企业技术诀窍或个人技术秘密的保护，国家目前没有专门立法，仅能从相关法中寻找合适的保护方式，因此侵权认定和损失赔偿的计算都有待进一步规范。专利法当中的保密专利,只有在涉及国家安全和重大经济利益时才被允许。保密专利因为其技术信息不进入公知领域的特点而很难影响他人就相同技术也获得专利权,尤其是不影响相同技术在国外被授予专利权。

(五)中药行政保护

在我国知识产权保护体系尚未形成前,根据我国的具体国情,对新药知识产权保护建立了一系列行政保护体系。药品研制者除和其他国家一样可以获得专利保护外,对于经国家药品监督管理局批准颁发新药证书后的新药还可获得期限不等的新药保护,中药还可在新药保护期届满前的 6 个月内申请中药品种保护。对于外国企业,可以根据《药品行政保护条例》就 1986 年至 1992 年期间在欧洲共同体、美国等地区获得产品专利权的新药可申请为期 7 年 6 个月的药品行政保护。选择何种方式来保护自己在新药开发中的知识产权,这是摆在制药行业面前的一个十分重要的问题,也是每一个新药开发者在立项之前首先要考虑的问题。

1. 新药保护 新药保护的对象是新药产品(原料药或制剂),获得保护的方式是在获得新药证书后自动获得;保护的内容是未得到新药证书拥有者的技术转让,任何单位和个人不得仿制生产;保护的特征无独占性,同样的新药证书可以有多个单位获得;保护期是一类新药 12 年,二三类新药 8 年,四五类新药 6 年;获得保护的条件是该药品未在我国生产过。其采用的是相对新颖性的标准,即其比较的标准仅限于是否在中国境内生产,与是否已公开出售无关。新药保护弥补了 1993 年前专利保护的缺陷(不保护产品),在一定程度上控制重复仿制(限时),但也带来了许多问题。如新药不新,低水平重复(多家同时申报);浪费资源,提高成本(重复作临床,与进口冲突);鼓励内斗,外企得利(只限生产,不限进口);外国人可用来延长专利保护(国内新即可);透明度低,且与专利保护和药品审批重复,等等。新药保护已于 2002 年取消。2020 年的《药品注册管理办法》废止了 2007 年版本中的新药监测期概念。

2.《中药品种保护条例》 为加强中药知识产权保护,把中药品种保护纳入法制化轨道,维护企业的合法权益,提高产品质量,国务院于 1993 年制定了《中药品种保护条例》。该条例颁布实施以来,在推动中药产品结构调整,规范中药生产经营秩序,促进中药行业集约化经济模式的形成和民族医药工业的科技进步等方面,都起到了积极的作用,得到了中药企业界的广泛支持和拥护。一些中药生产企业利用中药品种保护的良好机遇,积极调整产品结构,充分挖掘自身潜力,努力提高产品质量,取得了明显的经济效益和社会效益。中药品种保护已成为我国中药知识产权保护的重要组成部分。截至1996年底,国家中药品种保护审评委员会共受理了全国29个省、自治区、直辖市的514个中药生产企业提出的981个中药品种保护的申请,审评了851个中药品种,共523个(次)品种获得了保护,其中独家生产的品种和新药品种有285个,占总数的54.5%。企业对中药品种保护采取了积极态度。许多著名中药品种申请了中药品种保护。对不符合《中药品种保护条例》规定的产品,卫生部依法终止其生产批准文号。

中药品种保护与专利相比具有审批速度快、保密性强的特点,但在实践中,中药品种保护也存在一定缺陷,如保护的对象仅仅是中药品种,而对中药的生产方法、专用器械等不给予保护,并且对于同一种中药品种,企业所享有的中药品种保护权不具有排他权。也就是说,同一个品种,可能有多家企业同时受到中药品种的保护。另外,中药品种的保护还受到专利保护的阻截,因为根据《中药品种保护条例》的规定,只有没有申请专利保护的品种才能申请中药品种保护。更重要的是,中药品种保护只是国内的行政保护措施,缺少战略保护作用。《中药品种保护条例》主要出于政策性考虑,为中药提供特殊保护,但这种保护有明显的负面影响。它可能使企业对中药品种形成垄断,有利于促进个别企业的发展,但对整个社会的科技进步不利,也可能抬高中药价格,侵害消费者的利益。另外,这种保护只在国内使用,无法与国际上的通用做法接轨。国内的企业要想走向世界,积极参与药品的世界竞争,只有依靠专利才能保护自己的药品知识产权。

三、中药品种保护制度建立与实施三十余年概况

中医药是我国典型的传统医药,是我国独特的卫生资源、潜力巨大的经济

资源、具有原创优势的科技资源、优秀的文化资源和重要的生态资源,在我国的经济社会发展中发挥着重要作用。中药是中医药的重要组成部分,1992 年 10 月 14 日,为有效利用中药材资源,提高中药产品质量,规范中药市场竞争秩序,保护中药品种生产企业合法权益,中华人民共和国国务院发布第 106 号令,正式颁布《中药品种保护条例》(以下简称《条例》),正式建立了具有中国特色的中药品种保护制度。《条例》于 1993 年 1 月 1 日正式施行。同年 10 月 10 日,组建国家中药品种保护审评委员会,承担中药品种保护的技术审评工作。《中药品种保护条例》已经颁布实施 30 余年,对中药产业健康发展做出了重要贡献。

(一)中药品种保护制度的建立

《条例》实施前,中医药知识产权保护制度缺乏,中成药行业存在盲目仿制、品种开发低水平重复、药材资源短缺且浪费严重、市场无序竞争的现象,严重制约中药产业发展。《中华人民共和国药品管理法》明确了国家实施中药品种保护制度。中药品种保护制度的实施,促进了中药产业健康发展。

1. 产生背景 中药品种保护制度是在中国改革开放、融入国际市场,努力加入世界贸易组织的背景下产生的。

1984 年 3 月 12 日,第六届全国人民代表大会常务委员会第四次会议通过《中华人民共和国专利法》。但是,对"药品和用化学方法获得的物质"不授予专利权,只对这些产品的生产方法授予专利权。随着国内外形势的变化,1992 年 9 月我国对《中华人民共和国专利法》作了第一次修订,将"药品和用化学方法获得的物质"纳入授予专利权的范围,大大促进了化合物药物的市场保护。虽然我国当时的化学工业整体水平还比较低,将"药品和用化学方法获得的物质"纳入专利保护将制约我国的仿制药生产。但是,我国有着丰富的中药资源,可以充分发挥中药产业的优势并从中开发新药,尽快走上自主研发的道路,从而增强我国医药行业在国际上的竞争能力。

1986 年 7 月 10 日,中国驻联合国常驻代表团钱嘉东大使向《关税与贸易总协定》(GATT)总干事邓克尔先生提交照会,要求恢复中国在《关税与贸易总协定》的缔约国地位。同时,由于 GATT 本身在进行"乌拉圭回合多边贸易谈判",中国也受邀全面参加了乌拉圭回合谈判。该谈判促成了世界贸易组织的成立,中国在进行了艰苦卓绝的谈判后,于2001年12月11日加入世界贸易组织。

1992年10月14日,为了保持并增强我国中药产业的潜在优势,规范中药行业的市场秩序,提高中药的产品质量和市场竞争力,国务院发布《中药品种保护条例》,奠定了中药品种保护制度的基本架构。经过多年实践,中药产业无论是在市场秩序、药品质量,还是生产规模和盈利能力等方面都发生了显著提升。

2. 意义 中药品种保护制度已经发展成为国家对特定领域经济活动进行适当干预和管理的法律制度。

中药品种保护制度针对中药行业产品质量问题以及传统名优品种的保护问题,设置了中药品种保护的基本思想,不仅对申请中药品种保护的条件作出了明确规定,也要求获得中药保护品种后所承担的义务,以及违反法律规定擅自仿制生产的法律责任。为确保法律责任的设置具有科学性、合法性和可操作性,《中药品种保护条例》中设置了"保密性规定"和"禁止仿制规定",并设置了相应的法律责任。从法律文本的体系性和法律机制的合理性方面看,《中药品种保护条例》所建立的从社会经济整体出发,从行业可持续发展角度来搭建中药品种保护机制具有一定的合理性。从实际效果看,《中药品种保护条例》有效保护了中药品种保护权利人的权利,规范了中药市场的秩序,体现了公平公正的原则。

《中药品种保护条例》的出台并实施,是中国改革开放的必然结果,是药品监管中国特色的具体体现。实施三十余年来,在保护中药生产企业的合法权益,提高中药品种的质量,促进中药事业的发展等方面发挥了积极作用。但由于国内外经济形势的发展和变化,企业经济模式和产业结构的改变,在给中药品种保护制度带来新的机遇和要求的同时,在司法实践中也出现了诸多的问题和挑战,需要全社会的支持和自身的改革与完善。

(二)中药品种保护制度的成效

根据《中国药学年鉴》数据统计,1993年《条例》实施后,1994年末产值超亿元的中药生产企业数量为 16 家,1995 年增加到 48 家,2006 年达到了 114 家,产值平均增幅为 60%。2008—2010 年期间,我国年销售额亿元以上的中成药品种中,一半以上获得过《中药保护品种证书》。2021 年销售额 35 亿元以上的前 20 家上市企业中,持有过《中药保护品种证书》的企业已达 17 家。中药品种保护制度的实施产生了下列影响。

1. 整顿了中成药市场经营秩序,规范了行业发展 1993 年之前,中成药企业盲目仿制以及低水平重复,衍生出药品粗制滥造、药材资源浪费并短缺、市场竞争无序等现象,严重阻碍了中药产业的正常发展。据统计,当时蛇胆川贝液的批准文号多达 163 件,安宫牛黄丸的批准文号多达 152 件,牛黄解毒片的批准文号多达 540 件,复方丹参片的批准文号多达 700 件。国家保密品种六神丸仅处方就有 12 个,生产企业达数十家。《条例》实施后作为规范中药市场竞争秩序的法律机制,有效抑制了同品种生产企业的低质竞争。

截至 2023 年 4 月底,我国共受理中药品种保护申请 7 031 个次,技术审评 5 753 个次,发布国家中药保护品种公告 155 批次,核发《中药保护品种证书》4 722 张,其中有云南白药(散剂及胶囊)、六神丸、片仔癀、龙牡壮骨颗粒、福字阿胶等 6 个一级保护品种。涉及 1 816 个中药品种实施了中药品种保护,中止了 1 770 个同品种生产批准文号的效力。这些举措极大地解决了中药品种的低水平重复问题,全面保护了原研企业和优势品种企业的核心技术和合法权益,提高了中药研制单位及生产企业开发中药新品种、提升药品质量的积极性,推动了中成药在中医药医疗保障体系中供给侧结构性改革,使我国的中药生产逐步走上了良性循环的发展轨道。中药品种保护制度已经成为政府有效干预中药市场秩序的法律制度,积极维护了我国中药产业的可持续发展和良性竞争。

2. 提高了中药保护品种在市场上的声誉 中药品种保护制度是选取疗效独特、质量优良的产品并给予一定时间的产品生产权,企业因而可以大大提高中药保护品种的市场效应。在卫生部颁布的《关于贯彻执行国务院〈中药品种保护条例〉做好中药品种保护工作的通知》[卫药发〔1992〕第 69 号]中指出,"对我部批准的中药保护品种和解除保护的中药品种,我部将在《健康报》

《医药信息论坛报》和《中国药事》上发布公告"。这一措施客观上彰显了中药保护品种市场影响力的作用,有利于企业对中药保护品种的市场声誉宣传。

根据《中国药学年鉴》统计,2010年发布的中药企业品牌百强榜中,中药保护品种生产企业占到90%。2015年中成药工业企业法人单位利润总额100强企业名单,前20名中有14家是中药保护品种生产企业。

3. 产生了较好的社会整体效益和行业经济效益 根据《中国药学年鉴》的统计数据,1990年我国年产值超亿元的大中型中药企业仅有3家,《中药品种保护条例》实施后,1994年末产值超亿元的中药生产企业达到16家,1995年增加到48家,1997年发展到53家,1999年增加到107家,2006年达到了114家,产值平均增幅为60%。1993年中成药工业产值为138.7亿元,1996年达到235亿元,2005年达到1 221.85亿元,2016年达到6 700亿元。2021年收入在35亿以上的上市企业前20家中,有在保护期内或曾经保护的品种涉及企业17家。这些品种的出现不断增强中药企业参与国际竞争的能力,促进我国传统医药的潜在优势向竞争优势有效转化。从上述数据可以看出,1993年《中药品种保护条例》实施以后,中药工业总产值逐步增长,2009—2016年间有了一个质的飞跃,呈现出我国中药产业的经济实力逐步增强的过程,推动了中药产业链的整合和规模化、集约化发展。

中药品种保护制度实施后培育出了一大批中药市场的大品种、大品牌,提高了产业集中度,促进了中药生产企业的发展和中药品种的繁荣。如复方丹参滴丸(天士力医药集团股份有限公司)、云南白药(云南白药集团股份有限公司)、六神丸(雷允上药业集团有限公司)、健胃消食片(江中药业股份有限公司)、愈风宁心片(北京同仁堂科技发展股份有限公司制药厂)、血栓通注射液(中恒集团)、999感冒灵颗粒(华润三九医药股份有限公司)、复方阿胶浆(东阿阿胶股份有限公司)等。

4. 为国家医疗改革提供保障,体现临床价值及可及性 中药品种保护制度在实施中始终注重临床价值的发挥,尤其是在发布《中药品种保护指导原则》后,进一步明确了中药保护品种在审评审批中的临床评价标准。要求申请一级保护品种的临床资料应能证明其对某一疾病在治疗效果上取得重大突破性进展,或用于预防和治疗特殊疾病;申请二级保护品种的临床资料应能证明具有显著临床应用优势,或对某一主治疾病、证候或症状的疗效优于同类品种。这些机制使得中药保护品种在临床的价值大大增加,《国家基本医疗保险药品目录》和《国家基本药物目录》对中药保护品种的收录情况极好地说明了这一点。

2019 版《国家基本医疗保险药品目录》中共有中成药 1 321 个(含民族药93 个)。经统计,其中有 754 个中成药属于曾经被保护或者正在保护的中药品种,占全部医保目录中中成药的 57%。2022 版《国家基本医疗保险药品目录》有中成药 1 381 种(含协议品种),约占目录内药品总数的 46.55%,保护期内有 62 个中成药被纳入 2022 版医保目录。

2009 年版《国家基本药物目录》中有中成药 307 个,其中曾经被保护或者正在保护的中药保护品种占 50%;2012 年版《国家基本药物目录》内有中成药 203 个,其中属于曾经被保护或者正在保护的中药保护品种占 60%;2018年版《国家基本药物目录》内有中成药 271 个,其中有 129 个中成药属于曾经被保护或者正在保护的中药品种,占目录内中成药的 48%。可以看出,中药保护品种对我国的医疗卫生事业改革发挥了重要的支撑作用。

5. 建立了具有中药发展特点的药品质量改进提高机制 《条例》专门针对中药行业的自身规律,支持优秀品种在市场存续,药品生产企业必须按要求从原、辅料质量控制及管理、生产工艺、药品使用说明书修订等诸多方面进行大量的工作,对已上市品种进行的质量标准提高和药理、毒理、临床方面的试验研究,能够弥补已上市品种缺乏系统科研资料的缺陷,提升传统中成药品种的科技含量,通过申报中药保护品种使药品在药效和品质方面高于同类品种,从而实现用药的安全和有效,增强中药品种的市场竞争力。还通过固定产地和中药材基源,促使中药保护品种企业日益规范中药材种植和中药饮片加工管理,从源头控制保证了中药保护品种质量。中药企业利用中药保护品种生产线所具有的先进的制药技术和现代工艺流程,促进中药企业积极对保护品种改进技术、提高品种质量,实现传承与创新的有机结合。因此,从新药研制和临床应用的时间期限来看,中药品种保护制度定位在药品上市后的时间阶段,在提升已上市药品质量,加强中药全生命周期管理等方面具有不可替代的作用,形成了中药品种提高、保护、再提高、再保护的发展机制。这一发展机制有力推动了中药品种二次开发,为中药现代化探索了一条发展道路,为保护和促进传统中医药发展建立了一套改进提高机制。

根据《中药品种保护指导原则》的规定,申请初次保护的品种,要求其申报资料应能客观全面地反映中药品种生产工艺、质量研究、安全性评价、临床应用等方面的情况。在申请延长保护时,不仅要求其在临床、药理毒理、药学等方面应较保护前有明显改进与提高,而且还要求申请企业提出在延长保护期内对品种改进提高的详细计划及实施方案。这些措施有利于促使企业改进相关技术,提高中药产品质量,使得中药能够逐步在国家基本药物、非处方药物(OTC)和低价药中占有相当的比例。

(三)中药品种保护制度面临的问题

《中药品种保护条例》有效地规范了中药行业的同品种生产厂家过多、低价竞争、质量参差不齐、创新不足的现象,创造了较好的社会效益。研究表明,中药品种保护制度已经成为政府对整个中药行业经济发展适度市场干预,以生产权为形式来引导经济活动,促进市场适度竞争,保护消费者权益,实施产业政策的有力武器。与此同时,《条例》实施30余年来,中药监督管理、产业发展环境发生了深刻变化,现行《条例》已逐渐不能完全适应当前形势。

一是对于中医药产业的发展,《"十四五"中医药发展规划》提出了多个具体任务和指标,旨在推动中医药高质量发展。这些规划和目标体现了新时代对中医药发展的新要求,包括加强中药资源保护与利用、提升中药产业发展水平等。因此,现有的《条例》可能无法完全满足这些新的发展需求。二是保护手段和措施日渐丧失原有的激励作用,企业申报动力不足。三是在目前药品注册环节及全生命周期管理体系中存在制度衔接问题。四是保护期内品种缺乏有效退出机制。五是中药品种保护制度与不断完善的专利、数据保护等法律制度缺乏有效衔接、相互补充。六是中药品种保护对象范围窄,中药饮片保护问题日益凸显。七是因中止同品种批准文号产生限制公平竞争的现象。

（四）中药品种保护制度展望

中药产业作为中国医药领域的重要组成部分，拥有独特的资源和知识优势，是我国在国际医药市场中可以有效参与竞争的领域之一。我们要对中药产业的市场监管予以单独规定，并且要给予传承、发展、创新中药产品的企业相应的市场利益，以维持中国作为传统医药大国的地位。

《中华人民共和国药品管理法》始终对中药采取特殊规定，如"国家保护野生药材资源和中药品种，鼓励培育道地中药材"，"建立和完善符合中药特点的技术评价体系，促进中药传承创新"，第六十条中"城乡集市贸易市场可以出售中药材，国务院另有规定的除外"等，都体现了中药管理的特殊性。

2021年1月22日，国务院办公厅印发《关于加快中医药特色发展的若干政策措施》，再次明确指出"党的十八大以来，以习近平同志为核心的党中央把中医药工作摆在突出位置，中医药改革发展取得显著成绩"，"中医药仍然一定程度存在高质量供给不够、人才总量不足、创新体系不完善、发展特色不突出等问题"，"探索将具有独特炮制方法的中药饮片纳入中药品种保护范围"。

综上，中药品种保护制度亟待修订和补充完善，开创中药品种保护新局面，满足中药保护品种临床需求，推动中药产业高质量发展，更好服务"健康中国"建设。

第四节　知识产权国际保护的方式与组织

知识产权的国际保护是指一国通过遵守互惠原则、签订双边或多边协定，以加入国际条约的形式承担国际义务，对他国的自然人或法人所有或持有的知识产权在本国实行保护，当知识产权所有人或持有人的合法权利遭到侵犯时，给予合理的法律救济。

知识产权国际保护是工业革命发展和知识、技术交流日趋国际化的结果。19世纪末，随着商品经济的发展，技术输出在国际贸易中占有十分重要的位置，各国垄断集团迫切要求把智力成果的垄断专有权从国内扩展到国外，使知识产权能在国外得到国际保护。由于知识产权的法律保护具有严格的地域性特点,与科学技术及文化艺术发展的国际化趋势产生了日益尖锐复杂的矛盾,于是,人们开始寻求新的途径,即通过成立国际组织及签订国际条约等方式来解决知识产权的国际保护问题。从 19 世纪末开始,缔结有关工业产权和版权的国际公约。第二次世界大战后,国际知识产权保护制度有了进一步发展,许多国家都越来越重视有关知识产权的国际保护,在修订本国知识产权法的基础上,相继产生了一系列的国际性、地区性国际公约,成立了世界性或地区性的国际组织。特别是 20 世纪 60 年代以来,世界经济高速增长,知识产权制度的国际化趋势更为明显。

一、知识产权国际保护的方式

由于目前世界各国科技、经济发展水平不同,对知识产权的立法也存在差异,还难以建立一个世界上统一的知识产权保护制度。即针对专利、商标和版权等,难以使用一部法律统一各国的法律。从现有的一些国际性和地区性保护知识产权的公约和条约的内容来看,对知识产权实行国际保护,主要有 3 种形式,即双边协定、互惠原则和缔结多边公约。其中影响最大、作用最深的是缔结多边公约的形式。其意义在于:①使各国立法达到一定水平,逐渐趋向国际化。多边公约规定了各成员国共同遵守的基本原则,以及对各成员国国内立法的最低限度的统一要求。如关贸总协定乌拉圭回合关于《与贸易有关的知识产权协定》,该协议对各缔约国针对知识产权的保护对象、范围、标准等提出了各国立法必须达到的水平,尽管发展中国家和最不发达国家在执行时有一定的过渡期。②加强了有关国家专利或商标机构间的合作,简化了申请手续。为申请人申请其他国家和地区的专利或商标提供了方便。例如,《专利合作条约》规定,一项发明通过一次国际申请便可同时在申请人选定的几个或全部成员国获得批准。《商标国际注册马德里协定》在简化商标的国际注册手续方面也取得重要突破。该协定成员国国民,在本国取得商标注册的基础上,对该商标就可以向世界知识产权组织的国际局申请该成员国多个国家和地区的国际注册。③缔结多边公约或条约,在某一个地区或集团内实行统一的知识产权制度,申请人向统一的机构提出申请,经过一定的审批程序,可以达到在该地区或集团多个国家和地区进行法律保护的效力。如《欧洲专利公约》、法语非洲国家的《班吉协定》等。以上是有关工业产权方面的国际公约和协定,还有一类是有关版权方面的国际公约和协定。如《保护文学和艺术作品伯尔尼公约》《世界版权公约》等,它们构成全球性的知识产权国际保护的框架。

二、主要国际组织

(一)世界知识产权组织

1. 历史沿革　世界知识产权组织(World Intellectual Property Organization,简称 WIPO),是根据 1967 年 7 月 14 日在斯德哥尔摩签订并于 1970 年 4 月 26 日生效的《建立世界知识产权组织公约》而成立的一个国际机构,当时共有 51 个国家和地区签约。总部设在日内瓦。我国于 1980 年 6 月 3 日加入该组织。WIPO 现有成员国 193 个(截至目前)。主要成员国包括美国、日本、瑞士、瑞典、中国、法国、德国等。

世界知识产权组织的由来,要追溯到《保护工业产权巴黎公约》签订时的 1883 年和《保护文学和艺术作品伯尔尼公约》签订时的 1886 年。这两个公约都规定设立国际秘书处,由这两个秘书处管理这两个公约。到 1893 年这两个秘书处决定合并在一起,曾用过几个名称,最后一个名称是"保护知识产权联合国际局"。在 1967 年斯德哥尔摩会议上,决定成立世界知识产权组织,使它同其他政府间组织具有同样的地位。于是,保护知识产权联合国际局就由世界知识产权组织所代替,并从 1974 年 12 月 7 日起,成为联合国系统下 16 个专门机构之一,负责管理有关知识产权的国际公约和协议,促进创造性的智力活动,加速经济、社会和文化的发展。主要管辖的公约和协定有《巴黎公约》、《伯尔尼公约》、《商标国际注册马德里协定》(1891 年)、《制止商品产地虚假或欺骗性标记马德里协定》(1891 年)、《商标注册用商品和服务国际分类尼斯协定》(1957 年)、《工业品外观设计国际保存海牙协定》(1925 年)和《保护原产地名称及其国际注册里斯本协定》(1958年)。

2. 宗旨 世界知识产权组织的总目标,是在全世界的范围内维护和加强对知识产权的尊重,通过鼓励创造性活动、技术的转移和文化艺术作品的传播来促进工业和文化的发展。建立世界知识产权组织的目的是促进对全世界知识产权的保护,并确保各知识产权联盟之间的行政合作。为此,WIPO的宗旨如下。

(1)通过国与国之间的合作,并在适当的情况下,通过与其他国际组织的协作,促进全世界对知识产权的保护。

(2)保证各知识产权联盟间的行政合作,管理知识产权联盟条约,并鼓励缔结新的国际条约和各国立法的现代化。

(3)WIPO作为联合国的一个专门机构,其主要任务是按照它的基本章程,促进创造性智力活动的发展,从而加速经济、社会和文化的发展。

(4)对发展中国家提供必要的援助,包括派遣专家、培训人员、提供技术援助、帮助起草知识产权法律等。

3. 机构 世界知识产权组织设立以下四个机构。

(1)大会:为该组织的最高权利机构,由成员国中参加巴黎联盟和伯尔尼联盟的国家组成。每3年召开一次会议,负责任命总干事,审批关于该组织的工作报告,审批协调委员会的报告、活动以及通过财政预算。

(2)成员国会议:由世界知识产权组织所有成员国组成。也是每3年召开一次会议,讨论有关知识产权方面大家关心的问题,制定法律、技术计划等。

(3)协调委员会:为保证各联盟之间的合作而设立的机构。既是咨询机构,又是大会和成员国会议的执行机构,负责制定大会和成员国会议的议事日程,提供咨询服务等。由巴黎联盟和伯尔尼联盟的执行委员会的成员国组成,每年召开一次会议,就一切有关的行政、财务问题提出意见,议定大会的议程草案等。

(4)国际局:是世界知识产权组织的常设办事机构,以总干事为首,由来自多个国家和地区的数百人组成。负责组织有关会议,起草有关文件、报告,并将这些文件、报告发给各有关国家和地区的政府、各联盟及本组织的主管机构。

此外,处于世界知识产权组织行政管辖下的还有 4 个由专家组成的常设委员会:专利法常设委员会,商标、工业品外观设计和地理标志法律常设委员会,版权及相关权常设委员会和 WIPO 标准委员会。它们的任务是深入研究和解决知识产权方面的开发合作和专利信息交流等实质性问题。

参加世界知识产权组织的成员国均有权参加成员国会议,但参加成员国大会的只能是同时属于巴黎联盟或伯尔尼联盟的成员国,否则只能以观察员身份出席大会;选为巴黎联盟或伯尔尼联盟执行委员会委员的可作为协调委员会的委员。该组织中不属于协调委员会成员的其他成员国,以观察员身份参加协调委员会会议的,有权参加讨论,但无表决权。

4. 职责 世界知识产权组织的职责主要是开展以下三个方面的活动。

(1)注册活动:这是世界知识产权组织向工业产权申请人或所有人提供的直接服务。这些活动是按照有关的国际条约来处理的,如按照《专利合作条约》来接受或处理有关的专利申请,按照《商标国际注册马德里协定》来接受或处理有关的商标申请。这些活动通常是由申请人缴纳的费用作为经费。

(2)促进政府间在知识产权管理方面的合作:主要是指管理用于检索的大量专利文件,维护和修订国际分类法,编辑愈来愈复杂的统计资料,按地区调查工业产权和版权的实施情况。

(3)开展世界知识产权组织的实质性活动:主要包括促进更多的国家接受现有的条约,必要时修订这些条约,使其与变化了的情况相适应;同时,根据需要缔结新的国际条约,开展对发展中国家在知识产权领域里的援助。

(二)国际保护工业产权协会

国际保护工业产权协会,简称 AIPPI,是国际工业产权界的一个民间组织。该组织成立于 1897 年,主要任务是研究各国有关工业产权的法规,对工业产权制度的各种理论问题和实践问题进行调查研究,以求改进和统一;宣传保护工业产权的必要性,对有关工业产权的悬而未决的问题定期召开会议,提出解决意见,以促进国际工业产权界的合作,加强有关方面的业务合作。

该协会目前在大约 100 多个国家和地区有 8 000 多名成员,是一个颇有权威和影响的非政府间国际组织。该协会的意见或建议对有关国际条约的修改有较大影响。

我国于 1982 年 8 月成立了国际保护工业产权协会中国分会,下设 3 个专业委员会:专利委员会、商标委员会、许可证贸易委员会。1983 年 5 月,我国正式成为该协会的成员。

（三）地区性知识产权组织

1. 欧洲专利局 欧洲专利局是根据《欧洲专利公约》(EPC)于 1977 年 10 月成立的。目前参加这个组织的有:德国、英国、意大利、法国、荷兰、比利时、卢森堡、瑞典、瑞士、奥地利、列支敦士登、希腊及西班牙等 38 个国家和地区。

欧洲专利局是一个超越国界的地区性专利组织,主要任务是统一欧洲各国的专利政策,争取逐步做到一次申请一次批准,在各成员国之间同时生效或废除,改变过去使用各种文字分别向各国申请的做法。欧洲专利局根据《欧洲专利公约》的规定授权所审批的欧洲专利,具有以下几点好处。

（1）欧洲专利在申请人所指定的成员国内,具有与该国家专利局审批的专利完全相同的效力。

（2）申请人申请欧洲专利,既可简化手续,又可节省时间和费用,所采用的英、德、法 3 种语言,有较大的选择性。

（3）欧洲专利按统一法律审查批准,审批的效率和质量都有所保证。要比逐个国家和地区申请便捷,特别是在商业上能提高发明的价值。

（4）专利文献检索质量高。检索与审查分开进行,有利于与国际《专利合作条约》实施相协调,方便申请人。

欧洲专利局设在德国的慕尼黑,在海牙、柏林、维也纳、布鲁塞尔设有分局。它同时是国际专利合作联盟规定的申请指定局之一,具有一套完整的世界各国的专利文献,建立了较高的检索信誉。

根据《欧洲专利公约》规定,向欧洲专利局申请专利,对申请人的资格与一般国家专利法的规定不同,任何自然人、法人或视为法人的企业,不管其国籍、住址或所属国如何都可自由申请。可以在其成员国内指定不同国家。

欧洲专利局目前只办理发明专利的申请,不办理实用新型和外观设计专利的申请。对发明专利保护的范围较广,几乎对所有技术领域的发明,包括食品、医药品、化学物质及其制造方法等发明,都给予专利保护。

在欧洲专利局申请专利,要委托欧洲专利代理人协会的律师代为办理。欧洲专利的审批采取即时审查程序,即从形式审查和建立检索报告开始,到异议期满为止,共分为三个阶段:第一阶段包括受理、形式审查及公布申请和检索报告;第二阶段为实质审查,但要在申请人的请求后再进行;第三阶段为处理异议、视异议有无或能否成立到批准专利和颁发证书。对发明专利的保护期限为 20 年。

2. 法语非洲知识产权组织　法语非洲知识产权组织,简称 OAPI,是由中非共和国、刚果及前法属地区 12 个国家和地区于 1962 年 9 月在利伯维尔签订《非洲 - 马尔加什工业产权协定》而成立的,原名为“非洲 - 马尔加什工业产权组织”。1977 年这个组织在中非的班吉改组为非洲知识产权组织,并签订了《班吉协定》。该协定规定,一切工业产权将在该组织地域内按统一规定颁发和维护。为此,制定了统一的专利法、商标法和版权法,设立了统一的专利局。

该组织的最高权力机构是各成员国代表组成的理事会,下设专利局业务机构,在理事会领导下工作;同时还设有一个文献中心和一个专家小组。文献中心的主要任务是向各成员国提供有关发明的情报资料,促进各成员国科学技术的交流,其业务领导人选由理事会根据专利局提名任命。专家小组由各成员国派来的专家组成,主要任务是协助专利局长工作。

非洲知识产权组织的最大特点是:在各成员国之间只成立一个共同的专利局,不分别设国家专利局,也不制定国家单行法。申请人只要提交一份专利申请文件,经审批,即可获得各成员国的专利;版权则依照统一规定自然产生后,由各成员国依照自己的民法及有关法律,靠各国自己的版权保护机关及司法部门去维护。

3. 英语非洲工业产权组织　英语非洲工业产权组织,简称 ARIPO,是由英语非洲国家于 1976 年 12 月 9 日在赞比亚首都卢萨卡签订《英语非洲工业产权组织协议》而成立的。目前成员国有 19 个。

该组织的宗旨是：促进各成员国工业产权领域法律的协调与发展，建立各成员国之间在工业产权领域的紧密合作，培养有关法律、行政管理的工作人员，并组织会议交流经验及研究成果。该组织的常设机构是委员会和秘书处。委员会可设立有关业务机构。

1982年12月10日，该组织在津巴布韦的哈拉雷签订了《关于专利和工业品外观设计议定书》。准备首先对发明专利和外观设计专利实行统一保护，统一颁发专利证书，注册外观设计并管理专利和外观设计。该议定书已于1984年4月生效。

4. 欧亚大陆专利局 诞生于1996年1月，并于1996年7月开始受理专利申请。它是由独立国家联合体中的10个国家，即俄罗斯、白俄罗斯、乌克兰、哈萨克斯坦、乌兹别克斯坦、塔吉克斯坦、摩尔多瓦、亚美尼亚、吉尔吉斯共和国、阿塞拜疆在世界知识产权组织的协助下，在1994年9月9日签订的《欧亚大陆专利条约》的基础上成立的。

《欧亚大陆专利条约》中规定，设立欧亚大陆专利组织，以发挥其专利系统的功能，并负责授予欧亚大陆专利。欧亚大陆专利组织具有法人资格，它由管理会议及专利局构成。管理会议每年定期召开1次会议，除任命欧亚大陆专利局局长（任期6年，可改选）外，还负责通过专利规则和财政规则等，确定年度预算。世界知识产权组织作为顾问出席会议。

欧亚大陆专利局的公共用语为俄语。它对具有新颖性、先进性及工业实用性的发明授予专利权。专利权的有效期为自申请日起20年。专利权人有使用专利发明、许诺使用、禁止他人使用的排他性权利。欧亚大陆专利申请公开以后，申请人拥有加盟国内法律规定的暂时保护权利。与欧洲专利相同，欧亚大陆专利具有与各国授予的国内专利同等的效力，并服从相同的国内规定。

三、保护知识产权的主要国际公约

保护知识产权的国际公约较多，主要有《保护工业产权巴黎公约》，保护专利权的《专利合作条约》，保护商标权的《商标国际注册马德里协定》与《商标注册条约》,保护版权的《保护文学和艺术作品伯尔尼公约》与《世界版权公约》等。

（一）《保护工业产权巴黎公约》

《保护工业产权巴黎公约》简称《巴黎公约》,是国际工业产权领域的第一个公约。公约中的基本原则和制度,对工业产权的国际保护产生了深远影响,被称为工业产权国际保护的母约。

该公约 1883 年 3 月 20 日在巴黎签订。最初签约的有 11 个国家,分别是比利时、巴西、法国、危地马拉、意大利、荷兰、葡萄牙、萨尔瓦多、塞尔维亚、西班牙和瑞士。1884 年 7 月 7 日正式生效。公约自订立以来,先后经过 7 次修订,最新修订本为 1979 年斯德哥尔摩文本。现在大多数国家是斯德哥尔摩议定书的缔约国。目前,巴黎公约的成员国已达 179 个。我国 1985 年 3 月 19 日正式加入该公约。

《巴黎公约》的全体成员国组成巴黎联盟,其常设办事机构为国际局,设在瑞士日内瓦世界知识产权组织内,由该组织总干事负责日常工作。

在公约下还有许多专门性条约,如《专利合作条约》（PCT）、《国际专利分类协定》（IPC）、《商标国际注册马德里协定》、《商标注册条约》（TRT）等。只有先参加了巴黎公约,才有资格参加以上条约或协定。

《巴黎公约》适用于最广义的工业产权,不仅包括发明、实用新型和外观设计,还包括商标、服务标记、厂商名称、货源标记或者原产地名称,以及制止不正当竞争。

《巴黎公约》现行的文本共 30 条,按内容可分为 3 大类,即实质性法律条款、行政性条款和最终条款。实质性法律条款主要包括国民待遇原则、优先权原则、独立保护原则和最低限度保护原则等。行政性及最终条款,包括建立公约行政机构的规定,以及涉及公约财务修订、退出等内容的规定,这些规定补充说明了《巴黎公约》成员国的权利和义务。

现就公约规定的几个主要原则介绍如下。

1. 国民待遇原则 国民待遇原则是指在工业产权的保护上,各成员国必须在法律上给予其他成员国的国民以本国国民能够享受的同样待遇。至于非缔约国的国民,如果在成员国内有住所或真实有效的工商营业所,也享有此种待遇。

国民待遇原则,一方面体现了工业产权的地域性,即仅依照本国法保护其他成员国国民;另一方面,对其他成员国国民给予国民待遇,又使得外国的知识产品在本国获得工业产权保护成为可能,因而在一定程度上突破了工业产权的地域性。

国民待遇原则在实施中有两点例外,一是该原则并不妨碍成员国的国内法给予外国国民以高于本国国民或公约最低标准的待遇;二是《巴黎公约》准许,国家法律关于司法和行政程序、管辖权以及委派代理人等问题,可以对其他缔约国的国民规定不同的待遇。

2. 优先权原则 优先权是《巴黎公约》给予成员国国民的一项基本权利。优先权是指工业产权的申请人在某一成员国第一次合法提出专利权或商标权申请时,在一定期限内(发明专利、实用新型为 12 个月,外观设计和商标为 6 个月)又在其他成员国提出相同主题的申请,其后来申请的日期可视同首次申请的日期。

优先权的前提是先后申请的申请人应当是同一个人;先后申请的内容应当相同。申请人必须在某一成员国提出首次正式申请案。正式申请案是指能够确定在有关成员国申请日的申请。优先权与申请的结局无关,第一个申请的撤回、放弃或被驳回,都不影响该申请所产生的优先权。

优先权的意义在于,对准备在几个国家中取得工业产权保护的申请人有很大的好处,便于申请人的工业产权能获得各成员国的保护。因为很多国家都实行先申请原则,要在几个国家申请同样内容的专利,如果没有优先权,就必须同时在国外几个国家提出专利申请,事实上这是办不到的。因此,《巴黎公约》规定的优先权原则,大大加强了对申请人权利的保护。

3. 独立保护原则 独立保护原则是指成员国应依照本国有关工业产权的法律决定其他成员国国民应享受的保护,不受其他成员国所给予的保护状况的影响。对于专利来说,一个国家对于一项发明批准了专利权,任何其他成员国并不必须对同一发明也批准为专利权,各国在专利问题上实行严格的主权原则,一国批准的专利对于别国是没有约束力的。这是因为,国与国之间在国家法律和行政实践上不尽相同,不能要求同一发明专利申请在不同国家其批准、驳回或专利权的终止有效、延展都同样办理。为了防止有人把优先权原则误解为不同成员国的工业产权并不独立,《巴黎公约》第4条专门对优先权与专利独立的关系作了规定和解释。其中指出,承认优先权,并不意味着在优先权期限内,同一发明申请在不同国家取得的专利在无效、撤销方面有任何联系;并指出,取得享有优先权的专利的有效期不得以首次申请的申请日为起算时间,而应与各成员国批准的没有优先权的专利期限相同。

独立保护原则对于商标有例外的规定。如某一项商标在其本国获准注册,在通常情况下,它在其他成员国的申请就不应当被随意驳回。这是为了使同一企业的产品在不同国家能够有相同的商标,以便在国际市场上发挥商标的区别功能。

4. 最低限度保护原则 《巴黎公约》所规定的最低限度的保护,主要包括以下几个方面。

(1)保护发明人的署名权:发明者有在专利证书上署名的权利。

(2)各成员国不准以国内法的某些规定为理由,拒绝给某些够批准专利条件的发明授予专利权或宣布某项专利权无效。

(3)不得以商品性质为由,拒绝给予有关商品所使用的商标注册。

(4)对专利未实施或未充分实施而颁发强制许可证或宣布专利权无效,必须符合一定条件。

(5)对驰名商标必须给予特别保护。

(6)建立管理工业产权的主管机关,以保证本国和外国国民得到应有的保护。

(7)各成员国应按其本国法律对在任何成员国内举行的官方或者经官方承认的国际展览会上展出的商品中可以获得专利的发明、实用新型和外观设计给予临时保护。

(二)《专利合作条约》

《专利合作条约》(简称PCT),是《保护工业产权巴黎公约》下属的专门性国际条约。该条约于1970年6月19日由35个国家在华盛顿签订,1978年6月1日开始实施。现有成员国156个,包括所有工业发达的国家和地区。该条约由总部设在日内瓦的世界知识产权组织管辖。我国于1993年9月13日正式向世界知识产权组织递交了参加《专利合作条约》的加入书,根据规定,自1994年1月1日起,我国已成为《专利合作条约》的成员国。

该条约的宗旨是简化申请人向多国申请专利的手续,避免各国专利局重复性劳动,协调各国专利审批程序及标准。条约最大的特征在于在成员国的范围内,申请人只要使用一种规定的语言在一个国家提交一件国际申请,在申请中指定要取得专利保护的国家,就产生了分别向各国提交了国家专利申请的效力。

《专利合作条约》及其实施细则对申请手续、申请文件、检索和审查方式作出了具体规定。首先,可以提出国际专利申请的申请人必须是该条约成员国的国民或居住在成员国的居民。申请文件应包括请求书、发明说明书、权利要求书及附图和文摘。申请文件可使用英文、法文、德文、日文、俄文中任何一种文字。从1994年1月1日起,中文已成为该条约的正式工作语言。

条约规定的国际申请程序分为"国际阶段"和"国家阶段"。在"国际阶段",受理局受理国际申请,国际检索单位检索现有技术并提出国际检索报告。申请人要求初步审查的,国际初步审查单位审查发明是否具备新颖性、创造性、实用性,并提出国际初步审查报告。申请人在规定的期限内没有要求国际初步审查的,国际申请自优先权日起30个月内进入"国家阶段"。在"国家阶段"各国专利局按照本国法律规定的条件和程序审查和批准专利。

《专利合作条约》规定,申请人递交申请案之后可享有的"优先权期"为20个月,如果要求进行实质审查,则"优先权期"为25个月。同时条约还规定对申请案采取"早期公开"的办法,在递交申请案后18个月内即予以公布。

按照条约规定,一个国家在加入条约的同时,这个国家的专利局自动成为受理局。条约规定了成为国际检索单位和国际初步审查单位的条件。一个国家的专利局必须符合条件并经条约联盟大会指定才能作为国际检索和国际初步审查单位。目前国际检索单位有中国国家知识产权局、奥地利专利局、澳大利亚专利局、欧洲专利局、日本特许厅、瑞典专利与商标注册局、美国专利商标局、俄罗斯专利与商标委员会等。国际检索单位同时也是国际初步审查单位，此外还有英国专利局是国际初步审查单位。

（三）《商标国际注册马德里协定》

《商标国际注册马德里协定》简称《马德里协定》，是根据《巴黎公约》第19条的规定制定的第一个保护商标权的专门协定。该协定于1891年4月14日在西班牙马德里签订，1892年生效，以后又经过7次修订，现在使用的是1979年斯德哥尔摩修订本。参加这个协定的国家，必须首先是《巴黎公约》的成员国。目前，该协定共有56个成员国。我国于1989年7月4日向世界知识产权组织总干事递交了参加该协定的加入书，并于1989年10月4日生效。

该协定的宗旨是在协定成员国间办理马德里商标国际注册。

《马德里协定》全文共18条，其实质性条款是第1条至第9条，即对商标建立一种国际注册的制度。另外还有一个实施细则，规定了若干具体手续和收费金额。

该协定规定，商标申请人必须是《马德里协定》成员国之一的国民，或是在某成员国有居所或设有从事实际商标活动营业所的人。申请人必须首先在其本国取得商标注册，才能向本国商标主管部门提交国际注册申请案；本国主管部门对申请的商标进行审查，证实与申请人在本国的注册商标完全一致后，转呈该协定的管理组织——世界知识产权组织国际局。

国际局对申请案进行形式审查。审查通过之后，该商标就获得了国际注册，国际局立即予以公布，并通知申请人要求给予保护的那些成员国。有关的协定成员国收到国际局的国际注册通知后，有权在1年之内，在说明理由的前提下拒绝为该商标提供保护。这些理由包括：该商标与本国已经确立的商标专有权相冲突；该商标在本国市场上缺乏"识别性"；以及该商标可能产生欺骗性后果等。如果上述理由不具备，在1年内指定国未表示拒绝，那么，该商标就自动在该国获得注册，申请人即在该国获得商标专用权。但该协定还规定，商标的"国际注册"在各成员国生效之后5年内，还会随着它在其本国的注册被撤销而失效。也就是说，只有自国际注册之日起5年以后，国际注册即具有独立性,与本国注册不再发生关系。

《马德里协定》规定的商标国际注册有效期为 10 年,可以无限制续展,每次续展期也是 10 年。

(四)《商标注册条约》

《商标注册条约》(简称 TRT),是由英、美等国发起,于 1973 年 6 月 12 日在维也纳外交会议上通过的。1973 年 12 月 31 日由 14 个国家和地区在条约上签字,该条约于 1980 年 8 月生效。该条约仅对《巴黎公约》成员国开放,我国未参加。

《商标注册条约》共有正文 47 条,实施细则 46 条,此外还有一些关于各种手续费的收费标准的附件,其中不少条款与《马德里协定》相同。均由"世界知识产权组织"国际局接收申请案,进行形式审查,审查后批准一项"国际注册",然后将申请案、审查结果及"国际注册"等文件送达有关国家,再由该国根据自己的国内法去决定接受还是拒绝。规定的国际注册有效期为 10 年,续展期也是 10 年。

《商标注册条约》与《马德里协定》的不同点在于,按《马德里协定》申请商标国际注册时,必须先在其所属国就同一商标取得商标注册,然后才能申请国际注册;但《商标注册条约》却规定申请人不一定要先在本国获得注册,可以直接取得国际注册;《马德里协定》规定,从获准国际注册之日起的第一个 5 年之内,商标所有人在其所属国的注册证撤销,将导致国际注册的撤销,而《商标注册条约》就没有规定这种依赖关系;根据《马德里协定》而产生的国际注册并不过问商标是否使用,而《商标注册条约》则规定在国际注册生效后,如果 3 年内未曾使用,任何成员国都可以宣布其无效,予以注销;另外,两者规定使用的语言不同,《马德里协定》只准使用法语;而《商标注册条约》可以用英、法两种文字中任何一种。

(五)《保护文学和艺术作品伯尔尼公约》

《保护文学和艺术作品伯尔尼公约》,简称《伯尔尼公约》,是世界上第一个版权保护的公约,也是迄今为止影响最大的国际版权保护公约。该公约 1986 年 9 月在瑞士首都伯尔尼签订,以后经过 6 次修改,现在使用的是 1979 年版本。到 1992 年 1 月止,共有 90 个国家和地区参加该公约。1992 年 7 月 1 日我国第七届全国人民代表大会常务委员会第 26 次会议通过我国加入该公约的议案,该公约于 1992 年 10 月 15 日在中国生效。

《伯尔尼公约》1979 年版本共 44 条,其中正文 38 条,附件 6 条。内容包括宗旨、基本原则、保护范围、作者享有的权利、对著作权的限制、保护期限、发展中国家实行强制许可证以及加入的条件和管理等。

《伯尔尼公约》规定有 4 项保护原则:即本国法对外国作者及其作品的保护与对本国作者及其作品给予同样的保护(国民待遇原则);各缔约国国内法规定的对有关外国作品的保护水平,不得低于公约规定的标准(最低限度保护原则);各缔约国有权自行确定本国版权法的保护对象、范围、期限、作者的专有权及其限制、侵权行为及其补救办法等(独立保护原则);作者著作权的产生无需履行任何手续,只要符合公约规定条件的作品一经创作完成,就可受到所有公约成员国著作权法的保护(自动保护原则)。

《伯尔尼公约》保护的主体是指符合下列条件的作者:作者是公约成员国国民或在成员国有居所。作品虽非成员国国民创作,但作品在公约成员国首次出版,或作品首次出版后 30 天内在成员国出版(同时出版)。公约保护的客体,即作品包括文学、艺术和科学领域内的一切作品,不问其表达方式或表现形式如何,主要有 10 个方面:即图书、小册子;讲课、讲演等;戏剧作品和音乐戏剧作品;舞蹈艺术作品及哑剧作品;音乐作品;电影作品及用同类方式表现的作品;图画、油画、建筑、雕塑及版画;摄影作品及用同类方法表现的作品;实用美术作品;与地理、地形、建筑、科学有关的示意图、地图、设计图、草图和立体作品。公约保护的权利包括经济权利和精神权利两个方面。其中,经济权利包括翻译权、复制权、公开表演权、广播权、公开朗诵权、改编权;精神权利包括作者署名权、保护作品完整权等。

公约规定,受保护作品的保护期,一般文学艺术作品为作者有生之年加死后 50 年;电影作品的公开发行后 50 年,如果尚未发行,自作品摄制完成后 50 年;不具名作品或笔名作品为合法公开发表后 50 年,但是如果能确定作者的身份,其保护仍适用作者有生之年加死后 50 年。摄影作品和实用美术作品的保护期由成员国自行规定,但最低不得低于自作品完成后50年。

公约要求各国法律向其他成员国作品提供的保护必须具有追溯力。也就是说,一个国家在加入公约以前,原成员国已经保护的作品,在它加入公约之后,仍有义务按其他国家的保护期的规定,继续保护这些国家的作品。

另外,《伯尔尼公约》还就加入的条件和手续、照顾发展中国家的强制许可制度、对著作权的限制等作了具体规定。

(六)《世界版权公约》

《世界版权公约》(Universal Copyright Convention, UCC),由联合国教科文组织发起并制定,1952年9月6日在瑞士的日内瓦签订,1955年9月16日生效。1971年在法国巴黎进行修订。至1990年1月,已有美、苏、日、法、德、英等83个国家和地区参加了这一公约。1992年7月1日我国全国人民代表大会常务委员会第26次会议通过加入该公约的议案,于1992年10月生效。

该公约的主要内容如下:

1. **关于保护的客体** 该公约没有《伯尔尼公约》那样详细列举了受保护作品的种类,而只规定应包括一切文学、科学和艺术作品;而且还规定,受保护的作品必须具备一定形式,即首次出版的作品,应注明著作权标记。著作权标记包括"著作权所有"的英文缩略符号"©"(对录制品可以是"℗"或"©"),首次出版日期,著作权人名称。

2. **关于受保护的权利** 该公约一个明显的特点是未明确规定保护精神权利。这主要是考虑如美国等一些国家实际不保护精神权利的状况。但通过公约对有关优惠条款的规定,如要求不可曲解作者原意,注明原作者,尊重作者"收回权"等,可以看出公约对作者某些精神权利的间接承认。关于经济权利,公约只概括地规定应包括复制权、表演权、广播权和演绎权。

3. **关于保护期限** 公约规定,一般文学、科学和艺术作品保护期不得少于作者有生之年加死后25年,或作品发表后25年;摄影、实用美术作品不得少于10年。

4. **关于"追溯力"** 该公约不具有追溯力,它与《伯尔尼公约》不同,公约成员国不保护在该国加入公约时已经在该国进入公有领域的外国作品。

5. **关于保留条款**　该公约规定成员国不得对公约的某些条款持保留意见,如果成员国之间发生对公约解释的争议,只能提交国际法院进行解决。

此外,《世界版权公约》还对翻译权的强制许可、对发展中国家的优惠待遇以及对公约的管理和参加公约的办法做了规定。

四、涉及关税贸易的知识产权保护

（一）《关税与贸易总协定》

《关税与贸易总协定》（General Agreement on Tariffs and Trade, GATT）,简称《关贸总协定》,是第二次世界大战以来,为了推进国际贸易,建立新的国际贸易秩序,美国向联合国经济社会理事会提议召开世界贸易和就业会议,并于1946年在伦敦开始了关于建立世界贸易组织的谈判,1947年10月在古巴哈瓦那签订了《关税与贸易总协定》,于1948年1月正式生效。1995年1月1日,世界贸易组织正式成立,宣告历时40余年的《关贸总协定》退出历史舞台。

《关贸总协定》是管理贸易的多边性文件,享有国际贸易的"交通规则"之称,成为解决国际贸易纠纷的依据。《关贸总协定》共有38项条款,其主要内容可归纳为以下四个方面:一是核心条款,主要是阐述关贸总协定的基本原则和规则,即自由竞争原则、最惠国待遇原则、互惠原则、非歧视原则、关税减让原则、公平贸易原则、禁止数量限制原则、透明度原则等;二是有关缔约方贸易政策方面的,包括只允许使用关税保护国内幼稚工业和禁止使用商业手段如数量限制等;三是对有关程序性的规定;四是在1965年增加的,专门处理发展中国家的贸易和发展问题,即给予发展中国家比较优惠的,不要求完全互惠的待遇,如发达国家按照普惠制给予来自发展中国家的工业制成品或半成品以优惠关税待遇,对于在多边贸易谈判中达成的非关税措施的协议给予发展中国家有差别和更优惠的待遇,允许发展中国家在区域性或全球性贸易安排中相互给予关税和非关税的优惠待遇,给予最不发达国家以特殊的优惠待遇,等等。

在《关贸总协定》范围内,曾完成多次多边贸易谈判。1986年9月15日,在乌拉圭埃斯特角城召开总协定缔约国部长级会议,先后有108个国家和地区参加了谈判,会议上就是否将知识产权问题纳入乌拉圭回合谈判内容,展开了激烈的争论。乌拉圭回合与贸易有关的知识产权谈判,经历了五年多的时间,终于在1991年12月18日,初步达成了《与贸易有关的(包括假冒商品贸易)知识产权协议(草案)》,并载入《乌拉圭回合多边贸易谈判最后文件草案》。这个协议共分为七个部分,包括总则及基本原则,有关知识产权有效性、范围和使用的标准,知识产权的实施,知识产权的取得、维护和相关程序,争端的防止和解决,过渡阶段的安排,组织机构及最终条款等共72条。协议内容涉及知识产权的各个领域,且把《关贸总协定》关于有形商品贸易的基本原则和一些具体规定引入了知识产权领域,强化了执行措施和争端解决机制。协议草案为发明专利、外观设计、化学配方、技术诀窍、图形设计、计算机软件设计、名牌商标、商业秘密、著作权、声像版权等所有知识产权都提供高标准的保护。协议还详细地规定了知识产权法律保护的实施程序,包括行政、民事、刑事程序。并规定,今后各参约国的国内法律均应向该协议靠拢,任何缔约方未能按照协议对外国知识产权提供充分保护的,受害方可按照《关贸总协定》争端解决程序中的交叉报复规则,对侵权方进行交叉报复。

《关贸总协定》自1948年建立以来,在降低关税、消除非关税壁垒、促进国际贸易、加强知识产权保护等方面起到了重要作用。

(二)世界贸易组织

世界贸易组织(World Trade Organization,WTO),简称世贸组织,是当今规范国际经贸规则的多边经济组织。其前身是1948年正式开始生效的《关贸总协定》(GATT),在1994年12月8日,《关贸总协定》123个缔约国在日内瓦国际会议中心召开了执行委员会会议,确认世界贸易组织如期在1995年1月1日正式成立。WTO为扩大国际贸易,解决国际贸易争端,吸收广大发展中国家参与多边贸易,促进世界经济发展发挥了重要作用。与国际货币基金组织、世界银行并称为世界经济的三大支柱。2001年12月11日我国正式加入世界贸易组织(WTO),成为其第143个成员。

世界贸易组织的职权范围远远超出原《关贸总协定》,而延伸到诸多新的领域。它在组织机构方面取代原《关贸总协定》,担负起管理乌拉圭回合达成的各项协议。不仅负责处理货物贸易,还处理有关服务业和知识产权方面的问题,较《关贸总协定》处理问题的范围更大。世界贸易组织在法律上具有更大的约束力,拥有更严格的审议制度、监督机制和比较完整的贸易争端的解决机制。它拥有更大的权力,监督全球贸易秩序。世界贸易组织(WTO)是经济全球化的产物,反过来又大大地推进了经济全球化的进程。

1. WTO 的宗旨和目标

宗旨:①提高生活水平,保证充分就业,大幅度稳步提高实际收入和有效需求。②扩大货物、服务的生产和贸易。③坚持走可持续发展之路,各成员应促进对世界资源的最优利用,保护和维护环境,并以符合不同经济发展水平下各成员需要的方式,积极采取各种相应的措施。④积极努力确保发展中国家,尤其最不发达国家,在国际贸易增长中获得与其经济发展水平相应的份额和利益。

目标:建立一个完整的包括货物、服务、与贸易有关的投资及知识产权等更具活力、更持久的多边贸易体系,以包括《关贸总协定》贸易自由化的成果和乌拉圭回合多边贸易谈判的所有成果。

2. WTO 的组织机构和职能

概括为 3 个方面、2 个机构、3 个理事会,即货物贸易、服务贸易、知识产权,争端解决机构、贸易政策评审机构,货物贸易理事会、服务贸易理事会、与贸易有关的知识产权理事会。3 个理事会上面有个总理事会,部长会议休会期间代行部长会议职能。

(1)组织实施世贸组织负责管辖的各项贸易协定、协议,积极采取各种措施,努力实现各项规定、协议和目标。

(2)为成员提供处理各协定、协议有关事务的谈判场所,并为世贸组织发动多边贸易谈判提供场所、谈判准备和框架草案。

(3)解决各成员间发生的贸易争端,负责管理世贸组织争端解决协议。

(4)对各成员的贸易政策、法规进行定期审评。

(5)协调与国际货币基金组织和世界银行等国际组织的关系,以保持全球经济决策的凝聚力和一致性,避免政策冲突。

3. WTO 的基本原则

(1)非歧视性贸易(即“最惠国待遇”和“国民待遇”):非歧视性贸易原

则是各国间平等地进行贸易的重要保证,也是避免贸易歧视、贸易摩擦的重要基础。非歧视性贸易主要通过"最惠国待遇"和"国民待遇"原则加以体现。"最惠国待遇"是指在货物贸易的关税、费用等方面,一成员给予其他任一成员的优惠和好处,都必须立即无条件地给予所有成员。"国民待遇"是指在征收国内税费和实施国内法规时,成员对进口产品和本国(或地区)产品要一视同仁,不得歧视。

(2)促进市场公平竞争:世界贸易组织一个重要的目标是促进开放贸易体制的形成,这一体制以管理鼓励不同国家厂商间公平竞争的规则为基础。要求成员分阶段逐步实行贸易自由化,以此扩大市场准入水平,促进市场的合理竞争和适度保护。WTO 认为,各国发展对外贸易不应该采取不公正的贸易手段进行竞争,尤其是不能以倾销和补贴的方式销售本国的商品,并允许采取反倾销和反补贴的贸易补救措施,保证国际贸易在公平的基础上进行。

(3)稳定的可预见的市场开放:WTO 倡导成员在权利与义务的综合平衡基础上,依其自身的经济状况及竞争力,通过谈判不断降低关税和非关税壁垒,逐步开放市场,实现贸易自由化。而这种平衡通过互惠互利和开放市场的承诺而获得。

(4)鼓励发展和经济改革:WTO 高度重视发展问题,也认识到发展中国家,尤其是最不发达国家履行义务的灵活性和特殊需求。透明度原则是世贸组织的重要原则,根据该原则,世贸组织成员需公布有效实施的现行贸易政策和法规,而且要确保贸易政策和法规统一性。世贸组织鼓励发展中国家自主实行贸易自由化改革。

4. WTO 的服务贸易　世界贸易组织有关贸易规则很多,而服务贸易是其中的重要方面,内容庞杂、涉及面广,包括医药、医药市场、医药分销——零售与批发。

服务业的迅速发展是 20 世纪经济发展的主要特点之一,也是 21 世纪经济发展最突出的领域,国际服务贸易是经济竞争的新领域,而服务业水平高低是国家经济发展水平高低的重要标志。服务贸易的开放是世贸组织原则,也是加入世界贸易组织谈判承诺的最重要领域。

根据世贸组织《服务贸易总协定》第一条服务贸易的定义，服务贸易指：①一成员境内向任何其他成员境内提供服务；②一成员境内向任何其他成员的服务消费者提供服务；③一成员的服务提供者以自然人的存在在任何其他成员境内提供服务；④一成员的服务提供者在任何其他成员境内以商业存在提供服务。商业存在指任何的商业或专业机构，包括通过组建，获得或维持一个法人，或创立或维持分支机构或代表处以便在一成员境内提供服务。这又称服务贸易的4种交易方式。

世贸组织服务贸易涵盖商业性服务、通信服务、建筑服务、分销服务、教育服务、环境服务、金融服务、健康及社会服务、旅游及相关服务、文化娱乐及体育服务、交通运输服务。并规定世贸组织成员"应立即、无条件地向其他成员的服务及服务提供者给予不低于它给予其他成员相同的服务和服务提供者的待遇"。在市场准入上，在服务贸易的4种交易方式下，各成员应给予其他成员的服务和服务提供者以不低于其在开放服务的减让表已同意提供的待遇。

由于发达国家在国际服务业中占主导地位，开放服务业最大受益者是发达国家成员，服务贸易是利益的分配，自然会有利于发达国家，发展中国家受益相对较小。服务贸易的开放采取具体承诺方式——服务贸易减让表，逐步实现服务贸易自由化。

服务贸易中分销服务指产品销售过程中的服务。主要包括：批发零售服务、与销售有关的代理、特许经营服务、其他销售服务等。《服务贸易总协定》并不要求世贸组织成员毫不保留地开放本国的服务贸易市场，让外资自由进出本国服务市场。事实上，迄今为止，没有一个世贸组织成员实行彻底的服务自由贸易，都或多或少地对服务贸易实行不同形式的保护。世贸组织成员的服务市场开放均采取逐步自由化方式进行，我国也不例外。国内服务业对外开放均采取选择试点，在一定范围内进行，总结经验后再向全国范围推广。《服务贸易总协定》的国民待遇是以"具体承诺"方式要求其成员承担义务的。外国服务业提供者必须按照我国的有关法规，在规定范围内合法地经营，否则必须受到相关法规的处罚或取消其经营资格。另外，外国服务业提供者在服务贸易上导致国内相同服务业企业的实质性损害或损害威胁，尚可按《服务贸易总协定》第十条"紧急保障措施"向服务贸易理事会提出全部或部分中止履行此项开放市场的义务。现行《服务贸易总协定》并没有就服务贸易对外投资作出任何限制性规定,成员国可以以国内立法或行政规定方式采取一些限制服务业外资经营的做法或提高本国服务业竞争力的措施。加入世界贸易组织,开放贸易市场是必然的,利用世贸组织规定,合理采取保护措施也是必要的。服务业对外开放不是让出市场,而是寻求共同发展和繁荣。

5. WTO 对发展中国家的优惠安排　世贸组织对发展中国家成员的优惠安排主要体现在 5 个方面:①较低水平的义务;②更灵活的实施时间表,即较长的过渡期安排;③发达国家尽最大努力对发展中国家成员开放其货物和服务市场;④给最不发达国家更优惠的待遇;⑤提供技术援助和培训人力资本。

同时,世贸组织在《服务贸易总协定》中也规定了对发展中国家和最不发达国家成员的一些优惠安排:①发达国家应努力促进发展中国家在世界服务贸易中更多地参与,并帮助他们扩大服务的出口,帮助他们提高国内服务能力、效率和效力。②发展中国家对服务贸易实行逐步开放,允许其根据国内服务发展状况、竞争力决定是否开放,如果开放某一服务业,并允许对服务业实行一定程度的补贴和保护。即使在开放服务市场后,如果外国服务业大量进入造成国内服务业严重损害,也可以采取保护措施。③发达国家成员及其他有能力的成员应在《服务贸易总协定》生效两年内建立咨询点,以便于发展中国家服务业提供者获得有关市场的资料。④发达国家应通过具体承诺义务的谈判,使发展中国家能在世界服务贸易中更多地参与。⑤考虑到最不发达国家由于其特殊的经济状况及其发展,贸易和财政的需要,在接受协商、承担义务方面存在严重困难,他们可不履行任何义务。⑥发达国家要努力为发展中国家和最不发达国家提供技术援助和培训,促进其服务业在经济结构调整中积极作用的实现。

在世贸组织中,知识产权保护是由《与贸易有关的知识产权协定》(Agreement on Trade-Related Aspects of Intellectual Property Rights)(简称 TRIPS)提出,并以世贸组织各成员共同遵守的规则为框架加以体现的,其为世界市场的有序竞争提供了法律保障,TRIPS 与《服务贸易协定》《与贸易有关的投资措施协定》构成世贸组织的三大法律支柱。《与贸易有关的知识产权协定》允许发展中国家有较长的过渡期,在其他相关协议中对发展中国家也有优惠安排。

世贸组织是发展中国家维护自身利益的场所,为发展中国家提供了在全球经济贸易中广泛合作和参与的机会,拥有平等地参与国际经贸竞争规则的制定权,发展中国家可以利用世贸组织的争端解决机制对付强权、单边主义,使发展中国家面对的国际经贸环境有所改善,发展中国家通过参与国际经贸竞争使其经贸体制创新加快,以适应不断发展的自由化进程,与此同时,也使发展中国家的企业在市场竞争中得到锻炼,使其参与国际竞争的意识及能力整体上逐步提高,使发展中国家经济得以长期发展。

世界贸易组织对世界经济的影响是深远的。它已经把它的触角延伸到世界经济的每个角落,除目前正在谈判的国家和单独关税区外,仍会有更多的国家和地区申请加入,从地域上比以前大大增加了它的普遍性。如果主要贸易大国有充分的政治意愿使之有效实施,它将遏制贸易保护主义,促进贸易自由化,对加速世界经济的增长发挥积极作用。

第五节　知识经济与知识产权

随着人类迈进 21 世纪,世界经济发展趋势正在向知识的经济化转化,科技进步在经济发展中越来越表现出强大的力量和作用。在现代社会发展过程中,科学技术的发展使知识信息成为重要的资源,在知识劳动日趋在社会生产过程中占主导地位的社会经济形态中,一个以知识为核心的经济形态的形成,将成为社会经济发展的必然趋势,这种经济形态定义为"知识经济"。所谓知识经济,就是以知识为核心,以在社会总体劳动中占主导地位的知识劳动的功能,生产高质量、低消耗,知识集约化的实物产品,并实现社会生产过程高效率管理的一种经济形态。"知识经济"是指区别于以前以传统工业为产业支柱的、以稀缺自然资源为主要依托经济的新型经济,它以高技术产业为第一产业支柱,以智力资源为首要依托,因此是可持续发展的经济。

一、知识经济的基本特征

1996年经济合作与发展组织（OECD）首次提出了"知识经济"的概念。知识经济是建立在知识、信息的生产、分配和使用基础上的经济。知识、信息是经济长期增长的首要因素，对经济发展具有决定性的先导作用。知识经济的产生和发展，必须具备以下几个条件：①生产力的高度发展；②科学技术的高度发展；③人的科学文化素质的极大提高；④相适应的法制环境已经形成。知识经济的基本特征如下。

1. 资源利用智能化 知识经济是以人才和知识等智力资源为资源配置第一要素的经济，其特点就是通过智力资源去开发富有的、尚待利用的自然资源，逐步取代工业经济时代作为命脉的、已经面临枯竭的自然资源，节约并更合理地利用已开发的现有自然资源。

2. 资产投入无形化 知识经济是以知识、信息等智力成果为基础构成的无形资产投入为主的经济。无形资产的核心是知识产权。知识产权从法律上讲主要是一种财产权利（或称经济权利），也涉及一些人身权利。知识产权如同其他无形资产一样具有价值和使用价值，也具有商品的属性。在知识经济时代，无形资产成为发展经济的主要资本，在企业资产中无形资产所占的比例将超过50%。

3. 知识利用产业化 知识形成产业化经济，即所谓技术创造了新经济。在有形商品的贸易中，附有高新技术的高附加值的高科技产品，通常被称为"知识产品"或"知识产权产品"，在这些高科技产品中凝结着占相当大比重的、多种知识产权的价值，如集成电路、计算机软件、多媒体等就属于这类产品。这种主要利用知识、信息、智力开发的产品所载有的知识财富，将成为创造社会物质财富的主要形式。

4. 高科技产业支柱化 在知识经济时代，高科技产业将成为经济的支柱产业，并对传统产业注入高科技加以改造。按照国际科技工业园区的规范，高科技组分超过70%的产业才被认定为高科技产业，也包括在传统产业中注入高科技,使其发生质变,并使高科技组分超过70%的传统产业。按照联合国有关组织的分类,高科技主要包括:信息科学技术、生命科学技术、新能源与可再生能源科学技术、新材料科学技术、空间科学技术、海洋科学技术、环境科学技术、管理科学技术(软科学)等。

5. 经济发展可持续化 传统工业技术是以尽可能多地利用自然资源、以获得最大的利润为目的,极少考虑到环境保护、生态平衡,其后果必然会带来环境污染、生态失衡、自然资源浪费与枯竭,在发展人类物质文明、精神文明的同时,也在进行着"自我毁灭"。知识经济则不同,它是以尽可能合理、科学、高效地节约、利用现有的自然资源,积极开发尚未被利用的自然资源来取代已近耗尽的自然资源为出发点的,尽可能实现人类社会物质文明、精神文明的发展与自然界的协调统一。因此,知识经济十分重视高技术实施的环境效益和生态效益,其所采取的必然是一种可持续化的从长远观点有利于人类的发展战略。

6. 世界经济全球化 世界经济日益向全球化方向发展。高新技术的发展,特别是信息技术的发展,使人类赖以生存的有限空间显得更小,地球上任意两地间的距离变得更近。空间和时间距离的缩小,为世界经济全球化创造了必要条件。以知识产权转让、许可为主要形式的无形商品贸易大大发展。全球化的经济与知识产权密切联为一体。据联合国有关机构统计,国际技术贸易总额1965年为30亿美元,1975年为110亿美元,1985年为500亿美元,20世纪90年代已超过1 000亿美元。1995年信息技术产品出口贸易为5 950亿美元,超过了农产品贸易,30年间增加了190多倍。

7. 企业发展虚拟化 知识经济时代,企业主要依靠关键技术、品牌和销售渠道,通过许可、转让等方式,把生产委托给关联企业或合作企业,充分利用这些企业已有的厂房、设备、职工加工产品,占领和扩大市场,增加利润,其实体本身并未扩大,这就是所谓虚拟化的发展模式。虚拟化的模式将是国际化大企业的发展方向。

8. 人均收入差距扩大化 人均收入差距扩大化是知识经济带来的负面效应之一,知识经济发展快、高科技产业组分高的发达国家受益多、增长率高,而发展中国家由于技术上和综合国力的差距,不仅受益少、增长率低,还会由于发达国家不负责任地转移那些污染大、耗能严重的传统工业,出现严重的资源和环境问题,人均收入差距扩大化,这是一个必须承认和需要认真对待的现实。

二、知识产权法律制度在知识经济时代的重要性

1. 知识产权法律制度是发展知识经济的重要法律保障 知识经济是高度发展的市场经济,这种发展不仅指科学技术的高度发展,也包括与之相适应的法律体制的高度完善。市场经济是法治经济,必须有与之相适应的市场经济法律体制作为保障,知识产权法律制度是市场经济法律体制中的主要组成部分,属于上层建筑领域,通过其反作用,对社会生产力、科学技术及市场经济的发展,产生强有力的支持和推动。知识产权法律制度是市场经济发展的法律保障,也是知识经济发展的法律保障。

2. 知识产权法律制度为知识经济智力资源配置提供了法律条件 知识产权法律制度所保护的是知识产权,即自然人或法人对自然人通过智力劳动所创造的智力成果依法确认并享有的权利。知识产权的权利客体是人类智力劳动创造的智力成果。知识产权作为一种法律所确认的权利,主要是财产权。因此,确认知识产权存在的前提条件就是承认人类智力劳动所创造的智力成果是一种财产。从另外一个角度看,承认并保护智力成果也意味着承认知识和人才是一种可用来创造财富的资源,一种特殊的资源。而知识和人才等智力资源恰恰是知识经济资源配置的第一要素,因此,从这一点上讲,知识产权法律制度又为知识经济资源配置提供了法律条件。

3. 知识产权法律制度是知识经济实现资产投入无形化的基础 知识、科学技术等智力劳动成果,相当大的部分往往是以知识产权的形式转化为一种资产——无形资产,来投入经济运行的。这就决定了知识产权在将知识、科学技术转化为资产、转化为生产力的过程中所占据的重要的、不可替代的地位。以知识、科学技术等为代表的智力劳动成果本身是无形的,但是可以通过有形物表现出来。无形资产的归属和占有的判断,其难度远远大于有形财产,这就

需要借助于法律,通过知识产权的形式加以界定和保护。知识产权是无形资产的核心,是知识、科学技术转化为资产和生产力的桥梁,是知识经济实现资产投入无形化的基础。

4. 知识产权法律制度鼓励和保护创新,促进知识经济发展　知识产权法律制度是鼓励创新的制度。创新是产生知识产权的必要条件之一。创新成果需要知识产权的保护,知识产权保护的完善反过来又大大激励和推动了创新,成为技术创新带来科技进步的关键。科学技术对经济发展的促进作用,也主要是通过知识产权法律制度和其他相关法律制度的保护而得以实现的。创新的过程就是不断完善、发展知识产权制度的过程。

5. 知识产权法律制度是发展高新技术产业的催化剂和助推器　知识经济是以高新技术产业作为支柱产业的经济,高新技术的 90% 以上首先是在专利文献中披露的,并通过专利制度的保护加以推广、利用。专利成为高新技术产业形成、发展、竞争、寻求自我保护的重要手段,也是其科技实力的象征。

6. 知识产权保护的水平是反映和衡量知识经济发展水平的重要标尺　世界各国知识产权法律制度的差异、知识产权实际保护水平的差异,实质上反映的是各国科技水平和经济实力的差异。知识产权法律制度的完善程度、知识产权的实际保护水平,是一个社会、一个国家科技水平、经济实力的法律体现,它可以客观地反映出一个社会、一个国家的科技水平和经济实力,也是反映和衡量知识经济发展水平的重要标尺。

7. 知识产权法律制度在知识经济时代将得到快速、突破性的发展　知识经济的到来,给知识产权保护提出许多新的课题和任务。知识产权法律制度对规范、保障传统经济和知识经济的发展,具有不可替代的特殊作用。知识经济的发展有赖于自然科学、社会科学的有机结合,与其相辅相成。知识产权研究是横贯自然科学和社会科学的综合学科,又是连接自然科学和社会科学的纽带。随着知识经济的发展,知识产权作为具有自然科学和社会科学双重属性的边缘学科、综合学科将会得到迅速的、突破性的发展。

第二章

中药知识产权保护

第一节　中药专利保护

一、中药专利保护的内容和方式

（一）中药专利保护的内容

和其他技术领域的发明一样，中药领域的发明创造根据其所保护的内容可分为发明专利、实用新型专利和外观设计专利三种。

1. **发明专利**　专利法所称的发明，是指对产品、方法或者其改进所提出的新的技术方案，也就是说发明可分为产品发明和方法发明两大类型。产品发明包括所有由人创造出来的物品，如对机器、设备、部件、仪器、装置、用具、材料、组合物、化合物等作出的发明；方法发明可以是加工方法、制造方法、测试方法或产品使用方法，也可以是对现有产品或方法的改进。

具体到中药领域，绝大部分发明创造都可以申请发明专利，主要包括中药材中有药用价值的新化合物单体、中药材有效提取部位、中药制剂等产品发明和上述产品的制备方法、测定方法，以及中药材的加工炮制工艺、提取工艺、种植栽培工艺等方法发明。

另外，中药领域的发明专利还包括用途发明专利。用途发明专利是基于发现物质新的性能、并利用此性能而作出的发明，无论是新物质还是已知物质，其性能是本身所固有的，用途发明的本质不在于物质本身，而在于物质性能的应用。因此，用途发明实质上是一种方法发明。中药领域的用途发明最常见的是药物的新适应证即第二适应证，也就是说，经过研究发现了已知药物的新的功用,对于这种新的适应证的保护就属于用途专利保护。例如,何首乌的已知功效是补益精血、润肠通便,后来有人研究发现了它具有防治骨质疏松症的用途,那么他就可以对何首乌防治骨质疏松症这一适应证进行用途专利保护。

2. 实用新型专利 实用新型是对产品的形状、构造或者其结合所提出的适于实用的新的技术方案,但与发明不同的是,实用新型只限于具有一定形状的产品,不能是一种方法,也不能是没有固定形状的产品,如药品、化学物质等。中药领域的实用新型主要涉及一些不以电、磁、光、声、放射直接作用于人体的医疗器械或保健用品,如一种中药熏蒸治疗仪。

3. 外观设计专利 外观设计是指对产品的整体或者局部的形状、图案或者其结合,以及色彩与形状、图案的结合所作出的富有美感并适于工业应用的新设计。外观设计涉及的形状注重的是产品的美感,因此,可以理解为外观设计是关于产品外表的装饰性或艺术性的设计,该设计可以是平面图案,也可以是立体造型或者二者的结合。中药领域的外观设计专利主要包括药品的外包装、药品的物理形状或外形图案等。

(二)中药专利保护的方式

由于中药领域的绝大部分发明创造均可以申请发明专利,下面分别从产品专利、方法专利和用途专利三方面来阐述对中药发明专利进行保护的具体方式。

1. 产品专利 产品专利实质上是对所申请的物质进行保护。根据所包含的组分特征的不同,可以将中药的产品发明分为中药提取物、中药组合物和中药联用制剂。其中,中药提取物是由多种结构或成分不完全明确的物质组成的混合体,而不是单一成分的物质即化合物单体,所以无法采用化学结构式的方式对其进行保护。由于中药提取物所含活性成分的复杂性和多样性,一般很难将其中的所有活性成分都分离出来进而分析和检测出其化学结构,通常的情况是只能提取出其中的某些主要活性成分,而对于其他成分由于各种原因的限制则无法再进一步完全分离。因此,鉴于这种情况,就只能采用提取方法或制备方法来表征中药提取物,亦即是通常所说的方法定义产品的表征形式。对于这类以方法界定产品的权利要求,虽然它们在形式上属于产品权利要求,但由于该产品仅限于由所述方法得到的产品,因而其保护效力并不完全等同于通常意义上的产品的绝对保护,有时只相当于方法权利要求的保护效力。

（1）中药提取物

1）由单一中药材原料提取得到的中药提取物——有效部位:对于从单一中药材原料中提取得到的提取物,由于它是直接从某一中药材提取获得的,不存在原料药之间的配伍特征,此时可以采用提取方法（或制备方法）对提取物进行定义,提取方法应包括原料、工艺步骤、提取所用溶剂、工艺条件等。例如,可以按如下方式撰写独立权利要求"一种A提取物,其特征在于它可通过下述方法获得……"

2）由多种中药材原料提取得到的中药提取物:对于是从多种原料中提取得到的中药提取物,各原料之间存在一定的配比关系。因此,应在权利要求的特征部分用"原料特征＋制备方法"的方式进行限定,例如,可以将独立权利要求撰写为"一种B提取物,其特征在于它可由下列用量配比的原料通过下述制备方法获得……"

（2）中药组合物:中药组合物属于组合物的范畴,因而适用组合物的保护方式。组合物权利要求一般有非限定型、性能限定型和用途限定型三种类型。当发明强调组合物本身,或者该组合物具有两种或多种使用性能和应用领域时,可以允许用非限定型权利要求,例如,"一种中药组合物,其特征在于……"如果发明强调应用,则应写成用途限定型,例如"一种治疗糖尿病的中药组合物,其特征在于……"性能限定型不对具体用途进行限制,而用功效对组合物进行限定,例如,"一种清热解毒的中药组合物,其特征在于……"一般来说,大多数药品的权利要求都应写成用途限定型。

组合物的权利要求一般包括前序部分的限定和特征部分的描述。前序部分所记载的是与最接近的现有技术共有的必要技术特征,而特征部分是描述区别于最接近的现有技术的必要技术特征。组合物权利要求的特征部分要求用组合物的组分或者组分和含量等组合特征来表征,通常有开放式、封闭式及半开放式三种表达方式。具体而言,开放式权利要求表示组合物中还可以含有权利要求中所未指出的某些组分,描述时使用诸如"含有""包括""包含""主要由……组成""主要组成为"等词语;封闭式权利要求则表示要求保护的组合物只由所指出的组分组成,没有别的组分,常用的词语例如"由……组成""组成为""余量为"等;半开放式权利要求的保护范围介于开放式与封闭式之间,它表示该组合物还可含有对所指出的组分的基本特性或者新的特性没有实质上影响的组分,通常采用"基本"一词与封闭式的词连用的表达方式,例如"基本上由……组成""基本组成为"。

在中药组合物领域,那些对组合物权利要求所指出的组分的基本特性或者新的特性没有实质上影响的组分只能是一些辅料、载体、赋形剂等非活性成分,因为中药之间存在君、臣、佐、使的相互作用关系,加入任一中药组分都将对原中药组分产生一定影响,例如相须、相使、相畏、相恶等,显然会影响到原先指出的中药组分的特性。因此,中药领域的半开放式组合物权利要求只能向那些不具有活性作用的组分开放,例如载体、赋形剂、辅料等。而对于开放式组合物权利要求,所允许添加的组分可以是活性组分,也可以是非活性组分。综上所述,对于加入非活性组分的情况,开放和半开放式权利要求的形式都可适用,而对于加入活性组分时,由于对原有组分的特性或功效会产生一定影响,此时只能适用开放式权利要求的形式。

应当注意的是,上述这些开放式或封闭式权利要求在使用时,都必须要得到说明书的支持。例如,独立权利要求的组合物的组分为 A+B+C,如果说明书中实际上没有描述除此之外的组分,则不能使用开放式权利要求;另外,对于一项组合物独立权利要求 A+B+C,假如其下面一项权利要求中还有另一组分 D,则对于开放式的 A+B+C 权利要求而言,含 D 的这项为从属权利要求;对于封闭式的 A+B+C 权利要求而言,含 D 的这项为独立权利要求。

在中药领域中,组合物的组分及其含量都必须在独立权利要求中限定。组分含量或配比的表示方式通常包括百分比含量表示法、份数表示法和余量表示法,百分比含量表示法是用各组分占组合物的百分含量来表示组分之间的配比关系,能直观地反映各组分在组合物中所占的份额,但当组合物权利要求为封闭式时,则要求各组分的含量百分比之和为百分之百,如果各组分的含量为一定范围时,则应当符合以下条件,即"某一组分的上限值 + 其他组分的下限值 ≤ 100%"和"某一组分的下限值 + 其他组分的上限值 ≥ 100%";份数表示法可以方便地反映组分之间的比例关系,不受百分之百总量的限制,因而可避免出现百分比描述方法中有些点不能实施的情况,但其缺点是不便于直观地反映各组分在组合物中所占的份额;余量表示法的突出优点是易于操作,不需要进行太繁杂的计算,但余量一般是指单一组分的用量,不能将多种组分的用量均以余量表示;否则,权利要求的保护范围就不清楚。在限定组分的含量时,不允许使用含糊不清的用词,如"大约""左右""近"等。组分含量可以用"0~X""<X"或者"X 以下"等表示,其中"0~X"用来表示选择组分的含量,但不允许以">X"表示组分的含量范围。

中药组合物的组成一般包括活性成分和药用辅料两部分,因此,相应地可将中药组合物的发明分为以活性成分为发明特征的组合物和以药用辅料为发明特征的组合物。具体而言,有以下几种情况:①以单一活性成分为特征的中药组合物;②以多种活性成分为特征的中药组合物;③以药用辅料为特征的中药组合物;④以剂型改进为特征的中药组合物。

前两种情况都是以活性成分为发明的特征,因此,应将活性成分在权利要求的特征部分加以描述。当活性成分为一种中药材的提取物时,可以将权利要求写成"一种中药组合物,它是由活性成分和/或药学上可接受的载体组成,其特征在于:所述的活性成分为 A 的水提物或醇提物。"当活性成分为多种中药材的提取物时,则可以将权利要求写成"一种中药组合物,它是由活性成分和/或药学上可接受的载体组成,其特征在于:所述的活性成分为 A 20%~50% 和 B 50%~80% 的水提物或醇提物。"当活性成分为多种中药材的粉末时,则可以将权利要求的特征部分写成"其特征在于:所述的活性成分为由 A 粉末 20%~50% 和 B 粉末 50%~80% 组成"。但是,如果所包含的活性成分中部分为中药材粉末而部分为中药材提取物时,则应将权利要求的特征部分写成"其特征在于:所述的活性成分为由 A 粉末 20%~50% 和 B 的提取物 50%~80% 组成"。应当注意的是,上面权利要求中的 A 和 B 均指中药材原料,其特征部分所述的水提物、醇提物或提取物的含义都是不清楚的,还应当在特征部分对这些提取物是如何获得的加以明确描述。

对于第三种情况，由于发明点是在辅料上，此时活性成分属于公知的现有技术，可以放在权利要求的前序部分描述。因此，一般将权利要求描写成"一种中药组合物，它是以 A 作活性成分，其特征在于以 B 作辅料"。

对于第四种以剂型改进为特征的情况，通常是将已知的中药制剂进行剂型改进，其发明点是在剂型上，对于这些中药组合物来说，所述的剂型改变针对的是特定的活性成分。因此，此时的活性成分不是公知的现有技术，而是必要的技术特征，应当写入独立权利要求的特征部分，例如将藿香正气水改进为藿香正气口服液，减少了乙醇对胃肠道的刺激且提高了药效。此时，虽然原料特征没有改变，但由于剂型的变化导致其活性成分发生了改变。因此，应在权利要求的特征部分通过对工艺方法的描述来说明活性成分是如何获得的，可将权利要求描写成，"一种藿香正气口服液，它是以 A 作为原料，其特征在于按照下述制备工艺制成的……"

（3）中药联用制剂：中药联用制剂是指该产品包含了两种或两种以上分别单独包装的中药制剂，类似于一种药盒，使用时将两种药剂依次（如先后）联合使用，此时的独立权利要求应撰写成如"一种治疗糖尿病的中药分装制剂，其特征在于它是由中药 A 和中药 B 组成，其中中药 A 是由……组成或制成，中药 B 是由……组成或制成"。

2. 方法专利　方法专利所保护的对象是物质的各种制备方法和加工处理方法，中药领域的方法发明主要包括中药材的加工炮制方法、中药提取物的制备方法和中药制剂的生产方法等。值得一提的是，疾病的诊断和治疗方法不包括在方法发明的范畴中，因为《中华人民共和国专利法》第二十五条明确规定了疾病的诊断和治疗方法不授予专利权。

中药领域的方法发明具体可分为以下几种情况：①中药材的加工炮制方法；②中药材的种植、栽培方法；③中药材人工制品的生产方法；④中药提取物的制备方法；⑤新的中药产品的制备方法；⑥已知中药产品的改进的制备方法；⑦中药产品的测定、鉴定方法；⑧中药产品的储藏方法。

对于中药方法发明的保护，可通过方法权利要求的方式来实现，一般来说,方法独立权利要求中的技术特征应当描述原料及其用量、工艺步骤和工艺条件,这些特征应当清楚。

如果方法发明的特征在原料上,而制备方法属于常规工艺,则可以将权利要求描写为"一种治疗冠心病的中药组合物的制备方法,它采用常规的制剂方法,其特征在于原料为 A 15%~30%、B 20%~40%、C 10%~25% 和 D 20%~35%"。但是,由于这一类发明的发明点在原料上,其制备方法只是常规工艺,因此,在这种情况下,通常的做法并不是首选上述方法保护的方式,采用产品保护形式往往更能体现出发明的特征,而且保护的效力更强。

如果方法发明的特征体现在方法或步骤上,则可在特征部分对制备过程或步骤进行描述。例如写成"一种中药 A 提取物的制备方法,其特征在于它包括下列步骤……"

如果方法发明只是工艺改进,则可采用与现有技术方法划界的方法进行描述。例如"一种制备脑安胶囊的方法,其原料组成为川芎 25%~50%,当归 25%~45%,红花 20%~35%,人参 2%~6%,0.1%~1.0% 冰片,其特征在于:采用二氧化碳超临界萃取法分别对原料进行萃取,萃取的条件为……然后制备成胶囊"。

3. 用途专利 如前所述,用途发明是指将公知物质用于新的目的的发明。在中药领域,物质的用途发明是指基于发现物质新的性能,并利用此性能而作出的发明。无论是新物质还是已知物质,其性能是物质本身所固有的,用途发明的本质不在于物质本身,而在于物质性能的应用。因此,在此意义上,用途发明是一种方法发明,其权利要求属于方法类型。

如果利用一种物质 A 而发明了一种物质 B,那么自然应当以物质 B 本身申请专利,其权利要求属于产品类型,不作为用途权利要求。

应当注意的是,物质的医药用途如果以"用于治病""用于诊断病""作为药物的应用"等这样的权利要求申请专利,则属于《中华人民共和国专利法》第二十五条第一款第(三)项"疾病的诊断和治疗方法",因此不能被允许,对此下文将详细论述。但是,由于药品及其制备方法均可依法授予专利,因此,物质的医药用途发明以药品权利要求或者如"在制药中的应用""在制备治某病的药中的应用"等属于制药方法类型的用途权利要求申请专利,不属于《中华人民共和国专利法》第二十五条第一款第(三)项规定的情形。

中药领域常见的用途发明有以下几种类型:①新发现的中药材的制药用途;②中药材新的药用部位的制药用途;③新制剂的制药用途;④已知中药材的新的制药用途;⑤已知制剂的新的制药用途。

对于前三种情况,所涉及的是新物质的医药用途,此时首先要考虑是否可以申请产品专利,其原因是产品专利保护的效力通常较方法专利强,但前提是必须是新的产品。例如,对于新发现的中药材的制药用途,是指一种中药材在文献中从未记载过具备药学作用,有人经过研究发现用这种物质生产的药物具有某种医疗用途,此时就应先考虑申请由该中药材制成的药物的产品专利。而后面两种情况则只能申请用途专利。审查指南中明确规定了物质医药用途发明的保护形式应采用制药应用的方式,也就是说,这类发明仅限于制药行为方面进行保护。对于上述新中药材或新的药用部位的制药用途,可以将独立权利要求描写成"物质 X 在制备治疗冠心病的药物中的应用";如果是已知中药材或制剂的第二医疗用途,则可写成"物质 X 在制备治疗糖尿病的药物方面的应用"。在上述用途权利要求中,所要求保护的主题是"用途",技术特征是"物质 X"和"制备治疗冠心病的药物"或"制备治疗糖尿病的药物",其中物质和治疗功能是基本的技术特征,应当清楚表述并且得到说明书的支持。需要注意的是,如果权利要求的表述为"物质 X 用于治疗冠心病"或"物质 X 用作治疗糖尿病的药物",这种权利要求则属于疾病的治疗方法,为《中华人民共和国专利法》第二十五条第一款第(三)项所规定的内容,是不能授予专利权的。

综上所述,中药领域的发明有产品、方法和用途三种不同保护方式。一般而言,产品专利是最优先的选择,当然,申请人还应根据自己发明的内容以及有关的法律规定,结合自己的实际需要情况,选择一种最适合且有利的保护方式,以达到最佳的保护效力。

二、获得中药专利保护的必备条件

根据《中华人民共和国专利法》的规定,一项发明专利申请要获得专利保护必须经过国家知识产权局的实质审查程序,中药领域的发明专利申请也不例外。对发明专利申请进行实质审查的目的是确定发明专利申请是否应当授予专利权,是否符合专利法有关"新颖性、创造性和实用性"的规定,确定可授予专利权的范围应该有多宽,以及允许何种专利保护的形式。

具体而言,一项可被授予专利权的发明专利首先应当不属于《中华人民共和国专利法》第五条和第二十五条所排除的情形,并且还应符合以下法律规定:《中华人民共和国专利法》第二十六条第三款关于说明书应当充分公开的规定;第二十六条第四款关于权利要求书应以说明书为依据,清楚、简要地限定要求专利保护范围的规定;第二十六条第五款关于遗传资源的规定;第三十一条的单一性原则,即"属于一个总的发明构思的两项以上的发明或者实用新型,可以作为一件申请提出";第二十二条关于授予专利权的发明应当具备新颖性、创造性和实用性的规定;第三十三条关于申请文件的修改不得超出原说明书和权利要求书记载的范围的规定;第九条关于不能重复授予专利权的规定;以及《中华人民共和国专利法实施细则》第二十三条关于独立权利要求,即"独立权利要求应当从整体上反映发明或者实用新型的技术方案,记载解决技术问题的必要技术特征"。

以上是一项发明获得专利保护必须符合的条件,下面结合案例就上述规定所涉及的主要内容对如何获得中药专利保护进行详细阐述。

(一)关于不能被授予专利权的客体

中药领域不能被授予专利权的发明主要表现在不符合《中华人民共和国专利法》第五条和第二十五条第一款第(四)项的规定。

根据《中华人民共和国专利法》第五条的规定,对违反法律、社会公德或者妨害公共利益的发明创造,不授予专利权;对违反法律、行政法规的规定获取或者利用遗传资源,并依赖该遗传资源完成的发明创造,不授予专利权。例如一种用于防身的药物,当人体闻到该药物气味后能够晕厥而失去反抗能力,这种药物显然有损公共利益;但是,如果发明创造在产生积极效果的同时存在某种缺点,例如对人体有某种副作用的药品,其所产生的积极效果远远超出其副作用,那么就不能以"妨害公共利益"为理由拒绝授予专利权。另外,如果某发明创造的完成依赖于中国向境外出口的列入中国畜禽遗传资源保护名录的某畜禽遗传资源,未办理审批手续,则该发明创造不能被授予专利权。

《中华人民共和国专利法》第二十五条第一款第(三)项规定,疾病的诊断和治疗方法不能被授予专利权。这类申请是指以有生命的人体或者动物体为直接实施对象,进行识别、确定或消除病因或病灶的过程。基于人道主义和社会伦理的考虑,以及这类方法直接以有生命的人体或动物体为实施对象,无法在产业上利用(即缺乏实用性)。因此,《中华人民共和国专利法》规定疾病的诊断和治疗方法不能被授予专利权。但是,在疾病诊断和治疗方法中所使用的物质和材料以及它们的制备方法则属于可被授予专利权的客体。

1. 诊断方法 是指为识别、研究和确定有生命的人体或动物体病因或病灶状态的全过程。一项发明如果同时满足以下两个条件,则属于不授予专利权的疾病诊断方法:①以有生命的人体或动物体为对象;②以获得疾病诊断结果或者健康状况为直接目的。属于这类诊断方法的例子有诊脉法、足诊法、X 线诊断法、超声诊断法、胃肠造影诊断法、内镜诊断法、同位素示踪诊断法、红外光无损诊断法等。

但是并非所有与诊断有关的发明方法都不给予专利保护。有些发明方法似乎与疾病诊断有关,或最终目的仍然是诊断疾病,但是它们的直接目的不是诊断疾病,则可以成为被授予专利权的客体。例如,直接目的不是获得诊断结果,而只是从活的人体或动物体获取作为中间结果的信息和 / 或处理信息(形体参数、生理参数或其他参数)的方法;对离体的组织、体液或排泄物进行处理或检测的方法。

2. 治疗方法 专利法上所谓的治疗方法是指为使有生命的人体或者动物体恢复或获得健康或减少痛苦,进行阻断、缓解或者消除病因或病灶的过程。免疫的方法也被视为治疗方法。而对于用于"非治疗目的"的方法,则不属于专利法第二十五条第一款第（三）项规定的情形。以下均属于治疗方法的范畴：外科手术治疗方法、药物治疗方法、心理疗法；以治疗为目的的针灸、麻醉、推拿、按摩、刮痧、气功、催眠、药浴、空气浴、阳光浴、森林浴和护理方法；以治疗为目的，利用电、磁、声、光、热等种类的辐射刺激或照射人体或者动物体的方法；为预防疾病而实施的各种免疫方法；以及以治疗为目的的受孕、避孕、整容、减肥、增高方法。

如果仅以人体或者动物体为实施对象而不是以预防或治疗疾病为直接目的的方法则不属于治疗方法。例如，制造假肢或者假体的方法，以及为制造该假肢或者假体而实施的测量方法；通过非外科手术方式处置动物体以改变其生长特性的畜牧业生产方法，如提高奶牛产奶量的方法；不借助外科手术的单纯美容方法，即不介入人体或不产生创伤的美容方法；杀灭人体或者动物体外部（皮肤或毛发上，但不包括伤口和感染部位）的细菌、病毒、虱子、跳蚤的方法。

案例 1：

一种降低血清钙含量的方法，该方法包括对需要这种治疗的患者使用有效量的式（I）化合物或其可药用盐。

案例 2：

一种改善哺乳动物智力机能的方法，包括给予有效量的组合物 A。

分析：上述所要求保护的主题显然属于治疗疾病的方法，它们是以治疗疾病为直接目的、并以有生命的人体或动物体为实施对象，不符合专利法第二十五条第一款第（三）项的规定。

案例 3：

一种治疗痹证的外用药袋的使用方法，其特征是将药袋在凉开水中浸湿，然后将药袋上的粘胶带上的塑料膜去掉，将药袋通过粘胶带固定在患者痛点约 20~30 分钟，取下后再按男左女右放置涌泉穴处敷 2~3 小时。

案例 4：

一种治疗心血管疾病的药物的服用方法，其特征是成人一次服用量为 0.8~2.4 克。

分析：案例3和案例4描述的都是药物的使用方法，以有生命的人体为实施对象，其直接目的是治疗痹证和心血管疾病。因此，属于专利法第二十五条第一款第（三）项规定的治疗方法范畴。

（二）关于实用性

实用性是指该发明或者实用新型能够制造或者使用，并能产生积极效果。也就是说，发明或者实用新型的主题必须能够在产业上制造或者使用，并且能够产生积极效果。按照这一法律规定，如果申请的是一种产品，那么该产品必须在产业中能够制造，并且能够解决技术问题；如果申请的是一种方法，那么这种方法必须在产业中能够使用，并且能够解决技术问题。

在产业上能够制造或者使用的技术方案，是指符合自然规律、具有技术特征的任何可实施的技术方案；能够产生积极效果，是指发明专利申请在提出申请之日，其产生的经济、技术和社会的效果是所属技术领域的技术人员可以预料到的，并且这些效果应当是积极和有益的。

1. 中药专利申请的实用性要求

（1）专利申请的技术方案应当能够再现：一项专利申请具备实用性是指所属技术领域的技术人员，根据该申请说明书和权利要求书所公开的技术内容，能够重复实施专利申请中为解决技术问题所采用的技术方案。也就是说，该申请的技术方案能够再现。这种重复实施不得依赖任何随机的因素，并且实施结果应该是相同的。对于医生处方，由于是医生根据具体病人的病情所开的药方，只是针对某一个体患者有效，不具有再现性。因此，医生处方和医生对处方的调剂以及仅仅根据医生处方配药的过程，均没有工业实用性，不能授予专利权。

对于中药产品专利申请而言，申请人发明一种药物，所要解决的技术问题是提供能够治疗疾病的产品。因此，要求这种药物一方面能够在工业化生产中制造出来，同时也应当具有治疗疾病的作用，从而再现地达到其发明目的。从这一意义上说，再现性应当既包括技术方案的再现性，也包括医疗效果的再现性。

（2）专利申请的技术方案应当有积极效果：具备实用性的发明或者实用

新型专利申请的技术方案应当能够产生预期的积极效果。对于明显无益、脱离社会需要的发明专利申请,虽然其技术方案可以实施,但也是不具备实用性的。

2. 中药专利申请中不具备实用性的情形

(1)专利申请中的药物无法在生产中再现:如果一种中药的生产,其生产过程或原料的获得要等待某一特殊自然现象如日食等的产生,则该发明无法再现,因此不具有实用性。

(2)专利申请中的药物无积极效果:如果发明了一种治疗癌症的中药,但这种药物具有某种严重的毒副作用,远远超出其治疗效果,这显然是缺乏积极效果,是不具备实用性的。

3. 关于说明书是否公开充分 根据《中华人民共和国专利法》第二十六条第三款的规定:"说明书应当对发明或者实用新型作出清楚、完整的说明,以所属技术领域的技术人员能够实现为准。"也就是说,说明书应该满足充分公开所要求保护的技术内容,以使所属技术领域的技术人员按照说明书记载的内容,在不需要创造性的劳动前提下,就能够实现该发明的技术方案,解决其技术问题,并且产生预期的技术效果。其中,充分公开是说明书清楚完整的前提条件。需要特别提出的是,凡是所属技术领域的技术人员不能从现有技术中直接、唯一地得出的有关内容,均应当在说明书中描述;否则,将被视为公开不充分。

中药领域的专利申请大多数为国内申请,由于代理人专业背景的限制,加之申请人对专利制度的不了解或存有保密心理,常常在申请中不清楚明确地描述或说明发明技术方案实施过程中所必须使用的原料及用量、制备产品的特定方法,以及其他必要技术特征,使得所属技术领域的技术人员按照说明书的记载无法实现该发明,这时就导致说明书公开不充分。对于这种情况,如果申请人希望通过修改来克服此缺陷,由于这类修改通常都会超出原说明书和权利要求书记载的范围,因此,这种缺陷存在常常无法补救。所以,对于这一点,代理人或申请人在撰写申请文件时应引起足够的重视。

中药领域公开不充分的情况比较多见,以下结合案例对专利申请中常见的情况做一分析。

（1）说明书中使用了不规范的药物名称。

案例 5：

一件关于"治疗红斑狼疮的药物"的专利申请，说明书中记载了原料药物名称"西花、方虫、寸香、言同、宣羊血"，由于这些药物名称在申请日之前的公开出版物中没有记载，而说明书中也没有对其做任何详细的解释和说明，这样本领域普通技术人员就无法按照说明书的记载获得这些原料药物，无法实施该申请的技术方案。因此，该申请的说明书公开不充分。

案例 6：

一件关于"治疗消化性溃疡的药物"的专利申请，说明书记载该药物是由苦参、万年青、重楼、鸡内金和马蹄香粉碎混合而成，其中原料药物"马蹄香"在《中药大辞典》的记载中可以是"蜘蛛香、冷水丹、杜衡、半边钱、马蹄蕨"五种药物的异名，而这五种药物的功效各异，这样公众就无法确定这五种药物中哪一种能实现本申请的发明目的，因而无法实施该发明。这种情况也属于公开不充分的情形。

案例 7：

一件涉及"治疗风湿性关节炎的药酒"的专利申请，其说明书的技术方案中记载了一种原料"水根"，审查员在申请日之前的公开出版物中没有找到这一中药原料名称，而说明书中也没有对其做任何详细的解释和说明。因此，审查员以公开不充分、不符合专利法第二十六条第三款的规定发出了第一次审查意见通知书。申请人在意见陈述书中陈述"水根"属于一种俗称，当地老百姓都知道这种叫法，但无法提供记载有此名称的申请日之前的公开出版物来举证该原料药物是公众可以获知的，只是当地人都知道它是高粱秆的根，所以申请人要求将"水根"修改为"高粱秆的根"。这种修改显然没有任何科学依据，超出了原始说明书记载的范围。因为说明书中没有给出任何提示或暗示能证明"高粱秆的根"就是"水根"，因此，这种修改是不允许的。

（2）说明书中没有清楚说明药物原料物质或其获取方式而导致说明书公开不充分。

案例 8：

一件涉及"一种治疗腹泻、痢疾的药物及其配制方法"的申请，在说明书中申请人记载了该申请药物的原料为"中药 A 1.5 克、B 18.5 克、C 1 克"，而对于制备该申请所述药物必需的原料"A、B、C"到底是指什么物质，说明书中并没有描述，而且申请人也没有记载具体的实施例进行进一步的描述，这样就导致该申请公开不充分。

案例 9：

一件关于"一种灵芝抗癌药"的申请，其说明书的技术方案中记载了本申请药物是"采用灵芝提取物灵芝精粉和灵芝孢子粉加辅料混合精制而成"，其中，"灵芝孢子粉"是通过"应用新技术搜集"得到的，但说明书中并没有详细描述如何得到上述灵芝提取物，以及如何将该组分进行配比（即两种组分的用量配比是多少）制成本申请的药物，其所谓的"新技术"在原说明书中也根本没有进行具体描述。对于本领域技术人员而言，上述这些未在技术方案中公开的内容是生产本申请药物的必要技术特征。由于这些必要技术特征未公开，本领域技术人员按照说明书的记载无法生产出本申请药物，从而不能实施本申请，这样本申请也属于不符合专利法第二十六条第三款的情形。

（3）对于中药组合物发明专利申请，说明书中没有清楚地记载所用原料的组分或用量比例，以及原料组分的限定不清楚而导致公开不充分。

案例 10：

一件涉及"一种治疗妇科带下病的药物"的申请，申请日提交的说明书的技术方案中记载了原料药物有"大黄、海金沙、人中白、鸭蛋、芒硝等十二味"，这里申请人只公开了其中的五味原料药物，各原料的用量配比均没有记载，而且药物的制备工艺也没有描述，上述这些均是实施本申请的必要技术特征。申请人为了保密，在说明书中没有记载这些技术内容。这样本领域普通技术人员按照说明书的记载就无法生产出申请人所述的药物，从而无法实施本申请，因此本申请不符合专利法第二十六条第三款的规定。而且申请人也不能将上述必要技术特征补入原说明书中，否则，其结果将会是该申请因超出原说明书记载的范围，不符合专利法第三十三条的规定而被驳回。

案例 11:

一件涉及"一种抗疲劳和提高免疫力的药酒"的申请,在该申请说明书的技术方案中记载了原料药物"鲜人参1~2支,每支≥20g;蛇1~2条,每条≥300mm;灵芝1~2株、不老草1株、蛤蚧1~2只、枸杞≥5g、天麻1~2株",由于有些原料药物的计量单位(支、条、株、只)采用了非国际标准计量单位,它们所代表的都不是一个确定的数量,例如,从"不老草1株"无法确定不老草的具体用量。因此,按照该说明书这种记载就无法确定这些原料药物的具体用量,而原料药物的用量不同将直接导致所得到的产品的功效不一样。这样,本领域技术人员就无法实施本申请,这种公开不充分也导致该申请不符合专利法第二十六条第三款的规定。

（4）当说明书的技术方案引用的其他参考文献在该申请的申请日之前没有公开时,该申请也不符合专利法第二十二条第五款的规定。

案例 12:

一件关于"一种核酸复合剂和生产方法及其用途"的专利申请,其说明书的技术方案中记载了一种组分"花粉发酵用酶制剂——NA-21酶制剂",但未描述这种酶制剂是如何获得的,只指出了该"花粉发酵用酶制剂——NA-21酶制剂"另案申请,但未给出相应的申请号。经查,发现本申请所谓的另案申请其实是同一申请人于与本申请同一天提交的另一申请,其中记载了"花粉发酵用酶制剂——NA-21酶制剂"的制备方法,其公开日晚于本申请的申请日。由此可见,与本申请密切相关的另案申请实际上是处于未公开的状态,不能以此来作为现有技术。

上述案例提示,有必要明确"现有技术"的含义,专利法所指的"现有技术"是指在申请日之前在国内外出版物上公开发表、在国内公开使用或者以其他方式为公众所知的技术,不包括在申请日之后发表的或公开使用的技术。如果申请人以同一申请人在申请日之前在本局递交的另案申请的内容作为构成发明公开的内容时,必须同时满足下述两个条件:第一,说明书在引用另案申请时必须有明确的指引;第二,另案申请必须在该申请的申请日之前或在同日公开,以确保在该申请公开时,另案申请已处于公众所知的状态。

如果申请人想要同时或在比较接近的时间递交两件或多件相关的专利申请,则对此问题应予以特别重视。为了保险起见,应当在说明书中给出相关申请的申请号,最好将另案申请的相关技术内容完整地写入该申请之中。

(5)说明书中给出了具体的技术方案,但未提供实验证据,而该方案又必须依赖实验结果加以证实才能成立的情况,则被认为无法实现;如果一项发明是基于发现已知物质具有新的治疗用途而完成的,该申请说明书中必须提供证明该药物具有新的治疗用途的实验数据;否则,该申请将被认为无法达到能够实现的要求。

案例 13:

一件有关"野芙蓉制剂用于治疗癌症"的用途申请,由于野芙蓉是一种已知的中药材,申请人发现了它具有治疗癌症的新用途,但说明书中仅简单描述了本申请制剂"有显著的抗癌变功能,经许多人试用,能治疗多种癌症",但没有给出任何有关的实验数据来证明这种有益效果。因此,该申请被认为公开不充分。

(三)关于新颖性

新颖性,是指在申请日以前(不含申请日)没有同样的发明或者实用新型在国内外出版物上公开发表过、在国内公开使用过或者以其他方式为公众所知,也没有任何单位或个人就同样的发明或者实用新型向专利局提出过申请(在该申请的申请日之前提出),并且记载在申请日以后(含申请日)公布的专利申请文件或公告的专利文件中。

根据上述法律规定,在判定新颖性时,一方面需遵循"技术方案完全相同"的原则,即只有在申请日以前的现有技术中记载了与专利申请完全相同的技术方案,该专利申请才丧失新颖性。专利法中所称的现有技术是指申请日以前在国内外出版物上公开发表、在国内公开使用或者以其他方式为公众所知的技术。另一方面,还应当考虑申请日以前向专利局提出并且在申请日以后(含申请日)公布的同样的发明或者实用新型专利申请,即抵触申请。由此可见,抵触申请并不属于专利法所规定的现有技术的范畴,所以,在判定发明或者实用新型专利申请是否具备新颖性时要考虑现有技术和抵触申请两方面,而在确定发明或者实用新型的创造性时,则不考虑抵触申请。

值得一提的是,抵触申请仅指在申请日以前提出的,不包含在申请日提出的同样的发明或者实用新型(对后者的处理方法参见有关重复授权一节)。但抵触申请应包括申请日以前由任何单位或个人提出、在申请日之后(含申请日)进入中国国家阶段并作出中文公布的,且为同样的发明或者实用新型的国际专利申请。

在中药领域,判断药物组合物或药品本身是否具有新颖性,应当只比较产品本身的技术特征,而与药品的应用目的、有益效果、给药途径、使用方法或剂量等非产品特征无关。也就是说,如果请求保护的产品与现有技术公开的产品的组成、组分含量和/或结构特征等产品本身的技术特征完全相同,即使它们的用途、治疗效果等非产品特征不同,请求保护的产品也不具有新颖性。由此可见,用途等非产品特征的不同并不能使产品本身具备新颖性,即判断药品或药物组合物的新颖性无须考虑治疗用途。

以下举例说明中药领域专利申请具备和丧失新颖性的几种常见情形。

1. 具备新颖性的情况

案例 14:

一种用于治疗乳腺增生病的药物,其特征在于:它是由艾叶 150~300g、淫羊藿 80~120g、柴胡 80~120g、川楝子 80~120g、天门冬 80~120g、土贝母 100~160g 经常规的水提醇沉制备而成。

现有技术:原卫生部在全国各地区的卫生厅(局)、药检部门范围内发布的一个试行标准中,记载了一种用于治疗乳腺增生病的"乳增宁胶囊",处方为"艾叶 200g、淫羊藿 100g、柴胡 100g、川楝子 100g、天门冬 100g、土贝母 120g",制备方法为常规的水煎煮三次,然后醇沉、减压浓缩、干燥。

分析:虽然从表面上看上述现有技术可以破坏专利申请的新颖性,但经核实确认,上述试行标准只是原卫生部在全国各地区的卫生厅(局)、药检部门范围内发布的文件,属于一定范围内的内部资料,不是任何公众以任何合法手段都能获得的。因此,它不是处于公开的状态,而且请求人也无法提供该试行标准已成为公知技术的任何其他证据,例如记载有该试行标准的公开出版物等,因此,该试行标准不能作为破坏本专利申请新颖性的对比文献。

2. 不具备新颖性的情况

案例 15:

一种治疗乙肝的药物,按常规方法制备而成,其特征在于:原料由蚂蚁、黄芪、茵陈、三七、五味子、仙灵脾和鳖甲组成,各原料的重量 % 含量为:蚂蚁 45%~55%、黄芪 9%~11%、茵陈 9%~11%、三七 9%~11%、五味子 4.5%~5.5%、仙灵脾 4.5%~5.5%、鳖甲 9%~11%。

现有技术:公开了一种治疗乙型肝炎的药物,是由重量 % 含量为:蚂蚁 50%、黄芪 10%、茵陈 10%、三七 10%、五味子 5%、仙灵脾 5%、鳖甲 10% 的原料制备而成。

分析:上述情况属于在相同的技术主题中,具体(下位)概念的公开使采用一般(上位)概念限定的专利申请丧失新颖性的情况,现有技术的各原料的具体用量落在该申请的用量范围内,因此,该专利申请不具有新颖性。

但是,反过来,一般(上位)概念的公开并不影响采用具体(下位)概念限定的发明专利申请的新颖性,也就是说,如果把上述现有技术和专利申请调换一下,则具有新颖性。

(四)关于创造性

创造性,是指与现有技术相比,该发明具有突出的实质性特点和显著的进步。

在前面新颖性部分已经对现有技术的概念进行了阐明,本部分不再赘述。一项发明有突出的实质性特点,是指该发明相对于现有技术,对所属技术领域的技术人员来说,是非显而易见的。如果此发明是其所属技术领域的技术人员在现有技术的基础上通过逻辑分析、推理或者有限的试验可以得到的,则该发明是显而易见的,也就不具备突出的实质性特点。而一项发明有显著的进步,是指该发明与最接近的现有技术相比能够产生有益的技术效果。例如发明克服了现有技术中存在的缺点和不足,或者为解决某一技术问题提供了一种不同构思的技术方案,或者代表某种新的技术发展趋势。也就是说,对于一件发明专利申请是否具有创造性主要考虑两方面:如果一项发明的技术方案与现有技术记载的最相关的技术方案相比有明显区别（即实质性区别）的技术特征，或者二者虽然在技术方案上没有实质性的区别特征，但该发明的技术方案能产生所属领域技术人员意想不到的积极效果，那么这两类发明都是具备创造性的。

一件发明专利申请是否具备创造性，只有在该发明具备新颖性的条件下才予以考虑。

1. 具备创造性的情况

（1）如果专利申请所要求保护的中药组合物，其发明点是基于对现有技术中已知组合物的某种原料的改进，而制备方法属于常规工艺，那么，如果申请人能提供与已知产品的对比实验数据，说明这种改进产生了预料不到的技术效果，则该申请具有创造性。

案例16：

一种治疗糖尿病的药物，它是按常规方法制成的，其特征在于原料由下述重量（份）的药材组成：黄芪 30~50 份、生地黄 15~25 份、天花粉 15~25 份、五味子 7.5~12.5 份、女贞子 6~10 份、桑椹子 6~10 份、南瓜粉 3.5~6.5 份、甘草 7.5~12.5 份。

现有技术：公开了由下述重量配比组分组成的一种治疗糖尿病的药物，黄芪 40 份、生地黄 20 份、天花粉 20 份、五味子 10 份、太子参 8 份、南瓜粉 5 份、甘草 10 份。

分析：该申请权利要求所要求保护的治疗糖尿病的药物与现有技术的技术方案的区别在于将原料太子参替换为女贞子和桑椹子，它们的制备方法均为常规工艺，由于申请人提供了该申请药物与已知产品的对比实验数据，证实了该药物较已知产品的疗效明显增强（实验结果有显著性差异），并且能有效改善糖尿病的并发症，这说明这种原料改进产生了预料不到的技术效果，因此，该申请具有创造性。

（2）如果专利申请所要求保护的中药组合物，其发明点是基于减少现有技术中已知组合物的原料组成，那么，如果申请人能提供这种改变可产生相同或更好的效果，则该申请具有创造性。

案例17：

一种治疗肝胆结石的药物，它是按常规工艺制成的药剂，其特征在于原料由下述重量（份）的中草药组成：柴胡6~12份、茵陈8~15份、石韦8~15份、金钱草10~20份、鸡内金6~12份。

现有技术：对比文献公开了一种由金钱草30g、柴胡15g、茵陈15g、石韦12g、鸡内金10g、郁金15g、大黄10g制成的治疗肝胆结石的片剂或胶囊。

分析：该申请所请求保护的是一种治疗肝胆结石的药物，与现有技术属于同一技术领域，它与上述现有技术的区别在于减少了其中两味中药原料郁金和大黄，只选用了金钱草、柴胡、茵陈、石韦、鸡内金等五种中药原料，由于申请人提供了证明该申请药物与现有技术所述的药物相比具有更好的治疗肝胆结石效果的临床试验数据，且两者之间有显著性差异，因此，该申请较现有技术产生了显著的进步，具备创造性。

（3）专利申请克服了现有技术中长期存在的技术难题。

案例18：

一种健脑补肾丸的制作方法，包括中药配料、清洗、粉碎、过筛、混匀、泛丸、干燥、包衣工序，其特征在于：

a. 所说的中药配料中各中药原料的重量百分比为：人参2%~5%、鹿茸0.5%~1%、狗肾1%~3%、肉桂2%~5%、金牛草1%~3%、炒牛蒡子1%~3%、金樱子1%~3%、杜仲炭3%~5%、川牛膝3%~5.5%、金银花2%~5%、连翘1.5%~3.5%、蝉蜕1.5%~3.5%、山药4%~6%、远志4.5%~6.5%、酸枣仁4.5%~6.5%、砂仁4.5%~6.5%、当归3%~6%、煅龙骨3%~6%、煅牡蛎4%~5.5%、茯苓9%~11%、炒白术4.5%~6.5%、桂枝3%~6%、甘草2%~5%、酒炒白芍3%~6%、豆蔻3%~6%，各原料的重量百分比之和为100%；b. 所说的包衣工序是以三氧化二铁或赭石为原料进行包衣。

现有技术：对比文献《山东省药品标准》（1975年版）公开了健脑补肾丸的上述配方和用量配比，但包衣为朱砂。

分析：该申请所请求保护的是一种健脑补肾丸的制作方法，该方法与上述现有技术的根本区别在于包衣的选择上,现有技术使用的是朱砂包衣,该申请的制备方法使用的是三氧化二铁或赭石。经过查证,健脑补肾丸是一种处方已公开的中药老品种,在临床较为常用,但存在的突出问题是其中的朱砂具有一定的毒性,一直没有找到解决的办法。该申请权利要求与现有技术的区别就是用三氧化二铁或赭石代替了朱砂,克服了这一技术难题。由于在现有技术中,包衣朱砂既起包衣的作用,又具有镇静安神的作用,所以包衣的替换并不是简单的一种选择,它必须经过实验证实不用朱砂包衣对药品疗效的影响,即使这样还远远不够,还必须证实使用其他包衣对原有药物疗效的影响。虽然有证据证实不用朱砂包衣的健脑补肾丸与朱砂包衣的健脑补肾丸在疗效上没有显著性差异,但是由此还不足以断言选用常用包衣的任何一种都可以,因为药物包衣对药物的疗效是有影响的,必须通过实验证实所选用的包衣与原有药物的疗效也没有显著性差异,这是需要创造性的劳动的,而不是本领域普通技术人员可以简单推理出来的。申请人通过实验证明,选择三氧化二铁或赭石作包衣与朱砂包衣对药物的疗效没有显著性差异,也就是说,这种替换没有改变原来药物的效果,但降低了毒副作用。因此,该申请具备创造性。

案例 19:

一种宫炎平异形薄膜包衣片,每 1 000 片该薄膜包衣片的原料为地稔 450g,两面针 170g,当归 140g,五指毛桃 100g,穿破石 140g,其特征在于:所用的薄膜包衣液由 3% 羟丙基甲基纤维素溶液 100ml,吐温 1ml,蓖麻油 1ml,丙二醇 1ml,滑石粉 3g 和粉红色素适量组成。

现有技术:公开了盆腔消炎片(原料为地稔、两面针、当归、五指毛桃、穿破石)生产工艺的研究,采用的是常规的片剂包衣。

分析:该申请是关于盆腔消炎片剂工艺的改进,即在不改变原料特征的前提下,通过对"盆腔消炎片"的包衣进行改进、使用由"3%羟丙基甲基纤维素溶液 100ml,吐温 1ml,蓖麻油 1ml,丙二醇 1ml 和粉红色素适量"组成的包衣液,将现有技术普通的盆腔消炎糖衣片剂改变为该申请的薄膜包衣片,由此产生了意外的疗效增强的效果,并经过与现有技术的"盆腔消炎片"进行疗效对比，其疗效明显好于后者（有显著性差异），并且该片剂具有含糖量少、利于人体吸收等特点，由上可见，本申请较现有技术产生了显著的进步，因而具有创造性。

（4）如果方法的改进使所得到的产品较现有技术产生了显著进步，如增加了回收率、改善了口感等，则该方法具有创造性。

案例20：

一种从珍珠母贝中提取珍珠液的方法，包括酸溶、水解、除酸、脱色步骤，其特征在于：该方法是将洗净的珍珠母贝，用醋酸作剥离剂，在常温下浸泡，待外层软化、脱落，再经机械自磨，得到纯净珍珠层片，制成粉状，再用硫酸加热水解该珍珠粉末，水解产物用碳酸钙或石灰乳中和至pH值5.0~7.5，真空浓缩至原体积的1/10~1/7，用活性炭脱色除杂，获得珍珠原液。其中，所述用醋酸浸泡剥离珍珠母贝的工艺条件为：醋酸浓度1.5~8mol/L，固：液比＝1：（3~10），常温下浸泡10~30小时；所述用硫酸加热水解珍珠粉末的工艺条件为，水解硫酸浓度2.5~5.5mol/L，水解温度100~150℃，水解时间18~36小时。

现有技术：公开了采用对珍珠母贝进行手工砂轮打磨，然后用盐酸水解、除杂、除酸，得到珍珠液。

分析：该申请的方法与现有技术的区别在于用醋酸浸泡、机械自磨代替了手工砂轮打磨，用硫酸加热水解代替盐酸水解。采用这种方法的突出效果在于，一是改进了人工打磨的珍珠层粉氨基酸含量低（为1.93%）的缺陷，二是解决了盐酸水解法生产的珍珠液的回收率不高（一般在20%~50%），且除杂、除酸困难，获得的珍珠液味苦、咸、涩，口感不好，不宜直接服用的难题，经对比实验证实，本方法所得到的珍珠层粉的氨基酸含量为2.534%，最终所得到的珍珠液的回收率大大提高，为80%以上，并且无苦、咸、涩等异味，口感好，无须添加任何调味剂即可直接口服。正是由于本发明方法产生了上述较现有技术显著的进步，因此，该申请具备创造性。

2. 不具备创造性的情况 根据专利法关于创造性的规定，一项发明，与现有技术相比，应具有突出的实质性特点和显著的进步。也就是说，对于权利要求所涉及的技术方案而言，如果申请人不能用充分、可信的证据证明该方案较之相应的现有技术在发明目的的提出和技术方案的构思等方面有实质性的改进、实施后所取得的效果能够显著超越所属技术领域的现有技术水平，则该权利要求所涉及的技术方案不具备创造性。

（1）如果专利申请所要求保护的中药产品，其发明点是基于对现有技术中已知产品的原料的改变，但这种改变没有带来任何显著的进步，则该申请不具有创造性。

案例 21：

一种治疗神经衰弱的中药制剂，按常规方法制成，其特征在于其原料的重量（份）配比为：钩藤 140~200 份、酸枣仁 50~100 份、萝芙木碱 20~40 份。

现有技术：一种治疗神经衰弱的片剂，它是将钩藤 140g、酸枣仁 70g、萝芙木总生物碱 60g 按常规方法制成片剂。

分析：上述专利申请与现有技术的区别在于用萝芙木碱代替了萝芙木总生物碱，而"萝芙木碱无减压和安定作用""萝芙木总生物碱具有治疗失眠的功效"是现有技术公开的信息，从理论上讲，用与治疗神经衰弱没有关系的萝芙木碱代替了具有治疗失眠功效的萝芙木总生物碱，显然不会产生更好的治疗神经衰弱的功效，并且，申请人也不能从实践中提供证实用萝芙木碱替换萝芙木总生物碱可以产生治疗神经衰弱疗效更好的对比试验资料，因此，该申请没有产生显著的进步，因而不具有创造性。

（2）如果只是简单的剂型转换，没有产生意外的效果，则不具备创造性。

案例 22：

牛黄清心液的制备方法，其特征在于：将预定量的甘草、人参、蒲黄、神曲、大豆黄卷、肉桂、明胶、芍药、麦角、黄芩、当归、防风、白术、柴胡、桔梗、杏仁、茯苓、川芎、白蔹、干姜、山药、朱砂、雄黄，和蜂蜜混合粉碎或用水提取，得第一产物；将预定量的牛黄、麝香等粉碎并用水或醇提取，得第二产物；提供明胶、冰片溶液；将第一产物、第二产物、明胶溶液和冰片溶液混合并用水稀释，得到口服的药液，其中的预定量为原牛黄清心丸中的用量。

现有技术：《东医宝鉴》（许浚，1613 年）公开了牛黄清心丸的丸剂配方。

分析：首先，在发明目的和技术方案方面，该申请的发明目的是制备一种易于服用、具有牛黄清心丸药效的液体制剂。在中药领域，液体制剂是一种常用制剂，它具有吸收快、发挥药效快的特性，这些内容在中药药剂教科书中有明确教导。因此，对本领域专业技术人员而言，该申请剂型的转变和随之而来的易服用、见效快的特点是很容易想到和可以预见到的。

该申请的技术方案表现在配方和制备方法两方面，就配方而言，该申请没有使用黄金，而代以山药这一原料，由于申请人在说明书及意见陈述中，从未有文字叙述或是相应的数据表明这一原料的改变对药剂的药效产生了影响，因此，对于本领域技术人员而言，可以确认这一改变是非实质性的。另外，对于本领域技术人员而言，在上述剂型转换过程中，较为困难的是如何将相应丸剂中的有效成分提取出来并有效地保存，但是，该申请所采用的是最为普通的提取方法，其中的溶剂是常用的水及乙醇，没有限定任何工艺条件。因此，本领域技术人员可以确认，该申请的制备方法较之相应的现有技术没有实质性的改进。

其次，在效果方面，申请人所提供的对比实验数据表明，该申请的牛黄清心液较之牛黄清心丸而言，药效相当，并没有显著的进步。

由上可见，该申请所提出的简单的剂型转换的技术构思，对于本领域技术人员是比较易于想到的，所涉及的技术方案与相应的现有技术相比缺乏突出的实质性特点，实施后也没有取得显著的进步。因此，该申请不具备创造性。

（五）关于权利要求书的撰写问题

《中华人民共和国专利法》明确规定，一项发明专利权的保护范围以其权利要求的内容为准，也就是说，权利要求书是判定发明所要求的保护范围的法律依据。同时，它也是专利审查、无效及侵权诉讼程序中的争论焦点，集中体现了发明的实质和申请人的切身利益。因此，确定权利要求的保护范围具有极其重要的意义。

《中华人民共和国专利法》第二十六条第四款规定，权利要求书应当以说明书为依据，清楚、简要地限定要求专利保护的范围。《中华人民共和国专利法实施细则》第二十三条第二款还规定，独立权利要求应当从整体上反映发明或者实用新型的技术方案,记载解决技术问题的必要技术特征。

有关权利要求书的保护范围主要涉及以下几方面内容:

1. 权利要求得不到说明书的支持　这里所说的"支持"不仅是形式上,即文字表述上的支持,还应当是实质上。也就是说,权利要求书应当以说明书的描述为依据,结合实施方案或实施例,合理地概括出所要求保护的范围。

案例23:

一件涉及用于改善造血功能的茯苓提取物的制备方法的专利申请。方法独立权利要求的特征部分描述了可使用有机溶剂"醇、酮、酯或卤代烷"或有机溶剂与水的混合物进行提取,但在实施例中仅描述了用"80% 乙醇"进行提取的制备方法,对于如何用其他溶剂进行提取未做任何描述。因此,该权利要求描述的有机溶剂"醇、酮、酯或卤代烷"概括了过宽的保护范围,得不到说明书的支持,是不允许的。

2. 权利要求的主题类型不清楚　主题类型不清楚是指权利要求所描述的主题没有清楚地表明是产品还是方法或用途,从而导致该权利要求所请求保护的技术方案不清楚。《中华人民共和国专利法》第二十六条第四款规定:"权利要求书应当以说明书为依据,清楚、简要地限定要求专利保护的范围。"

案例24:

权利要求描述为"一种治疗牛皮癣的药物及其制备方法,其特征在于……"

该权利要求的主题同时包含了药物产品和其制备方法两个主题,其保护范围是不清楚的。

案例25:

权利要求描述为"一种治疗骨折的配方,其特征在于……"

由于"配方"一词既可以指产品(即配方本身),也可理解为制备方法(即配制方法的过程),这样就不清楚该权利要求要求保护的主题到底是产品还是制备方法,因此,是不允许的。

3. 权利要求的保护范围不清楚　权利要求中使用了含义不清的词语,导致其保护范围不清楚。

案例 26：

一种治疗烧烫伤的外用霜剂，其特征在于它是由下述重量配比的原料制成的：大黄提取物 2~6 份、黄芩提取物 15~25 份、紫草提取物 4~8 份、青木香提取物 4~8 份、槐米提取物 4~8 份。

分析：上述权利要求中没有对提取物进行具体的描述和说明，由于提取物可以用各种溶剂提取得到，不同溶剂提取得到的提取物的活性成分也不一样，因此上述五种提取物的含义不清楚，导致该权利要求的保护范围不清楚。

4. 权利要求书在整体上不简明　权利要求应当简明，包括两方面的含义：一是指每一项权利要求应当简明，二是指构成权利要求书的所有权利要求作为一个整体也应当简明。例如，一件申请中不得出现两项或两项以上保护范围实质上相同的同类权利要求。

案例 27：

（1）一种治疗中风后遗症的药物，它是按常规工艺制成的药剂，其特征在于原料是由下列重量配比的中药材组成：桃仁 20~40 份、水蛭 50~80 份、大黄 10~30 份、虻虫 20~40 份、红花 10~30 份。

（2）根据权利要求（1）所述的中药，它是药剂学上的任意剂型。

分析：上述权利要求（1）所要求保护的药物实际上是由所述原料按常规工艺制成的各种剂型，这与权利要求（2）的药剂学上的任意剂型在含义上完全一致，因此权利要求（1）和（2）的保护范围在实质上是相同的，导致整个权利要求书不简明，是不允许的。

（六）关于是否符合单一性

根据《中华人民共和国专利法》第三十一条第一款及《中华人民共和国专利法实施细则》第三十九条的规定，判断一件专利申请中要求保护的一组发明是否满足发明单一性的要求，就是要看权利要求中记载的技术方案的实质性内容是否属于一个总的发明构思，即判断这些权利要求中是否包含使它们在技术上相互关联的一个或者多个相同或者相应的特定技术特征。这一判断是根据权利要求的内容来进行的，必要时可以参照说明书和附图的内容。上述"特定技术特征"是指体现发明对现有技术作出贡献的那些技术特征，也就是使发明相对于现有技术具有新颖性和创造性的那些技术特征。

1. 不具有单一性的情形

案例 28：

一种治疗软组织损伤的中药制剂，它是按常规工艺制成的药剂，其特征在于：原料的质量分数配比为，补肝肾、养阴血类药 25%~55%，健脾祛湿类药 15%~35%，祛湿通经药 20%~55%，上述补肝肾、养阴血类药是指如当归、女贞子、枸杞、麦冬、五味子、山萸肉、怀牛膝、寄生、杜仲、川断、熟地、龟板、白芍等用于强壮筋骨的补肝肾、养阴血类天然中药中至少一种；健脾祛湿类药是指如党参、茯苓、白术、苍术、黄芪、薏苡仁、扁豆等健脾祛湿类天然中药中至少一种；祛湿通经药是指如黄柏、川芎、全蝎、地龙、独活、防风、海风藤、宽筋藤、桑枝、桂枝、车前草、羌活等祛湿通经类天然中药中至少一种。

分析：该权利要求的特征部分所述的原料是由三类中药组成，每类中药均包括数种中草药，这样进行组合就可组配成许多不同的组合物，由于每个组合物的原料组成不同，所组成的组合物的功效也因此不会完全相同，这样权利要求所要求保护的各个组合物之间就不存在相同或相应的特定技术特征、不属于一个总的发明构思，因此，不符合专利法第三十一条第一款的单一性规定。

2. 具有单一性的情形

案例 29：

（1）一种治疗消化系统肿瘤的药物，其特征在于其组分以重量份计包括：生黄芪 4~8 份、白首乌 4~8 份、山药 3~7 份、枸杞 3~7 份、制菝葜 3~7 份、茯苓 4~8 份、炒白芍 2~6 份、炒扁豆 2~6 份、生薏仁 12~28 份、粳米 11.6~63 份。

（2）根据权利要求（1）所述的治疗消化系统肿瘤的药物，其特征在于：其组分还包括蚂蚁 1.2~2.8 重量份和螺旋藻 0.8~1.6 重量份。

分析：上述权利要求（1）和（2）虽然包含了两个组合物，但由于权利要求（2）所增加的两种组分不会导致原组合物的作用发生实质性的改变，而是增强疗效，这在说明书中有明确的描述和记载，这样，权利要求（1）所述的各组分就是权利要求（1）和（2）之间的特定技术特征，因此，权利要求（1）和（2）属于一个总的发明构思，它们之间满足单一性的要求。

（七）关于中药用途发明专利申请

由于用途发明的特殊性,本节特另行作介绍。如上文所述,中药领域的用途发明主要包括新中药材原料或新的提取物或新组合物的用途发明,以及已知中药品的新用途发明,对于这些用途发明专利申请主要应注意以下几点。

1. 是否具有单一性

（1）新的中药产品:对于新的中药产品,如果同时发现该产品具有多种医疗用途,则无论这些用途适用的疾病和/或作用机理之间是否相互关联,该发明的用途权利要求之间都具有单一性,因为新产品是它们相互关联的特定技术特征,属于一个总的发明构思。

（2）已知中药产品:如果是已知中药产品(包括已知中药材),当一件制药用途发明专利申请包含了两种或两种以上适应证(疾病)和/或以药理活性表述的用途时,若所述适应证(疾病)和/或药理活性之间存在相互关联的发病机理,即彼此之间存在相同或相应的特定技术特征,那么,所请求保护的用途权利要求之间具有单一性;反之,则不具有单一性。

案例 30:

一件关于"葛根素的新用途"的申请,其权利要求书为:

（1）葛根素在制备治疗和预防骨质疏松症的药物中的应用。

（2）葛根素在制备治疗更年期综合征、经前期综合征、月经不调和乳腺增生的药物中的应用。

（3）葛根素在制备治疗男性脱发和痤疮的药物中的应用。

（4）葛根素在制备治疗老年性疾病的药物中的应用。

分析:葛根素是一种已知的产品,权利要求(1)~(4)特征部分所要求保护的用途涉及四类不同机理的疾病,它们之间没有相同或相应的特定技术特征,不属于一个总的发明构思,因此,权利要求(1)~(4)之间不具有单一性。

2. 是否具有新颖性　如果请求保护的制药用途已在现有技术中直接或间接地等同公开,则不具有新颖性;否则,有新颖性。

案例 31:

五倍子在制备降血糖药剂中的应用。

现有技术：公开了五倍子可"治消渴饮水"。

分析：对于本领域技术人员而言，古时所称的"消渴"相当于现代医学的"糖尿病"，因此，该权利要求不具备新颖性。

案例32：

沙棘果油在制备调节妇女内分泌功能的药物中的应用。

现有技术：沙棘果油具有活血化瘀、生津止渴的作用。

分析：由于现有技术没有公开沙棘果油调节妇女内分泌功能方面的作用，而从其活血化瘀、生津止渴的作用也无法推导出该用途，因此，该权利要求具有新颖性。

3. 是否具有创造性　中药用途创造性的判断，也是与现有技术进行比较，也就是说，一种已知产品在现有技术中未记载过这种用途，而该用途也不能从其组成或现有技术中推导出来，专利申请给出了这种新用途，那么此用途发明是有创造性的。鉴于新用途发明的关键在于新的药理作用，因此，在这类申请中，申请人必须详细记载说明这种新用途的药理或疗效实验资料。

4. 用途发明的保护范围　在涉及中药提取物的用途发明申请中，申请人常常将独立权利要求描述为"A 提取物在制备治疗 B 疾病的药物中的应用"，但不对"A 提取物"是如何获得的作详细描述，这样由于所要求保护的主题不清楚，导致该权利要求的保护范围不清楚。例如，权利要求为"鼠尾草提取物在制备用于治疗杜普伊特伦挛缩的药物中的应用"，对于这种情况，申请人应对鼠尾草提取物进行清楚的描述和限定。

另外，由于用途发明必须在说明书中记载所述产品对所述适应证的药理或疗效资料。当用途发明专利申请所述的适应证可能由多种不同的因素诱发，即所述适应证可分为多种不同类型时，如果说明书中只给出了其中某一类或某几类的疗效数据，而对于大多数或典型类别适应证并未给出实验数据，此时，权利要求所要求保护的范围应仅限于已给出疗效的适应证类型，而不能扩大到其他类型的各种适应证。

案例33：

桑寄生在制备预防或抗过敏反应的药物中的应用。

分析：由于该申请说明书的技术方案和生物活性实验数据中只记载了桑寄生可用于治疗"Ⅰ型变态反应或速发型过敏反应"，并不是所有类型的"过敏反应"，众所周知，过敏反应有多种类型，这样，该权利要求所要求保护的"预防或抗过敏反应"的用途是没有实验数据支持的，因此，该权利要求得不到说明书的支持，不符合《中华人民共和国专利法》第二十六条第四款的规定。应进行限定性修改。

（八）关于申请文件的修改

根据《中华人民共和国专利法实施细则》第五十七条第一款的规定，发明专利申请人在提出实质审查请求时以及在收到国务院专利行政部门发出的发明专利申请进入实质审查阶段通知书之日起的 3 个月内，可以对发明专利申请主动提出修改。此规定旨在为申请人提供一个主动修改的机会。

同时，《中华人民共和国专利法》第三十三条又规定，申请人可以对其专利申请文件进行修改，但是，对发明和实用新型申请文件的修改不得超出原说明书和权利要求书记载的范围。这是对修改的内容与范围作出的规定。也就是说，如果申请的内容通过增加、改变和/或删除其中的一部分，致使所属技术领域的技术人员看到的信息与原申请公开的信息不同，而且又不能从原申请公开的信息中直接地、毫无疑义地导出，那么，这种修改就是不允许的。这里所说的原申请公开的信息，是指原说明书（及其附图）和权利要求书公开的内容，不包括任何优先权文件中记载的内容，也不包括摘要公开的内容。

根据以上要求，下面列举一些有关中药专利申请文件修改的情况。

1. 允许修改的情况

（1）改变独立权利要求的主题类型、主题名称及相应的技术特征，以克服原独立权利要求类型错误或者缺乏新颖性或创造性等缺陷。只要变更后的独立权利要求所述的技术方案已清楚地记载在原说明书或原权利要求书中，就可允许这种修改。

例如，一项独立权利要求前序部分的主题是"一种……药物"，而特征部分描述为"其制备方法包括以下步骤"，这种权利要求所要求保护的主题类型就不清楚，可以通过修改前序部分的主题类型或名称而使权利要求符合《中华人民共和国专利法》第二十六条第四款的规定。

（2）修改独立权利要求的特征部分，对独立权利要求作进一步的限定，以克服原独立权利要求缺少解决技术问题的必要技术特征的缺陷。只要所增加的技术特征已清楚地记载在原说明书和/或权利要求书中，这样的修改应当允许。

例如，一项要求保护制备方法的独立权利要求，其前序部分的主题是"一种……的制备方法"，而特征部分仅描述原料，没有记载工艺特征，这时应在特征部分补充说明书中记载的方法特征，以满足《中华人民共和国专利法实施细则》第二十三条第二款的规定。

（3）对于含有数值范围技术特征的权利要求中数值范围的修改，只有在修改后数值范围的两个端值在原说明书和/或权利要求书中已确实公开的前提下，才是允许的。

例如，权利要求的技术方案中，某温度为 20~80℃，对比文件所公开的相应的温度范围为 0~100℃，该文件还公开了该范围内的一个特定值 40℃，因此，权利要求要求保护的范围 20~80℃ 无新颖性。如果发明专利申请的说明书或者权利要求书还记载了 20~80℃ 范围内的特定值 40℃、50℃ 和 60℃，则允许申请人将权利要求中该温度范围修改成 50~80℃ 或者 60~80℃。

对于在原说明书和/或权利要求书中没有公开某特征的原数值范围的其他中间数值的情况，鉴于对比文件公开的内容或者鉴于当该特征取原数值范围的某部分时发明不可能实施，在该发明申请排除所述部分后具有新颖性和创造性的前提下，允许用具体"放弃"的方式，从一个数值范围较宽的权利要求中排除该部分，使权利要求从整体上看来，覆盖具有明显排除该部分的一个确定的保护范围。

例如，要求保护的技术方案中某一数值范围为 X_1=600~10 000，对比文件公开的技术内容与该技术方案的区别仅在于其所述的数值范围为 X_2=240~1 500，因为 X_1 与 X_2 部分重叠，故 X_1 无新颖性。但是，允许用具体"放弃"的方式对 X_1 进行修改，排除 X_1 中与 X_2 相重叠的部分，即 600~1 500，为此，可以将要求保护的技术方案中该数值范围修改为 X_1>1 500~10 000。但是，由于数值 1 500 未在原说明书和权利要求书中公开过,所以将 X_1=600~10 000 修改成 X_1=1 500~10 000 是不允许的。

（4）修改权利要求中的技术特征以得到说明书的支持

例如,权利要求保护一个比较大的保护范围,而这个范围不在说明书所记载的范围之内,这时为了得到说明书的支持,允许将权利要求的范围修改为说明书所述的范围,这种修改没有超出原始公开的内容。

（5）删除一项或多项权利要求,以符合单一性的要求,这样的修改不会超出原权利要求书和说明书记载的范围,因此是允许的。

（6）修改发明名称,使其准确、简明地反映要求保护的主题的名称:如果独立权利要求的类型包括产品、方法和用途,则这些请求保护的主题都应当在发明名称中反映出来。

（7）修改摘要,使其最能反映发明技术方案的主要技术特征:摘要只是一种技术情报,不具有法律效力。通过修改使摘要写明发明的名称和所述技术领域,清楚地反映所要解决的技术问题、解决该问题的技术方案要点以及主要用途,并且应删除商业性宣传用语。

（8）修改由所属技术领域的技术人员能够识别出的明显错误:上述错误包括语法错误、文字错误和打印错误。对这些错误的修改必须是所属技术领域的技术人员能从说明书的整体及上下文看出的唯一的正确答案,而不会产生其他歧义。

2. 不允许修改的情况　作为一个原则,凡是对说明书(及其附图)和权利要求书的修改,都必须是在原始公开范围内的修改。这里所说的原始公开范围是指说明书及其附图和权利要求书,而不包括摘要的内容;否则,修改是不允许的。

（1）不能在原说明书中增加原料组分或制备工艺:在中药领域的申请文件中,申请人为了保密有时隐含某些组分或特殊的制备工艺,影响了发明的实施,此时申请人想要补充那些未公开的组分和工艺是不允许的,因为这将导致技术方案的改变,超出了原始公开的范围。

（2）不允许补充原始申请中没有记载的医疗用途或所属技术领域的技术

人员不能直接从原始申请中导出的有益效果。

例如，原申请的说明书中只记载一种药物具有治疗冠心病的作用，后来，申请人发现该药物还具有治疗消化性溃疡的功效，此时，由于原说明书中没有任何相应的描述和教导，因此，不能将这种治疗消化性溃疡的用途补充到说明书中，只能另案申请。

（3）不允许将证实有益效果的举证资料和实施例补充到原说明书中：实践中，不允许补入实验数据以说明发明的有益效果，也不允许补入实施方式和实施例以说明在权利要求请求保护的范围内发明能够实施，因为这些修改均超出了原始公开的技术方案的范围，但是，这些补充的信息可以放入申请案卷中，供审查员审查新颖性、创造性或实用性时参考。

（4）不允许删除某些技术特征，从而导致修改后的申请文件超出了原权利要求书和说明书记载的范围。

例如，一件涉及治疗消化道溃疡的中药的专利申请，其原权利要求所要求保护的原料由六味中草药组成，经审查，发现其中有一味原料公开不充分，公众无法实施该发明。于是申请人删除了该未公开的原料，修改为由五种原料组成。对于这种修改是不允许的，其保护范围显然超出了原权利要求书和说明书记载的范围。

（5）不允许由不明确的内容改成明确具体的内容。

例如，一件有关中药的制备方法的专利申请，原申请文件中只记载了原料"用有机溶剂提取"，当审查员指出"有机溶剂"的描述不清楚时，申请人将"有机溶剂"修改为"乙醇"。由于本技术领域的技术人员不能从原申请文件中理解和推导出"有机溶剂"就是指"乙醇"。因此，这种修改引入了新内容，超出了原说明书记载的范围，是不允许的。

（6）申请人任意修改、缩小或扩大组分的含量或比例范围，而修改后的数值范围不能从原说明书和权利要求书记载的范围和实施例的具体数值组合出来。

例如，一种药物组合物，其特征在于：它是由 A 30%~60%、B 30%~70%、C 5%~10% 和 D 5%~10% 组成。显然，上述组分的用量百分比不符合"某一组分的上限值＋其他组分的下限值≤100%"和"某一组分的下限值＋其他组分的上限值≥100%"的规定,如,当 B 为 70% 时,它与其他组分的下限值之和为 110%,这时,申请人提出要修改组分用量比例,将 A 的下限值 30% 修改为20%,但说明书和权利要求书及实施例均没有记载 A 的含量为 20%。因此,这种修改超出了原说明书和权利要求书记载的范围,是不能允许的。

（九）关于重复授权问题

《中华人民共和国专利法》第九条规定,同样的发明创造只能授予一项专利权。但是,同一申请人同日对同样的发明创造既申请实用新型专利又申请发明专利,先获得的实用新型专利权尚未终止,且申请人声明放弃该实用新型专利权的,可以授予发明专利权。该条款规定了不能重复授予专利权的原则。

上述"同样的发明创造"是指两份申请要求保护的发明创造相同。在判断时,应当对两份发明或者实用新型申请或者专利的权利要求书的内容进行比较,说明书及其附图可用于解释权利要求。两项权利要求所要求保护的发明或者实用新型相同,是指它们的技术领域、所要解决的技术问题和技术方案实质上相同,预期效果相同。

对于两份申请或者专利的说明书的内容相同,但其权利要求的内容不同的,应当认为所要求保护的发明创造不同。例如,同一申请人提交的两份申请的说明书都记载了一种产品以及制造该产品的方法,其中一份申请的权利要求书要求保护的是该产品,另一份申请的权利要求书要求保护的是制造该产品的方法,应当认为要求保护的是不同的发明创造。

实践过程中,涉及重复授权的申请有以下不同的情况。

1. 申请人相同的两份同样申请　对于同一申请人就同样的发明创造提出的两份申请,并且这两份申请符合授予专利权的其他条件的,就这两件申请分别通知申请人进行选择或者修改。申请人期满不答复的,相应申请视为撤回。经申请人陈述意见或修改后仍不符合《中华人民共和国专利法》第九条第一款规定的,两件申请均予以驳回。

但是,对于同一申请人就同样的发明创造提出的另一份申请已经被授予专利权,并且尚未授权的申请符合授予专利权的其他条件的,申请人也应进行选择。此时,申请人可以放弃其已经获得的专利权,也可以撤回其尚未被授权的申请;否则,未授权的申请将被视为撤回或被驳回。

2. 申请人不同的两份同样申请 对于不同的申请人就同样的发明创造在同一日分别提出申请,并且这两份申请符合授予专利权的其他条件的,根据《中华人民共和国专利法实施细则》第四十七条第一款的规定,通知申请人自行协商确定申请人。申请人期满不答复的,其申请被视为撤回;协商不成,或者经申请人陈述意见或进行修改后仍不符合《中华人民共和国专利法》第九条第一款规定的,两件申请均予以驳回。

（十）关于专利申请权问题

专利申请权,是指公民、法人或者其他组织依据法律规定或者合同约定享有的就发明创造向专利局提出专利申请的权利。《中华人民共和国专利法》第十条对专利申请权的转让规定如下:"专利申请权和专利权可以转让。中国单位或者个人向外国人、外国企业或者外国其他组织转让专利申请权或者专利权的,应当依照有关法律、行政法规的规定办理手续。转让专利申请权或者专利权的,当事人应当订立书面合同,并向国务院专利行政部门登记,由国务院专利行政部门予以公告。专利申请权或者专利权的转让自登记之日起生效。"此外,《中华人民共和国专利法》第十四条对共有人权利也做了如下规定:"专利申请权或者专利权的共有人对权利的行使有约定的,从其约定。没有约定的,共有人可以单独实施或者以普通许可方式许可他人实施该专利;许可他人实施该专利的,收取的使用费应当在共有人之间分配。除前款规定的情形外,行使共有的专利申请权或者专利权应当取得全体共有人的同意。"

三、中药专利申请文件的撰写技巧

申请专利应当以书面形式,向专利局递交一套完整的申请文件,申请文件一经被专利局受理,就具有法律效力,并在专利局备案。认真正确地撰写好申请文件是非常重要的。第一次向专利局递交的申请文件至少包括专利申请请求书、说明书、权利要求书和摘要。

（一）说明书的撰写

《中华人民共和国专利法实施细则》第二十条规定,发明或者实用新型专利申请的说明书应当写明发明或者实用新型的名称,该名称应当与请求书中的名称一致。说明书应当包括下列内容。(一)技术领域:写明要求保护的技术方案所属的技术领域。(二)背景技术:写明对发明或者实用新型的理解、检索、审查有用的背景技术;有可能的,并引证反映这些背景技术的文件。(三)发明内容:写明发明或者实用新型所要解决的技术问题以及解决其技术问题采用的技术方案,并对照现有技术写明发明或者实用新型的有益效果。(四)附图说明:说明书有附图的,对各幅附图作简略说明。(五)具体实施方式:详细写明申请人认为实现发明或者实用新型的优选方式;必要时,举例说明;有附图的,对照附图。

发明或者实用新型专利申请人应当按照前款规定的方式和顺序撰写说明书,并在说明书每一部分前面写明标题,除非其发明或者实用新型的性质用其他方式或者顺序撰写能节约说明书的篇幅并使他人能够准确理解其发明或者实用新型。

发明或者实用新型说明书应当用词规范、语句清楚,并不得使用"如权利要求……所述的……"一类的引用语,也不得使用商业性宣传用语。

发明专利申请包含一个或者多个核苷酸或者氨基酸序列的,说明书应当包括符合国务院专利行政部门规定的序列表。

实用新型专利申请说明书应当有表示要求保护的产品的形状、构造或者其结合的附图。

以下就上述方式和顺序逐项详细说明。

1. 发明名称　　说明书第一页第一行应当写发明名称,该名称应当与请求书写的名称一致,并左右居中。发明名称前面不得冠以"发明名称"或者"名称"等字样。发明名称与说明书正文之间应当空一行。

发明名称应当简短、准确地表明发明的技术主题。例如"一种抗癌药物及其生产工艺"。发明名称中不应含有非技术词语,例如人名、公司名称、商标、代号、型号等;下列的发明名称举例都是一些不符合规定的例子,必须更改。

韩氏外用膏（其中韩氏为人姓）

三花接骨散（其中三花是三花公司名称）

海宝蛇油霜（其中海宝是商标）

颈宁 A 的生产方法（颈宁 A 为代号或型号）

以上的"韩氏""三花""海宝""颈宁 A"均不得在发明名称中出现。

发明名称也不应含有含糊的词语，例如"及其他""及其类似物"。使用"一种抗癌药及其他"的名称是不允许的。应当将"其他"删除或写清楚，如"一种抗癌药及其生产方法"。

发明名称不得使用笼统的词语，致使未给出任何发明信息，如"一种物质""一种装置""一种组合物"都是不允许的，应当写清楚具体的发明产品，例如"一种治疗艾滋病的药物组合物"是可以的。

发明名称不得使用宣传性语言，如"增长乐"可以将其修改为"一种助长的药物"。

发明名称一般情况下不得超过 25 个字。在特殊情况下，经审查员同意可以增加到 40 个字。例如，有的化合物名称很长的情况下只能增加字数。

发明名称应当尽可能简明地反映发明的主题和类型（产品或者方法），以利于专利申请的分类；而名称应该反映一件申请中包含的各种发明类型。例如一件包括了治疗阑尾炎的新药产品及该外用药生产方法两项发明的申请，名称应当写成"治疗阑尾炎的外用药及其生产方法"。

2. 技术领域　发明所属技术领域应当是发明直接所属或直接应用的具体技术领域，而不是上位的或者相邻的技术领域，也不是发明本身。该具体的技术领域往往与发明在国际专利分类表中可能分入的最低位置有关，以利于分类。例如一项以中草药制备成一种止咳药的发明。发明的特征是以植物中草药为原料制备成一种所含具体组分结构不清楚的止咳药物，其所属技术领域可以写成"本发明涉及一种止咳的药物组合物，特别是涉及一种以植物中草药为原料制成的止咳药物"。而不宜写成"本发明涉及一种药物"（上位的技术领域），也不宜写成"本发明涉及由前胡、川贝、陈皮、半夏、甘草制成的止咳片剂"（这是发明本身）。所以，对于所属领域的概括要结合发明本身而描述恰当。

在这里需要指出的一点是,由中药制成的保健品如果其功用是预防疾病,尽管是在剂型上做成了茶、口服液、酒等,其所属技术领域仍然属于药品的技术领域。茶剂、口服液、酒剂(药酒)也是属于中药剂型的常用剂型。如果该产品作用于人体而发挥其增强体质和改善机体功能的保健作用,则认为是属于保健品领域,不属于食品领域。

3. 背景技术 中药专利申请说明书中所记载的背景技术部分应当写明就申请人所知的,对该中药专利的理解、检索、审查有用的背景技术,应当描写与该药物的制备相关的技术背景或者与该药物的医疗作用相同或相近的同类产品情况,尤其要引证包含该发明权利要求书中的独立权利要求前序部分技术特征的现有技术文件,即引证与该药物的制备技术最接近的现有技术文件。例如,与申请的药物在功用上相同的同类产品技术情况,在配方和工艺上最接近于申请药物的现有药物制备技术情况。说明书中引用的文件可以是专利文件,也可以是非专利文件,例如期刊、杂志、手册和书籍等。引证专利文件的,要写明专利文件的国别、公开号和公开日期;引证非专利文件的,要写明这些文件的详细出处(包括文件名称、出版单位、出版日期、页码;对于期刊,还要写明卷号、期号、页码等)。

另外,在说明书涉及背景技术的部分中,还要客观地指出背景技术中存在的问题和缺点,但是,仅限于涉及由发明的技术方案所解决的问题和缺点。例如,在一种抗肿瘤药的专利申请中,可以描述一下目前常用抗肿瘤药的效果怎样,有什么缺点;有没有相同或类似的药物,存在的问题是什么。在"一种双黄连粉针剂"的专利申请说明书中,可以描述一下目前双黄连这一药物有几种剂型,存在着什么缺点,制成双黄连粉针有什么困难,特别是要描述清楚本申请技术方案中所要解决的现存困难及缺点是什么。因此,在可能的情况下,还要进一步说明现有技术中这种问题及缺点的原因,以及解决这些问题时曾经遇到的困难。

这里需要注意的一点是,对于背景技术的描写要客观、实事求是地描述,不得使用诬蔑或贬低他人或其产品的语言来抬高自己,不得有非技术性的商业攻击用语。对于背景技术描述,切忌漫无边际地罗列一些与发明毫不相干的内容,以用于填充篇幅。首先,申请人应当明白这一部分内容在说明书中所起的作用,主要是为了便于理解该发明,使审查员参照该部分内容以便于进行检索和审查。有了这部分内容,便使得该发明的技术内容有了一个相对的参照物,有助于审查员对其发明的创造性进行评价,而且有了这部分内容的参照,可使得发明的创造性更为明显和突出。如果只是为了拼凑篇幅而与发明无关,不但浪费笔墨纸张,而且于发明本身没有任何益处,甚至会影响发明的清楚表述。

4. 发明内容 这部分所要撰写的首先是专利申请所要解决的技术问题,这相当于原来的发明目的部分,然后是解决该技术问题采用的技术方案,这部分相当于原来的技术方案部分,之后是对照现有技术写明发明的有益效果。下面详细说明本部分的撰写方式。

发明要解决的现有技术中存在的技术问题可以按照下列要求撰写。

(1)针对背景技术部分中存在的问题:也就是说背景技术部分与发明内容是相呼应的,背景技术部分指出了现有的技术问题和缺陷,甚至技术困难。紧接其后的就是针对这些问题和缺陷提出解决方案,发明任务的提出就是这里所说的专利申请所要解决的技术问题。

(2)用正面的、尽可能简洁的语言,客观而有根据地反映发明要解决的技术问题,也可以进一步说明其技术效果。对这部分的描述不得采用广告式宣传用语。也就是说,发明所要解决的技术问题应当是该申请说明书中所公开的技术方案能够解决的技术问题,对于这些问题的解决,必须是申请书中所公开的技术方案能够达到的。如果提出的发明所要解决的问题过高而说明书中所公开的技术方案无法达到,等于发明任务没有实现,是一件未完成的发明,这种申请是得不到批准的。

例如:下面一件申请所提出的发明所要解决的问题是该申请说明书中所公开的技术方案不能达到的。

……

本发明所要解决的问题是:用精心选择的药物和特殊的制备方法,以及最佳配制方法生产出一种能够在很短的时间内,立即有效地治疗外感风寒、内伤饮食、红白痢疾、牙龈肿痛、便秘等常见病症及高热、尿闭、黄疸、昏迷、急慢惊风、心肌梗死等实热急证的药物。

这种发明任务的提出由于在说明书中公开的技术方案不能达到,将会导致该申请被驳回。

解决发明所提出的技术问题所采用的技术方案是一件发明专利申请的核心。该技术方案是申请人对其要解决的技术问题所采取的技术措施的集合。技术措施通常是由技术特征来体现的。

对于中药专利申请来说,其技术方案至少应当包括制备该药物的原料组成及配比(药物组方及用量),以及制备该药物的生产工艺等技术特征。

《中华人民共和国专利法》第二十六条第三款规定:"说明书应当对发明或者实用新型作出清楚、完整的说明,以所属技术领域的技术人员能够实现为准。"也就是说申请人应当充分公开其发明技术内容,不得保密。说明书的重要功能之一就是为了"公开发明",如果公开不充分,使所属技术领域普通技术人员按照说明书的记载不能实施该专利,则会因为不符合《中华人民共和国专利法》第二十六条第三款的规定而被驳回。这里所说的能够实施是指所属技术领域的普通技术人员按照说明书的记载而无需发明人的亲自指导即可实现该技术方案。

对于中药专利申请来说,说明书技术方案部分撰写的公开不充分是常见的缺陷之一,这种公开不充分通常包括下面几种情况。

(1)中药药名的使用不规范导致公开不充分:由于历史的原因,中药的名称在全国各地不太统一。同一种中药会有几种不同的叫法,比如"大黄"的别名可以叫作"川军";"白屈菜"的别名是"山黄连",但它与"黄连"是两种不同的药物;又例如,"羊蹄根"的别名是"土大黄",它与"大黄"是两种不同的中药;还有"何首乌"的别名可以叫作"地精""红内消""赤首乌""小独根"等。而且有一些中草药在某些地区还有一些当地的土名。这样就容易出现一个问题,如果在专利说明书上使用的不是规范性名称,而是使用当地的土名、俗名,而且这种俗名在公开出版物上没有记载,只有当地少部分人知道这种名称的药物是什么。这样就会导致公众不知道该说明书中所说的土名描述的中药是什么药物,按照说明书的记载无法获得该药物,因而不能实施该专利。这种情况会因为不符合《中华人民共和国专利法》第二十六条第三款的规定而被驳回。

例如,有一发明名称为"防治狂犬病药品的制造方法"的专利申请,其说明书中记载所用原料是:乌桕根白皮45%、细锦鸡尾全草45%、车前草8%、甘草2%。审查员经过检索未发现有文献记载"细锦鸡尾全草"的名称,通知申请人必须提交记载有"细锦鸡尾全草"名称的公开出版物来说明"细锦鸡尾全草"是公众能够得到的物质;否则,由于公众不能获得该原料药,该申请因公开不充分将被驳回。申请人意见陈述中认为:"细锦鸡尾全草"属于当地区域性别名,其真正的通用学名叫"兖州卷柏",要求将"细锦鸡尾全草"改为"兖州卷柏",这是不允许的。《中华人民共和国专利法》第三十三条规定申请人对其专利申请文件的修改不得超出原始说明书和权利要求书记载的范围,由于没有公开出版物上记载"细锦鸡尾全草"就是"兖州卷柏",这种修改超出了原始说明书记载的范围,不符合《中华人民共和国专利法》第三十三条的规定。而且还有一种中药叫作"鸡尾草",它实际上与"兖州卷柏"是两种不同的中草药,很容易产生混淆,所以如果申请人没有确切的出版物记载"细锦鸡尾全草"的名称,就被认为是公开不充分。避免出现这种情况的办法是递交专利申请文件之前要核对一下所使用的药名是不是规范性名称,最好使用《中药大辞典》或《中华人民共和国药典》上的名称。

（2）申请人保密其技术内容而导致公开不充分:有些申请人想把申请专利的部分甚至全部关键技术内容保密起来。但是专利法要求申请人对其申请专利的技术内容必须充分公开。这就存在着一个矛盾,这个矛盾处理不好就会导致公开不充分。一般来说,专利说明书应当尽可能完整清楚地描述其技术方案,公开的程度要使所属技术领域的普通技术人员能够实施为准;否则被认为是公开不充分。

例如,有一件发明名称为"速效救心丸的制造工艺"的专利申请,在该专利申请说明书中,对其技术主案进行描述时是这样撰写的:

"……本发明是一种中药剂型设计工艺,即速效救心丸的制造工艺,方法是将制备的川芎提取物及群药加入熔融的聚乙二醇,溶解并混合均匀,滴入液体石蜡,收集选粒……"

任何一项中成药的生产方法都包括了所使用的原料(也就是配方)和生产工艺两部分技术特征,而且原料配方要有用量(或其配比关系)。缺少了原料特征,该方法就是一个不完整的方法。不要造成一种错误的认识,认为申请生产方法或工艺的专利,只讲清楚方法或工艺特征就可以了。这种理解是片面的,因为任何一种药物的生产方法或工艺都要客观地落实到对原料药物处理上。所以,申请药物的生产方法或工艺专利也要写清楚所使用的原料及用量比例关系。除非该申请所生产的药物是现有技术中一种已知的药物,只是对其生产方法或工艺进行了改进,由于该生产方法所使用的原料药已在现有技术文献中有所记载,在申请说明书中描述清楚该药物生产方法的具体文献出处的情况下,可以不写入原料情况。但为了使该技术方案更加完整和清楚,最好是在专利申请说明书中对该现有技术内容进行描述。

上面所说的是申请人将部分原料药保密而导致公开不充分的情况,更有甚者,只写了该申请的药物是用于治疗什么病,以及效果怎么好,整篇说明书中见不到配方及生产工艺等技术内容,这种申请显然不符合《中华人民共和国专利法》第二十六条第三款的规定。

除了有申请人保密其配方的情况外,还有的申请人只在技术方案中描述了该药物的配方组成,而没有描述用该配方制成药物的生产工艺过程,这样作为一件方法专利申请是不完整的。即使作为药物产品专利申请,由于没有公开该药物产品的生产方法,按照说明书的记载,本领域中的普通技术人员不清楚怎样生产所申请的药物产品。这也是一种公开不充分的类型。

例如,一件发明专利申请在说明书中描述其技术方案是这样撰写的:"本发明的药物是一种治疗痔疮、痔瘘的药物,它的配方是:地榆10~20g,全蝎10~20g,瓦松10~20g,桃仁10~30g,水蛭10~20g,延胡索10~30g,大黄3~10g,黄芪10~15g。用本发明药物治疗痔疮、痔瘘取得很好的临床效果……"

但是在说明书中没有记载如何将这个配方制备成药,甚至连一个剂型也没有交代,这样该专利无法实施,导致被驳回。

再例如,有的申请人为了保密,把方法中的一些技术参数甚至药名都写得含糊其词,这种不清楚的描述使得该技术方案不能被本领域中的普通技术人员实施,被认为是一种公开不充分的描述。

例如,某申请说明书在描述原料配方时这样撰写:"……本发明药物的配方是:归25%,芪45%,其他30%"。

又如,在一件发明名称为"一种防治风湿骨刺药的制备方法"申请中,将该药物生产方法所必需的具体技术参数"温度"描述为"高温""烘烤",将"时间"描述为"一段时间",将"浓度"描述为"一定浓度"。

以上这些不清楚的描述都属于公开不充分。

当然,在申请专利时,并不是一定要求申请人把所有有关该专利申请技术的内容毫无保留地公开出来。所谓的公开充分是指说明书对技术方案的描述公开达到所属技术领域的普通技术人员能够实施为准,这也就意味着可以允许申请人保留一些内容而不写进专利申请说明书。在这里,笔者引入一个专利术语——"技术诀窍(know-how)"的概念。技术诀窍是指从经验或者技艺中得来的,能在实践特别是工业中应用的技术信息、技术数据或技术知识,主要是指在实施专利技术过程中的一些经验性技术。这种技术对于专利技术的实施是非必需的,有没有它都能达到实施该专利技术的目的。但是加上这一技术诀窍后,可以使该技术实施效果更好。

例如,某项专利申请是使用喷雾干燥技术制备一种中成药粉剂,在该申请中对喷雾干燥的条件和方法进行了描述,转让后受让厂家按照说明书的记载实施了该项发明,并生产出了发明所述的产品,但是受让厂家生产出来的产品在质量上不如专利权人所生产出的产品好,其产品速溶程度较差。为此受让厂家又购买了专利权人的技术诀窍,该技术诀窍是在喷雾干燥过程中使用离心式喷头,结果生产出了满意的产品。

因此,对于什么是技术诀窍一定要有清楚的概念,掌握得当则在专利技术转让过程中又增加了一份主动权。对于技术诀窍的保密要以熟悉专利知识为前提。

不过,申请人一般情况下在没有合适的可保密的"技术诀窍"时,不要采取这种做法。尤其是申请人在决定了要保密其技术诀窍时，一定要谨慎从事，不得将实施该专利技术方案的必要技术特征保密起来，避免出现公开不充分的结果。这样反而失去了获得专利权的可能性，结果是得不偿失。

例如，一件发明名称为"阿胶脱水工艺"的专利申请，该方法是采用真空冷冻干燥的方法使阿胶脱水。申请人在说明书中对技术方案进行描述时只给出了干燥过程所用时间，而对冷冻干燥阿胶所需的具体技术参数真空度和温度没有记载。尽管在附图上画出了一个冻干曲线，但是冻干曲线上也没有标出真空度参数，说明书对于附图也没有详细的解释和说明。这种撰写把实施该发明技术方案所必需的技术特征"真空度"保密起来，造成了该说明书的公开不充分。

在撰写说明书技术方案这一部分时，容易出现的另一种缺陷是对于原料组分用量的描述不正确，导致该技术方案无法实施。

中药专利申请，一般是以药物组合物的形式表述。不论是申请药物的产品，还是申请该药物的生产方法，都要涉及所用原料药的用量（即配方用量），对于这种原料的用量描述可以是具体的用量，也可以表述为一个用量范围，这种用量范围可以表述为重量比例关系（如以重量份表示），也可表述为重量百分比。

例如，一件发明专利申请的原料配方可以描述为：黄芪 10%~30%，首乌 10%~30%，人参 10%~20%，当归 20%~25%，仙灵脾 20%~30%，丹皮 10%~25%。

但是以重量百分比表述各组分的用量时，是以这些组分的总和为 100% 而分别表示的，这种情况对于所用的百分含量范围有一定要求，这种要求是：

某一组分的上限值＋其他组分的下限值≤100%

某一组分的下限值＋其他组分的上限值≥100%

如果一项申请不符合上述规定，该申请就不能实施。

例如，有一件发明名称为"一种治疗白癜风病的药物制造方法"的申请，在描述技术方案时这样写道："本发明是这样实现的，其原料由杨树花、补骨脂、白芷和防风构成，其原料组分按重量百分比计为：杨树花 70%~90%，补骨脂 5%~10%，白芷 5%~10%，防风 5%~10%。"

我们如果实施该专利时，在所描述范围内选择原料用量，当选杨树花用量为 90% 时，其他三味药均选最低允许用量 5%，四个组分加起来为 105%，大于 100%，这种情况下就会出现无法选择原料的用量，导致不能实施。

又如，在另一件申请中描述技术方案部分的原料时撰写为："各原料药在配方中所占的比例在以下范围为宜：面粉 55%~70%，巴豆 6%~13%，郁金 10%~21%，辰砂 11%~13%，百草霜 11%~13%……"

上述配方中当取面粉为 70% 时，与其他所有药物百分含量的最下限之和是 108%，大于 100%，不符合前面所说的规定，也就是说当选面粉 70% 时，其他原料用量就无法在给定的范围内选择，不能实施。

因此，在用百分比范围表述中药配方用量时，要按照上述规定进行核算，最好是再写一个在所述百分比范围内进一步优选的范围或者是数值点，以便于审查过程中的修改。

例如，在上述"治疗白癜风的药物制造方法"的申请中，可以再描述一个配方：杨树花 70%~80%，补骨脂 6%~10%，白芷 6%~10%，防风 6%~10%。还可再进一步描述一个配方：杨树花 79%，补骨脂 7%，白芷 7%，防风 7%。

为了避免出现不能实施的情况，可以不采用百分比范围来表示各组分用量，而以各组分比例的关系（如以重量份）表示。

例如可按下述形式撰写原料配比：

"……本发明药物所用原料以重量份计其配比是：白花蛇舌草 10~30 份，蜈蚣 5~10 份，延胡索 10~30 份，郁金 10~30 份，柴胡 10~25 份，猪苓 10~30 份。"

以上对于说明书中技术方案部分经常出现的错误和缺陷进行了介绍，希望读者以此为戒，避免因撰写不当而被驳回。为了使读者更加清楚，现就中药专利申请说明书中技术方案这部分内容的正确撰写提供几条参考意见：①对于中药专利申请，无论要求保护产品，还是要求保护方法，都应当描述清楚所用原料配方的正确药名及各组分用量配比关系；对于要求保护新用途的，除了描述其新用途外，在技术方案部分也应描述该药物的生产方法（包括原料和工艺）。②对于用量配比，无论使用哪种形式描述，一定要认真核算，能够实施。③如果中药专利申请中所使用的某种原料药物质是一种过去从未记载过的新物质，应当公开其制备方法，如果该原料物质是天然物质，应当公开其详细产地、来源途径，另外还应说明其基本的化学成分或者能确认鉴别该物质的基本特征和参数。④对于生产工艺的描述，尤其是关于温度、时间、浓度、pH 值等技术参数的描述要清楚，不能使用"大约""大概"等词语。⑤对于生产方法的描述要清楚完整，公开充分，能够理解和实施。

发明内容的另一个组成部分是对照现有技术写明发明的有益效果。

说明书应当清楚、客观地写明与现有技术相比所具有的有益效果。这种有益效果是由构成发明的技术特征带来的，或者是由所述的技术特征必然产生的。有益效果是确定发明是否具有"显著的进步"的重要依据。

作为中药发明专利申请，对于其有益效果的描述主要表现为对医疗效果的描述。因此，对于药物发明专利来说，在其说明书的有益效果部分应当公开其具体医药用途、药理功效、有效量及使用方法；公开具有实验室试验（包括动物实验），或者临床试验的定性或定量数据及各项实验报告；有效量和使用方法或制剂方法等应当公开至该领域的技术人员能够实施的程度。

所说的有益效果应当是与现有技术进行比较的效果，具体表现在医疗效果上。如果涉及过去从未有的药物或者没有类似的对比药物，可以只撰写证实其医疗效果的实验或临床资料。如果现有技术中有相近或类似产品，应当提交具有对比实验或临床对比观察的疗效资料。这种对比应当具有一定的说服力，最好有统计学处理结果。

这里需要特别指出的是，写入说明书中作为举证材料的医疗效果应当是可信的。因为专利申请的审查是按照严格的法律程序进行的，法律的严肃性要求申请人必须实事求是地提交举证材料，申请人面对法律有义务如实地陈述其技术资料。

申请人在说明书中所公开的举证其医疗效果的资料除了具有高度的可信性外，还应当具有严密的科学性，也就是说所提交的动物实验设计要合理，数据处理要科学而准确；如果是提交的临床举证材料，要有足够的病例数；选择病例时诊断要有统一标准,治疗方案设计要合理;疗效评定标准要统一规范,数据结果要有统计学分析。

在专利申请时,对于其医疗效果的举证是以动物实验还是以临床资料为依据,没有严格的规定。一般情况下,由于申请专利的药物大多数没有进入生产阶段,进行临床试验的可能性不大,按照新生药研究的一般规律,通常是先进行动物实验,再做临床观察。所以,在申请专利时期,有动物实验就可以作为说明其创造性的举证材料。这时期要求申请人提交临床试验资料不太实际,也没有必要。但是如果申请人主动提交临床观察资料,只要是可信性的报告,也不应拒绝接受。

关于有益效果,在中医药领域中的发明创造除了产生上述的突出医疗效果之外,有一些是制药工艺上的改进,在申请专利时其有益效果可表现为产率、质量、精度和效率的提高;能耗、原材料、工序的节省;加工、操作、控制、使用的简便等方面。

5. 附图说明　说明书有附图的,应当写明各幅附图的图名,并且对图示的内容作简要说明。

在中医药领域中,一般医疗器械或制药设备的专利申请有附图,这种情况下要在说明书中对附图进行说明。对于中药产品的发明专利申请,通常没有附图,这一部分可以略去。如果有工艺流程图,也要在说明书中作出相应说明。

6. 具体实施方式　实现发明或者实用新型的具体实施方式是说明书的重要组成部分,它对于充分公开、理解和再现发明或者实用新型,支持和理解权利要求都是极为重要的。因此,说明书应当详细描述该专利申请技术的具体实施方式。

实施方式的描述应当与申请中实现发明主题的技术方案相一致,并应当对权利要求的技术特征给予详细解释,以支持权利要求。

对于中药专利申请来说,通常是以具体的实施举例来说明发明的最佳方式。在专利术语上把这种实施发明的具体例子称为实施例。实施例可以是一个,也可以是多个,对于中药专利申请来说实施例的数量应当依据现有技术的状况,特别是要求保护的范围来确定。如果专利申请要求保护的范围太宽,而没有足够的实施例来说明所要求保护范围内的技术方案都能实现,体现这种保护范围的权利要求由于得不到说明书的支持而不能被批准(不符合《中华人民共和国专利法》第二十六条第四款的规定)。

例如,发明名称为"免疫功能高效增强液的制备工艺"申请专利一案,在说明书中记载:"……利用新鲜的蔷薇属芳香植物的根、茎、叶、花、果实的混合物为原料,加工制成免疫功能高效增强液……"并对加工工艺进行了描述。由于申请人在说明书和权利要求中所记载的原料均为"蔷薇属芳香植物的根、茎、叶、花、果实……"而没有使用该属中某具体植物为原料的实施例,在这种情况下由于缺乏足够的实施例来说明蔷薇属中的所有芳香植物均可以用来实施本发明,造成了权利要求保护范围太宽而得不到说明书的支持。

因此,当一个实施例足以支持权利要求所概括的技术方案时,说明书中可以只给出一个实施例。当权利要求(尤其是独立权利要求)覆盖的保护范围较宽,其概括的特征不能从一个实施例中找到依据时,应当给出一个以上的不同实施例,以支持要求保护的范围。当权利要求涉及较宽的数值范围时,应给出两端值附近的实施例和至少一个中间值的实施例。

对于实施例的描述应当详细具体,涉及中药发明专利的实施例撰写,要写明具体的原料药配方及各组分的使用量(此时的用量不是一个数值范围而是一个具体的数值)、具体的生产步骤和工艺方法;要对实施该技术方案的具体工艺条件如温度、时间、浓度等作出详细的说明;实施例还应当写明以使用量的原料药制备成药物产品的剂型、产量、单位剂量等。总之,实施例应当描述成生产该药物的具体工艺步骤和方法的实际操作过程,这种描述要使本领域中的普通技术人员,在不需要创造性劳动的情况下,就能够实现该发明。

在中药发明技术方案比较简单的情况下,如果说明书涉及技术方案的部分已经就该专利申请的主题(例如具体的配方、用量、工艺条件、生产方法等)作出了清楚、完整的说明,说明书可以将实施例部分省略不写。

有附图的申请(例如制备药物的设备专利申请),在撰写实施例时应当对照附图描述,在实施例中所使用的附图标记或者符号,应当与附图中所示的一致,并放在相应的技术名称的后面,不加括号。

以上对于说明书的撰写以及常见的一些错误进行了叙述,申请人可以按照所述的顺序和方式,结合自己的发明技术方案,撰写出合乎法律要求的申请文件。

(二)权利要求的撰写

权利要求书是法律规定申请人应当提交的申请文件之一。对于权利要求书的法律规定可参见《中华人民共和国专利法》第二十六条第四款和《中华人民共和国专利法实施细则》第二十二条至第二十五条。

权利要求书的重要功能之一就是它确定了专利申请要求保护的范围,它是法院判断是否侵权的重要法律文件依据。因此,权利要求书撰写的好坏将直接影响到申请人的利益。

1. 权利要求的形式　从撰写形式上,权利要求可分为独立权利要求和从属权利要求两种。

(1)独立权利要求:所谓独立权利要求,是指一种能够独立存在而无需结合其他权利要求来限定其保护范围的权利要求。独立权利要求应当从整体上反映发明或实用新型的技术方案,记载解决技术问题的必要技术特征。

一件申请的权利要求书中,应当至少有一项独立权利要求。权利要求书中有两项或两项以上独立权利要求的,写在最前面的独立权利要求称为第一独立权利要求,其他独立权利要求称为并列独立权利要求。

例如在下面的权利要求中:

"1. 一种治疗癌症的药物组合物……

2. 一种制备治疗癌症的药物组合物的方法,其特征在于……

3. 一种用于制备治疗癌症药物的设备,其特征在于……

其中权利要求1为第一独立权利要求,而权利要求2和3则为并列独立权利要求。"

(2)从属权利要求:所谓从属权利要求,是指不能独立地限定其保护范围,而必须结合其所引用的权利要求来限定其保护范围的权利要求,在形式上它直接或间接地依存于独立权利要求。也就是说,一项从属权利要求可以直接地从属于某独立权利要求（直接依存），也可以从属于某项从属权利要求（间接依存），但不管怎样，所有从属权利要求都必须以某项独立权利要求为存在基础。

例如在下面的权利要求当中：

"1. 一种抗菌消炎药物组合物，其特征在于……

2. 根据权利要求1的药物组合物，其特征在于……

3. 根据权利要求2的药物组合物，其特征在于……"

权利要求2是从属于独立权利要求1的从属权利要求，它的存在直接依存于独立权利要求1，而权利要求3则是从属于从属权利要求2的从属权利要求。由于从属权利要求2依存于独立权利要求1，而权利要求3又依存于权利要求2，所以说从属权利要求3依然间接地依存于独立权利要求1。

从属权利要求应当理解为它包含了其所引用的权利要求中的所有技术特征。从属权利要求在内容上要用其要求保护的附加技术特征，对引用的权利要求作进一步的限定。

有时候并列独立权利要求也引用在前的独立权利要求。

例如：

"1. 一种止咳平喘药物，其特征在于……

2. 一种生产权利要求1所述药物的方法，其特征在于……"

在这种情况下，权利要求1和2所记载的是不同类型的发明，前者是一种药物产品，后者是一种生产方法，虽然从形式上权利要求2引用了权利要求1，但实质上它不是一种从属权利要求，而应当理解为是一种独立权利要求。

2. 权利要求的类型　按照性质划分，权利要求有两种基本类型，即物的权利要求和活动的权利要求，或者简单地称为产品权利要求和方法权利要求。前者包括人类技术生产的物（产品、设备），后者包括有时间过程要素的活动（方法、用途）。

（1）产品权利要求：所谓产品权利要求所要求保护的对象是客观存在的物质本身。它可以是有形物质如药物、设备、食品、机械等，也可以是无形物质如气态的物质。在中医药领域，通常以产品权利要求保护的物质有中成药、医疗器械和设备、日常保健用品等。

（2）方法权利要求（狭义）：所谓方法权利要求,保护对象是指在一定条件下按照一定的步骤进行的技术活动。它可以是生产方法、使用方法。在中医药领域中,通常以方法权利要求保护的方法有药物的制备方法、中药材的加工处理方法、制药设备的生产方法和使用方法、医疗器械的生产方法、化验方法等。

（3）用途权利要求：所谓用途权利要求所要求保护的对象一般是物质应用。这种应用可以是该物质的使用方法,如农药的应用,可以是将农药用于杀虫的使用方法,也可以是生产方法,如将某物质用于生产药物的方法。

笔者认为,尽管存在上述原因,但是用途权利要求与方法权利要求仍然有一定差别。用途权利要求保护的既然是物质的应用,那么,这种用途权利要求的保护效力必然与该物质有直接关系。也就是说,物质的应用不仅表现在使用方法和生产方法上,还可以表现为某些物质相关的特征,例如药物的适应证。对于药物的新适应证,可以通过用途权利要求的类型加以保护。由于《中华人民共和国专利法》规定疾病的诊断和治疗方法不授予专利权,这种情况下的药物用途权利要求保护的对象仅仅是在药品的外包装及说明书上增加的新适应证。如果有人认为这种用途权利要求所保护的对象是生产具有该新适应证的药物的方法的话,而实际在生产方法上,它与生产以往未发现其新适应证的同一药物的方法是相同的,这种保护范围是难以与现有生产方法区分开的,而唯一能够区分开的也就是产品的说明及外包装（或其他方式）增加新适应证。从这点上来说,把其保护对象看作是药物的生产方法未免有些牵强。虽然这种保护对象与该药物的功能主治密切相关,按照将其理解为保护生产具有该新适应证药物的方法的逻辑,似乎也可以将其理解为保护具有该新适应证的药物,但实际上也不能认为它所保护的就是一种物质。在这种情况下,笔者认为单独将用途权利要求列为一种类型更有利于理解发明和撰写权利要求。

事实上,分类依据本身就是人为因素,从不同的角度可以有不同的分类。上述分类是基于疾病的诊断和治疗方法不授予专利权的情况下所进行的分类。而美国的专利制度允许授予疾病的诊断和治疗方法专利权,所以根本不存在用途权利要求,对于药物的新用途均采用疾病的治疗方法权利要求进行保护,这种保护方式也是有其道理的。由此可见,不论采用何种权利要求形式,所要保护的对象基本上是相同或近似的。

3. 权利要求书的功能 权利要求书作为专利申请文件的一部分,在专利申请被授权后,具有如下法律作用。

(1)独立权利要求的法律作用:独立权利要求是判断是否侵权的法律依据,也就是说它是对发明创造保护范围的具体限定。判断一项发明创造是否被侵权,要以授权文本独立权利要求的限定范围为依据进行判定。

(2)从属权利要求的法律作用:从属权利要求和独立权利要求一样,也是判断是否侵权的法律依据。除此之外,从属权利要求还具有下面两个作用。

1)防止选择发明的后申请:如果一项发明的独立权利要求所保护的范围很宽,有可能在其公开之后有人在该范围内通过大量实验而找到一个效果非常好的小范围或点值,就此再申请专利(选择发明)。由于从属权利要求是对独立权利要求的进一步限定,通过这种逐级缩小范围的多个从属权利要求限定,几乎把独立权利要求限定范围内的所有选择可能都包括在了该发明的从属权利要求保护范围之内,这样可以防止后人再就选择发明申请专利。

2)专利被提无效时的防卫措施:一项专利授权后,如果有人以某种理由请求该专利无效,由于无效程序中对专利文件的修改原则是仅针对已授权的权利要求书文本。也就是说,如果只有独立权利要求,一旦被无效掉,即使该专利说明书中某些特征的加入有可能使该权利要求有专利性,由于修改原则规定一般不得增加未包含在原权利要求书中的技术特征,改写新的权利要求是不可能的,该专利只能被宣告无效。但是如果在独立权利要求的后面还记载有以该特征限定的从属权利要求,在独立权利要求被无效掉后,只要该从属权利要求具备专利性,还是可以维持的(部分无效)。这样由于从属权利要求的存在使得在宣告无效时又增加了一条防卫措施。

独立权利要求与从属权利要求的保护范围不同,独立权利要求所限定的保护范围比其下属的任何一项从属权利要求所限定的保护范围都要宽。将独立权利要求比作一把伞,这把伞所能遮蔽的范围就是独立权利要求所保护的范围。从属权利要求就像这把伞范围内的某一局部,它所能遮蔽的范围(保护范围)永远小于这把伞的遮蔽范围(即独立权利要求的保护范围)。

4. 权利要求应当满足的要求　对于权利要求的撰写在内容上有一定的法律要求,不符合法律有关规定的权利要求则得不到批准。对于权利要求的法律要求参见《中华人民共和国专利法》第二十六条第四款和《中华人民共和国专利法实施细则》第二十四条第二款。

(1)以说明书为依据:《中华人民共和国专利法》第二十六条第四款规定,权利要求书应当以说明书为依据,清楚、简要地限定要求专利保护的范围。也就是说,权利要求书中的每项权利要求所记载的技术方案应当在说明书中充分公开,权利要求书应当得到说明书的支持。例如某项专利在权利要求中这样写道:

"1. 一种生产治疗肝炎药物的方法,其特征在于以下述重量份配方为原料:柴胡 10~15 份,郁金 6~10 份,茵陈 10~15 份,茯苓 10~15 份,白术 6~10 份,白芍 6~8 份,五味子 10~20 份。将上述配比的中草药加水煎煮两次,每次各半小时,第一次加水量为原料重量的 2~4 倍,第二次加水量为原料重量的 2~3 倍,合并水煎液,浓缩干燥,制得颗粒冲剂。

2. 根据权利要求 1 所述的方法,其中水煎液浓缩后进行喷雾干燥,制得细粉散剂。"

但在该专利说明书中从未有记载过使用喷雾干燥方法进行干燥,这种技术方案在权利要求 2 中的出现得不到说明书的支持。

权利要求必须得到说明书的支持,还表现在权利要求所要求保护的范围不得超出说明书记载的范围。例如下面这个权利要求中记载的内容:

"一种治疗冠心病的药物生产方法,其特征在于将丹参和川芎以(1~3):(2~1)的重量比混合加水煎煮 1~2 小时,加水量为原料重量的 2~4 倍,水煎液过滤后浓缩成干浸膏,加赋形剂压制成片剂。"

但在说明书中对于丹参和川芎的用量比只记载有 3:2,煎煮时间只记载 1 小时,加水量只记载 2~3 倍。在这种情况下权利要求的所有参数范围(包括用量比、时间、加水量）都超出了说明书的记载范围。得不到说明书的支持。

以上情况是权利要求中所记载的技术内容在说明书中没有记载或者范围不相符而得不到说明书的支持，这种情况需要对权利要求或说明书进行修改，以使得权利要求符合《中华人民共和国专利法》第二十六条第四款的规定。

除了以上两种情况外，对于权利要求书必须以说明书为依据的要求还表现为下面这种情况。

通常，权利要求的范围是由一个或者多个实施例概括而成。尽管这种范围在说明书中有所记载，但权利要求的概括应当适当，使其保护范围正好适应说明书所公开的内容，得到实施例的支持。一项创新技术领域的开拓性发明，比起已知技术领域中的改进性发明，允许有更宽的概括范围。但是如果范围概括得太宽，得不到说明书中足够实施例的支持，这种权利要求将会因为得不到说明书支持，不符合《中华人民共和国专利法》第二十六条第四款的规定而被驳回。例如，某项专利申请中，权利要求所要求保护的是：

一种免疫功能增强液的生产方法，其特征是以蔷薇属芳香植物的根、茎、叶、花、果实的混合物为原料，先将原料粉碎过筛，加水匀浆，过滤、灭菌，制得该产品。

在此权利要求中，对于原料的保护范围是蔷薇属的芳香植物，尽管在说明书中也记载原料是蔷薇属的芳香植物，但没有使用该属具体植物的实施例。在审查员要求申请人以可信性的依据说明所有蔷薇属芳香植物都能实现其发明目的时，申请人没有能够对此作出满意答复。这种权利要求的保护范围得不到说明书的支持。该申请由于没有一个使用具体植物的实施例，导致申请人无法修改而被驳回。

如果权利要求的概括包含申请人推测的内容，其效果又难以预先确定和评价，应当认为这种概括是得不到说明书支持的。例如下面的一个权利要求：

"一种糖尿病治疗剂，由多种中草药配制而成，其特征在于其组分含量为（重量百分比）：

5%~42%：降血脂剂，它选自麦芽、山楂、神曲、决明子、知母、胖大海、青葙子；

5%~25%：机体免疫增强剂，它选自山药、黄芪、黄精子；

5%~30%：自主神经调节剂，它选自冬瓜子、茯苓、赤小豆、泽泻、薏苡仁、绿豆、车前子；

5%~30%：胰岛素促放剂，它选自枸杞子、玉竹、山茱萸、石斛；

5%~30%：胰岛素合成催化剂，它选自黑豆、大黄豆、黑芝麻、韭菜子；

5%~35%：降血糖剂，它选自南瓜、苦瓜、草决明、菊花、瓜蒌。"

其中，选择不同的组分进行组合排列可以得到不同的原料组合，尤其上述权利要求中可选择组分之多，如果将所有可能的选择进行排列组合将会得到上百个甚至几百个配方。对于这么大的概括范围在说明书中只给出了七个配方的实施例。这里面包含了许多推测的内容。事实上，中药的配方在组分改变之后，甚至组分不变只改变各组分用量配比，都有可能产生不同的医疗效果，这些效果是难以预先进行确定和评价的。因此，上述的权利要求由于概括太宽而得不到说明书的支持。

（2）清楚描述其保护范围：权利要求是确定该发明保护范围的重要法律文件，在判断是否侵权时权利要求是法定的判断依据。为此，专利法要求对于权利要求的撰写一定要表述清楚，这不仅要求每一项权利要求应当清楚，而且所有权利要求作为一个整体也应当清楚。

"每一项权利要求应当清楚"，是指每项权利要求的类型要清楚和每项权利要求的保护范围要清楚。关于权利要求的类型前面已作了详细论述，这里要求的类型清楚是指申请人所采用的权利要求类型应当与发明的主题相符合。如果发明目的是一件药物产品，其权利要求应当是产品权利要求；如果发明的主题是方法，采用产品权利要求就不适用，而应当是方法权利要求；当然既有产品发明，又有方法发明的则可以两种类型的权利要求同时存在。

每项权利要求的保护范围要描述清楚，就要求在语言上措辞准确，应使公众能够正确理解。如果在权利要求中使用的词语可能会有几种不同的解释范围或者是申请人根据自己的理解进行的命名或定义，那么，申请人就应当在说明书中对该词语的含义进行解释，并清楚地定义该词含义的范围；否则，这种词语在权利要求中的使用是不清楚的。例如：

"一种抗溃疡外用药的生产方法,其特征在于以'凹凸棒矿石'为原料,将其煅烧后,粉碎过筛,制成外用细粉。"

该权利要求中所用的"凹凸棒矿石"一词是采矿业命名的一种矿石,在申请日之前,尚没有作为药用,而且不同产地其主要成分含量也各不相同,有的产地的凹凸棒因有效成分含量低而不适合作药用。如果只用凹凸棒一词可以理解为不同产地的凹凸棒,则造成权利要求保护的范围不确切。申请人在说明书中对于"凹凸棒矿石"的产地、主要成分的化学分子式及其含量都进行了描述和限定,在这种情况下权利要求中使用"凹凸棒矿石"一词是允许的。

权利要求中的用词应当采用国家统一规定的技术用语,计量单位也要使用国家规定的统一计量单位。在中医药领域中,由于历史的原因,在某些书籍上还使用钱、分等重量单位。但在专利申请文件中(包括权利要求书和说明书)应当使用国家规定的统一重量单位,如克、千克等。

权利要求中不得使用含义不确切的词语,如"高温""烘烤""一定浓度""一段时间""大约""类似""最好是"等,均被认为是描述不清楚。

另外,权利要求之间的引用关系也应当是清楚的。对引用关系的规定详见从属权利要求的撰写规定。

(3)描述应当简要:由于权利要求是限定其保护范围的法律文件,为了便于清楚地理解和判断权利要求所保护的范围,对于权利要求的描述在语言上要简单明了,减少不必要的重复或者赘词。在用词上只限于记载技术特征,不得对原因和理由作不必要的解释和说明。

权利要求的数目要合理,应当避免出现与发明无关的从属权利要求。

5. 权利要求的撰写方法 通过上述介绍,读者对于权利要求的形式、类型和要求有了一个全面认识,下面结合具体案例对如何正确撰写权利要求作一详细说明。

权利要求包括独立权利要求和从属权利要求,对于权利要求的撰写在形式上有具体法律规定,主要内容分别记载于《中华人民共和国专利法实施细则》的第二十二条、第二十三条、第二十四条和第二十五条。概括起来说,每一项权利要求都应当符合下述的一些形式规定。

权利要求书有几项权利要求的,应当用阿拉伯数字顺序编号。

权利要求书中使用的科技术语应当与说明书中使用的科技术语一致,可以有化学式或者数学式,但是不得有插图。除绝对必要的外,不得使用"如说明书……部分所述"或者"如图……所示"等类似用语。

权利要求中的技术特征可以引用说明书附图中相应的标记,以帮助理解权利要求所记载的技术方案。该标记应当放在相应的技术特征后并置于括号内。附图标记不得解释为对权利要求的限制。

这里需要引起注意的是,权利要求与说明书在引用附图标记时规定不同,权利要求引用附图标记需要用括号括起来,而《专利审查指南》中规定说明书中所引用的附图标记放在相应的技术名称后面,不加括号。

除附图标记或者其他必要情况必须使用括号外,权利要求中应当尽量避免使用括号。

通常,一项权利要求用一个自然段表述,但是当技术特征较多,内容和相互关系较复杂,借助于标点符号难以将其关系表达清楚时,一项权利要求还可以用分行或者分段的方式描述。

(1)独立权利要求的撰写:根据《中华人民共和国专利法实施细则》第二十四条第一款的规定,独立权利要求应当包括前序部分和特征部分,并按照下列规定撰写。

前序部分:写明要求保护的发明或者实用新型技术方案的主题名称和发明或者实用新型主题与最接近的现有技术共有的必要技术特征。

特征部分:使用"其特征是……"或者类似的用语,写明发明或者实用新型区别于最接近的现有技术的技术特征。这些特征和前序部分写明的特征合在一起,限定发明或者实用新型要求保护的范围。

例如:"一种双黄连粉针剂的生产方法,以金银花、黄芩、黄连为原料,加水提取制成水提液,其特征是金银花、黄芩、黄连的重量比为 3∶2∶1,并将水提液浓缩后,采用冷冻干燥方法使其干燥成为细粉,具体冻干工艺是……"

由于将金银花、黄芩和黄连制成水针剂的方法是现有技术中已知的方法,将其写在前序部分,而发明的主题是采用冷冻干燥工艺制成粉针剂,应当写入特征部分。

独立权利要求分两部分撰写的目的,在于使公众更清楚地看出,独立权利要求所限定的特征中哪些是现有技术特征,哪些是发明区别于现有技术的特征。通过这种形式使发明的特征部分与现有技术划界,使权利要求所要求保护的范围更加清楚。所以,如果发明的技术方案能够清楚地分为现有技术和特征技术,一般应当分两部分撰写。但有时独立权利要求记载的技术方案是一个完整的技术方案,很难分清哪些是与现有技术共有的特征,哪些是发明的特征,这种情况下也可以不分前序部分和特征部分。而且,即使在独立权利要求中分前序部分和特征部分撰写,但实际上所保护的仍然是由前序部分和特征部分结合构成的一个完整技术方案。

这里需要指出的是,不管是否将独立权利要求分为前序部分和特征部分撰写,在独立权利要求中都应当记载解决技术问题的必要技术特征。所谓必要技术特征是发明或者实用新型为解决其技术问题所不可缺少的技术特征,其总和构成发明或实用新型的主题,使之区别于其他技术方案。对于中药专利申请的独立权利要求撰写可分为下面三种情况。

1)药物产品权利要求:中药产品通常情况下是复方制剂,其发明点一般是配方,而所采用的生产工艺通常是本领域中的惯用技术,申请人所迫切要求保护的也就是该产品的配方,但是对于医生所开的处方来说,由于它只是医生根据具体病人的病情所采取的一种具体治疗措施,不具备工业实用性,是不能授予专利权的。因此,对于某种中成药产品来说,尽管其发明点在于配方,但撰写成法律文件,对其权利要求的前序部分不能写成为"一种治疗皮肤病的处方,其特征在于……"而应当将前序部分写成是一种药物产品,例如:"一种治疗皮肤病的药膏,其特征在于……"

对于药物产品权利要求的前序部分是否限定医疗用途,应根据说明书记载的内容而定。如果说明书记载该药物的医疗用途唯一,如仅用于治疗冠心病,则需在权利要求的前序部分限定该用途。如果说明书记载该药物除了用于治疗冠心病,还可治疗脑血栓等疾病,则无需在权利要求的前序部分限定医疗用途。

一件药物产品发明专利，通常其发明点在于其产品的有效组分及配比，而不在于剂型本身，这种情况下可以允许其产品权利要求对剂型有较宽的概括。所以，对于药物产品的权利要求在前序部分不要求进行剂型限定，这种情况下通常写成"一种……中成药，其特征在于……""一种……药物组合物，其特征在于……"有时发明点除了配方之外还在于剂型，此时，权利要求前序部分就应写明剂型，例如"一种治疗牛皮癣的外用药膏，其特征在于……"

对于中药专利申请的药物产品权利要求，在特征部分撰写上可分为以下几种情况。

①如果该药物产品是以一种中药提取物作为有效成分制成的中成药，由于制成产品后的组分及含量已与原料有所不同，而且以单味中药为原料又不存在原料药之间的配伍特征，所以只用原料特征限定该产品是不允许的。例如不能写成："一种治疗冠心病的注射液，其特征是以丹参为原料制成的。"只用提取物概念及含量也是不清楚的，因为提取物本身就是一个不清楚的概念，所以，对于这种类型的发明应当以方法限定产品。这里所说的方法应当包括所使用的原料和用量，以及制备发明产品的生产工艺。例如：

"一种治疗冠心病的药物，其特征是以丹参为原料按照下述方法制成的片剂：取丹参，加 2~3 倍重量的水，煎煮 0.5~2 小时，过滤收集滤液，药渣再加 2 倍水煎煮 0.5~1 小时，药液过滤，合并两次滤液，浓缩成相对密度 1.25~1.28 的浸膏，按浸膏与赋形剂重量比为 5∶1 的比例加入赋形剂，制粒压片。"

②如果专利申请的一件中药产品是复方制剂，它是以多种中药为原料进行配伍组合，利用一般的惯用制剂工艺生产中成药。在这种情况下，该申请的发明点在于原料各组分之间的配伍关系以及它们之间的用量配比。在配方确定之后，本领域中的普通技术人员即可按照常规方法制造出不同剂型的产品。在这种情况下，中成药产品权利要求由于无法用产品中所含组分及含量表示（中成药产品中的组分复杂，一般难以测定），可以在特征部分用其原料特征加方法一起进行限定。这时的原料特征应当包括原料各组分以及它们之间的用量配比关系，方法限定可以写成是"按常规方法生产的"等，例如：

"一种治疗癫痫病的中成药，其特征在于它是由下述重量配比的原料按常规制剂方法制备的口服液：石菖蒲 5~7 份，白胡椒 0.4~0.6 份，僵蚕 0.4~0.6 份，三七 0.9~1.1 份，天麻 0.8~1.2 份，葛根 0.8~1.2 份。"

也可以只用原料及用量配比特征限定该产品。例如，上述权利要求也可以写成：

"一种治疗癫痫病的中成药，其特征在于它是以下述重量配比的原料制备成的药剂：石菖蒲 5~7 份，白胡椒 0.4~0.6 份，僵蚕 0.4~0.6 份，三七 0.9~1.1 份，天麻 0.8~1.2 份，葛根 0.8~1.2 份。"

③如果一种中成药发明产品，除了其发明点在于原料配伍及用量外，该产品在生产工艺上还有独创之处，该中成药产品必须将其原料特征和工艺特征结合在一起才能清楚地限定所发明的产品，这种情况则要以方法限定产品的形式撰写权利要求，方法特征包括了原料和工艺两部分特征内容。例如：

"一种治疗冻疮的外用药，其特征在于它是以下述重量百分比的原料和方法制成的药膏：羊脂 5%，蜂蜡 15%，肉桂 2%，乳香 2%，附子 1%，白及 1%，当归 1%，五灵脂 1%，没药 2%，川芎 1%，大黄 1%，麝香 4%，香油 64%。将上述配比的肉桂、附子、白及、当归、五灵脂、川芎、大黄用香油煎成汁，过滤后，将油汁与蜂蜡、羊脂混合制成膏，再加入研磨后的乳香、没药、麝香拌匀。"

在撰写中药产品独立权利要求时，应当避免在同一个独立权利要求中记载两个不同的原料配方。一个独立权利要求只能保护一种产品，而两个不同配方的原料所制成的药物属于两种产品，因此这种写法是不正确的。

2）中药发明专利申请的方法权利要求撰写：对于新的中成药，一般都要申请药物产品专利保护，在有了产品权利要求的情况下，由于生产工艺都是常规技术，一般不再撰写方法权利要求。如果该产品在生产工艺上还具有其特征性的技术，或者是已知产品的生产工艺改进，都可以申请方法专利。

在这种情况下，该方法制备的药物的医疗用途已经有所记载，所以在方法权利要求的前序部分一般不对所生产的药物进行医疗用途限定。前序部分可以写成"一种口服液的制备方法，其特征在于……""一种外用药的生产方法""一种复方丹参片的生产工艺""一种藿香正气软胶囊的生产方法""一种双黄连粉针剂的生产方法""一种速溶阿胶的生产工艺""一种大黄饮片的炮制新工艺"等。

作为药品的制备方法,其特征部分可以包括原料、生产工艺和产品特征。

原料特征是制备该药品的原料组分及配比,其内容与药物产品权利要求的内容基本相同。

生产工艺特征包括了该药物的生产步骤和生产工艺条件。生产步骤应当完整记载该方法的生产过程,工艺条件包括该生产过程实施时所必备的条件,如温度、压力、时间等。

产品特征一般是指对产品剂型的限定,一个药品生产方法权利要求通常要对产品的剂型有所描述。如果对于该剂型的选择是所属技术领域的普通技术人员能够确定的,可以用"药剂"来描述;如果发明点与剂型有关,一定要写明具体的剂型。下面是一个药品生产方法权利要求的例子。

"一种治疗产后病的药物生产方法,其特征在于:把益母草 20~30 重量份,当归 3~9 重量份,人参 1~6 重量份,黄芪 6~12 重量份,何首乌 5~13 重量份,桃仁 4~7 重量份,香附 6~9 重量份混合加水煎煮 2 次,每次加水量为原料量 10 倍,每次煎煮 1~3 小时,合并煎液,过滤,滤液浓缩成相对密度 1.25~1.28 的清膏,再加 40~70 重量份红糖和 5~10 重量份糊精制成颗粒,烘干制成冲剂。"

对于已知产品的生产工艺改进,其原料内容可在前序部分描述。

如果在药物生产方法权利要求前有该药物的产品权利要求,这时,该方法权利要求可以写成引用的形式,引用在前的产品权利要求。这种情况下,该方法权利要求中可以不记载原料内容,因为原料特征已在其所引用的产品权利要求中有记载。

3)中药发明专利申请的用途权利要求撰写:对于第一医疗用途的中药发明,授予药品产品权利要求和用途权利要求。

这里所说的中药用途权利要求主要是用于药物第二适应证(新用途)的保护。所谓药物的第二适应证(second indication),是指已知药物的新医疗用途,它也可以是某些已知药物的第三、第四……适应证。只要是药物的新医疗用途,在专利上均应当给予保护。例如"一件关于千金藤素片新用途的发明专利申请"。千金藤素片是一种治疗放疗、化疗及其他原因引起的白细胞减少症的常用药,但将其用于治疗其他疾病,目前还未见有报道。该申请提供了一种千金藤素片的新用途,用于治疗和预防尘肺病。药物新用途的发明在国家知识产权局申请专利时权利要求应当撰写成用途权利要求类型。

对于药物新用途的保护,目前国际上各个国家和地区所采取的做法存在着很大差别。因此,有必要将不同专利局对于药物新用途的保护方式作一简单介绍。

①欧洲专利局对于物质第二医药用途的保护方式。按照《欧洲专利局审查指南》规定,对于物质第二医药用途的保护应当写成用途权利要求,而且规定必须写成"在制备治某病的药中的应用"。例如化合物 A 是一种已知的化合物,可用于治疗炎症,最近发现该化合物制成药物后可用于治疗癌症,对于这种新医药用途的保护必须写成"化合物 A 在制备治疗癌症的药物中的应用",而不得写成"化合物 A 在治疗癌症中的应用",因为这种写法被欧洲专利局认为是疾病的治疗方法。

由此可以看出,欧洲专利局能够给予保护的是化合物的新用途,也就是说该化合物可用于制备具有新用途作用的药物。所以,它所保护的是药物有效成分在制药中的应用。对于已经制成的药物产品其新用途如何保护,没有明确记载。

②德国专利局对于药物第二适应证的保护方式。德国对于药物新用途的保护规定应当写成用途权利要求。它对于用途权利要求的写法要求与欧洲专利局不尽相同,欧洲专利局的撰写方式在德国专利局可以接受。尽管德国专利局对于疾病的诊断和治疗方法不授予专利权,但对于药物第二适应证的用途权利要求允许写成"某药在治疗某病中的应用"。例如已知阿司匹林是治疗风湿病的药物,在使用中发现它具有抗血栓作用,对于这种新医疗用途的保护可以写成"阿司匹林在治疗血栓病中的应用"。但是德国对于这种形式权利要求的保护效力解释为在产品外包装或说明书上增加该新适应证的权利。

③俄罗斯对于药物第二适应证的保护方式。俄罗斯规定对于药物第二适应证的保护应当写成用途权利要求。对于用途权利要求的撰写,以硝酸酯制剂为例,发现该制剂的第二适应证是治疗氟乙酸钠中毒,可以写成"用硝酸酯

制剂作为治疗氟乙酸钠中毒的药物"。由此可以看出,俄罗斯对于药物制剂的新医疗用途权利要求撰写方式作出了明确规定。

④日本对于药物新用途(第二适应证)的保护方式。日本对于已知医药成分发现新用途的发明,以药物产品权利要求形式保护。如已知化合物B过去用于治疗炎症,现又发现它可用于治疗溃疡病,这种发明的权利要求可以写成"化合物B的溃疡治疗剂"。

⑤美国对于药物新用途的保护方式。根据美国专利文献记载,美国对于药物用途以治疗方法形式的权利要求进行保护。例如,"一种对患癌症病人的治疗方法,包括给患有癌症的病人施用一种T细胞生长因子"。

综上所述,各个专利局对于药物新用途的保护方式大致分为下面几种情况:授予产品权利要求,如日本;授予用途权利要求,如欧洲专利局、德国专利局、俄罗斯专利局;授予疾病治疗方法权利要求,如美国。

国家知识产权局对于药物的新用途发明以用途权利要求形式给予保护。对于药物新用途发明专利,申请用途权利要求的撰写方式具体采用哪种写法,笔者认为需要结合该发明的具体实际情况而定。

第一,如果对药品中产生新医疗用途的有效成分是清楚的,则可以写成"该有效成分在制备治疗某病的药中的应用"。这种情况对于大多数化学药品尤其是单一有效成分的化学药品比较适用。例如,对于解热镇痛药阿司匹林新用途的专利保护,权利要求可以写成:"阿司匹林在制备抗血栓药剂中的应用。"

对于药物组合物,也可以写成"某药物组合物在制备治疗某病的药中的应用"。例如:对于一种已知中成药,发现它具有戒鸦片毒瘾的作用,可以用该已知中成药的原料来描述其用途权利要求。这样就可以将对已知中成药的第二适应证的保护写成上述形式的用途权利要求。

"下述药物组合物在制备戒鸦片毒瘾的药物中的应用:两面针250份,曼陀罗花150份,制乌头100份,白花蛇100份,蜈蚣65份,蝎子50份,大黄45份,当归20份,牛黄10份。"

实际上,这种形式的权利要求保护的是原料有效成分的新的制药用途,而不是药剂产品的第二适应证。但是为了避免将药物的第二适应证误解为是疾病的诊断和治疗方法，对于已知药物新用途的发明专利申请，凡是其权利要求能够以上述形式撰写的，应当首选写成"某物质在制备治疗某病的药中的应用"之形式。

第二，由于《中华人民共和国专利法》第二十五条第三项规定疾病的诊断和治疗方法不授予专利权，因此，有关药物新适应证的专利申请，其权利要求不得写成治疗方法类型的权利要求。例如下述类型的权利要求是不允许的：

"一种用六味地黄丸治疗癌症的方法，包括给患有癌症的病人口服六味地黄丸，每天口服两次，每次一丸。"

（2）从属权利要求的撰写：《中华人民共和国专利法实施细则》第二十五条规定，发明或者实用新型的从属权利要求应当包括引用部分和限定部分，按照下列规定撰写。

引用部分：写明引用的权利要求的编号及其主题名称。例如可以写成"根据权利要求 1 所述的药物……"

限定部分：写明发明或者实用新型附加的技术特征。

引用一项或两项以上权利要求的从属权利要求，只能引用在前的权利要求。

应当注意的是，如果有两项或两项以上的独立权利要求时，在形式上应当是独立权利要求放在从属权利要求前面，而某项独立权利要求的所有从属权利要求都应放在它的后面，而不能与其他独立权利要求有交叉。例如有的申请人提交了下面一份权利要求书是不合格的。

"1. 一种治疗皮肤病的外用药膏，其特征在于……

2. 根据权利要求 1 的外用药膏，其特征在于……

3. 一种生产治疗皮肤病的外用药膏的生产方法，其特征在于……

4. 根据权利要求 3 的生产方法，其特征在于……

5. 根据权利要求 2 的外用药膏，其特征在于……"

由于权利要求 5 是从属于权利要求 2 的，它与独立权利要求 3 没有任何从属关系，应当放在权利要求 3 之前、权利要求 2 之后，写成：

"1. 一种治疗皮肤病的外用药膏，其特征在于……

2. 根据权利要求 1 的外用药膏,其特征在于……

3. 根据权利要求 2 的外用药膏,其特征在于……

4. 一种生产治疗皮肤病的外用药膏的生产方法,其特征在于……

5. 根据权利要求 4 的生产方法,其特征在于……"

引用两项以上权利要求的多项从属权利要求,不得作为另一项多项从属权利要求的基础。这里的多项从属权利要求是指引用两项(包括两项)以上权利要求的从属权利要求。例如:权利要求 3 写成"根据权利要求 1 或 2 所述的抗病毒中成药……"如果多项从属权利要求 4 写成"根据权利要求 1、2 或 3 所述的抗病毒药……"是不允许的,因为被引用的权利要求 3 是一项多项从属权利要求。

多项从属权利要求的引用方式,包括引用在前的独立权利要求和从属权利要求,以及引用在前的几项从属权利要求。但是这种权利要求只能择一地引用在前的权利要求,并且不能作为另一项多项从属权利要求的引用基础。所谓只能择一地引用被引用的权利要求,是指当从属权利要求是多项从属权利要求时,其引用的权利要求的编号应当用"或"或者其他与"或"同义的方式表达。例如,从属权利要求的引用部分可以写成下列方式:"根据权利要求 1 或 2 所述的……""根据权利要求 2、4、6 或 8 所述的……"或者是"根据权利要求 1 至 6 中任一权利要求所述的……"需要注意的是,多项从属权利要求写成下述方式是不允许的,"根据权利要求 1 和 2 所述的……"

从属权利要求在内容上应当用要求保护的附加技术特征对引用的权利要求作进一步的限定。要求保护的附加技术特征应当与发明目的有关,可以是对引用权利要求的技术特征进一步限定的技术特征。例如,在权利要求 1 方法中记载有使用温度范围是 25~30℃的情况下,从属权利要求可以写成:"根据权利要求 1 所述的方法,其中所用的温度是 27℃"。

从属权利要求保护的附加技术特征也可以是增加的技术特征,例如,一件中成药产品发明是由六味中药原料制成的,如果在上述配方中再增加一味麝香效果最佳,这种情况下可以写成下面一种形式的从属权利要求:"根据权利要求 1 所述的中成药,其特征是在原料中还包括麝香 0.1~0.5 重量份"。

有时也可以把原料的替代写成从属权利要求形式,例如,在一件中成药产品的原料中有一味是板蓝根,如果用大青叶替代板蓝根,也可以达到同样的发明目的,这种情况下也可以写成下面一种形式的从属权利要求:"根据权利要求1所述的中成药,其中所用的原料板蓝根是大青叶"。

从属权利要求的保护范围比它所引用的权利要求保护范围要窄,因此,从属权利要求的附加技术特征对引用权利要求的限定只能缩小其保护范围,不得造成保护范围的扩大。对于中药产品发明,如果权利要求是以原料特征限定的,在撰写从属权利要求时不能用"去掉"或"不含有"其所引用权利要求中的某个组分的语言来描述,这种描述造成从属权利要求的保护范围比其所引用的保护范围要宽,是不允许的。

(三)说明书摘要的撰写

摘要是说明书公开内容的概述,它仅是一种技术情报,不具有法律效力。摘要应当简短,不分段,全文不得超过300个字。

摘要应当包括下述各项内容:①发明或实用新型所涉及的主题名称、所属技术领域、所要解决的技术问题、解决该问题的技术方案要点,以及主要用途。摘要不得有商业性宣传用语。②如果说明书有附图,应从说明书附图中选取最能说明发明或实用新型的一幅附图,作为摘要附图。

对于中药产品发明专利申请,摘要中应当包括该药物的名称、原料组成、主要生产方法、医疗用途及效果等内容。对于中药生产方法专利申请,摘要中应当包括该方法的名称、主要的生产方法工艺特征,以及该方法带来的突出效果。对于中药新用途发明专利申请,摘要中应当包括药物名称、医疗用途及效果;如果可能,也要写出该药物的原料组分等内容。下面是一个中药产品发明专利申请的摘要举例:

"一种清肝利胆口服液及其制备方法,它是用茵陈、金银花、栀子、厚朴、防己为原料,经煎煮、清液浓缩、醇沉、回收乙醇、水沉、灌封灭菌等工序制成,每毫升相当的原生药量不低于0.80克,是一种适用于治疗急、慢性胆囊炎,胆道疾病,急、慢性肝炎,病毒性肝炎,肝硬化的中成药。"

对于中药发明专利申请摘要的撰写通常出现的缺陷是:摘要中缺少原料

配方、生产工艺等技术特征,而过多地撰写宣传性语言。这种不含技术信息的摘要是不符合规定的。

（四）说明书附图

附图是说明书的一个组成部分。用文字足以清楚、完整地描述发明技术方案的,可以没有附图(实用新型申请的说明书必须有附图)。

附图的作用在于用图形补充说明书文字部分的描述,使人能够直观、形象化地理解发明或者实用新型的每个技术特征和整体技术方案。中药发明专利申请一般可以不用附图,但对于制药设备的专利申请应当有附图。

附：中药专利申请文件举例

说明书摘要

本发明公开了一种治疗消化道溃疡的药物及其制备方法,该药物是以肉桂、砂仁、延胡索、高良姜、牡蛎、白芍、小茴香、炙甘草为原料,根据每味中药的不同特性,分别以粉碎、浓缩提取干燥再粉碎等方法处理后,按比例配制,再与药学上可接受的载体或赋形剂制成各种剂型,本发明组方及制作方法独特,治疗效果显著,并且无毒副作用。

权利要求书

1. 一种治疗消化道溃疡的药物,其特征在于它是由下述重量配比的原料和药学上可接受的载体或赋形剂制成的药剂:

肉桂 15~40 份,砂仁 5~10 份,延胡索 10~30 份,高良姜 0.5~2 份,牡蛎 10~30 份,白芍 30~60 份,小茴香 8~15 份,炙甘草 15~40 份。

2. 按照权利要求 1 所述的治疗消化道溃疡的药物,其中各原料的重量配比是:

肉桂 20 份,砂仁 6 份,延胡索 15 份,高良姜 1.5 份,牡蛎 10 份,白芍 30 份,小茴香 10 份,炙甘草 15 份。

3. 按照权利要求 1 所述的治疗消化道溃疡的药物,其中各原料的重量配比是:

肉桂 40 份,砂仁 10 份,延胡索 30 份,高良姜 1 份,牡蛎 30 份,白芍 55 份,小茴香 15 份,炙甘草 40 份。

4. 权利要求1~3任一项所述的药物的制备方法,其特征在于包括下列步骤:

a）按照上述用量称取原料中药材;

b）将上述中药材干燥粉碎成细粉;

c）将上述细粉与药学上可接受的赋形剂一起制成各种常规剂型。

5. 权利要求1~3任一项所述的药物的制备方法,其特征在于包括下列步骤:

a）按照上述用量称取原料中药材;

b）将白芍、炙甘草加水煎煮两次,每次2~3小时,过滤,合并滤液,蒸发浓缩至稠膏状,再将肉桂、砂仁、延胡索、高良姜、牡蛎、小茴香干燥粉碎成粉,与上述稠膏混匀,干燥,粉碎成细粉;

c）将上述细粉与药学上可接受的赋形剂一起制成各种常规剂型。

6. 权利要求1~3任一项所述的药物的制备方法,其特征在于包括下列步骤:

a）按照上述用量称取原料中药材;

b）加水煎煮两次,每次2~3小时,过滤,合并滤液,蒸发浓缩至稠膏状;

c）将上述稠膏与药学上可接受的赋形剂一起制成各种常规剂型。

说明书
一种治疗消化道溃疡的药物及其制备方法

（一）技术领域

本发明涉及中药领域,具体来说,涉及一种治疗消化道溃疡的药物,以及该药物的制备方法。

（二）背景技术

消化道溃疡属临床常见病、多发病,目前世界上消化道溃疡患者有几亿人,我国就有一亿多,消化道溃疡如不及时治疗,会有许多并发症,是危及人类生命的一大疾病。目前虽有许多治疗消化道溃疡的药物,获得了一些疗效,但是治愈率仍不理想,尤其远期反弹性高,由于缺乏临床随机、盲法以及实验病理研究,实际有效率并不明显。所以,人们仍在寻找一种能治疗消化道溃疡效果更好并且无远期反弹的没有毒副作用的中药。

（三）发明内容

本发明的目的之一就是提供一种治疗消化道溃疡的药物，该药物能够有效提高消化道溃疡的实际治愈率，远期无反弹，并且无毒副作用。

本发明的另外一个目的是提供该药物的制备方法。

本发明目的通过以下实现：

本发明人经过多年临床实践和试验研究认为消化道溃疡的基本病机是由脾胃虚寒，寒凝气滞而导致的，脾胃虚寒，寒凝气滞则见胃部冷痛、食欲不振、完谷不化、嗳气、呕吐酸水或清水等，所以创立了散寒止痛和理气的治疗法则，在该治疗法则的指导下加以组方。本发明药物是由下列原料制成的（用量为重量份）：肉桂 15~40 份，砂仁 5~10 份，延胡索 10~30 份，高良姜 0.5~2 份，牡蛎 10~30 份，白芍 30~60 份，小茴香 8~15 份，炙甘草 15~40 份。

本方用延胡索、砂仁行气、活血、止痛，疏肝理气，健脾和胃；高良姜、肉桂、小茴香、炙甘草温中散寒止痛。从而达到理气解郁，温中散寒，健胃止痛的目的。且临床研究证明，组方中的砂仁味辛能行气，芳香能健胃；肉桂能减少胃酸分泌，促进胃黏膜血流，对 HCL 的急性胃黏膜损伤有明显对抗作用；高良姜能较好地抗溃疡；炙甘草还具有胃黏膜屏障保护作用。

制备本发明药物的优选重量配比范围是：

肉　桂 20 份　　砂　仁 6 份　　　延胡索 15 份

高良姜 1.5 份　　牡　蛎 10 份　　白　芍 30 份

小茴香 10 份　　炙甘草 15 份

本发明药物的最佳重量配比是：

肉　桂 40 份　　砂　仁 10 份　　延胡索 30 份

高良姜 1 份　　　牡　蛎 30 份　　白　芍 55 份

小茴香 15 份　　炙甘草 40 份

上述最佳优选实施方案所提到的中药材的来源如下：

肉桂：为樟科植物肉桂的干燥树皮。有补火助阳，引火归原，散寒止痛，活血通经的功效。

小茴香：为伞科植物茴香的干燥成熟果实。有散寒止痛，理气和胃的功效。

白芍：为毛茛科植物芍药的干燥根。有养血敛阴，柔肝止痛，平抑肝阳的功效。

延胡索：为罂粟科植物延胡索的干燥块茎。有活血、利气、止痛的功效，用于胁及脘腹疼痛。

砂仁：为姜科植物阳春砂、绿壳砂、海南砂的干燥果实。有化湿开胃，温脾止泻，理气安胎的功效，用于脾胃虚寒。

炙甘草：为甘草的炮制加工品。有补脾和胃，益气复脉的功效。

牡蛎：为牡蛎科动物长牡蛎、大连湾牡蛎或浙江牡蛎的贝壳。有重镇安神，潜阳补阴，软坚散结的功效。

高良姜：为姜科植物高良姜的干燥根茎。有温胃散寒，消食止痛的功效。

本发明药物的制备工艺：可以将上述原料直接研磨成粉或经过本领域常规提取技术如水提醇沉法或醇提水沉法的提取精制得到作为本发明治疗消化道溃疡药物的活性成分。所述活性成分可以与药学上可接受的载体或赋形剂组合制成各种药学剂型，如散剂、丸剂、片剂、口服液、颗粒剂、胶囊剂等。其中所述的药学上可接受的载体或赋形剂根据不同的剂型而选择。所用的这些载体或赋形剂对于制药领域的普通技术人员是可以决定的。

本发明药物可以按照以下三种方法制备。

第一种方法，包括下列步骤：按照上述用量称取原料中药材；将上述中药材干燥粉碎成细粉作为活性成分；然后将上述活性成分与药学上可接受的赋形剂一起制成各种剂型。

第二种方法，包括下列步骤：按照上述用量称取原料中药材；将白芍、炙甘草加水煎煮两次，每次2~3小时，过滤，合并滤液，蒸发浓缩至稠膏状，再将肉桂、砂仁、延胡索、高良姜、牡蛎、小茴香干燥粉碎成粉，与上述稠膏混匀，干燥，粉碎成细粉；作为活性成分；将上述活性成分与药学上可接受的赋形剂一起制成各种剂型。

第三种方法,包括下列步骤:按照上述用量称取原料中药材;加水煎煮两次,每次 2~3 小时,过滤,合并滤液,蒸发浓缩至稠膏状作为活性成分,与药学上可接受的载体或赋形剂制成各种剂型。

（四）具体实施方式

以下通过实施例来进一步详细说明本发明。

实施例 1：丸剂的制备

按照下列用量称取这些原料中药材：

肉　桂 20 份	砂　仁 6 份	延胡索 15 份
高良姜 1.5 份	牡　蛎 10 份	白　芍 30 份
小茴香 10 份	炙甘草 15 份	

将白芍、炙甘草加水煎煮两次,每次 2~3 小时,过滤,合并滤液,蒸发浓缩至稠膏状,再将肉桂、砂仁、延胡索、高良姜、牡蛎、小茴香干燥粉碎成粉,与上述稠膏混匀,干燥,粉碎成细粉;混匀,用水泛制成微丸,用百草霜包衣,撞光,干燥制成。

实施例 2：丸剂的制备

按照下列用量称取这些原料中药材：

肉　桂 20 份	砂　仁 6 份	延胡索 15 份
高良姜 1.5 份	牡　蛎 10 份	白　芍 30 份
小茴香 10 份	炙甘草 15 份	

将上述中药材加水煎煮两次,每次 2~3 小时,过滤,合并滤液,蒸发浓缩至稠膏状,干燥,粉碎成细粉;混匀,用水泛制成微丸,用百草霜包衣,撞光,干燥制成。

实施例 3：丸剂的制备

按照下列用量称取这些原料中药材：

肉　桂 20 份	砂　仁 6 份	延胡索 15 份
高良姜 1.5 份	牡　蛎 10 份	白　芍 30 份
小茴香 10 份	炙甘草 15 份	

将上述中药材干燥粉碎成细粉。用水泛制成微丸,用百草霜包衣,撞光,

干燥制成。

实施例 4：片剂的制备

按照下列用量称取这些原料中药材：

肉　桂 40 份　　　砂　仁 10 份　　　延胡索 30 份

高良姜 1 份　　　牡　蛎 30 份　　　白　芍 55 份

小茴香 15 份　　　炙甘草 40 份

将白芍、炙甘草加水煎煮两次，每次 2~3 小时，过滤，合并滤液，蒸发浓缩至稠膏状，再将肉桂、砂仁、延胡索、高良姜、牡蛎、小茴香干燥粉碎成粉，与上述稠膏混匀，干燥，粉碎成细粉；加入适量的辅料，混匀，制粒，压制成片制成。

实施例 5：片剂的制备

按照下列用量称取这些原料中药材：

肉　桂 40 份　　　砂　仁 10 份　　　延胡索 30 份

高良姜 1 份　　　牡　蛎 30 份　　　白　芍 55 份

小茴香 15 份　　　炙甘草 40 份

将上述中药材加水煎煮两次，每次 2~3 小时，过滤，合并滤液，蒸发浓缩至稠膏状，干燥，粉碎成细粉；加入适量的辅料，混匀，制粒，压制成片制成。

实施例 6：片剂的制备

按照下列用量称取这些原料中药材：

肉　桂 40 份　　　砂　仁 10 份　　　延胡索 30 份

高良姜 1 份　　　牡　蛎 30 份　　　白　芍 55 份

小茴香 15 份　　　炙甘草 40 份

将上述中药材干燥粉碎成细粉。加入适量的辅料，混匀，制粒，压制成片制成。

实施例 7：散剂的制备

按照下列用量称取这些原料中药材：

肉　桂 40 份　　　砂　仁 10 份　　　延胡索 30 份

高良姜 1 份　　　牡　蛎 30 份　　　白　芍 55 份

小茴香 15 份　　　炙甘草 40 份

将白芍、炙甘草加水煎煮两次,每次 2~3 小时,过滤,合并滤液,蒸发浓缩至稠膏状,再将肉桂、砂仁、延胡索、高良姜、牡蛎、小茴香干燥粉碎成粉,与上述稠膏混匀,干燥,粉碎成细粉制成。

实施例 8:散剂的制备

按照下列用量称取这些原料中药材:

肉　桂 40 份　　　砂　仁 10 份　　　延胡索 30 份

高良姜 1 份　　　牡　蛎 30 份　　　白　芍 55 份

小茴香 15 份　　　炙甘草 40 份

将上述中药材干燥粉碎成细粉制成。

实施例 9:胶囊剂的制备

按照下列用量称取这些原料中药材:

肉　桂 40 份　　　砂　仁 10 份　　　延胡索 30 份

高良姜 1 份　　　牡　蛎 30 份　　　白　芍 55 份

小茴香 15 份　　　炙甘草 40 份

将白芍、炙甘草加水煎煮两次,每次 2~3 小时,过滤,合并滤液,蒸发浓缩至稠膏状,再将肉桂、砂仁、延胡索、高良姜、牡蛎、小茴香干燥粉碎成粉,与上述稠膏混匀,干燥,粉碎成细粉,装入硬胶囊壳。

实施例 10:胶囊剂的制备

按照下列用量称取这些原料中药材:

肉　桂 40 份　　　砂　仁 10 份　　　延胡索 30 份

高良姜 1 份　　　牡　蛎 30 份　　　白　芍 55 份

小茴香 15 份　　　炙甘草 40 份

将上述中药材干燥粉碎成细粉,装入硬胶囊壳。

本发明药物组合物具有温中散寒,健胃止痛作用。用该组合物粉末或其提取物作活性成分制成的药剂,治疗消化道溃疡的总疗效为 89%。经急性与长期毒性试验,加大到常用量 200 倍表明无毒副作用。经十多年临床研究试验证明,本发明药物组合物的制剂对消化道溃疡疗效十分明显,详见下述试验。

试验例 1：本发明物对治疗消化道溃疡的临床疗效

（1）方法：共 100 例消化道溃疡患者接受试验，男性 62 例，女性 38 例，平均 45 岁。其中胃溃疡 12 例，十二指肠球部溃疡 27 例，慢性浅表性胃炎伴糜烂 36 例和慢性萎缩性胃炎 25 例。所有患者的诊断均在近期经胃镜检查、证实，病程 3 个月至 8 年不等。进入本研究患者的临床症状均有中上腹痛，上腹饱胀不适、食欲不振、嗳气，部分患者有烧心、反酸等症状。治疗时给予本发明实施例 1 所制备的丸剂，每次 1.2g，每天三次，四周为一疗程，一般连服十个疗程。

（2）疗效判定

1）症状改善程度：根据中上腹疼痛、上腹饱胀不适、食欲不振、嗳气、反酸、烧心等症状改善程度，分为治愈、显著有效、有效或无效。

治愈：指 95% 以上原有症状消失；

显著有效：指 75% 以上原有症状明显减轻；

有效：指 50% 以上原有症状明显减轻；

无效：指 50% 以下原有症状减轻或完全无减轻。

2）胃镜复查：对部分胃溃疡、十二指肠球部溃疡服药八周后复查胃镜。溃疡消失为溃疡愈合，溃疡缩小 50% 及以上为有效，溃疡缩小不到 50% 为无效。

（3）临床观察结果：现代医学研究证实本发明实施例 1 所制备的丸剂能有效抑制胃酸分泌，降低胃液酸度，增强胃肠蠕动和收缩力，对损伤的胃黏膜有明显的保护作用，并能促进溃疡面愈合。

根据临床观察：胃溃疡和十二指肠球部溃疡病人服药后一周内临床症状改善者达 66%，两周时达 85%；慢性浅表性胃炎病人服药后一周内临床症状改善者达 71%，两周时达 92%；慢性萎缩性胃炎病人服药后一周内临床症状改善者为 46%，两周时为 80%，八周时各组病人总有效率都在 83% 以上（表 2-1）。

表 2-1　服药八周后患者有效率情况

疾病	试验数 / 例	治愈 / 例	显效 / 例	有效 / 例	无效 / 例	总有效率 /%
胃溃疡	12	3	4	3	2	83
十二指肠球部溃疡	27	8	15	2	2	93
慢性浅表性胃炎	36	8	20	5	3	92
慢性萎缩性胃炎	25	4	11	7	3	88

服药八周后患者临床症状改善情况见表 2-2:

表 2-2　服药八周后患者临床症状改善情况

症状	有效率	症状	有效率
中上腹痛	81.8%	嗳气	72.6%
饱胀不适	84.1%	烧心	85.8%
食欲不振	89.2%	反酸	71.3%

试验例 2:动物毒理研究

急性毒性试验:按临床允许的药量给予小鼠灌胃,小鼠活动正常;

长期毒性试验:按临床允许的最大浓度给药,大鼠活动及各项检测结果未见异常。

实验如下:

(1)实验材料:动物 Wistar 大鼠,6~8 周龄。

(2)实验方法:取 80 只大鼠,随机分为 4 组,即空白对照组(盐水 20ml/kg)、本药高剂量组(6g/kg)、中剂量组(3g/kg)、低剂量组(1.5g/kg),每 4 周称体重 1 次,并相应调整投药量,连用 12 周,对照组单给盐水并随时观察大鼠活动情况,于给药 12 周,从眼眶采血测定每组大鼠的血象、血液生化指标等,于 12 周处死给药组、对照组全部动物,并剖取主要脏器,送病理组织室检查。

（3）动物毒理试验结果

1）对动物一般情况的影响：给药组大鼠与空白对照组相比，一般情况无明显异常。

2）血液学检查结果：见表2-3。

表 2-3　血象检查结果

组别	大鼠数 / 只	红细胞 / （ ×10^{12}·L^{-1} ）	血红蛋白 / （ g·L^{-1} ）	血小板 / （ ×10^9·L^{-1} ）
对照	20	9.6	108	237
低剂	20	8.9	110	261
中剂	20	9.3	104	264
高剂	20	9.4	110	241

3）血液生化指标：见表2-4。

表 2-4　血液生化指标检查结果

组别	大鼠数 / 只	ALP/ （ U·L^{-1} ）	ASP/ （ U·L^{-1} ）	BUN/ （ mmol·L^{-1} ）	Cr/ （ μmol·L^{-1} ）
对照	20	40	85	11.3	68.3
低剂	20	39	92	9.9	69.6
中剂	20	39	88	10.1	73.5
高剂	20	32	86	10.5	70.2

第二节　中药商标保护

一、商标保护的内容

（一）商标的定义

1. 我国对商标的定义为：商标（trademark）是指生产者、经营者为使自己的商品或服务与他人的商品或服务相区别,而使用在商品及其包装上或服务标记上的由文字、图形、字母、数字、三维标志和颜色组合,以及上述要素的组合所构成的一种可视性标志。

2. 世界知识产权组织(WIPO)对商标的定义为:商标是用来区别某一工业或商业企业或这种企业集团的商品的标志。

3. 国际保护工业产权协会(AIPPI)在柏林大会上曾对商标作出定义:商标是用以区别个人或集体所提供的商品及服务的标记。

4. 法国政府在其《商标法》中则表述为:一切用以识别任何企业的产品、物品或服务的有形标记,均可视为商标。

(二)商标具有的特征

1. **依附性** 商标是用于商品或服务上的标记,与商品或服务不能分离,并依附于商品或服务。

2. **显著性** 商标是区别于他人商品或服务的标志,具有特别显著性的区别功能,从而便于消费者识别。商标的构成是一种艺术创造。

3. **可视性** 商标是由文字、图形、字母、数字、三维标志和颜色组合,以及上述要素组合的可视性标志。

4. **独占性** 商标具有独占性,使用商标的目的就是区别于他人的商品或服务,便于消费者识别。所以,注册商标所有人对其商标具有专用权、受到法律保护,未经商标权人的许可,任何人不得擅自使用与该注册商标相同或相近似的商标,否则,即构成侵犯注册商标权所有人的商标专用权,将承担相应的法律责任。

5. **价值性** 商标是一种无形资产,具有价值。商标代表着商标所有人生产或经营的质量信誉和企业信誉、形象,商标所有人通过商标的创意、设计、申请注册、广告宣传及使用,使商标具有了价值,也增加了商品或服务的附加值。商标的价值可以通过评估确定。商标可以有偿转让,经商标权人同意,许可他人使用。

6. **竞争性** 商标是商品信息的载体,是参与市场竞争的工具。生产经营者的竞争就是商品或服务质量与信誉的竞争,其表现形式就是商标知名度的竞争,商标知名度越高,其商品或服务的竞争力就越强。

（三）使用在商标上的符号

TM——商标符,指已经向商标局登记（申请注册）或持有人声明拥有权利的商品商标。

SM——同上,用于服务商标。

R——注册符,指商标局已经核准注册的商标。

（四）商标的显著特征

所谓商标的显著特征（又称显著性）,是指商标易于区别含其他商标的商品、服务等的可识别性和独特性,消费者可以凭借该商标特征区别商品或服务的出处、特点、信息等。商标的特征越显著（即具有独创性的显著特征）,其区别作用就越大,越有利于一般消费者识别。此处所指的独创性,是指靠智力所确定的非常见常用的字词、图形及其组合,属于大众化的常见的花鸟虫鱼、吉利语言或其他事物一般缺乏独创性。

由于对商标显著特征的审查实行的是否定审查方式,而且商标所使用的文字、图形涉及范围非常广,法律无法回答哪些商标具有显著性的问题,所以只能列举一些不具有显著性的情形和例子。

一般情况下,以下几种商标被认为不具备显著特性。

1. 以本行业通用的商品名称、标志、图形作商标;

2. 以与本商品有关联的文字、图形作商标;

3. 以表示商品的质量、主要原料、功能、用途等特点的文字或图形作商标;

4. 以地理名称作商标（注:集体商标、证明商标例外）;

5. 商标的文字、图形过于繁杂或使用繁多称谓的图形;

6. 以极其简单的几何图形（如一条直线,一条曲线,一个规范的三角形或圆等）、以普通字体写的两个以下的数字或字母所构成商标的全部或主体部分等;

7. 使用国家或行业颁布的统一专用符号作为商标,也被认为不具备显著性。

商标的显著性并不是绝对的,商标设计虽然要注意显著性问题,但一个商标是否具备显著特征,很大程度取决于使用的情况。

（五）商标的分类

1. 按商标结构分类

（1）文字商标:是指仅用文字构成的商标,包括中国汉字和少数民族字、外国文字和阿拉伯数字或以各种不同字组合的商标。

（2）图形商标:是指仅用图形构成的商标。其中又分为以下几种:①记号商标:是指用某种简单符号构成图案的商标;②几何图形商标:是以较抽象的图形构成的商标;③自然图形商标:是以人物、动植物、自然风景等自然的物象为对象所构成的图形商标。有的是以实物照片,有的则是以经过加工提炼、概括与夸张等手法进行处理的自然图形所构成的商标。

（3）字母商标:是指用拼音文字或注音符号的最小书写单位,包括拼音文字,外文字母如英文字母、拉丁字母等所构成的商标。

（4）数字商标:由阿拉伯数字、罗马数字或者是中文大写数字所构成的商标。

（5）三维标志商标:又称为立体商标,用具有长、宽、高三种度量的三维立体物标志构成的商标标志,它与我们通常所见的表现在一个平面上的商标图案不同,而是以一个立体物质形态出现,这种形态可能出现在商品的外形上,也可以表现在商品的容器或其他地方。

（6）颜色组合商标:颜色组合商标是指由两种或两种以上的彩色排列、组合而成的商标。文字、图案加彩色所构成的商标,不属颜色组合商标,只是一般的组合商标。

（7）[上述（1）至（6）的]组合商标:指由两种或两种以上成分相结合构成的商标,也称复合商标。

（8）音响商标:以音符编成的一组音乐或以某种特殊声音作为商品或服务的商标即是音响商标。如美国一家唱片公司使用 11 个音符编成一组乐曲,把它灌制在他们所出售的录音带的开头,作为识别其商品的标志。这个公司为了保护其音响的专用权,防止他人使用、仿制而申请了注册。音响商标目前只在美国等少数国家和地区得到承认,在我国尚不能注册为商标。

（9）气味商标：气味商标就是以某种特殊气味作为区别不同商品和不同服务项目的商标。目前，这种商标只在个别国家和地区被承认，在我国尚不能注册为商标。

2. 按商标使用者分类

（1）商品商标：商品商标就是商品的标记，它是商标的最基本表现形式，通常所称的商标主要是指商品商标。其中，商品商标又可分为商品生产者的产业商标和商品销售者的商业商标。

1）产业商标：又称为制造商标、工业商标、生产商标，指明确表示商品生产者的商标，是企业主要的使用形式。这种商标与"厂商名号"的意义相同，使得商品生产者所生产的商品有生产者的标记，从而与其他的生产者区别开来，并向消费者传达某种商品生产者所含的信息和来源，制造商标在中国是最常见的。

2）商业商标：又称销售商标、推销商标，是指销售者（经营者）为了销售商品而使用的商标。这种商标的重点是宣传商品销售者的标记，而不是商品生产者。使用这种商标的往往是一些有较高声誉和实力的商业企业，他们通过定牌生产含自己商标的商品，从而对消费者作出某种信誉的保障。

（2）服务商标：服务商标是指用来区别于其他同类服务项目的标志，如航空、导游、保险和金融、邮电、饭店、电视台等单位使用的标志，就是服务商标。

（3）集体商标：是指以团体、协会或者其他组织名义注册，供该组织成员在商事活动中使用，以表明使用者在该组织中的成员资格的标志。

（4）无主商标：由于某种原因，商标注册人已经不存在了，这个商标即为无主商标。

3. 按商标用途分类

（1）营业商标：是指生产或经营者把特定的标志或企业名称用在自己制造或经营的商品上的商标，这种标志也称为"厂标""店标"或"司标"。

（2）证明商标：是指由对某种商品或者服务具有监督能力的组织所控制，而由该组织以外的单位或者个人使用其商品或者服务，用以证明该商品或者服务的原产地、原料、制造方法、质量或者其他特定品质的标志。如绿色食品标志、真皮标志、纯羊毛标志、电工标志等。

（3）等级商标：等级是指在商品质量、规格、等级不同的一种商品上使用的同一商标或者不同的商标。这种商标有的虽然名称相同，但图形或文字字体不同；有的虽然图形相同，但为了便于区别不同商品质量，以不同颜色、不同纸张、不同印刷技术或者其他标志作区别；也有的是用不同商标名称或者图形作区别。如沈阳啤酒厂就是以不同的商标来区分等级的，故称等级商标。

（4）组集商标：组集商标是指在同类商品上，由于品种、规格、等级、价格的不同，为了加以区别而使用的几个商标，并把这几个商标作为一个组集一次提出注册申请的商标。组集商标与等级商标有相似之处。

（5）亲族商标：亲族商标是以一定的商标为基础，再把它与各种文字或图形结合起来，使用于同一企业的各类商品上的商标，也称"派生商标"。如美国柯达公司以"KODAK"商标为基础，创造派生出"KODACHROME""KODAGRAPH""KODASCOPE"等商标，就是亲族商标。

（6）备用商标：备用商标也称贮藏商标，是指同时或分别在相同商品或类似商品上注册几个商标，注册后不一定马上使用，而是先贮存起来，一旦需要时再使用。注册备用商标，从商标战略角度，主要有三种考虑：一是某商品虽然没投产，但一旦投产，即可及时使用，而不会影响产品销售；二是为了保证名牌商标信誉，一旦由于某种原因，商品质量达不到要求时，可使用备用商标（所谓副标）暂时代替；三是万一信誉有损，可以及时换上备用商标。

（7）防御商标：防御商标是指驰名商标所有者，为了防止他人在不同类别的商品上使用其商标，而在非类似商品上将其商标分别注册，这种商标称为防御商标。我国现行的《中华人民共和国商标法》对此种商标尚无明确规定。按照国际惯例，此种商标一般难以注册；但一经注册，则不因其闲置不用而被国家商标主管机关撤销。

（8）联合商标：联合商标是指同一商标所有人在相同或类似商品上注册的几个相同或者近似的商标。联合商标有的是文字近似，有的是图形近似。这种相互近似商标注册后，不一定都使用，其目的是防止他人仿冒或注册，从而更有效地保护自己的商标。联合商标以其中的一个商标为主,称为主商标,亦称为正商标。因联合商标作用和功能的特殊性,其中的某个商标闲置不用,不致被国家商标主管机关撤销。由于联合商标相互近似的整体作用,联合商标不得跨类分割使用或分割转让。

（9）广告商标:广告商标为专门用于广告宣传的商标。

4. 按商标享誉程度分类

（1）普通商标:在正常情况下使用未受到特别法律保护的绝大多数商标。

（2）知名商标:指在较小地域范围内(如地级市、县等)有知名度的商标。它只是在我国较常出现的对某些商标的一种褒称,多出现在我国以地级市、县一级名誉商标评选中使用,并常在地方立法或地方行政立法中出现。

（3）著名商标:指在一定地域范围内(如省级地域)较有知名度的商标。它不是国际上的专用名词,只是多出现在我国以省级地域一级名誉商标评选中使用,并常在地方立法或地方行政立法中出现。

（4）驰名商标:是指在较大地域范围(如全国、国际)的市场上享有较高声誉,为相关公众所普遍熟知,具有良好质量声誉,并受到法律特别保护的商标。

5. 按商标注册与否分类

（1）注册商标:指经使用商标人按照法定手续向国家商标局申请注册,经过审核后准予核准注册的商标。

（2）未注册商标:未经过商标注册而在商品或服务上使用的商标为未注册商标。未注册商标通常不受法律保护。

6. 按商标的寓意分类

（1）有含义商标:有含义商标是指商标的文字、图形或其组合表达、暗示了某种意义或事物的商标。其文字具有一定含义的,又可称为寓意商标;其图形具有表述性的,又可称为指事商标。

（2）无含义商标:无含义商标是指构成商标的文字、图形或其组合不直接表达任何实质内容的标记。文字,包括中文、外文、我国少数民族文字、汉语拼音字母等;图形,则指不表述任何客观事物的图案或几何图形等抽象图案。

（六）不得作为商标使用的标志

根据《中华人民共和国商标法》，以下情形不得作为商标使用的标志：

"第十条　下列标志不得作为商标使用：

（一）同中华人民共和国的国家名称、国旗、国徽、国歌、军旗、军徽、军歌、勋章等相同或者近似的，以及同中央国家机关的名称、标志、所在地特定地点的名称或者标志性建筑物的名称、图形相同的；

（二）同外国的国家名称、国旗、国徽、军旗等相同或者近似的，但经该国政府同意的除外；

（三）同政府间国际组织的名称、旗帜、徽记等相同或者近似的，但经该组织同意或者不易误导公众的除外；

（四）与表明实施控制、予以保证的官方标志、检验印记相同或者近似的，但经授权的除外；

（五）同'红十字''红新月'的名称、标志相同或者近似的；

（六）带有民族歧视性的；

（七）带有欺骗性，容易使公众对商品的质量等特点或者产地产生误认的；

（八）有害于社会主义道德风尚或者有其他不良影响的。

县级以上行政区划的地名或者公众知晓的外国地名，不得作为商标。但是，地名具有其他含义或者作为集体商标、证明商标组成部分的除外；已经注册的使用地名的商标继续有效。

第十一条　下列标志不得作为商标注册：

（一）仅有本商品的通用名称、图形、型号的；

（二）仅直接表示商品的质量、主要原料、功能、用途、重量、数量及其他特点的；

（三）其他缺乏显著特征的。

前款所列标志经过使用取得显著特征，并便于识别的，可以作为商标注册。

第十二条　以三维标志申请注册商标的，仅由商品自身的性质产生的形状、为获得技术效果而需有的商品形状或者使商品具有实质性价值的形状，不得注册。

第十三条　为相关公众所熟知的商标,持有人认为其权利受到侵害时,可以依照本法规定请求驰名商标保护。

就相同或者类似商品申请注册的商标是复制、摹仿或者翻译他人未在中国注册的驰名商标,容易导致混淆的,不予注册并禁止使用。

就不相同或者不相类似商品申请注册的商标是复制、摹仿或者翻译他人已经在中国注册的驰名商标,误导公众,致使该驰名商标注册人的利益可能受到损害的,不予注册并禁止使用。"

二、商标申请的方法

(一)我国商标申请人申请商标注册

1. 申请的商标类型　根据我国有关法律规定,由国家知识产权局商标局负责管理及受理注册商标审定的商标类型有 5 种,即:商品商标、服务商标、集体商标、证明商标、特殊标志。

其中,商品商标和服务商标依照《中华人民共和国商标法》和《中华人民共和国商标法实施条例》的有关规定进行注册和管理。

集体商标和证明商标依照《集体商标、证明商标注册和管理规定》的有关规定进行注册和管理。

特殊标志依照《特殊标志管理条例》的有关规定进行登记注册和管理。

2. 商标注册申请人的主体资格范围和条件

(1)申请商品商标、服务商标

1)根据《中华人民共和国商标法》第四条、第五条的规定,国内申请商品商标、服务商标的商标注册申请人的主体资格范围为自然人、法人、其他组织。

2)申请商品商标、服务商标的主体须具备的条件

自然人:是指具有民事权利能力和民事行为能力的个人,包括中国人、外国人和无国籍人。

法人:是指具有民事权利能力和民事行为能力,依法独立享有民事权利和

承担民事责任的组织。根据《中华人民共和国民法典》第五十八条,法人成立条件是:①法人应当依法成立;②法人应当有自己的名称、组织机构、住所、财产或者经费;③法人成立的具体条件和程序,依照法律、行政法规的规定;④设立法人,法律、行政法规规定须经有关机关批准的,依照其规定。

其他组织:是指合法成立,有一定的组织机构和财产,但又不具备法人资格的组织。包括:①依法登记领取营业执照的私营独资企业、个人合伙;②依法登记领取营业执照的合伙性联营企业;③依法登记领取我国营业执照的中外合作经营企业、外资企业;④经民政部门核准登记领取社会团体登记证的社会团体;⑤法人依法设立并领取营业执照的分支机构;⑥中国人民银行、各专业银行设在各地的分支机构;⑦中国人民保险公司设在各地的分支机构;⑧经核准登记领取营业执照的乡镇、街道、村办企业;⑨符合法律规定条件的其他组织。其他组织具有以下法律特征:①必须依法成立,即必须是依照法律规定的程序和条件成立,法律认可的组织;②必须具有一定的组织机构,即有能够保证该组织正常活动的机构;③必须具有一定的财产,即必须具有能够单独支配的、与其经营规模和业务活动的内容和范围相适应的财产;④不具有法人资格。

3)共同申请同一商标:根据《中华人民共和国商标法》第五条的规定,两个以上的自然人、法人或者其他组织可以共同向商标局申请注册同一商标,共同享有和行使该商标专用权。共同申请同一商标的至少包括以下情形:①一个公司拥有两个或两个以上分公司或子公司,而其中一些分公司或子公司和总公司使用同一商标;②总公司下属的一些分公司或子公司之间需要使用同一商标;③某些家族性的私营公司或者企业之间,使用或继承同一商标;等等。

（2）申请集体商标

1)《中华人民共和国商标法》第三条、《集体商标、证明商标注册和管理规定》指出,国内申请集体商标的商标注册申请人的主体资格范围为:工商业团体、协会或者其他集体组织。

2)申请集体商标的主体应具备以下条件:①必须是经依法登记的,具有法人资格的企业或事业单位。该企业或事业单位应为某一组织,可以是工业的或商业的团体,也可以是协会、行业或其他集体组织,而不是某个单一企业或个体经营者。②申请以地理标志作为集体商标注册的申请人,应当由来自该地理标志标示的地区范围内的成员组成。③必须有当地工商管理部门出具的申请人主体资格证明,即申请人依法登记并具有法人资格的法律文书,可以是企业的营业执照,或事业单位、群众团体的依法登记注册的批准文件。④以地理标志作为集体商标申请注册的,还应当附送管辖该地理标志所标示地区的人民政府或者行业主管部门的批准文件。⑤以地理标志作为集体商标申请注册的,应当详细说明其所具有的或者其委托的机构具有的专业技术人员、专业检测设备等情况,以表明其具有监督使用该地理标志商品的特定品质的能力。⑥必须制定所申请集体商标的使用管理规则。

（3）申请证明商标

1）《中华人民共和国商标法》第三条、《集体商标、证明商标注册和管理规定》指出,国内申请证明商标的商标注册申请人的主体资格范围为:对商品和服务的特定品质具有检测和监督能力的组织。

2）申请证明商标的主体应具备以下条件:①该组织必须是依法登记成立的。②必须有当地工商管理部门出具的申请人主体资格证明,并应当详细说明其所具有的或者其委托的机构具有的专业技术人员、专业检测设备等情况,以表明其具有监督该证明商标所证明的特定商品品质的能力。③以地理标志作为证明商标申请注册的,还应当附送管辖该地理标志所标示地区的人民政府或者行业主管部门的批准文件。④必须制定所申请证明商标的使用管理规则。

（4）申请特殊标志

1）根据《特殊标志管理条例》的规定,申请特殊标志登记申请人的主体资格范围为:全国性和国际性的文化、体育、科学研究及其他社会公益活动的组织者和筹备者。

2）申请特殊标志的主体应具备以下条件:①必须是经国务院批准举办的,并拥有国务院批准举办该社会公益活动的文件;②制定准许他人使用该特殊标志的条件及管理办法。

3. 商标注册申请的途径 国内的申请人申请商标注册或者办理其他商标事宜,有两种途径:一是自行办理;二是委托在国家知识产权局商标局备案的商标代理机构办理。自行办理的,可以通过网上服务系统在线提交商标注册申请,提交方法详见"国家知识产权局商标局 中国商标网"商标网上申请栏目,其网址为:https://sbj.cnipa.gov.cn/sbj/index.html;也可以到国家知识产权局商标局注册大厅、商标局驻中关村国家自主创新示范区办事处、商标局在京外设立的商标审查协作中心,或者商标局委托地方市场监管部门或知识产权部门设立的商标业务受理窗口办理。

外国人或者外国企业在中国申请商标注册和办理其他商标事宜的,应当委托依法设立的商标代理机构办理,但在中国有经常居所或者营业所的外国人或外国企业除外。办理的注意事项如下。

(1)国家知识产权局商标局注册大厅直接办理:商标注册大厅工作人员会先对申请文件进行审查。申请手续不齐备、未按照规定填写申请文件的,当场退回申请文件;基本符合规定的,接收申请文件。之后商标局会对申请文件进行进一步审查。

经进一步审查合格的,商标局发放缴费通知书,申请人缴费后予以受理,发放《商标注册申请受理通知书》。经进一步审查基本符合规定,但是需要补正的,商标局通知申请人予以补正。申请人应自收到通知之日起 30 日内,按照指定内容补正并交回商标局。在规定期限内补正并交回的,保留申请日期;期满未补正的或者不按照要求进行补正的,商标局不予受理。

《商标注册申请补正通知书》《商标注册申请不予受理通知书》《商标注册申请缴费通知书》《商标注册申请受理通知书》均以邮寄方式送达申请人。申请人填写联系地址的,文件送达联系地址;未填写联系地址的,文件送达申请人地址栏填写的地址。

(2)商标业务受理窗口办理:申请人在商标业务受理窗口采用在线申请方式提交商标注册申请。商标业务受理窗口工作人员会先对申请文件进行审查。基本符合规定的,通过网上服务系统接收申请文件。之后商标局会对申请文件进行进一步审查。

经进一步审查合格的,商标局发放缴费通知书,申请人缴费后予以受理。经进一步审查基本符合规定,但是需要补正的,商标局通知申请人予以补正。

申请人应自收到通知之日起30日内,按照指定内容通过网上服务系统在线进行补正。在规定期限内补正并交回的,保留申请日期;期满未补正的或者不按照要求进行补正的,商标局不予受理。

《商标注册申请补正通知书》《商标注册申请不予受理通知书》《商标注册申请缴费通知书》《商标注册申请受理通知书》以电子方式送达申请人,申请人可通过申请时填写的电子邮箱查看。

(3)选择委托商标代理组织办理:注册商标的申请过程具有很强的专业性和技术性,时间长、环节多、连续性强。对于缺乏商标知识的绝大多数申请人较难靠自身的能力去顺利完成这些工作,而商标代理组织及商标代理人正是专门从事商标代理的商标法律服务机构和专业人员。因此,大多数申请人选择委托商标代理组织办理商标申请注册事宜。

2023年9月,国家知识产权局知识产权服务业统计调查报告编写组发布了《2023年全国知识产权服务业统计调查报告》,该报告显示截至2022年底,在国家知识产权局商标局备案的商标代理机构达71 466家,与2021年相比,商标代理机构数量增加约7 000家,年增长率为11.2%。国家知识产权局2023年1月至3月组织商标代理机构重新备案,重新备案审核通过机构共16 921家,新备案机构1 175家,截至2023年3月底,全国备案商标代理机构共18 096家。商标代理市场的增加,给商标申请人带来了极大的便利和充分选择的自由。商标代理组织的代理业务范围不受行政区划的限制,完全可以跨地区从事商标代理业务。

4. 商标注册申请必备的书件和资料[①]

(1)商品商标、服务商标

1)以自然人名义申请注册

a. 自然人必须亲自到场,携自然人身份证原件及身份证复印件一份(注:

---

① 说明:①书件和资料的数量以申请注册一个商标/一类商品的所需为例。委托商标代理组织办理的,因各商标代理组织的管理方式有所不同,将在前者的基础上略有变化,此处暂不一一列举,若有需要,可咨询相应商标代理组织了解。②商标注册申请所需的所有书件和有关文件资料,都必须是打字填写或者印刷。

此处数量系指一个商标在一个类别商品／服务上应缴的文件数量，下同），两个以上的自然人共同申请同一商标的，应按前述要求，出具每个自然人的身份证原件和相应的身份证复印件一份。

b. 商标注册申请书一份，并按要求注明：申请人名称、申请人地址、是否共同申请、邮政编码、联系人、电话（含地区号）、传真（含地区号）、商标种类（一般、集体、证明、立体、颜色，共有5种，根据所申请商标的特点选择其中一种）、商标说明、（申请商标所在的）类别、（申请商标的）商品或服务项目，最后须在"申请人章戳（签字）"一栏中签上申请人的亲笔签名（所签姓名必须与身份证上的完全一致），两个以上的自然人共同申请同一商标的，均须同时签名。

c. 商标图样（图样尺寸应不大于10厘米×10厘米，不小于5厘米×5厘米）。如果是未指定颜色的商标图样，需5张黑白墨稿图样（其中，1张黑白墨稿应粘贴在商标注册申请书中图样框内，其余4张黑白墨稿另附）；如果是指定颜色的商标图样，需所指定色着色稿图样5张和黑白墨稿图样1张（其中，1张彩色着色稿图样应粘贴在商标注册申请书中的图样框内，其余4张着色稿和1张黑白墨稿另附）。

d. 以三维标志申请注册商标的，应提交能够确定三维形状的图样。

e. 用人物肖像及姓名作商标申请注册的，必须提供由肖像或姓名权人签署的经公证机关公证授权书一份。

f. 依照《中华人民共和国商标法》第二十五条规定要求优先权的，应出具书面声明一份，并且提交经国务院工商行政管理部门规定的机构认证的展出其商品的展览会名称、使用该商标的证据、展出日期等证明文件。

2）以法人或非法人组织名义申请注册

a. 营业执照副本的复印件一份，该复印件由企业自行复印，并在复印件上注明与原件一致，加盖本企业公章。两个以上的法人或非法人组织共同申请同一商标的，应按前述要求，出具每个法人或非法人组织的营业执照副本复印件一份。

b. 商标注册申请书一份，并按要求注明：申请人名称、申请人地址、是否共同申请、邮政编码、联系人、电话（含地区号）、传真（含地区号）、商标种类（一般、集体、证明、立体、颜色,共有 5 种,根据所申请商标的特点选择其中一种)、商标说明、(申请商标所在的)类别、(申请商标的)商品或服务项目,最后必须在"申请人章戳(签字)"一栏中加盖商标申请人的章戳(章戳名义必须与商标申请人营业执照中所登记的名义完全一致),两个以上的法人或非法人组织共同申请同一商标的,均须同时加盖商标申请人的章戳。

c. 商标申请人出具给直接经办人的委托书或介绍信一份(即指商标注册申请人证明直接经办人身份与其有关之所用)。

d. 直接经办人身份证原件及身份证复印件一份。

e. 商标图样(图样尺寸应不大于 10 厘米 × 10 厘米,不小于 5 厘米 × 5 厘米)。如果是未指定颜色的商标图样,需 5 张黑白墨稿图样(其中,1 张黑白墨稿应粘贴在商标注册申请书中图样框内,其余 4 张黑白墨稿另附);如果是指定颜色的商标图样,需所指定色着色稿图样 5 张和黑白墨稿图样 1 张(其中,1 张彩色着色稿图样应粘贴在商标注册申请书中的图样框内,其余 4 张着色稿和一张黑白墨稿另附)。

f. 用人物肖像及姓名作商标申请注册的,必须提供由肖像或姓名权人签署的经公证机关公证授权书一份。

g. 依照《中华人民共和国商标法》第二十五条规定要求优先权的,应出具书面声明一份,并且提交经国务院工商行政管理部门规定的机构认证的展出其商品的展览会名称、使用该商标的证据、展出日期等证明文件。

(2)集体商标

1)主体资格证明文件一份,即商标申请人依法登记并具有法人资格的法律文件,可以是企业的营业执照,或事业单位、群众团体依法登记注册的批准文件并在该证明文件中应当详细说明该集体组织成员的名称和地址。以地理标志作为集体商标申请注册的,应当在主体资格证明文件中详细说明其所具有的或者其委托的机构具有的专业技术人员、专业检测设备等情况,以表明其具有监督使用该地理标志商品特定品质的能力。申请以地理标志作为集体商标注册的团体、协会或者其他组织,应当由来自该地理标志标示的地区范围内的成员组成。

2）以地理标志作为集体商标申请注册的,同时还应当附送管辖该地理标志所标示地区的人民政府或者行业主管部门的批准文件一份。

3）商标注册申请书一份,并按要求注明:申请人名称、申请人地址、是否共同申请、邮政编码、联系人、电话(含地区号)、传真(含地区号)、商标种类(一般、集体、证明、立体、颜色,共有 5 种,根据所申请商标的特点选择"集体")、商标说明、(申请商标所在的)类别、(申请商标的)商品或服务项目,最后必须在"申请人章戳(签字)"一栏中加盖商标申请人的章戳(章戳名义必须与商标申请人营业执照中所登记的名义完全一致)。

4）以地理标志作为集体商标的,还应当在申请书件中说明下列内容:①该地理标志所标示商品的特定质量、信誉或者其他特征;②该商品的特定质量、信誉或者其他特征与该地理标志所标示的地区的自然因素和人文因素的关系;③该地理标志所标示的地区的范围。

5）商标图样(图样尺寸应不大于 10 厘米 × 10 厘米,不小于 5 厘米 × 5 厘米)。未指定颜色的商标图样,需 5 张黑白墨稿图样(其中,1 张黑白墨稿应粘贴在商标注册申请书中图样框内,其余 4 张黑白墨稿另附);指定颜色的商标图样,需所指定色着色稿图样 5 张和黑白墨稿图样 1 张(其中,1 张彩色着色稿图样应粘贴在商标注册申请书中的图样框内,其余 4 张着色稿和一张黑白墨稿另附)。

6）商标申请人出具给直接经办人的委托书或介绍信一份(即指商标注册申请人证明直接经办人身份与其有关之所用)。

7）直接经办人身份证原件及身份证复印件一份。

8）所申请集体商标的使用管理规则全文文件一份,该管理规则一般应包括以下几点:①工商业团体、协会或者其他集体组织的名称、地址、法定代表人、业务范围(项目)等;②使用该集体商标的宗旨(意义、目的);③该商标(标志)的含义;④使用该商标的集体成员(名称、地址、法定代表人等);⑤使用该集体商标的商品或提供服务项目的品质或质量标准;⑥使用该集体商标的条件、手续、程序;⑦使用该集体商标的权利、义务;⑧成员违反其使用管理规则应当承担的责任;⑨管理费用收取的数额和用途;⑩注册人的权利和义务及对使用该集体商标商品的检验监督制度。

（3）证明商标

1）主体资格证明文件一份，即商标申请人依法登记并具有法人资格的法律文件，可以是企业的营业执照或事业单位、群众团体的依法登记注册的批准文件，并在该证明文件中应当详细说明其所具有的或者其委托的机构具有的专业技术人员、专业检测设备等情况，以表明其具有监督该证明商标所证明的特定商品品质的能力。

2）商标注册申请书一份，并按要求注明：申请人名称、申请人地址、是否共同申请、邮政编码、联系人、电话（含地区号）、传真（含地区号）、商标种类（一般、集体、证明、立体、颜色，共有 5 种，根据所申请商标的特点选择"证明"）、商标说明、（申请商标所在的）类别、（申请商标的）商品或服务项目，最后必须在"申请人章戳（签字）"一栏中加盖商标申请人的章戳（章戳名义必须与商标申请人营业执照中所登记的名义完全一致）。

3）以地理标志作为证明商标注册的，应当在申请书件中说明下列内容：①该地理标志所标示的商品的特定质量、信誉或者其他特征；②该商品的特定质量、信誉或者其他特征与该地理标志所标示的地区的自然因素和人文因素的关系；③该地理标志所标示的地区的范围。

4）商标图样（图样尺寸应不大于 10 厘米 × 10 厘米，不小于 5 厘米 × 5 厘米）。未指定颜色的商标图样，需 5 张黑白墨稿图样（其中，1 张黑白墨稿应粘贴在商标注册申请书中图样框内，其余 4 张黑白墨稿另附）；指定颜色的商标图样，需所指定色着色稿图样 5 张和黑白墨稿图样 1 张（其中，1 张彩色着色稿图样应粘贴在商标注册申请书中的图样框内，其余 4 张着色稿和一张黑白墨稿另附）。

5）商标申请人出具给直接经办人的委托书或介绍信一份（即指商标注册申请人证明直接经办人身份与其有关之所用）。

6）直接经办人身份证原件及身份证复印件一份。

7）所申请证明商标的使用管理规则全文文件一份，该管理规则一般应包括以下几点：①具有检测和监督能力的社团组织名称、地址、法定代表人、业务范围等；②使用证明商标的宗旨（意义、目的）；③商标（标志）含义；④该证明商标证明的商品或服务项目的特定品质和特点；⑤使用该商标的条件、手续、程序；⑥使用该证明商标的权利、义务；⑦使用人违反该使用管理规则应当承担的责任；⑧注册人的权利和义务及对使用该证明商标商品的检验监督制度。

（4）特殊标志

1）国务院批准举办该社会公益活动的文件或批示一份。

2）准许他人使用该特殊标志的条件及管理办法一份。

3）工商行政管理部门认为应当提交的其他文件一套。

4）特殊标志登记申请书一份。

5）特殊标志图样（图样尺寸应不大于 10 厘米 ×10 厘米，不小于 5 厘米 ×5 厘米）。彩色着色稿 5 张，黑白墨稿 1 张。

6）特殊标志登记申请人给直接经办人的委托书或介绍信。

7）直接经办人身份证原件及身份证复印件一份。

5. 商标注册申请书填写要求和注意事项　商标注册申请书应当使用国家知识产权局商标局指定的书式。

三、中药类商标注册案例分析

商标的作用在于使消费者能够辨别商品的来源。对于药品来说，商标的意义还在于药品的商标注册可以作为药品是否合法经营的依据。药品的商标注册对于企业创名牌、争效益、保证药品质量、提高竞争力，具有十分重要的意义。此外，我国商标法规定，人用药品必须使用注册商标，未经注册不得在市场上销售，将药品纳入强制进行商标注册的轨道。

中药作为特殊商品，消费者无法靠自己的能力辨别质量的优劣，只能通过对产品的信任度决定使用哪一种产品。名牌产品因其质量好、疗效确切，受到消费者的喜爱。同一产品最有效的区别方式之一就在于使用不同的商标。企业应当通过宣传商标来提高自己的知名度。企业在努力提高产品质量，争创名牌的同时，应当重视宣传产品商标，让消费者认识自己的商标。通过商标的保护,保护企业的无形资产。

商标涉及中药的范围包括:中药材、中药饮片、中成药、制药专用机械设备及其配套装置、中药质量检测仪器设备及试剂、中药保健食品、中药化妆品、OTC药品、中药包装材料、中药包装机械等。其中仅中成药必须使用注册商标。

(一)商标的显著性问题案例

一般认为,根据商标显著性的强弱,可以把商标分为四种,即臆造商标、任意商标、暗示商标和叙述性商标。臆造商标是指由无固定含义的臆造词构成的商标,此类商标来自当事人的独创,不会与任何商品或服务发生联系,因而具有较强的显著性,如"海尔""柯达"就属于这种情况。任意商标是指由与指定商品或服务无关的非独创性词汇构成的商标,如"长城""长虹"就属于这种情况。暗示商标是指构成商标的词汇在一定程度上暗示了指定商品的特点,但仍然具有商标应有的显著性特征的一类标志,例如"晚安"(用于床垫商品上)等就属于这种情况。叙述性商标是指直接表示了指定商品或服务的标志,如"纯棉"(用在服装商品上)、"速效"(用在药品上)就属于这种情况。

案例1:"本草纲目"商标被终局驳回

湖北某公司(下称申请人)曾申请注册"本草纲目及图"商标,被国家知识产权局商标局驳回后不服,申请复审,最后又被驳回。

申请人申请复审的主要理由是:申请人企业建在李时珍故乡,企业一直以品质优良的中成药、保健品为21世纪的中医药事业做贡献;此次注册的商标为"本草纲目",并不是"李时珍",不与北京市某公司注册的"李时珍"商标构成近似。

国家商标评审委员会经过评审认为:申请商标整体设计为书册样,其封页署有"本草纲目""李时珍著",并绘有一古装老人头像。其中,"李时珍著""图形"与引证商标"李时珍"及图形近似,且指定使用商品均含有"中成药",与引证商标构成近似;另外,商标中"本草纲目"一词为我国中药学书名,其中搜集古代医学和民间流传的方剂共万余条,"本草纲目"作为商品的注册商标,缺乏显著性。据此,"本草纲目"商标被终局驳回。

案例2：暗示性的标志具备商标的显著性特征——"肾源春冰糖蜜液"商标驳回复审案

武汉某保健品公司申请注册"肾源春冰糖蜜液"商标，该商标指定使用在第5类"原料药；中成药；药酒；膏剂；酊剂；水剂；片剂；胶丸；医用营养饮料；医用营养品"商品上。国家知识产权局商标局、商标评审委员会曾认定该商标"仅直接表示了指定商品的功能、用途等特点，缺乏作为商标标志应有的显著性和识别性"，以缺显为由予以驳回。

一审法院认为，申请商标中"冰糖蜜液"虽然直接描述了商品的原料特点，但并非申请商标的主要部分，并不影响"肾源春"的显著性。"肾源春"作为申请商标的主要识别部分具有显著性，故申请商标并非仅直接表示商品的质量、主要原料、功能、用途、重量、数量及其他特点的标志，推翻了国家知识产权局的结论。二审法院认为，"冰糖蜜液"虽然包含对药品原料、药品形态等特点的描述，但并非同业经营者描述原料药、中成药、药酒等商品的常用方式，其与"肾源春"相结合使用，使得申请商标在整体上具有识别和区分商品来源的作用，对一审判决该部分结论予以维持。

最后，最高人民法院并未由于申请商标中"冰糖蜜液"四个字存在直接描述了商品的原料而当然适用显著性条款予以驳回，而是综合考虑了其与"肾源春"三个字的组合，认定其不属于仅直接表示商品原料的情形，从而最终认定申请商标从整体上进行判断具有识别和区分商品来源的作用，具备作为商标标识使用的显著性。该商标最终能够核准注册，其显著部分"肾源春"起到了关键作用。

（二）某些标志不得作为商标使用的案例

《中华人民共和国商标法》禁止使用"仅直接表示商品的质量、主要原料、功能、用途、重量、数量及其他特点"的文字、图形作为商标。如将"保健"用作药品商标，"18K黄金"用作首饰商标，"羊毛"用作纱线商标等，主要原因在于此类文字、图形分别为本行业经营者在其商品或服务上常用的说明性的文字或图形，属公用范围，禁止独家占有。同时，此类商标也不易于消费者区别商品或服务来源，无法起到商标的作用，因而为法律所禁止，这也是各国商标法的通例。

案例3:"北芪"商标异议案

吉林省某公司申请在第30类茶叶商品上注册"北芪"商标。在该商标异议期内,黑龙江省松花江地区行政公署工商行政管理局对该"北芪"商标提出异议,被异议人按期进行了答辩。

异议人理由:大兴安岭某天然补品厂曾以"北芪"作为商标提出过注册,但被驳回。因此,被异议人用"北芪"作商标注册也是不合适的。另外,被异议人在同种商品上申请注册的商标与该厂已注册的"BEIQI"商标读音相同。

申请人答辩理由:本厂生产的商品只有茶叶,并没有黄芪的成分。

商标局裁定:根据当事人陈述的事实和理由以及提供的证据,商标局进行了裁定。商标局认为,人们通常将北方产的黄芪叫北芪,是一种草药名称,具有补气、利尿等功能。在黑龙江省、吉林省和河北省已有多家企业将"北芪"作为制作饮料的原料和商品名称使用。因此,用"北芪"作商标具有直接表述本商品原料的作用,且申请人申请的"北芪"商标的汉语拼音部分与大兴安岭某天然补品厂已注册的商标相同。因此,异议人所提异议理由成立,"北芪"商标不予核准注册。

案例评点:本案例中的"北芪"商标,因"北芪"是北方产的黄芪的通称,北芪已被一些经营者作为制作饮料的原料和商品名称使用,因此它直接表示了一些商品的主要原料和名称,因而应禁止在该类商品上予以注册和独家占有。

案例4:"两面针"商标异议复审案

异议复审商标:

两面针

LIANGMIANZHEN

使用商品:第3类牙膏

商标局裁决结果及理由:"两面针"牙膏为柳州某牙膏厂在国内率先开发并独家生产,进行大量广告宣传。在广大消费者中享有很高的信誉,已具备商标的显著特征,起到了商标标识的作用。"两面针"并非牙膏生产的主要原料,而是一种辅助添加材料。异议人所提异议不能成立,柳州某牙膏厂经我局初步审定的第587920号"两面针"商标准予注册。

　　商标评审委员会裁决理由:经调查了解,"两面针"牙膏为柳州某牙膏厂独家研制、开发并长期以来独家生产经营。该厂为其花费了大量人力、财力、物力,不断提高质量,扩大生产,开拓市场,使该产品在消费者中享有很高声誉,成为最受消费者欢迎的牙膏产品之一。其销售额在国内牙膏行业中名列前茅,并在国内历年来多次获奖。1992年在国际上亦获墨西哥商品国际博览会金奖。由于"两面针"牙膏在广大消费者中的广泛影响,一提起"两面针"牙膏就自然想起柳州某牙膏厂,因此,"两面针"已起到了消费者区别柳州某牙膏厂同其他厂家产品的标志作用,具备了商标的显著特征,为广大消费者所认可。

　　点评:"两面针"在牙膏中虽是一种辅助性添加材料,加入量仅为百分之零点五,但作为中草药牙膏,在治疗口疾的疗效上确起了主要作用。所以,不能否认其是该种牙膏起主要作用的原料。然而,《中华人民共和国商标法》之所以禁止商品的主要原料作为该项商品的商标,是因为这类商标无法起到区别商品出处的作用,缺乏商标应有的显著性。而"两面针"通过实践已证明完全能达到区别商品出处的作用,则不在《中华人民共和国商标法》禁用条款的限制范围之内。

　　通过以上案例可看出,一个没有显著性或显著性较差的标志,通过长期使用,大量的宣传广告,特别是商品质量的保障,使该标志在消费者的心中具有了相当的知名度之后,就能产生质的飞跃,变不显著为显著,成为具有显著特征的标志。所谓显著性,即指该商标已能起到区别商品出处的作用。但是,这种类型的商标亦有其先天的副作用。首先,这类商标需经过长期使用,大量宣传才能产生显著性,经过申请注册,才有望获准注册。其次,这类商标在获得商标专用权之后,如不能借助《中华人民共和国商标法》进行主动有效的保护,宣传和品质的保证一旦跟不上,这种显著性将很快丧失。因此,企业若主动选择这种商标不是一种明智之举,而是一种冒险的策略。

　　案例来源:《商标评审案例选编》

（三）商标侵权案例

案例 5：江中药业股份有限公司诉江西某药业有限公司、广州某健康产业科技有限公司侵害商标权纠纷案

案情简介：江中药业股份有限公司（以下简称江中公司）系"江中"注册商标所有权人，且"江中"商标被原国家工商行政管理总局商标局认定为驰名商标。广州某健康产业科技有限公司（以下简称某健康公司）为被控侵权产品的委托生产商、销售商，江西某药业有限公司（以下简称某药业公司）为受委托生产企业。两公司生产、销售的"催奶宝黄精乌梅植物固体饮料"在包装盒左上方位置使用"江中安康"标识，该"江中"二字与"江中"注册商标二字基本相同。

生效判决认为，涉案商品"催奶宝黄精乌梅植物固体饮料"包装盒上的标识"江中安康"，突出使用在左上方位置，属于商标法所规定的商标使用行为。与案涉"江中"注册商标相比较，均包含"江中"两字，二字构成相似。以相关公众的一般判断力，被控侵权产品与案涉注册商标核定使用商品类别相同，容易使消费者对商品来源产生误认，属于侵犯商标权的行为。某药业公司在接受某健康公司委托生产时应尽更高的合理注意义务，其提出的因某健康公司提供了商标受理通知书就认定该公司有权生产被控侵权产品的抗辩无事实和法律依据。鉴于受托企业某药业公司的主观侵权故意较委托生产企业某健康公司小，故判决某健康公司赔偿江中公司 5 万元，某药业公司在 3 万元的范围内承担连带赔偿责任。

本案系中医药领域侵害商标权的一个典型案例。江中公司系知名制药企业，在中医药领域具有较大影响力。本案判决有助于制止中医药领域商标侵权行为，规范中医药领域的市场秩序；提示受托生产企业在接受委托生产时对于委托人及受托生产产品的知识产权权利状况应尽到合理审查义务，否则极有可能要承担侵权责任，促使该类企业提高知识产权保护意识和风险防范意识。

案例来源：江西省宜春市中级人民法院

案例 6：以"霍山石斛"之名销售铁皮石斛案

案情简介："霍山石斛"被认定为地理标志保护产品，霍山县霍山石斛产业协会系该地理标志证明商标的权利人，授权许可安徽某霍山石斛有限公司使用该商标并进行维权。霍山石斛产业协会等发现，连云港某商贸公司经营的天猫网店"补某堂旗舰店"销售铁皮枫斗、石斛花、石斛粉等产品，在商品销售链接图片中突出显示"霍山石斛花""霍山原产石斛粉""正宗霍山石斛""霍山铁皮石斛"等文字标识，商品链接名称及商品详情等多处使用"霍山石斛"文字进行宣传展示。霍山石斛产业协会等认为该公司的行为违反了公认的商业道德，侵犯其商标权，遂起诉要求其停止侵权、赔偿损失、支付合理开支等。

法院认为，该地理标志证明商标依法受法律保护。霍山石斛专指主产于大别山区安徽省霍山县的俗称为米斛的草本植物。连云港某商贸公司所售商品为铁皮石斛产品，铁皮石斛与霍山石斛（米斛）虽同属兰科石斛属草本植物，但并非同一物种。连云港某商贸公司未经许可，在天猫店铺中突出使用"霍山石斛"文字销售铁皮石斛，容易使消费者混淆或误认，侵害了霍山石斛产业协会等享有的地理标志证明商标专用权，遂判决责令连云港某商贸公司立即停止侵权行为，赔偿霍山石斛产业协会、安徽某霍山石斛有限公司损失及维权合理开支 45 000 元。一审判决后，当事人均未上诉。

本案是保护著名道地药材"霍山石斛"地理标志的典型案例，判决体现了依法维护中药材公平竞争、道地药材品质和信誉的价值导向，有利于推动道地药材产业规范健康发展。

案例来源：江苏省高级人民法院

（四）其他类型商标案例

案例 7：江西某医药保健品公司诉济南某医疗器械公司商标权权属、侵权纠纷

案情简介：江西某医药保健品公司系"某炎洁"注册商标所有权人。2012年 4 月 27 日某炎洁被认定为中国驰名商标。"某炎洁本草精华抑菌洗液"的产品责任单位和生产企业为江西某医药保健品公司，该公司为"某炎洁"品牌系列产品聘请了多位影视明星代言宣传。

济南某医疗器械公司成立于 2006 年 12 月 14 日,其生产、销售的"修正感喻 I 型 HC-H 某炎洁抑菌型医用冲洗器"外包装盒和包装瓶显著位置上都使用红色字体突出显示"某炎洁抑菌型"字样。

生效判决认为,被控侵权产品的外包装盒和包装瓶显著位置上都使用红色字体突出显示"某炎洁抑菌型",属商标性使用。经隔离比对,被控侵权产品包装上的"某炎洁"与江西某医药保健品公司驰名商标"某炎洁"相同,容易使普通消费者对商品来源产生混淆和误认。济南某医疗器械公司未经许可在同种商品上使用与江西某医药保健品公司注册商标相同的商标,侵犯了江西某医药保健品公司注册商标专用权。故判决济南某医疗器械公司立即停止侵权并赔偿给江西某医药保健品公司 10 万元。

点评:注册商标受法律保护,驰名商标的保护力度更大,如可商品跨类保护。本案侵权产品名称中包含的"某炎洁"使用了江西某医药保健品公司注册商标最显著的文字构成要素,容易使相关公众对使用被诉侵权标识商品的来源产生误认。侵权人攀附驰名商标的意图明显,应给予权利人较高司法保护力度,制止和惩罚侵权人的侵权行为,激励市场竞争的优胜者,净化市场环境。

本案提醒中医药企业既要有驰名商标的培育、使用、保护意识,同时,对已经成为驰名商标的标识也需要有更大的避让意识。

案例来源:江西省宜春市中级人民法院

案例 8:"黄塔膏药"商标异议案

异议人:滑县某骨科医院

被异议人:滑县某骨伤医院

异议人主要理由:"黄塔膏药"商标具有较高知名度,被异议商标的注册违反了《中华人民共和国商标法》第十三条第三款的规定。

被异议人答辩理由:双方商标共存于市场不会产生混淆误认。

经审查,商标局认为,被异议商标"黄塔膏药"指定使用服务为第 35 类"替他人推销;为商品和服务的买卖双方提供在线市场"等。异议人引证在先注册的第 13597533 号"黄塔膏药"商标核定使用商品为第 5 类"膏剂"等。

在案证据显示且经查,异议人"黄塔膏药"2009 年 6 月被河南省文化厅列入河南省第二批非物质文化遗产保护名录,2019 年 3 月被河南省商务厅认定为第六批"河南老字号"。"黄塔膏药"商标经异议人长期使用具有一定知名度。被异议商标与引证商标文字构成相同,指定使用的服务与引证商标核定使用的商品属于类似商品和服务。被异议人与异议人同处河南省安阳市滑县半坡店,在指定服务上申请注册被异议商标,易使相关公众对服务的来源产生混淆误认。依据《中华人民共和国商标法》第三十条规定,被异议商标不予注册。

本案是保护非物质文化遗产商标的典型案例。做好非物质文化遗产的系统性保护,是党中央重大决策部署,商标权保护是非物质文化遗产系统性保护的重要组成部分。本案基于非物质文化遗产"黄塔膏药"的历史传承和使用现状,认定所涉商品和服务构成类似关系,对不同市场主体的商标权边界进行清晰划定,有力制止市场混淆误认,守护公平竞争的市场秩序,强化非物质文化遗产商标保护,对类案审查具有一定的借鉴意义。

案例来源:国家知识产权局商标局

第三节　中药著作权保护

一、著作权保护的内容

著作权又称版权(《中华人民共和国著作权法》第六十二条规定:"本法所称的著作权即版权"),是作者对其创作的文学、艺术和科学作品所享有的专有权利。著作权是一种民事权利。

1990 年,经中华人民共和国第七届全国人民代表大会常务委员会第十五次会议通过,我国颁布了《中华人民共和国著作权法》,并于 1991 年 6 月 1 日正式施行,它是中华人民共和国第一部著作权法,是继《中华人民共和国商标法》《中华人民共和国专利法》之后又一部重要的民事法律。著作权法的实施,标志着中国著作权保护进入了一个新的历史阶段,进一步完善了我国的知识产权法律保护制度。2001年10月27日,第九届全国人民代表大会常务委员会第二十四次会议通过了《全国人民代表大会常务委员会关于修改〈中华人民共和国著作权法〉的决定》,并公布了新修改的《中华人民共和国著作权法》,之后在2010年、2020年分别又进行了修正。目前,我国现行的版权法律、法规包括《中华人民共和国著作权法》(简称《著作权法》)、《中华人民共和国著作权法实施条例》(简称《著作权法实施条例》)、《计算机软件保护条例》《实施国际著作权条约的规定》。

管理著作权的国际性组织是世界知识产权组织(WIPO),该组织成立于1970年,致力于保护和管理全球范围内的知识产权,我国于1980年6月3日正式加入世界知识产权组织(WIPO),成为该组织的第90个成员国。中国于1992年7月30日正式向联合国教科文组织递交了加入《世界版权公约》的官方文件,标志着中国正式成为该公约的成员国;中国于1992年10月14日宣布成为《伯尔尼公约》的第93个成员国,该公约于1992年10月15日在中国正式生效。

1. 我国著作权法的立法宗旨　我国《著作权法》总则第一条开宗明义地阐述了著作权法的立法宗旨:"为保护文学、艺术和科学作品作者的著作权,以及与著作权有关的权益,鼓励有益于社会主义精神文明、物质文明建设的作品的创作和传播,促进社会主义文化和科学事业的发展与繁荣,根据宪法制定本法。"

2. 著作权的特点　著作权与专利权、商标权等共同构成民法权利体系中的知识产权,因此,它具有民事权利的绝对性和专有性,作为知识产权范畴中的一种权利,它同时又具有知识产权所共有的独占性、时间性、地域性、无形性和可复制性等特点。著作权因作者的创作活动而产生,由于著作权中人身权与财产权的性质不同,著作权还具有自身特有的性质,即著作权具有多项权利性的特点,人身权和财产权,可整体权利行使,也可个别权利行使,而且其内容也因各权利性质不同而有所差别。

3. 我国著作权的管理形式　我国著作权的管理方式包括行政管理、集体管理和司法管理三种形式。我国著作权的行政管理实行分级管理的领导体制,《著作权法》第七条规定:"国家著作权主管部门负责全国的著作权管理工作;县级以上地方主管著作权的部门负责本行政区域的著作权管理工作。"《著作权法实施条例》第十六条规定:"国家享有著作权的作品的使用,由国务院著作权行政管理部门管理。"

4. 我国著作权法的适用范围

(1)中国公民、法人或者非法人组织的作品。《著作权法》第二条第一款规定"中国公民、法人或者非法人组织的作品,不论是否发表,依照本法享有著作权"。

(2)外国公民、法人和其他组织的作品,首先在中国境内发表者。《著作权法》第二条第三款规定:"外国人、无国籍人的作品首先在中国境内出版的,依照本法享有著作权。"《著作权法实施条例》第八条规定:"外国人、无国籍人的作品在中国境外首先出版后,30日内在中国境内出版的,视为该作品同时在中国境内出版。"

5. 著作权法在中药知识产权领域中的保护作用 在知识经济日趋国际化、多元化的背景下,知识产权在国民经济中的地位愈加明显,随着我国社会主义法制体系的不断完善,人们的法律意识不断增强,尤其是2001年12月11日,我国正式加入WTO后,人们越来越意识到,保护知识产权不仅是保护个体知识分子的权益,更是中华民族在国际竞争环境下,立于不败之地的有力武器。

著作权法在中药领域中的保护意义在于:

(1)保护中医药传统理论的完整性和正确性。中药学是我国传统中医药治疗体系中的重要组成部分,是我国劳动人民在漫长的历史长河中,与疾病作斗争的经验积累,是我国历代医家不断探索的智力成果。过去,由于著作权观念的淡薄,使中医药这一宝贵文化遗产常常被一些人非法使用,甚至曲解、篡改,严重影响了中医药文化的形象,通过著作权法,我们可以通过正常渠道寻求法律帮助,保护中医药文化的系统性和完整性,保护我国的传统文化优势,树立中医药文化在国际上的地位。

(2)有利于激励作者和作品传播者的创作和传播热情。每一部中医药著作的创作,无不需要作者付出艰辛的劳动,花费大量的人力和物力,他们的每一份劳动成果,都是对中医药事业的贡献,应当受到社会的承认和尊重,如果对其著作权不加以保护,对擅自复制、剽窃、抄袭他人作品的侵权者,不予以处罚,就会使这些不法分子有恃无恐地盗窃他人的脑力劳动成果,坐享名利双收之果。这种行为的泛滥,严重地损害了作者的利益,将大大挫伤作者的创作热情。同时,作品传播者的合法权益得不到应有保障,也将严重伤害作品传播者的工作积极性,从而使许多优秀的中医药作品不能为世人所知,不能更好地服务于人类的健康事业。我国著作权法的实施,不仅为作者的作品创作提供了充分的法律保障,而且也赋予了作品传播者一系列权益,并提供了强有力的法律保障。在我国建立一个良好的著作权保护体系,必将激励中医药人员的创作热情和中医药作品传播者的积极性,有利于繁荣中医药文化事业。

（3）有利于开展国际合作与交流,使中医药更好地为人类健康事业服务。近年来,随着世界经济的发展,人类疾病发生了很大变化,由心理、社会和行为因素引起的心理、生理性疾病的发病率呈逐年上升趋势,建立在生物医学模式之上的现代医学已充分意识到,单纯依赖高新技术对许多慢性疾病的治疗并非良策,在科学思维的主流由分析走向综合,医学模式由单一的"生物医学模式"逐渐向"生物 - 心理 - 社会 - 环境的医学模式"转化的今天,中医药的治疗优势日益凸显,中药行业更是成为国际关注的朝阳行业。在日益广泛的国际合作和交流中,我国著作权法的实施,以及加入保护著作权的国际公约,不仅使中医药学这一优秀传统文化得以在世界范围内更好地传播,为全人类的健康事业服务;同时也向世界昭示,我国著作权法能够为各国作者在中国发表的作品提供法律保护,这就为加强中药领域的国际经济、技术合作创造了环境和条件,有利于中药行业的产业化、国际化发展。

6. 著作权法在中药领域中的应用 著作权与专利权、商标权等共同构成了民法权利体系中的知识产权。因此,著作权与专利权、商标权一样,是一种独占的知识产权,具有专有性和排他性。著作权归作者或其他著作权人享有,未经作者或有关著作权人的授权或法律上的依据,他人不得占有、使用其作品,否则即构成侵权。著作权的专有性受法律保护,著作权法的立法目的就是保护作者和其他著作权人的合法利益,同时也保护传播者和公众的合法权益。

著作权作为知识产权保护的重要组成部分,它的保护范围是具有原创性的作品及传播这些作品的媒介。例如,中药领域中的学术著作、研究论文、临床研究报告、用药经验总结、相关文献信息汇编、实验报告、工程设计方案、制剂流程方案、产品设计图案、产品说明书、相关计算机软件等,均为著作权的客体。

二、著作权保护的方法

1. 作品自动保护,无需履行手续　众所周知,知识产权中的商标权和专利权的取得,必须经过国家有关部门的审查批准,由主管部门授权后才能获得其独占权或专有权。因此,许多人由此推论,一个作品要想获得著作权,也必须履行登记注册手续,否则就不能依照著作权法提出著作权纠纷行政处理或者提起诉讼。例如,某医院的张教授将多年来治疗病毒性肝炎的用药经验整理成书,该书出版后,某药厂发现书中一些内容对其产品的宣传能起到很好的说明效果,于是,在未经张教授同意的情况下,将书中的内容整段地用于产品的宣传说明中,张教授发现后,认为自己的著作未到版权局登记注册,不能寻求法律途径的保护,只好与该药厂私下协商,最后不了了之。

其实,我国《著作权法》实行的是作品自动保护原则,《著作权法实施条例》第六条规定:"著作权自作品创作完成之日起产生。"也就是说,作品创作完成之时,即是著作权产生之日,作者不必履行任何手续,不需要经过任何机构审查批准,也不要求附加任何声明,其作品在创作完成时就自动取得著作权。我国 2001 年 12 月 20 日公布的《计算机软件保护条例》(2013 年第二次修订)也规定,软件著作权实行自愿登记原则,软件著作权人可以向国务院著作权行政管理部门认定的软件登记机构登记,软件登记机构发放的登记证明文件是登记事项的初步证明。因此,无论软件著作权人是否到软件登记机构办理登记手续,均有权提出软件著作权纠纷行政处理或者诉讼。

目前,世界上仍有少数几个国家和地区的著作权法规定,注册登记是作品获得著作权的必要条件,也有部分国家把登记制作为维护著作权时的司法诉讼前提,当发生著作权纠纷,著作权人主张自己的权利时,法院判断该当事人是不是真正的著作权人,首先要看他是否已在主管部门履行了登记手续。但绝大多数国家以及保护著作权的《伯尔尼公约》,均遵循作品自动保护原则。

2. 作品发表与否,享受同样权利　某药物研究所的研究生小黄,在对银杏叶提取物抗衰老作用的研究过程中,取得一些进展,他将其研究成果撰写成毕业论文,但尚未答辩,却发现该论文已被另一同事编入一本有关介绍银杏治疗作用的科普书中出版。小黄非常生气,但却无计可施,他错误地认为,其论文尚未公开发表,自己不享有著作权,后在律师的帮助下,才意识到完全可以根据《著作权法》维护自己的权益。其实,持有小黄这一观点的人不在少数,他们认为只有当作品公开发表后,作者才能取得著作权,如果作品没有公开发表,则作者不具有著作权,因此不能根据《著作权法》维护自己的合法权益,这种认识完全不符合我国《著作权法》的规定。

我国《著作权法》"总则"第二条明确规定:"中国公民、法人或者非法人组织的作品,不论是否发表,依照本法享有著作权。"由此可见,我国公民、法人或非法人组织的作品,当其创作完成之日起,即获得著作权,不论其发表与否,均受《著作权法》保护。同时,根据我国《著作权法》第十条的规定,著作权包括发表权,即作者有决定作品是否公之于众的权利,作者有权决定在何时、何地或以何种方式发表其作品。决定作品是否公开发表,是《著作权法》赋予作者的权力,但中国公民、法人或非法人组织创作完成的作品,无论是否公开发表,依据我国《著作权法》的规定,均受《著作权法》的保护。

3. 明确权利主体,判断权利归属　著作权的主体是指依法享有该作品著作权的人。《著作权法》第九条规定,著作权人包括:作者;其他依照本法享有著作权的自然人、法人或者非法人组织。明确著作权的主体,能够使我们清晰地界定著作权的权利归属,有利于避免纠纷,保证许可使用或权利转让时的交易安全。

在一般情况下,作者多指自然人,即直接创作作品的人,是著作权的原始主体,但在特殊情况下,法人或非法人组织,也可能成为著作权的原始主体。

依据我国《著作权法》第十一条规定："由法人或者非法人组织主持,代表法人或者非法人组织意志创作,并由法人或者非法人组织承担责任的作品,法人或者非法人组织视为作者。"这种情况主要出现在职务作品和委托作品中。判断作品的作者,应当依据作品上的署名,如无相反证据,在作品上署名的公民、法人或者非法人组织即为作者。

其他享有著作权的公民、法人和非法人组织,主要是包括以下情况:①按继承法的规定,法定继承人获得著作权;②非法定继承人受作者遗赠而成为著作权人;③委托人通过合同约定成为著作权人;④著作权人可以通过转让,将其享有的著作权中的财产权全部或部分转让给他人,其受让人也是著作权的主体;⑤法人及非法人组织变更或终止时,其权利、义务的承受者,成为著作权人。

此外,国家可以在下列情况下成为著作权的特殊主体:①购买著作权,即国家根据某种特殊需要,从著作权人处购买著作权而成为法律关系上的主体;②公民、法人或非法人组织将著作权赠送给国家,而使国家成为著作权主体;③公民死亡而无继承人或受遗赠人,或法人、非法人组织终止,没有权利、义务承受者时,其著作权归国家所有。

4. 了解权利内容,依法全面保护　根据我国《著作权法》第十条规定,著作权的权利内容包括人身权和财产权两个方面。明确《著作权法》的内容,对于我们全面行使和保护自身权益,避免侵犯他人权益,具有重要意义。具体而言,著作权中的人身权和财产权主要包括以下内容。

(1) 人身权:亦称精神权利,是指作者对其作品所享有的各种与人身相关联而无直接财产内容的权利,人身权"不受作者经济权利的影响,甚至在经济权利转让之后,作者仍保有要求其作品作者身份的权利,并有权反对其作品的任何有损其声誉的歪曲、割裂或其他更改,或其他损害行为"(《伯尼尔公约》)。作者终身享有其著作人身权,没有时间限制,作者死亡后,其著作人身权可依法由其继承人、受遗赠人或国家的著作权保护机关予以保护。一般情况下,著作人身权不能被转让、剥夺和继承。人身权主要包括:

1) 发表权:发表权是指作者有权发表,也有权不发表自己的作品,并有权决定在什么时间以何种形式发表作品。对于作者死亡后尚未发表的作品,如果作者生前没有明确表示不发表者,我国《著作权法》规定,其发表权在法律规定的保护期内,即作者死亡后50年内,由作者的继承人或者受遗赠人或作品原件合法所有人行使。

2）署名权:是指作者有权在自己创作的作品上署名,也有权不署名,有权署真名或笔名,也有权署假名。署名权为作者享有,不得转让或继承,且署名权的保护期不受限制。

3）修改权:是指作者具有修改或者授权他人修改自己作品的权利。修改权为作者享有,只有经作者授权,他人才能对其作品进行修改,未经授权而擅自修改他人的作品,即构成对作者修改权的侵害。《著作权法》规定,图书出版者对作品进行修改或删减,必须征得作者的许可,但一般文字性修改如错别字或标点符号等,无需征得作者同意,不属于侵犯作者的修改权。

4）保护作品完整权:是指作者有权禁止他人对其作品进行歪曲或篡改,有权保护其作品的完整性,未经作者许可,他人不得擅自删节或变更作品内容。保护作品完整权的保护期不受限制,根据《著作权法》规定,如果作者死亡,保护作品完整权由作者的合法继承人或受遗赠人行使,无继承人或遗赠人者,则由著作权行政管理部门保护。

(2)财产权:亦称经济权利,是与具体物质内容或直接经济利益相关联的权利,主要是指作者及作品传播者在以某种形式使用作品时,依法获得经济报酬的权利。据《著作权法》第十条规定,著作财产权具体包括:复制权、发行权、出租权、展览权、表演权、放映权、广播权、信息网络传播权、摄制权、改编权、翻译权、汇编权等。

5. 作品欲受保护,首先明确条件 作品是著作权赖以产生和存在的基础,是著作权的客体,著作权人所享有的著作权均因作品的产生而取得。那么,作品的定义是什么?受我国著作权法保护的作品,必须具备哪些条件?只有明确了这些问题,我们才能更好地运用法律手段,保护著作权人的权益不受侵犯。

根据《著作权法实施条例》第二条的规定,著作权法中所称的作品,是指文学、艺术和科学领域内，具有独创性并能以某种有形形式复制的智力创作成果。著作权法并不是对所有的作品都提供保护，能够获得著作权保护的作品必须具备以下几个条件：

（1）作品必须具有独创性。独创性即为原创性或初创性，是指作品是由作者通过自己的智力活动，独立构思完成的，必须是作者的创作性劳动，而非抄袭他人的成果。著作权法对受保护对象的要求与商标权要求的显著性和专利权要求的新颖性不同，它所要求的独创性并非独一无二的新颖性，且不要作品必须具备多高的文学、艺术和科学价值，但必须是作者独立完成的，"独创性"是作品受保护的必要条件之一。

（2）作品应当具有一定的内容。作品应传达一定的信息，必须是为了表达文学、艺术、科学技术领域内的理论、概念、思想、情感等诸方面的内容，否则就不能称其为作品。

（3）作品必须具有一定的表现形式，如口头、文字、图画、照片、数据库、雕塑、音乐等和一切出版物；作品还必须具有可复制性，可复制性是指作品必须要有一定的载体，如纸、录音带、录像带、光盘、计算机网络等。著作权法保护的是思想的表达方式而不是思想本身，因此，要求受保护的作品，必须是以一定的客观物质形式表现出来，使人们通过感官能够直接或间接地感知其存在，同时还能以某种形式复制的智力创作成果，只有这样才能得到著作权法的保护。

（4）作品必须是法律允许出版和传播的。违反宪法、民法、出版法等法律、法规而出版传播的作品，以及违反社会公共秩序的作品不受著作权法保护。

6. 作品种类不同，弄清适用与否　并不是所有的作品都能受到著作权法的保护，所以，我们应当结合著作权法的学习，明确哪些作品属于著作权法保护的作品，哪些作品不适用著作权法进行保护，哪些作品不仅不能享受著作权提供的保护，而且还要依法进行坚决打击。根据我国《著作权法》第三条的规定："本法所称的作品，是指文学、艺术和科学领域内具有独创性并能以一定形式表现的智力成果，包括：文字作品、口述作品、音乐、戏剧、曲艺、舞蹈、杂技艺术作品、美术、建筑作品、摄影作品、视听作品、工程设计图、产品设计图、地图、示意图等图形作品和模型作品、计算机软件;符合作品特征的其他智力成果。"

不适用著作权法保护的作品主要有以下三类:①法律、法规,国家机关的决议、决定、命令和其他具有立法、行政、司法性质的文件,及其官方正式译文;②单纯事实消息;③历法、数表、通用表格和公式。此外,处于公有领域的作品,例如古代医籍、本草著作等,以及一些曾经处于专有领域,但目前已超过保护期的作品,也不受著作权法的保护。

7. 设计图形作品,如何保护权益 设计图包括工程设计图和产品设计图,是指为指导工程的施工和产品的生产等目的,所绘制的图样和相应的文字说明;示意图和模型是为了反映事物现象或轮廓,说明事物原理或结构,而创作的平面或立体作品。其目的是便于人们更好地说明和认识该事物。

根据我国著作权法的规定,工程设计图、产品设计图、地图、示意图等图形作品属于著作权法保护的作品范畴。也就是说,只要这些作品具备独创性和可复制性等作品保护的条件,其著作权人即可运用著作权法进行保护,也就是说,如果未经著作权人的许可,任何人不得以谋取经济利益为目的,对这些作品进行复制、出版和传播。如果此类情况发生,著作权人可以以《著作权法》为武器,维护自己的权益不受侵犯。但必须明确的是,《著作权法》只对这些设计图形作品的本身进行保护,如果按照著作权人的设计图进行施工或生产,则不受我国《著作权法》的保护。因此,必要时需要根据具体情况,结合知识产权的其他保护方法和手段,采用多方位、多角度的综合保护。

8. 合作创作作品,权利怎样行使 某研究所一位中年科研人员经过潜心研究,对中药马钱子的传统炮制工艺进行改革,使其既能保持原有药效,又能大大减轻毒副反应,于是他将研究成果撰写成论文准备发表。此时,研究所的一位领导提出,由于对该科研人员的工作给予了很大支持,所以应将自己的名字加在论文署名中,那位科研人员很不愿意,却又提不出合适的理由。其实,该案例涉及《著作权法》中有关合作作品的问题。

所谓合作作品,是指两人或两人以上共同创作的作品。我国《著作权法》第十四条对合作作品的权利归属和使用,作了如下规定:"两人以上合作创作的作品,著作权由合作作者共同享有。没有参加创作的人,不能成为合作作者……合作作品可以分割使用的,作者对各自创作的部分可以单独享有著作权,但行使著作权时不得侵犯合作作品整体的著作权。"根据著作权法的规定,我们可以对合作作品的权利归属和使用作如下分析:①判断是否是合作作者。合作作者必须是实际参加了作品创作过程的人,合作作者必须是创作之初或创作过程中,对该作品的创作具有合作意愿;同时,合作作者根据工作需要进行创作分工,各自完成自己承担的创作任务,并为作品的最后完成贡献创造性智力劳动。在这一过程中,也并非每一个合作作者都必须亲自执笔,可以是确定创作主题,或提出创作方案、编写大纲,或负责定稿工作等。如果没有实际参加创作,而只是为创作工作提供设备条件,或进行辅助性服务,或提供一些参考性意见,均不能认为是作品的合作作者。②合作作品的著作权归属。根据著作权法的规定,合作作品依据可以分割和不可以分割,将著作权归属分为两类。对于合作作品可以分割使用的,每一位合作作者除对合作作品整体共同享有著作权外,合作作者对自己创作的部分享有著作权,但合作作者在单独行使著作权时,不得侵犯合作作品整体的著作权;不能分割使用的合作作品,其著作权由合作作者共同享有,根据《著作权法实施条例》第九条规定,有关著作权的行使,应由合作作者协商一致,如果不能协商一致达成共识,任何一方无正当理由不得阻止他方行使除转让以外的其他权利,但所得收益应当合理分配给所有合作作者。

从上述案例来看,如果这位研究所的领导没有实际参加创作,而只是为创作提供了辅助性条件或服务,则不能认为他是该作品的合作作者。如这位领导确立了创作主题,或提出了创作方案等,则应将其作为合作作者。

9. 判断职务作品,分清权利主体 职务作品是指公民为完成法人或非法人组织工作任务所创作的作品。职务作品是作者履行法律或劳动合同所规定的义务的结果,这种义务往往与作者的本职工作相关。它是隶属于某法人单位或者其他组织的公民,受法人或其他组织安排,为履行职责和任务而创作的成果。通常情况下,作者是该单位或组织的工作人员,与其具有劳动合同关系,所创作的作品应符合本单位工作任务的性质,作品的创作属于作者的职责范围,是按照作者自己的意志创作产生的。例如,某研究所为了调查省内自然保护区的药材资源,决定由研究员王某与所内其他五名年轻同志组成课题组,历经两年时间进行考察后,撰写出一部专著,该作品虽然是由研究员王某和其他五位同志共同创作,但根据我国著作权法的规定,该作品属于职务作品。

我国《著作权法》第十一条、第十八条对职务作品的权利归属作了明确规定。如第十八条规定,有下列情形之一的职务作品,作者享有署名权,著作权的其他权利由法人或者非法人组织享有,法人或者非法人组织可以给予作者奖励:①主要是利用法人或者非法人组织的物质技术条件创作,并由法人或者非法人组织承担责任的工程设计图、产品设计图、地图、示意图、计算机软件等职务作品。认定这类职务作品,要注意两点。其一,根据《著作权法实施条例》的进一步规定:从事创作的物质技术条件主要是由法人或非法人组织提供的,是指该法人或组织为公民完成创作专门提供的资金、设备或者资料;其二,上述作品的责任由法人或非法人组织承担,这种责任包括各种风险和法律责任。②报社、期刊社、通讯社、广播电台、电视台的工作人员创作的职务作品。③法律、行政法规规定或者合同约定著作权由法人或者非法人组织享有的职务作品。

《著作权法》第十八条第一款规定法人或非法人组织对上述作品的优先使用是有期限的,即自该作品完成两年内,法人或非法人组织享有优先权,作品完成两年的期限,是自作者向单位交付作品之日起计算。因此,在作品完成两年内,作者未经单位同意,无权许可第三方以与单位使用的相同方式使用该作品;在作品完成两年内,如果单位在其业务范围内不使用,作者可以要求单位同意其许可第三方使用,使用方式不受限制,单位如无正当理由,不得拒绝。作品完成两年内,经单位同意,作者可经许可他人以与本单位相同的方式使用该作品,获得的报酬,作者应按与单位约定的比例进行分配。作品完成两年后,单位可以在其业务范围内继续使用。

10. 委托作品权利,遵循合同约定 所谓委托作品,是指作者接受他人的委托,按照委托人的意志和具体要求而创作的作品。在创作过程中,委托人虽然不直接参与创作,但会提出明确具体的要求,受托人根据其要求独立完成作品的创作。

委托作品与职务作品的不同点在于,委托人与受托人之间一般不存在劳动关系或行政隶属关系,委托作品的创作是作者根据委托合同而履行其义务,这两者之间是平等的民事法律关系。

《中华人民共和国著作权法》第十九条规定,受委托创作的作品,著作权的归属由委托人和受委托人通过合同约定。委托者和受托者在签订合同时,双方既可以约定委托人享有著作权,也可以约定受托人享有著作权。但如果合同对于著作权的归属未明确约定,或者没有订立合同的,根据《中华人民共和国著作权法》的规定,著作权属于受托人。对委托作品的权利归属,我们从以下案例可以得到一些启示。

某保健品厂为了更好地推广一个新产品,在公司内外开展有奖征集广告语活动,要求此语既能体现产品特色,又能上口易记,并承诺一经采用,即付给1 000元酬金。当地一名小学教师得知此事后,将自己创作的作品投稿应征,后经厂商反复筛选,该教师的作品在几百份来稿中脱颖而出,被厂商选中,并随即付给其酬金。此后,该厂家在其生产的另一产品中,也大量采用此广告进行宣传,该教师认为厂家侵犯其著作权,要求停止其侵权行为,并公开赔礼道歉,赔偿其经济损失,但厂家却认为该教师不应享有该广告语的著作权,因为厂方已向其付酬。于是该教师向当地某区人民法院提起诉讼。某区人民法院经审理认为:①原告该教师享有著作权。因为原告根据被告的要求创作应征,并被被告采用授奖,原、被告之间已形成委托创作的合同关系。但由于被告在征集启事中对获奖作品的著作权归属未作明确约定,依照《中华人民共和国著作权法》第十九条的规定,委托作品的著作权归属,合同未作明确约定的属受托人享有。②该广告语的创作目的是推广被告的一个新产品,如果被告在其范围内宣传使用,均不构成侵权,但被告将其用于宣传其系列同类产品,超出了其征集启事的约定范围,构成了侵权行为。因为,根据我国《著作权法》的规定,当委托作品的著作权属于受托人时,委托人在约定的范围内享有使用作品的权利;委托人和受托人没有约定使用作品的范围时,委托人可以在委托创作的特定目的范围内享有使用作品的权利。如果属于委托创作特定目的范围外的使用,则必须经受托人许可。

11. 翻译他人作品,合法行使权利 基于研究和开发民族医药的考虑,某藏医药研究所的一位研究人员,将杨教授发表的一篇红景天药理研究的论文,在注明作者姓名和论文出处的前提下,翻译成藏族文字,并在一次学术会议上进行交流。杨教授得知这一情况后,认为该研究员未经他本人授权而擅自翻译自己的作品,对其翻译权构成了侵犯,于是向法院提起诉讼,法院经审查后认为,该研究人员并未侵犯杨教授的翻译权,判杨教授败诉。

翻译权是著作权人依法享有的权利之一,翻译是指将作品从一种文字转换成另一种文字,作者可以自己行使翻译权,也可以授权他人翻译其作品,未经作者授权,他人不得擅自将其作品翻译成另一语种的文字。但我国《著作权法》同时又规定了在以下两种情况下,翻译他人作品,可以不经作品原著作权人的许可。其一是将已经发表的汉族文字作品,翻译成少数民族文字,在国内出版发行;其二是将已经发表的文字作品翻译成盲文出版。以上案例就是属于其中的一种情况。这两种翻译均属于合理使用作品,可以不经作品著作权人的许可,也可不向其支付报酬,但必须指明作者姓名或者名称、作品名称,并不得侵犯著作权人的其他权利。

对于已经取得授权的作品,翻译者对所翻译成的新文字作品享有著作权,但在行使著作权时,要尊重原作品著作权,不能侵害原作者的合法权益和其他著作权,翻译权许可可以是独占许可,也可以是非独占许可。如果原著作权人未与某翻译者签订专有翻译许可合同,翻译者不得阻止他人对同一作品进行翻译,不同的翻译者对自己的翻译作品,分别享有独立的著作权。

12. 弄清汇编含义,享有著作权利 在科研工作中,为了对某一领域的问题进行更加深入的研究,有时需要将该领域中他人发表的资料或论文进行汇集整理,这就涉及著作权中的汇编作品的问题。

关于汇编作品的含义,修改后的《著作权法》作了明确规定,即对若干作品、作品的片段或不构成作品的数据或者其他材料,对其内容的选择或者编排体现独创性的作品,为汇编作品。

汇编作品主要有两种形式：一种形式是将某位作者（例如某名医或某专家）的作品汇编成个人选集或全集，这种情况可以由著作权人自己完成，也可由著作权人授权他人进行汇编，汇编者必须得到原著作权人的许可，否则，将构成对原著作权人权利的侵犯。另一种形式是根据研究需要，选择若干符合要求的不同作者的论文或论文片段，进行汇集摘编，这种情况一般均非由原作者完成，汇编人在进行汇编创作时，如涉及的是著作权作品，汇编者必须征得原著作权人的同意，并向其支付报酬；否则，也将构成侵权。

根据我国《著作权法》第十五条的规定，在汇编若干作品或作品片段时，在内容选择和编排体例上，经过独创性的劳动而产生的新的汇编作品，其著作权由汇编人享有，但行使著作权时，不得侵犯原作品的著作权。

13. 注释古代文献，享有著作权利　中医药源远流长，在漫长的历史岁月中，我们的祖先为了中华民族的繁衍昌盛，不断探索预防和治疗疾病的方法和药物，积累了丰富的经验，这些宝贵的财富记录在历代古籍中。但由于这些著作年代久远，对于当今的人们来说，一些内容不易被大多数人所理解，因此，对这些古代典籍的注释就很有意义。在进行这一工作中，就涉及著作权法中有关注释权问题。

所谓注释，就是在对原有作品进行深刻分析理解的基础上，用现在大多数人能够理解的语言文字对原作品的内容和含义进行解释和说明。由于古代文献是已进入公有领域的作品，因此，任何人都可以对其进行注释，而不需要征得任何人的授权。根据我国《著作权法》第十三条的规定，对古代文献的注释作品，其著作权由注释者享有，但在行使著作权时，不得损害原作品的著作权。

14. 了解保护期限，过期权利失效　著作权保护期，是著作权人依法享有其著作权的有效期限，超过一定的保护期限，其作品就自动进入公有领域，成为社会公共财富，使用者无须经著作权人同意，也不必向著作权人支付报酬。因此，了解著作权保护期限，既有利于我们在有效时期内正确行使权利，也有便于我们合理充分地利用进入公有领域的社会精神财富。

由于著作权中人身权和财产权的性质不同，我国《著作权法》对作者人身权和财产权的保护期限,也分别作了相应的规定。①著作人身权中的署名权、修改权和保护作品完整权的保护期不受限制,永久受法律保护。《著作权法实施条例》第十五条规定:"作者死亡后,其著作权中的署名权、修改权和保护作品完整权由作者的继承人或者受遗赠人保护。著作权无人继承又无人受遗赠的,其署名权、修改权和保护作品完整权由著作权行政管理部门保护。"②作者为单个自然人时,根据《著作权法》第二十三条第一款规定,其著作人身权中的发表权和财产权的保护期限为作者终生及其死亡后50年,截止于作者死亡后第50年的12月31日。如果是作者生前未发表的作品,但作者未明确表示不发表的,根据《著作权法实施条例》第十七条的规定,在作者死亡后50年内,其发表权可由继承人或者受遗赠人行使,没有继承人又无人受遗赠的,由作品原件的所有人行使。③对于著作权属于公民的合作作品时,其发表权和著作财产权的保护期,截止于最后死亡的作者死亡后第50年的12月31日。④作者为法人或非法人组织时,根据《著作权法》第二十三条规定,法人或非法人组织的作品,其发表权、著作财产权的保护期为50年,截止于作品首次发表后第50年的12月31日。但作品自创作完成后50年内未发表的,其著作权不再受保护。

三、著作权保护案例分析

案例1:涉传统中医药教学课件著作权侵权案——湖北某教育公司与石某侵害著作权纠纷

案情概况:湖北某教育公司与石某于2021年12月5日签订了《合作协议》,该协议约定自2021年12月3日起至2024年12月2日止,石某为湖北某教育公司提供《执业药师》考试培训课程独家授课,石某现场授课、直播授课、录播视频课件授课过程中完成相关课程资料(包括不限于视频、音频、文字资料)的知识产权归湖北某教育公司所有。石某以"石某老师"为昵称,在某平台开设直播课程,高频率直播和播放湖北某教育公司享有著作权的课程视频,并私自在该平台上大肆传播涉案侵权视频录播课程的剪辑片段进行引流,将该课程上传至某视频售卖平台，开设网课店铺进行售卖。湖北某教育公司诉至法院，请求石某停止侵权、赔偿经济损失及维权合理开支。

秦淮法院一审认为：根据涉案协议所载内容，双方合作项目为中药执业药师培训，合作方式为湖北某教育公司负责招收执业药师培训项目学员及运营工作，石某负责授课。涉案协议约定合同签订前石某注册的直播账号及账号中自注册以来完成的相应视频作品著作权免费转让给湖北某教育公司。合同履行过程中，石某将其相关平台账号授权湖北某教育公司使用，且从实现独家合作的合同目的看，若允许石某于双方合作之外另行发布与上述课程相关的其他著作权作品，或通过其他渠道开展相关授课教学活动，则失去独家培训授课之意义，于湖北某教育公司显失公允，亦与实现协议目的相悖，故应认定被诉侵权视频课件的著作权归湖北某教育公司所有。石某未经权利人许可，在相关网络平台发布、销售涉案作品获利，侵害了湖北某教育公司的著作权，应承担停止侵权、赔偿损失的民事责任。关于赔偿数额的确定，综合考虑涉案协议约定的合同标的额、涉案作品的类型、履行过程中的过错、发布的被诉侵权视频数量及收益情况、为维权产生的合理开支等因素，酌定石某赔偿湖北某教育公司经济损失及为维权支出的合理开支共计 300 000 元。

一审判决后，湖北某教育公司、石某均不服，提起上诉。南京中院二审判决，驳回上诉，维持原判。

本案中，被告在与原告签订了合作协议的情况下，在某平台开设直播课程并播放教学视频，正体现出中医药相关知识在当下仍具有强大的生命力。关于相关课程视频及文字教材的著作权，在双方当事人各执一词的情况下，法院结合涉案协议订立的目的、履行情况以及其他约定内容，正确认定了相关作品的著作权归属，充分保护了权利人的合法权益，也推动和促进了中医药相关知识的传播和推广。

案例来源：南京市中级人民法院

案例 2：中医药产品包装可以选择著作权保护方式予以保护

案情概况：江西某生物科技公司系《紫花地丁成人装外包装设计图》美术作品著作权人，该作品在法律保护期内，其著作权受法律保护。某药健公司生产的"紫花地丁透皮抑菌膏"产品外包装为六面体盒子,拆开后经比对,被控侵权产品外包装主视图、后视图上下结构布局与江西某生物科技公司享有著作权的作品主视图、后视图上下结构布局构成近似;俯视图、主视图、后视图中的"图形＋文字＋字母"表示方面,从整体上看元素、设计风格、内外结构等内容构成近似。

某电子商务公司系案涉侵权产品的销售商,该公司提供了案涉产品的合法来源,且已经停止销售行为。上海某信息技术公司(以下简称上海某信息技术公司)系网络销售平台提供者,该公司在本案起诉时已断开相关链接,下架了相关商品。

生效判决认为,某药健公司生产的"紫花地丁透皮抑菌膏"产品外包装与江西某生物科技公司享有著作权的作品,均以紫花地丁为主题设计,从整体上看元素、设计风格、内外结构等内容高度相似,外在的创意表达相近,与江西某生物科技公司享有著作权的作品构成近似,构成对江西某生物科技公司著作权的侵犯。销售商某电子商务公司提供了案涉产品的合法来源,且已经停止销售行为,依法不需承担赔偿责任。上海某信息技术公司作为网络销售平台提供者,不明知某电子商务公司销售的商品侵犯他人在先权利,且在本案起诉时已经断开了相关链接,下架了相关商品,尽到了适当的注意义务,不需承担本案的赔偿责任。故判决某药健公司停止侵害案涉著作权的行为、赔偿江西某生物科技公司6万元。

典型意义:本案系中医药领域侵害著作权的一个典型案例。侵权产品外包装与权利作品构成近似,属侵权行为。本案对于网络平台交易中的市场参与主体,无论是产品生产者还是销售者、网络服务平台提供者均具有良好的借鉴和警示意义,对于中医药领域产品包装的著作权保护具有较大的积极意义。

案例来源:江西省宜春市中级人民法院

第四节　中药商业秘密保护

一、商业秘密保护的内容

商业秘密是一种具有经济性、实用性和秘密性的技术或经营方面的信息，是智力劳动的成果，具有明显的财产价值，能通过转让来实现其价值，属于知识产权的一部分。《中华人民共和国反不正当竞争法》是当前保护商业秘密的主要法律，是其他法律难以替代的。

关于商业秘密的定义：《中华人民共和国反不正当竞争法》第九条指出："本法所称的商业秘密，是指不为公众所知悉、具有商业价值并经权利人采取相应保密措施的技术信息、经营信息等商业信息。"确定商业秘密是否存在，权利人应对其拥有的商业秘密的内容作出清楚的说明，并说明其采取的保密措施。

《中华人民共和国反不正当竞争法》在我国首次将商业秘密纳入实体法保护范围，并将技术信息列入商业秘密之中，随着市场经济发展，国家科委也下发了《关于加强科技人员流动中技术秘密管理的若干意见》，《中华人民共和国刑法》第二百一十九条对侵犯商业秘密罪做了明确规定。最高人民法院在2001年6月19日发布的《全国法院知识产权审判工作会议关于审理技术合同纠纷案件若干问题的纪要》也对技术秘密进行了必要的规定。

商业秘密的构成条件是：①具有经济价值；②具有相对秘密性；③有关信息的控制人采取了一定的合理保密措施。

商业秘密主要包括以下三类：第一，技术秘密。指凭经验和技能产生的，在实际中尤其是工业中适用的技术情报、数据或知识。技术秘密是商业秘密的重要组成部分，其中包括有关制造技术、生产工艺流程、特定配方、有关设备和材料的制作工艺的专门知识、经验等信息。第二，经营秘密。主要指具有秘密性质的、与经营密切相关的情报和信息。如产品推销计划和市场占有情况、客户名册、经营战略、广告计划和机构，以及企业资信状况、资产购置计划、投资计划等。第三，管理秘密。指在农工商各个领域、各个环节中有效运作的专门管理技术，包括管理模式、管理方法、管理步骤及管理公关等。

从中药领域的技术特征来看，商业秘密涉及中药配方、秘方、独特的生产加工工艺、中药栽培技术、养殖技术、饮片加工技术、炮制技术、制药工程技术、营销信息等。

二、商业秘密保护的方法

1. 通过合同法保护商业秘密　许多国家认为，合同法对技术秘密具有保护作用，如技术合同。但利用合同法保护，合同中的约定只能对合同当事人有效，而不能对当事人以外的第三人产生约束力。

2. 通过劳动法保护商业秘密　各国一般都规定，雇员在受雇期间负有保密义务，不得擅自泄密和使用技术秘密。在雇员离职后，对于掌握核心技术和经营信息的前雇员，企业要与知悉或可能知悉企业技术秘密的员工签订竞业限制协议。竞业限制协议，是指企业与员工约定从离开该企业后的一定期限内，不得在生产同类且有竞争关系的产品或服务的其他企业内任职，企业则向该员工支付一定数额的补偿费。但是，任何一个契约都不能超出法律所能给予的合理的保护限度，无论其在时间、地点还是范围方面走得太远或太宽泛，都将不会产生效力。一般的原则是，对于限制员工在离职后一段时间内利用自己的知识和技能，与其企业竞争的条款通常不发生效力，因为它有违竞争自由的公共利益；对于未超出应受法律保护的限度、未构成对员工利用其技能和才智的过分限制的条款，则认定为有效。有些国家还规定，雇员在离开受雇单位后，包括离退休之后，也不得泄露或使用雇佣单位的技术秘密；否则，就构成对技术秘密的侵害，须负法律责任。如在德国，根据有关法律，一个雇员在任职结束后，如他出于竞争或自身利益，将他在任职期间从另一雇员处获悉的技术秘密或将其违反法规或惯例所获得的企业秘密泄露给别人，应负法律责任。在一些英美法系国家也常用雇佣合同来规定雇员有保密义务。即使有些雇佣合同没有守密责任之条款,仍可根据衡平法原则,认为该雇佣合同会有此项默示条款。对于雇佣关系结束后,雇员仍应对原雇佣单位的技术秘密承担一定的保密义务,这点各国的看法及学者们的意见都比较一致。但雇员承担保密的义务应有所限制,即应界定其保密的对象,不能毫无限制地把雇员在原雇佣单位中掌握的一切知识与经验等都作为技术秘密看待;否则,就有可能致使雇员离开原单位后无法利用其知识与经验谋生或难以谋生。

需要注意的是,《中华人民共和国劳动法》规定,员工承担保密义务的条款是任意性条款而非强制性条款。为此,在企业认为员工应当承担保密责任时,应当在劳动合同中约定或另行签订保密合同。

3. 通过民法保护商业秘密 各国的民法典或民事法规一般都规定,凡因故意或过失使他人遭到损害的,就可构成侵权行为,侵权者应承担相应的赔偿责任。日本民法典规定:"因故意或过失侵害他人的权利者,应承担由此而产生的损害责任。"英国和美国一些判例认为,未经技术秘密所有人同意,泄露或者使用技术秘密的是侵权行为,侵权者须承担赔偿责任。《中华人民共和国民法典》第一千一百八十五条规定:"故意侵害他人知识产权,情节严重的,被侵权人有权请求相应的惩罚性赔偿。"各国民法对技术秘密或非专利技术成果的保护规定,从一个方面体现了对技术秘密的保护。

4. 通过反不正当竞争法保护技术秘密 在不少西方国家,为了维护资本主义的经济秩序,促进自由竞争和公开交易的正常进行,防止不正当竞争和非法垄断给社会经济带来不利的后果,都纷纷制定了有关防止不正当竞争的法律,各国的"制止不正当竞争法"对于那些为了竞争或谋取私利向他人泄露企业技术秘密的行为,贿赂、引诱竞争对手的雇员泄露技术秘密的行为,以及"以竞争目的或者图谋私利的目的,无正当理由利用在工商交易中获得的模型、图纸、技术文件、材料配方和制造方法"的行为,都规定有比较严厉的处罚措施。

德国1909年《防止不正当竞争法》明确规定了对技术秘密的保护。该法第十七条规定:"①凡职员、工人或学徒,于雇佣关系存续中,以竞争的目的或图自己的私利或意图加害于工商业经营的主体,将其因雇佣关系所受托或得悉的商业上或经营上的秘密,无正当理由而泄露于他人者,处三年以下有期徒刑并科罚金。②对于因前项行为所获悉，或自己以不法手段或违背善良风俗的方法所得到的工商业上或经营上的秘密，以竞争或图自己私利的目的，无正当理由而加以利用或泄露者，亦处以三年以下有期徒刑或并科罚金。③明知该项秘密将在国外被利用而泄露者，或自己在国外利用者，得处以五年以下有期徒刑或并科罚金。"该法第十八条还规定："凡以竞争或图自己私利的目的，无正当理由而利用商业交易中所获悉的模型、技术文件、特别图纸、塑型、式样、配方、制造方法，或将其泄露者，处以两年以下有期徒刑或并科罚金。"

德国 1909 年的《防止不正当竞争法》被认为是各国此类法中对技术秘密的保护规定最为详尽的法律，同时也是保护得相当有力的一个法律。从其对侵害技术秘密制裁的严厉性足以说明这一点。

《中华人民共和国反不正当竞争法》规定，侵犯商业秘密的，由监督检查部门责令停止违法行为，没收违法所得，处十万元以上一百万元以下的罚款；情节严重的，处五十万元以上五百万元以下的罚款。此外，给被侵权人造成经济损失的，还应赔偿经济损失。深圳经济特区还就企业技术秘密的保护，制定并颁布了专门的条例；对技术秘密的成立，及侵犯技术秘密应承担的责任作了较明确具体的规定，有较好的借鉴价值。

5. 通过刑法保护商业秘密　对侵犯技术秘密权益的行为，情节较轻者一般按民法典处理，但是对于情节恶劣的，许多国家也利用刑罚手段予以制裁，以达到有效制止不法侵害之目的。德国《反不正当竞争法》的有关处罚规定，实际上也是一种刑事保护方法。由于民事保护方法往往不足以制止对技术秘密的不法侵害，不少国家都逐渐重视通过刑法对技术秘密加以保护。按照美国宾夕法尼亚州的刑法，凡盗窃工商秘密者得科以 5 000 美元的罚金或 5 年有期徒刑，或两者同时并科。《加拿大刑法典》第 301 条第 1 款第 1 项的规定："任何人未经他人同意，且无正当权利，以欺诈手段泄露或使用他人的贸易秘密，并具有剥夺他人对贸易秘密的控制或与该贸易秘密有关的经济利益的控制之意图者，为公诉罪，得处 10 年监禁，或按即决罪处罚。"该刑法典第 338 条第 1 款第 1 项新的修订案规定："任何人以欺骗、虚假陈述或其他不论是否属于本法所指的虚假手段的欺诈方法，诱使任何人泄露或者允许他人泄露或使用贸易秘密的,为公诉罪,得处 10 年监禁,或按即决罪处罚。"日本在现行立法中没有直接以保护技术秘密为目的的刑事制裁办法,但由于近年来要求保护技术秘密的呼声日益高涨,日本也在修改刑法草案中增列了泄露企业秘密罪,明确规定,"凡企业的职员或其从业人员,无正当理由泄露该企业的生产方法或其他有关技术的秘密于第三人者,处三年以下惩役或 50 万日元以下罚金。"还有一些国家通过保密法追究严重泄密者的责任。如《中华人民共和国保守国家秘密法》第六十二条规定,违反保守国家秘密法的行为,构成犯罪的,依法追究刑事责任。《中华人民共和国刑法》第三百九十八条第一款规定:"国家机关工作人员违反保守国家秘密法的规定,故意或者过失泄露国家秘密,情节严重的,处三年以下有期徒刑或者拘役;情节特别严重的,处三年以上七年以下有期徒刑。"《中华人民共和国保守国家秘密法》所指的国家秘密,其中关系国家安全和利益被依法定程序确认为"绝密、机密、秘密"的技术秘密就属国家秘密的范畴。

6. 通过投资法保护商业秘密　技术秘密是一种重要的知识产权形式,因此在有关投资的法律规定中明确对技术秘密的保护,对于引进先进技术尤其是保密的先进技术是有利的。不少国家已经开始探讨通过投资法保护技术秘密。例如,《厦门经济特区技术引进规定》第十四条明确规定了受方在引进技术时必须承担保密义务,如果违反这一义务,供方有权收回资料、终止合同并要求赔偿损失。

7. 通过现有知识产权法间接保护商业秘密　根据世界知识产权组织的有关规定,制止不正当竞争也属于知识产权的范畴。因此,在前面述及的以制止不正当竞争法保护技术秘密,也是通过现有知识产权法间接保护技术秘密。此外,利用现有知识产权法保护技术秘密,常体现在专利法、商标法和版权法上。

在专利技术中巧妙地保留一部分技术秘密,当技术秘密泄露时,若不获专利许可,即申请专利的那部分技术的许可,即使破获了技术秘密也无法完整地使用整个发明创造。反过来,要达到实施专利技术的最佳效果,就必须引进与此相应的技术秘密。这样包含于专利技术之内的若干未公开的制造技术或方法的细节也就相应地获得了间接保护。如提取某种有效药效成分的温度一般应控制在 1~10℃，这是专利权项要求保护的范围，但申请者保留了 5~6℃ 的最佳温控值作为技术秘密。尽管他人有可能通过实验摸索到这一最佳温度，但往往需要重新经过一系列实验后才能得到。这样，一方面技术秘密落入专利权项保护的范围；另一方面，技术秘密又在一定程度上加强了专利保护的效果。一旦有人侵权，仍可通过专利侵权诉讼求得保护。

利用商标法间接保护技术秘密，有时亦能起到很好的实际效果。尤其是驰名商标，其他人即使获得技术秘密并制造出相同产品，但由于不能使用别人的驰名商标，也无法打开销路。因此，为了有效地保护技术秘密，许多国家开始重视创立名牌商标。许多企业视驰名商标为无价之宝，视其为企业合法技术权益的"保护神"。驰名商标往往可以在许多国家得到比一般商标较多的保护。许多国家都认为，世界性驰名商标即使没有在一国注册，该国也不得在同类商品上使用该驰名商标。《巴黎公约》第六条之二中作出了保护驰名商标的特殊规定，凡参加了该公约的国家，即使其国内法并不特别地保护防护商标，也必须给其他成员国的驰名商标以适当保护。如"可口可乐"商标，是世界驰名商标，《巴黎公约》的成员国不能在本国的产品中随便使用"可口可乐"作为商标。由于世界性的驰名商标在国际市场竞争中占有绝对优势，它所标志的商品不仅销量多、销售快，而且价格高于一般商品的价格。利用创立驰名商标间接保护技术秘密，的确不失为一种行之有效的好办法。常有这样的情况，获得驰名商标的使用权往往比取得制造该产品的技术秘密更为重要。例如，即使获得了可口可乐的保密配方，但不用其商标，也未必能打开市场。

8. 通过民事救济方法保护商业秘密　技术秘密所有人的权利一般认为有四种，即保密权、实施权、许可权、权利转让权。但技术秘密所有人的这些权利不是独占权，只能防止他人利用不正当手段占有这些权利。法院遇到利用不正当手段获得技术秘密者可采取以下救济措施：一是对侵权人下达停止侵权的禁令，二是责令侵权人赔偿技术秘密所有人的经济损失。技术秘密停止侵权禁令的下达是否及时对保护技术秘密至关重要，如果能在技术秘密被侵权者公开之前下达禁令，就有可能挽回损失；否则，所造成的损失往往是无法挽回的。当技术秘密的所有人拿出了足够的证据证明其技术秘密存在被公开揭示的威胁并提供足够的经济担保时,法院应迅速及时地下达临时禁令。这里提供经济担保是为了今后一旦临时禁令被证明是不合适时以赔偿对方的损失。作为禁令的补充或替代,技术秘密所有人可以要求侵权人进行经济赔偿。通过民事救济的方法保护技术秘密,就其实质来说,可以纳入通过民法保护技术秘密的范畴之中。

三、中医药商业秘密保护案例分析

案例 1：涉中医药领域"香菇多糖"技术秘密侵权案

2024 年 4 月,最高人民法院发布了 2023 年中国法院 10 大知识产权案件和 50 件典型知识产权案例,其中"'香菇多糖'侵害技术秘密纠纷案"被列入 10 大典型案例之一。2004 年,南京某医药科技有限公司与江苏某制药有限公司签订《香菇多糖项目合作合同》,约定前者向后者提供生产香菇多糖原料药等技术;所涉产品销售给前者指定的经销商;后者自行或者委托他人经销则应赔偿前者 2 000 万元;双方均应对本项目技术保密,否则按前述约定进行赔偿。后南京某医药科技有限公司依约向江苏某制药有限公司交付了技术成果。江苏某制药有限公司于 2006 年据此获得香菇多糖原料药注册及生产批件。

2010 年,江苏某制药有限公司将香菇多糖技术以 100 万元转让给案外人,前述药品生产企业变更为该案外人。该案外人网站 2014 年宣传：香菇多糖原料药生产线正式投产,年产值将过亿元。南京某医药科技有限公司遂诉至法院。

人民法院认为,涉案技术具有非公知性、价值性、保密性,构成技术秘密,江苏某制药有限公司向案外人转让与前述技术实质性相同的技术,属于违反保密约定向案外人披露技术秘密的行为,构成侵权,依照双方约定的赔偿数额,判决江苏某制药有限公司赔偿南京某医药科技有限公司 2 000 万元。江苏某制药有限公司不服,提起上诉。最高人民法院二审判决驳回上诉,维持原判。

本案涉及道地香菇原料的挑拣、加工、处理等传统中医药工艺的技术秘密保护。判决对传统道地药材技术秘密的认定、非法利用技术秘密的赔偿等问题进行了探索，有利于传统中医药技术应用发展，促进中医药守正创新。

案例来源：南京市中级人民法院

案例 2：湖南省首起涉中医药行业侵害商业秘密案

案件背景：李某、韩某、焦某曾在原告长某公司担任高管，三人从长某公司离职后，均加入被告汇某公司，李某成为汇某公司法定代表人。三人利用在长某公司掌握的商业秘密，生产销售相类似的产品。为保护自身合法权益，长某公司向长沙中院提起诉讼。

法院判决：长沙中院一审判决认为被告汇某公司制造被诉侵权产品中使用了涉案商业秘密，结合商品销售数量、价格、案涉商业秘密在产品中贡献程度等因素，认定被告销售被诉侵权产品获利为 1 512 750 元，故适用惩罚性赔偿计 226 余万元。双方均不服一审判决提起上诉，2024 年 1 月 4 日，最高人民法院作出维持原判的终审判决。该案生效后，被告汇某公司等未主动履行判决确定的义务，本案已经进入执行程序。

此案对中医药行业的商业秘密保护具有重要意义，案件的审理和判决推动了中医药行业在商业秘密保护方面的规范化，提升了行业整体的知识产权保护意识。该案强调了商业秘密保护在知识产权保护中的重要性，有助于优化营商环境，激发市场主体活力和创造力。

案例来源：湖南省长沙市中级人民法院

第五节　反不正当竞争

一、反不正当竞争的内容

（一）不正当竞争的概念

《中华人民共和国反不正当竞争法》规定："本法所称的不正当竞争行为，

是指经营者在生产经营活动中,违反本法规定,扰乱市场竞争秩序,损害其他经营者或者消费者的合法权益的行为。"

(二)不正当竞争的特征

不正当竞争行为的法律特征是:第一,不正当竞争行为的主体是从事商品生产、经营或者提供服务的自然人、法人和非法人组织,即经营者。非经营者参与不正当竞争的情况虽然存在,但不属于该法的调整范围。第二,不正当竞争行为所侵犯的客体是其他经营者和消费者的合法权益,扰乱社会的经济秩序。第三,不正当竞争行为的行为人在主观上要有过错,而且这种过错是出于故意,即明知或者应当知道自己的行为违反法律和商业道德而实施。第四,不正当竞争行为客观上实施了违反自愿、平等、公平、诚实信用原则和公认的商业道德的竞争行为。

二、反不正当竞争的方法

不正当竞争行为的主体是从事商品经营和营利性服务的法人、其他经济组织和个人,即经营者。随着市场经济的发展,广告不仅是经营者宣传和推销产品的重要媒介,也是人们经济生活中不可缺少的内容之一,广告中的不正当竞争问题将越来越突出。为此,在反不正当竞争中应从广告宣传入手,结合相关法律,综合抵制不正当竞争行为。

(一)通过版权法抵制不正当竞争行为

几乎所有的广告都有一个原始创作问题,除非该广告本身就是非法剽窃或模仿、抄袭他人的广告。一般来说,广告的创作者享有版权,但通常情况下在广告创作的若干过程中,创作者往往可能不止一个,这里就有一个共同创作后,版权的共有与分享的问题。此外,广告的创作者与广告的使用者往往又是两个不同的主体,这也有一个广告版权的归属与使用问题。如果广告是经营者自行创作的,那么其版权及使用权都归同一主体。

利用他人发表的科学论文、实验报告、演讲镜头、摄影作品等作为广告素材,应事先征得他人的同意,否则也有侵犯他人版权的问题。经常有药厂把一些著名医科大学或中医药研究院所的专家、教授的论文附在产品的有关广告宣传资料中，这种为促销而擅自使用他人论文的行为，本身就属于一种侵犯他人版权的违法行为。论文的作者可依法起诉并要求停止侵权和给予经济赔偿。

广告中的另一种侵犯版权的表现形式是，未经广告的版权所有者或被独家许可者的同意，擅自使用或抄袭、模仿改编他人的广告词或其他形式的广告。广告的创作本身就是一个作品，作品依法受著作权法保护。

广告的著作权保护还应注意两个问题：一是广告本身应具有一定独创性，日常生活的一般常用语、极为简单的语句，若无独创性，并不一定能享有版权。将一般的生活常用语搬上广告，通常不应视为具有独创性。付出一定创作性劳动的不同于一般常用语的广告才应依法享有版权，并受到保护。二是为了确定广告语或各种广告的版权归属，一方面应在委托合同中说明版权归属，另一方面可通过公证证明委托合同及所创作的广告，以确认版权创作的时间，或到版权主管部门进行版权登记，这对于解决版权的争议及今后版权的侵权诉讼是非常有益的。

（二）通过反不正当竞争法抵制不正当竞争行为

模仿他人的广告，既有可能侵犯他人版权，同时也可能构成不正当竞争，而依据反不正当竞争法给予相应的制裁。德国联邦高等法院对于已经产生流通效果的广告语，只要对企业具有附加的识别力（如一听到某广告就会联想到某企业），当其遭到模仿时，便根据该国《反不正当竞争法》第一条的规定予以保护。因为模仿他人广告语会导致在同类产品的市场交易中产生混同危险。而且，盲目模仿他人的著名广告语，足以使消费者和公众产生误解，从而使著名广告的广告能力出现稀释或淡化，削弱了他人的竞争优势，损害他人利益，同样被视为侵权。

（三）通过专利法抵制不正当竞争行为

许多广告牌的制作，本身形成批量化的生产，而且具有独创性，在未公开之前，可申请广告牌的外观设计专利。一些广告旗、广告招贴或标签、广告台历等都可申请外观设计专利而获得专利保护。一些依附于某个固定的广告载体上的艺术性广告文字或图案,亦可以申请外观设计专利而获得相应保护。

(四)通过商标法抵制不正当竞争行为

国外已有一些国家如德国,可将广告语注册为商标,从而获得商标法的保护,在我国尚未有这类商标。但将商标融入广告语中,从而获得商标法的保护,却是很值得探讨的一个保护方法。如"活力二八,沙市日化"的广告语,是商标"活力二八"与企业简称"沙市日化"的结合,这种广告语既突出了商标,又宣传了企业,商标增值,企业知名度也提高,而且不易被模仿。因为商标与企业名称都受国家法律的保护。

(五)通过广告法抵制不正当竞争行为

《中华人民共和国广告法》的第二章"广告内容准则",规定了许多不得为之的广告方法与表现形式。如第十二条规定:"广告中涉及专利产品或者专利方法的,应当标明专利号和专利种类。未取得专利权的,不得在广告中谎称取得专利权。禁止使用未授予专利权的专利申请和已经终止、撤销、无效的专利作广告。"第十三条又规定:"广告不得贬低其他生产经营者的商品或者服务。"从正面来说,依法使用专利做广告是合法的,但他人违反上述法律规定做广告,则直接或间接地侵害了他人的正当合法权益,应依法予以禁止。正当竞争的合法广告是知识产权的范畴,受到法律的保护。

(六)通过消费者权益保护法抵制不正当竞争行为

我国《中华人民共和国消费者权益保护法》第四十五条规定:"消费者因经营者利用虚假广告或者其他虚假宣传方式提供商品或者服务,其合法权益受到损害的,可以向经营者要求赔偿。广告经营者、发布者发布虚假广告的,消费者可以请求行政主管部门予以惩处。广告经营者、发布者不能提供经营者的真实名称、地址和有效联系方式的,应当承担赔偿责任。"这一规定实际上间接保护了正当合法从事广告宣传的经营者的知识产权。法律若不追究虚假广告者的违法责任,实际上等于损害真实广告者的利益。

三、反不正当竞争案例分析

案例 1:"东某阿胶"包装装潢被擅自使用构成不正当竞争

案情概况:东某阿胶公司生产的"东某牌"阿胶多次获得国家、国际金奖。公司发现,雷某公司等网上"自营旗舰店"销售和"东某阿胶"包装装潢相似的阿胶片,该产品系雷某公司委托某年堂公司加工定制,东某阿胶公司遂诉至法院,要求被告某年堂公司等停止使用相关包装装潢、赔偿损失 50 万元等。诉讼期间,侵权产品已下架。

法院认为,东某阿胶公司自主设计的包装装潢经过多年持续使用与宣传,为相关公众所熟知,具有较高的显著性和辨识度,起到了区别商品来源的作用,属于有一定影响的商品包装装潢。被诉侵权产品与"东某阿胶"产品系同类产品,两者的包装装潢虽然细节上略有不同,但整体视觉效果近似,极易造成一般消费者的混淆和误认。

被诉侵权产品系雷某公司委托某年堂公司加工定制,某年堂公司借用念某堂公司保健食品生产资质生产经营,三公司相互合作,共同侵权,损害了东某阿胶公司的商业利益,构成不正当竞争。

法院综合考虑"东某阿胶"市场知名度较高,某年堂公司和念某堂公司系重复侵权、主观恶意明显,雷某公司在委托生产时未尽合理注意义务,以及侵权产品销售时间短、标注的雷某商标对获利有一定影响、类案判赔额等因素,判决某年堂公司、念某堂公司、雷某公司立即停止经营涉案包装的阿胶产品并销毁库存侵权包装,共同赔偿 30 万元,雷某公司在 8 万元赔偿范围内承担连带赔偿责任。

法院认为,这一判决依法保护著名中医药企业商标、老字号、包装装潢等知识产权,切实维护消费者合法权益,弘扬诚信为本、守法经营理念的价值导向,有利于促进中医药行业公平竞争,推动中医药行业健康发展以及优秀中医药文化的传承。

案例来源:江苏省高级人民法院

案例 2:商标侵权与不正当竞争纠纷案——南京同某堂药业公司诉南京同

某堂乐家老铺保健品公司侵害商标权及不正当竞争纠纷案

案情概况：南京同某堂药业公司前身系北平同某堂京都乐家老铺南京分号，1926年在南京开业，2006年被认定为中华老字号，注册的"乐家老铺及图"商标被认定为驰名商标。南京同某堂药业公司曾与南京某保健食品公司合作，许可后者使用其商标以及将原字号变更为南京同某堂乐家老铺保健品公司。保健品公司曾在电视节目中宣称其销售的"龙玛显脉片"产品系与"南京同某堂"联合研制。相关部门认定其以隐蔽性植入广告和患者作形象证明等形式，变相为药品、保健食品等作广告，并夸大夸张宣传，严重误导广大消费者，甚至耽误患者及时就医，对公众生命安全造成危害，产生不良社会影响，遂责令相关广播电视机构停止播出广告。药业公司为此终止与保健品公司合作，要求保健品公司停止使用其字号、商标，并变更企业名称，但保健品公司仍在其网页、产品包装、宣传册、展会上突出使用"南京同某堂"或"南京同某堂乐家老铺"文字。药业公司诉至法院要求保健品公司停止突出使用商标和老字号、变更企业名称、消除影响、赔偿损失300万元等。

法院认为，双方合作关系终止后，保健品公司仍在类似商品上使用与药业公司注册商标"乐家老铺及图"相近似的商标，并使用"南京同某堂"与"南京同某堂乐家老铺"字号经营，有意攀附中华老字号与驰名商标声誉，并夸大夸张宣传，严重损害药业公司利益，误导消费者，危害公众身体健康和生命安全，对"南京同某堂""乐家老铺"的商业声誉造成严重负面影响，构成商标侵权及不正当竞争。法院判令保健品公司停止使用药业公司商标与字号、消除影响、变更企业名称，并赔偿损失300万元。

本案是加强保护著名中华老字号中药企业"南京同某堂"及其驰名商标"乐家老铺"的典型案例。法院判决严厉打击了相关经营者在合作关系终止后，仍然使用权利人的中华老字号及驰名商标，攀附其声誉，误导公众，并夸大夸张宣传产品，获取非法利益的行为，获得较好的法律效果与社会效果，有力维护了中华老字号中药企业的知识产权，为老字号中药行业持续良性发展提供了坚实的法治保障。

案例来源：江苏省高级人民法院

第三章

知识产权侵权判定

第一节　专利侵权的判定

判定专利侵权,首先要弄清楚专利的保护范围,确定了专利的保护范围,才能说明侵权物是否落入了这个范围,是否构成了侵权。然而,要弄清楚专利的保护范围,就必须先弄清楚专利的权利要求。专利的权利要求是确定专利保护范围最重要的法律文件,在专利侵权判定中起着至关重要的作用。

一、权利要求的解释与说明

（一）权利要求在专利侵权判定中的作用

权利要求书是专利申请文件里最为重要的部分。作为专利权客体的发明创造是无形的智力劳动成果,发明创造本身不适合作为确定专利保护范围的标准。目前,世界各国的专利制度可概括为以下三种类型。

第一种类型是以英、美专利制度为代表的周边限定制度。这些国家的专利法规定,专利的保护范围是由权利要求的文字决定的。权利要求不是关于发明创造的技术描述,而是描述专利保护范围的一个法律文件。好比在买卖土地时买卖双方所签订的地契,权利要求的作用是尽可能清楚地把这块地的边界线给划出来,而不是要具体描述这块地里长了什么作物、地势如何等。

第二种类型是以过去的德国专利制度为代表的中心限定制度。专利的保护范围由专利的说明书和附图来确定,在判定专利侵权是否成立时,法院不受权利要求的文字束缚，而是以权利要求为中心，全面考虑发明的目的、性质，以及专利说明书和附图所透露的内容。这类专利制度虽然可以给专利权人以公正的法律保护，但由于专利保护范围的不确定性，公众的利益经常得不到保障。

第三种类型是前两类制度的折中。专利的保护范围由权利要求的实质内容决定，而不是完全取决于权利要求的文字。《中华人民共和国专利法》第六十四条规定，发明或者实用新型专利权的保护范围以其权利要求的内容为准，说明书及附图可以用于解释权利要求的内容。

在鼓励发明创造和保护专利权的同时，法院应该如何平衡专利权人与公众的利益关系，如何解释专利权利要求，无论是理论界还是实践中都存在不同看法。根据我国的国情及经济、技术发展的现状，虽然专利法中规定了解释专利权利要求的折中原则，但法院在运用上应适当从严解释。不应该盲目地把专利权的范围解释得过宽，否则将影响到公众利益，阻碍国内经济、技术的发展。

在确定专利的保护范围时经常出现两个错误。一个是把专利的说明书作为确定专利保护范围的依据。通常专利说明书里有关发明创造的描述往往比权利要求部分更多、更广泛，但只要在权利要求部分里没有出现，这部分内容就不受法律保护。实践中经常出现的另一个错误，是把专利产品作为专利保护范围的依据。这种做法也是不准确的。专利产品是发明创造的具体体现，是权利要求保护范围里的一个特定点。如果把专利的保护范围缩小到这个特定点的话，专利权人的竞争对手就很容易逃避侵权责任，专利的价值就会大大降低。要克服这两个错误，就一定要认识权利要求的作用。

（二）解释权利要求的规则

1. 一般解释原则 无论是周边限定制度还是折中原则，在作专利侵权判定时，法院都要从解释专利的权利要求着手。权利要求是确定专利保护范围的标准，正确地理解权利要求是判定专利侵权的基础。这个基础如果不正确的话，建立在这个基础之上的结论也难免是错误的。由此不难看出，理解和解释权利要求这一步在专利法研究和专利侵权判定里的重要性。

权利要求在专利文件里不是孤立存在的,而是和专利文件的其他部分有着非常紧密的关系,所以,法院解释权利要求也就不能在真空的条件下进行。我国的专利法规定了法院解释权利要求离不开专利申请文件,尤其离不开专利说明书。

当权利要求的含义非常清晰的时候,一些法院就不再参考权利要求以外的东西来确定权利要求的含义了。另一些法院提出,尽管权利要求没有出现含糊不清的地方,法院仍然可以参考权利要求以外的东西,以更好地理解权利要求的含义。其实,权利要求在字面上不可能是完全清晰、准确的,权利要求的清晰程度取决于它所要表达的内容,只有了解了这个内容以后,法院才能决定权利要求到底是不是真的清晰、准确。由于文字的这个特征,真正的完全清晰、准确的权利要求极为少见。立法人员的文字表达能力一般都比较强,相比之下,发明人的文字表达能力相对较差。发明通常是指一个有形物,或者一系列图纸。把发明用文字的形式描述出来,并且要达到专利法的要求,在这个转变过程当中,文字和实际发明之间经常存在一定距离。在很多情况下,发明本身具有新颖性,但是文字却没有能够把这种新颖性准确无误地表达出来,有时候在字典里根本找不到相应的文字来描述发明。文字是为发明服务的,但发明并不是应文字的需要而产生。为了弥补文字的这个缺陷,专利法允许发明人使用自己的词汇来描述发明。在确定权利要求的含义时,必须通过参考所有有关文件去寻找感觉。这类文件大体分为三部分:专利说明书、附图和专利申请文件。

《中华人民共和国专利法》第二十六条也规定,专利说明书应当对发明或者实用新型作出清楚、完整的说明。权利要求书应当以说明书为依据,清楚、简要地限定要求专利保护的范围。在司法实践中,权利要求是确定专利保护范围的直接依据。专利说明书和附图在解释权利要求时处于从属地位。如果一项技术构思在说明书或者附图里有所体现,但是在权利要求里没有记载,这个技术构思就不在专利的保护范围之内。也就是说,专利说明书和附图本身不能够确定保护范围。为了弄清楚权利要求的含义,法院应当参考和研究专利说明书和附图,了解发明或者实用新型的目的、作用和效果。这种参考不是消极被动的,而应当是积极主动的。无论权利要求是不是有模糊不清的地方,都应当从一开始就参考说明书和附图来解释、理解权利要求。为了弄清楚权利要求里某个措辞的含义,也可以参考专利申请过程当中,申请人和专利局之间的来往文件。

在我国的专利司法实践中,根据专利技术的发明点来对权利要求进行从严解释的判例还不多见。说明书里的实施例在我国的专利司法实践当中对于充分公开、理解和再现发明或者实用新型,支持和解释权利要求都极为重要。我国法院使用说明书里的实施例来解释权利要求,但一般不用实施例来限制专利保护的范围。

2. 外来技术特征原则 外来技术特征就是存在于权利要求以外的技术特征。《中华人民共和国专利法》中没有"外来技术特征"的概念;在司法实践中,这个问题也并没有引起特别重视。但在法院审判专利侵权案件的过程中,不能用专利权人另一项相关专利的技术特征限定专利保护范围,也不能拿从属权利要求中的技术特征限定专利的保护范围,这一点在我国的司法实践中也是明确的。多数情况下,法院只依据专利独立权利要求中的技术特征来划定专利的保护范围。

3. 差别权利要求原则 如果同一个专利的两项权利要求使用了两种不同的文字和措辞,美国法院则推定这两种文字和措辞的范围是不一样的;否则,两个权利要求就完全重复了。这个原则在美国专利司法实践当中被称为差别权利要求原则。

关于"差别权利要求"的概念,《中华人民共和国专利法》中也没有出现。在专利司法实践中,法院确定专利的保护范围主要是看独立权利要求中由技术特征组成的保护范围,从属权利要求中的技术特征一般可以略去不考虑。但当独立权利要求中的技术特征表述不明确时,当独立权利要求的内容需要用说明书等加以解释时,法官往往将从属权利要求中记载的内容也当作对独立权利要求中技术特征解释的工具。独立权利要求中的特征与从属权利要求中的技术特征有矛盾时,以独立权利要求中记载的为准;独立权利要求中记载的技术特征不清楚时,则以从属权利要求记载的为准。当然,这种做法仅仅是在解释权利要求、确定专利保护范围时使用,并非将从属权利要求中的技术特征改写进独立权利要求。因为在我国,负责专利侵权诉讼的法院并无权修改或指令专利权人修改权利要求。

4. 对申请人自造词的解释原则 《中华人民共和国专利法》没有明确赋予专利申请人自己造词的权利。专利审查指南里规定,对于自然科学名词,或者按国家规定,或者采用约定俗成的统一称呼。使用新词语或外来语时,应当保证其含义对所属领域的技术人员来说是清楚的。说明书的内容涉及计量单位时,应当使用国家法定计量单位。随着科学技术的发展和语言的进步与丰富,在保护以"新颖性"和"创造性"为条件的发明创造专利中,必然有许多新词、新概念产生。对于传统的科学名词,使用国家规定或约定俗成的称呼,不仅便于专利审查,也便于对权利要求的解释。但对于新的技术内容、概念、词汇,应当允许专利申请人造词;否则,对技术特征的描述就会不准确。当然,专利申请人在权利要求中使用新词描述技术特征后,在说明书中对其新的词汇应当有所阐述,以免在侵权诉讼中,在确定保护范围时引起混乱。

实践中的规则是,当权利要求中出现了模糊不清的具体概念、措辞时,首先,应当用专利说明书对它进行解释;其次,可以考虑按同行业普遍常识或同行业人员是如何理解它的;最后才能考虑词典、字典中的解释,而不能把顺序反过来。不然,就可能会将专利技术特征的真实含义弄错,造成专利的保护范围解释错误。

(三)专利权利要求的解释权应当属于法官

在专利侵权诉讼中谁来解释专利权利要求,站在不同立场上的人有不同的看法。专利侵权案件里的被告和原告都不能胜任解释权利要求这个角色,因为双方大多没有受过正规的专利法律训练。而且,由于涉及自身的利益,被控侵权人几乎不可能对权利要求做出客观公正的解释。也有人认为,获得专利权的任何一项发明创造都是经过国家知识产权局审查授予的,专利局的审查员对每一项专利的保护范围是最清楚的,因此,应当由专利局的审查人员对专利的保护范围进行解释,这种观点在国内法院中有相当多的拥护者。世界知识产权组织编写的教程明确指出："什么东西在专利保护范围以内？在一般情况下,这是一切专利诉讼的关键问题。专利保护的范围由权利要求决定,这是各国共同的做法。而权利要求的含义要由法官解释。"

在我国的司法实践中,法官解释权利要求离不开技术专家,甚至可以说,在大多数专利侵权案件中,法院作出结论之前都要倾听技术专家的意见。在我国专利司法实践中,技术专家协助法官的方式可以分为三种情况:①召开专家咨询会。针对案件中遇到的技术问题,由法院邀请相关领域技术专家向法官提供咨询意见,以使法官在解释权利要求的保护范围或理解技术特征时把握得更准确。②进行技术鉴定。由法院委托相关技术领域的技术鉴定机构或者委托技术性民间机构,针对专利侵权案件中遇到的如何确定专利权利要求的保护范围、被控侵权物与专利保护范围是否相同、有否覆盖等问题进行比较鉴别,提出鉴定意见。③聘请技术人员做陪审员或技术调查官。在有些专利侵权案件中,技术问题较复杂,法院可以聘请相同技术领域的技术专家,经过一定的法律手续之后进入合议庭,成为合议庭的陪审员或技术调查官,与法官一同参与审判案件。这些临时技术法官的权利与义务同法官相同,在行使审判权的过程中,他们可以直接利用自己的专业技术知识解释专利权利要求。总之,对专利权利要求的解释权应当属于法官。但法官在行使这一权力时,还是要认真倾听有关技术专家的意见,具体方式可以有多种。只有这样,才能既体现出法律的严肃性、权威性,又能使法官对权利要求的解释更加客观、科学、公正。

二、专利侵权行为

一项发明创造经过发明人向专利局申请、专利局审查等法定程序之后,在符合法定条件的前提下将被授予专利权,这时,专利权人便依法享有专利权的全部内容。任何人在未经专利权人许可的情况下,违反法律规定,实施了他人的专利,都可能构成对他人专利权的侵害。而侵权人所实施的行为便是专利侵权行为。

一般情况下,专利侵权通常有生产性侵权、经营性侵权和间接性侵权三种。

生产性侵权包括两方面,一是生产、制造别人的专利产品;二是使用别人的专利技术直接或间接生产并营利。方法的使用,只要是为生产经营使用都构成侵权,自行设计制造一台他人专利产品然后为生产经营目的自用,这一制造行为及使用行为也构成生产性侵权。外观设计专利没有使用性侵权,而只有制造行为的生产性侵权。

经营性侵权实际是指销售侵权产品而构成的侵权行为。销售侵权应是明知是侵犯他人专利权而生产制造产品,并销售。这种明知应当建立在直接明知而不能以应知道为前提。例如,接到专利权人的通知或警告应视为直接明知,在《专利公报》上公告或在报纸上发表了声明,原则上不能作为明知之前提条件。最好通过公证机关、工商部门、管理专利工作部门的直接通知销售侵权产品者,这样的证据较可靠,一般的信函往往不足以证明专利权人已警告过销售者。

间接性侵权是以直接侵权的成立为前提条件的,如果直接侵权不成立,间接性侵权就不可能存在。而间接性侵权的成立,往往有某种程度上的共同故意或明知,间接性侵权通常有以下三种表现形式:①明知自己所生产的某个主要零件是为某个侵犯专利权者而特别制造的,且不具备通用性,这就有可能构成间接性侵权。②提供成套的生产配件由他人组装成产品,而这些成套的生产配件是成套销售的,其组装在一起必然构成侵犯他人专利的,应当视为间接性侵权,但如果所生产的是通用配件,别人购买以后,还需要加上其他配件才得以组合成产品,除有共同故意外,一般不构成间接性侵权。③转让许可性间接侵权,由于将某项技术转让给他人生产,甚至将某项专利许可给他人生产或使用。生产或使用者构成侵犯他人专利权,转让技术或许可专利一方亦可能构成间接性侵权。

(一)直接侵权

关于直接侵犯专利权,《中华人民共和国专利法》第十一条规定:"发明和实用新型专利权被授予后,除本法另有规定的以外,任何单位或者个人未经专利权人许可,都不得实施其专利,即不得为生产经营目的制造、使用、许诺销售、销售、进口其专利产品,或者使用其专利方法以及使用、许诺销售、销售、进口依照该专利方法直接获得的产品。外观设计专利权被授予后,任何单位或者个人未经专利权人许可,都不得实施其专利,即不得为生产经营目的制造、许诺销售、销售、进口其外观设计专利产品。"

《中华人民共和国专利法》规定,以生产经营为目的实施专利的行为才构成专利侵权。第七十五条规定,专为科学研究和实验而使用有关专利的行为不视为侵犯专利权。

专利具有地域性。换一句话说,每个专利都有自己的"国籍"。中国专利只在中国境内有效。拥有一项中国专利的专利权人,只能够在中国境内制止其他人制造、使用、许诺销售、销售、进口其专利产品,或者使用其专利方法,但他不能够在其他国家制止其他人未经许可实施专利技术的行为。如果其他人在美国境内制造、使用、许诺销售、销售、进口这种产品或者使用这种方法,这些行为不构成对中国专利的侵权。前面提到了制造、使用、许诺销售、销售、进口这五种行为是相互独立的,其中的任何一种都可以单独构成专利侵权。所以,如果其他人在美国境内制造了这种产品,再运到中国去销售,尽管在美国境内生产这种产品的行为是合法的,但他在中国境内销售这种产品的行为和买主在中国境内使用这种产品的行为,都分别构成了对中国专利的侵权。

专利还具有时间性。专利法规定了发明专利的有效期是自申请日起二十年,实用新型和外观设计专利的有效期分别是自申请日起十年、十五年。这个有效期是基于一个假设,即专利权人根据专利法的规定按时向专利局交纳专利维持费和年费。如果专利权人认为他的专利非但没有为他带来经济效益,支付专利维持费和年费反而成了一种经济负担,专利权人可以停止向专利局交纳费用,这个专利权就提前终止了。专利技术也就提前变成了公有技术。其他人实施专利技术的行为必须是在专利有效期间内发生,才构成专利侵权。

1. 制造 如果某个人没有经过专利权人的许可制造了专利产品,尽管他并没有使用或销售该专利产品,其行为也构成了直接侵权。常见的一种情况是,有些公司在专利权人的专利快要过期的时候开始制造产品,并且把制造好的产品贮存在仓库里,准备等到专利权过期以后再卖。在美国,这种行为也被认为构成了制造专利产品,属于直接侵权。

《中华人民共和国专利法》和专利司法实践中,不断出现和运用"制造"一词,但对于什么样的行为构成制造,似乎还没有详细研究,这方面的判例也不多见。但人们普遍认为,只要侵权物出现了,无论是已经被销售、使用,还是存放在仓库中,制造的行为都完成了。北京市高级人民法院发布的《专利侵权判定指南(2017)》第九十九条第一款指出,制造发明或实用新型专利产品,是权利要求中所载的产品技术方案被实现,产品的数量、质量不影响对制造行为的认定。这意味着,只要产品技术方案被实现,即使数量不多,也构成制造行为。

2. 使用　专利法授予专利权人制止其他人使用专利技术的权利,没有经过专利权人许可而使用专利技术的行为构成专利侵权。侵权产品的使用方式不仅仅局限于专利说明书中所列举的那几种用途。专利法不要求,而且很多情况下专利权人也不可能一一列举出专利产品的所有用途。很多美国法院把专利的保护范围延伸到和专利发明有关的所有用途上。例如,某个人拥有一项关于拉链的专利,他在专利说明书里提到了这种新的拉链可以用在服装上。另一个人则把这种拉链用在活页夹上。尽管专利权人没有在说明书中对这个特定的用途加以说明,但这个用途和专利发明的技术主题之间存在着一定的联系,这种使用构成专利侵权。这个原则在美国司法实践当中被称为"所有用途原则"。

在我国,对"使用"行为的理解一般是指使专利权利要求书中所说的那种产品得到了应用。而对于专利产品和专利方法的使用来说,又有细微区别。一种产品,按照它的技术功能,可以有一种或者几种用途,对"使用"行为而言,不论是用它的哪一种用途,也不论是反复连续使用还是只用一次,都构成"使用"。对于方法发明专利而言,"使用"是指为了实现专利说明书中所说的目的而使用专利权利要求范围以内的方法。只要被控侵权人的使用行为在专利的权利要求范围以内,就构成了"使用"侵权行为。

3. 许诺销售　指提供销售的表示,例如在商店橱窗陈列,或者展示推销的广告。

4. 销售　在我国,人们对专利法中讲的"销售"的理解是把权利要求书范围以内的产品从卖方转移给买方,买方把相应的价金支付给卖方的行为。

5. 进口 1984年颁布的《专利法》规定,方法专利的效力仅仅限于制止其他人没有经过许可使用专利方法。也就是说,方法专利的保护只限于专利方法本身。其他人在中国境外使用专利方法,并且把制造出来的产品进口到中国市场,这个行为不构成专利侵权。1993年1月1日实施的修改后的《专利法》在第十一条里又增加了一款:专利权被授予后,除法律另有规定的以外,专利权人有权阻止他人未经专利权人许可,为上两款所述用途进口其专利产品或者进口依照其专利方法直接获得的产品。2021年6月1日实施的专利法,制造、使用、许诺销售、销售、进口五种侵权形式被并列在一起叙述。

施行进口行为的主体不是负责办理具体输入货物行为的邮政、海运、航空、铁路等运输单位,而是进口物品的货主。物品到达了我国口岸,进口行为就算完成了,不一定非得进入海关以后才算是进口。即便是在海关以外的保税区里,专利侵权意义上的进口行为就被视为已经完成。

《中华人民共和国专利法》第十一条关于进口的规定都有为生产经营目的的表达。从这个限制可以推定出,如果纯粹是为了个人消费而从国外进口专利产品,或者依照专利方法直接获得的产品,这类行为不构成专利侵权。单纯为了出口而进口的行为,虽然是为了生产经营目的的行为,但它只是一种过境行为,而不是使用、销售专利产品或者依照专利方法直接获得的产品,所以也不属于专利侵权行为。

专利具有地域性。如果专利权人在中国和美国都有一项专利,这个专利可以是产品专利,也可以是方法专利。例如,甲在美国从专利权人或者经过专利权人授权的人那里购买了专利产品,或者购买了使用专利方法制造的产品以后,再把这个产品进口到中国。如果甲的这个进口行为没有经过专利权人许可,它仍然可以构成专利侵权;反过来,如果甲在中国从专利权人或者经过专利权人授权的人那里购买了专利产品,或者购买了依照专利方法直接获得的产品以后,再把这个产品进口到美国。如果甲的这个进口行为没有经过专利权人许可,也同样构成专利侵权。这里唯一的区别就是,如果这个美国专利是方法专利,专利权人可以要求美国海关扣压进口的产品,但如果这个美国专利是产品专利,专利权人就必须等到美国境内使用或者销售进口产品的行为发生以后,才能对侵权人提起诉讼。

专利权用尽原则是一项国际通用的准则。它是指专利权人在售出自己的专利产品之后,就没有权力再干涉他人对该产品的再次销售或使用。专利权人通过第一次销售已取得了合理的收益,法律没有必要给予专利权人双重的销售产品以获得利润的机会。如果法律允许专利权人继续控制销售之后的专利产品的流通和使用,这显然不利于公众社会的正常经济秩序。但"平行进口"的情形有些不同,进口商从国外合法购买了专利产品,然后在本国销售,属于和专利权人的进口平行的进口行为。虽然多数国家认为平行进口构成侵权,但具体是否构成侵权还需结合各国的法律体系和实际立法来判断。

6. 个人侵权责任 在《中华人民共和国专利法》中,对一般的专利侵权行为没有关于"个人侵权责任"的规定。只有在发生了严重的侵权行为的情况下,才由直接责任人员承担刑事责任。如《中华人民共和国专利法》第六十八条规定,假冒他人专利情节严重的,构成犯罪的,依法追究刑事责任。1997年修订的《中华人民共和国刑法》第216条规定了假冒专利罪。在商标法中,也规定了侵犯商标专用权的单位应赔偿被侵权人的经济损失,同时对直接责任人员可以依法追究刑事责任。

对专利侵权行为加强打击力度,重要的一条就是要让侵权人在经济上受到打击,不能让其因侵权行为获利。目前,我国专利侵权的被告许多是中小企业,或民办、集体企业。在专利侵权诉讼中,专利权人即使胜诉,也经常拿不到赔偿金。有的被告根本无力偿还,使专利权人总感到"赢了官司赔了钱"(多支付了律师费、调查费)。侵权行为也无法从根本上得到制止。解决这一问题,追究个人侵权责任无疑是一条出路。企业发生侵权行为,离不开决策者的决策,因此,在特殊情况下,企业在承担侵权责任的同时,决策者也应承担相应责任。只有这样,才能教育企业的决策者,提高对专利保护的认识。

(二)间接侵权

专利界人士普遍承认间接侵权是实际存在的,间接侵权应当和直接侵权一样受到法律制裁。我国《民法典》里明确指出:"教唆、帮助他人实施侵权行为的,应当与行为人承担连带责任。"

1. 间接侵权成立的前提条件　在我国的司法实践当中,专利权人提起侵权诉讼时,一般都把直接侵权人和间接侵权人列为共同被告。法院在审理侵权案件时,如果发现有间接侵权人的时候,通常会通知原告,由原告请求法院把间接侵权人追加为共同被告。如果专利权人只对间接侵权人提起侵权诉讼的话,专利权人必须向法院提供证据,证明直接侵权的存在。

间接侵权的另一个特点就是行为人要有主观故意。如果行为人在主观上没有侵犯他人专利权的故意,他的行为就不构成间接侵权。这一点和直接侵权非常不一样。直接侵权的成立与否和行为人是不是有主观故意没有直接联系。

2. 间接侵权的表现形式　在我国,认定这种形式的间接侵权的方法和美国的实践大致相同。法官也同样要看看直接侵权行为是否存在,出售零件的人是否有主观故意,他所出售的零件是不是专利产品或者用于使用专利方法的设备的专用品等几点。

例如,某食品厂在 1990 年 1 月 15 日获得了一项关于香蕉冰激凌及其包装的外观设计专利。1991 年 1 月,专利权人食品厂和利害关系人发现某冰果厂生产、销售形状和专利产品相同的香蕉冰激凌,要求冰果厂停止侵权行为。冰果厂提出自己并没有侵权的主观故意,生产香蕉冰激凌的模具不是本厂加工定做的,而是由某机械厂推销的。冰果厂根本不知道食品厂申请的专利外观设计是什么样子[①]。

运用我国有关法律规定进行分析,专利权人获得的是一种冰激凌及其包装的外观设计专利,制造这种外观的冰激凌需要有模具。用机械厂制造、销售的模具生产冰激凌时,制作出的冰激凌和食品厂获得专利保护的外观设计相同,冰果厂生产这种冰激凌的行为构成了直接侵权。由于原告专利保护的不是生产冰激凌的模具,所以机械厂制造、销售模具的行为不构成直接侵权。由于冰果厂的行为构成了直接侵权,制造、销售模具,引诱他人侵权的机械厂应当承

---

① 中国专利局管理部.中国专利纠纷案例选编[M].北京:专利文献出版社,1991:158.

担间接侵权的责任。

一般来说,仅是单纯购买一种产品还不足以构成引诱侵权。如专利权人甲拥有一项用来生产活页夹的方法专利。乙向丙订购了一种活页夹,丙使用甲的专利方法为乙生产活页夹。毫无疑问,丙是直接侵权人,但乙订购活页夹的行为还不足以构成间接侵权。如果乙认为利用甲的专利方法生产出来的活页夹质量好,特别限定了丙必须使用甲的专利方法生产他所订购的活页夹,在这一类特定的情况下,乙才负有引诱、教唆丙侵权的法律责任。我国的司法实践中,虽然没有使用引诱侵权这个词,积极引诱、教唆其他人侵犯专利权也同样被认为是间接侵权,必须承担专利侵权的法律责任。

3. 技术转让与间接侵权 转让技术构成专利侵权有两种情况:第一,在实用新型专利中,由于专利局不实行实质审查,造成重复授权的情况较多。两个发明的主题相同,技术方案相同,但申请专利、获得专利权的时间有先有后。当在后专利作为专利许可合同的标的物进行转让时,合同的受让方一旦实施,就有可能造成对在先专利的侵权。第二,由于技术落后或地区、行业差别,造成重复研究开发,又不注意进行文献检索,造成有的技术已经有人申请专利了,另一些人又把同一专利作为非专利技术进行转让。受让方实施技术的结果,可能造成对他人专利的侵权。

《中华人民共和国民法典》第三百一十一条明确指出:"除法律另有规定外,符合下列情形的,受让人取得该不动产或者动产的所有权:(一) 受让人受让该不动产或者动产时是善意;(二) 以合理的价格转让;(三) 转让的不动产或者动产依照法律规定应当登记的已经登记,不需要登记的已经交付给受让人。受让人依据前款规定取得不动产或者动产的所有权的,原所有权人有权向无处分权人请求损害赔偿。当事人善意取得其他物权的,参照适用前两款规定。"在专利侵权审判过程中,我国法院也通过适用这项基本原则维护被许可人的合法权益。只要第三人是善意取得专利技术的,法院就可以裁决非法转让人(即间接侵权人)承担侵权损害赔偿责任,而不裁决善意第三人(即直接侵权人)承担赔偿责任。即使判定由善意第三人承担了赔偿责任,他也可以依据许可合同向许可方追回这笔损失。如果裁决善意第三人必须停止实施他取得的专利技术,他因此所遭受的损失也应当由非法转让人来赔偿。

案例1:技术转让案例

许可人甲转让的是一项专利技术。被许可人乙拿到这项专利技术以后,独立设计出了他的产品。众所周知,专利保护的范围是由专利的权利要求决定的,专利的权利要求一般都有一个特定的范围,如果把这个权利要求想象成一条线的话,具体的专利产品只是这条线上的一个特定点。另一个专利权人丙也拥有一项专利。丙的专利是一项基本专利,甲的专利是一项从属专利。甲和丙的专利的权利要求范围有交叉。乙制造和销售的产品有可能落入了丙的专利权利要求范围里,也有可能不侵权。在这种情况下,甲转让给乙的是一项专利,一项专利是不可能对另一项专利构成侵权的,只有产品才能构成专利侵权。一谈到侵权,我们指的都是侵权产品或方法,"侵权专利"是不存在的。所以美国法院会判决乙直接侵权,甲是不承担任何侵权的法律责任的。

乙向甲支付了高额技术转让费以后,非但不能实施这项专利技术,而且还要赔偿丙的损失,这个结果对于乙来说当然是不公平的。但是在绝大多数情况下,甲属于善意的转让人,甲事先并不知道乙根据受让的专利,具体会设计出什么样的专利产品,这个专利产品会不会构成对其他专利的侵权。所以,甲很难对乙实施被转让的专利技术的行为不构成专利侵权这个问题作出承诺。甲转让的是专利技术,而不是专利保险,一概要求甲对乙的行为负责对甲也是不公平的。

4. 间接侵权与政府行为　根据我国的法律规定,公民个人的财产受法律保护。专利法承认发明创造是发明人、设计人或者他们所属单位的财产,任何人未经专利权人同意,不得使用专利技术。但由于专利权是一种带有垄断性的权利,考虑到国家利益和社会公共利益,专利法也做了一些特殊规定。如《中华人民共和国专利法》第四十九条规定:"国有企业事业单位的发明专利,对国家利益或者公共利益具有重大意义的,国务院有关主管部门和省、自治区、直辖市人民政府报经国务院批准,可以决定在批准的范围内推广应用,允许指定的单位实施,由实施单位按照国家规定向专利权人支付使用费。"这一规定就是人们常说的"国家计划许可"。

《中华人民共和国专利法》第五十四条规定："在国家出现紧急状态或者非常情况时，或者为了公共利益的目的，国务院专利行政部门可以给予实施发明专利或者实用新型专利的强制许可。"这条规定的强制许可有两个特点。

第一，这种强制许可不需要经过任何单位或个人的请求，只要国家出现了紧急状态或者非常情况或者是公共利益需要，国家知识产权局可以自行颁发强制许可证。这里所说的紧急状态或者非常情况通常是指发生了战争、国家遭到封锁、重大自然灾害等情况。公共利益需要是指公众对某种专利产品的需求非常迫切，需求面广，或者是某项专利发明对于改善自然环境极为有效和重要等情况，但不包括为了公共目的的商业性使用情况。

第二，颁发这种强制许可没有时间上的限制。授予专利权之后，甚至在授予专利权之前，只要国家出现了紧急状态或者非常情况，或者公共利益需要，国家知识产权局在任何时候都可授予强制许可。

对于国家知识产权局作出的强制许可的决定，专利权人不服的，可以向人民法院以国家知识产权局作为被告提起行政诉讼。法院只审查国家知识产权局作出的决定是否正确、是否符合法律规定，而国家知识产权局并不承担任何侵权责任。

三、专利侵权判定

进行专利侵权判定时，只有先根据说明书和专利申请文件解释完权利要求，确定了权利要求的范围以后，法院才把权利要求和被控侵权物做比较，判定侵权是否成立。在解释权利要求的时候，法院只考虑权利要求、专利说明书和其他专利申请文件，被控侵权物是不在考虑范围之内的。

（一）判定侵权的比较对象

在进行专利侵权判定时，法院首先遇到的就是拿什么和什么进行比较的问题。目前，各国的专利法都规定了专利权利要求是确定专利保护范围的依据。专利局在做专利审查时拿权利要求和现有技术做比较。法院在判断专利侵权是否成立时也同样要以专利的权利要求为出发点，把权利要求和被控侵权物进行比较。

在国内发生的专利侵权案件中,专利权人在法庭上常常把自己的专利产品和被控侵权产品一起作为侵权的证据交给法庭,被控侵权人在答辩过程当中也着重强调自己的产品和原告的专利产品存在哪些区别。如果法院也按照当事人的引导,直接拿原告的专利产品和被告的产品进行比较的话,得出的关于侵权或者不侵权的结论就有可能是不正确的。

在大多数情况下,专利产品和专利权利要求不是完全一样的。权利要求是在现有技术所允许的范围内,最大限度地描述专利权人要求保护的范围。专利权人自己生产或者是由专利权人许可其他人生产的专利产品只是这个范围里的一个特定点。也就是说,专利产品是专利发明的一个具体体现,而不是从整体上反映了受专利保护的全部内容。专利产品和专利权利要求是点和面的关系。被控侵权产品和专利产品不一样,并不一定意味着被控侵权产品就不在专利权利要求的范围内。只有在某些极为特殊的情况下,专利产品才和专利权利要求完全一致。果真如此,就会同时说明一个问题,那就是专利申请人在撰写权利要求的时候可能出现了严重失误。一个专利的商业价值是由它的权利要求的范围来决定的。权利要求的范围越宽,竞争对手就越难绕过这个专利,设计出类似的产品来和专利权人竞争,又不用承担专利侵权的法律责任。如果专利的权利要求范围窄到只够覆盖一个特定产品的话,它的商业价值就会大大降低,甚至是一钱不值了。

(二)特征分析法

判断专利侵权是否成立,法院会拿专利权利要求和被控侵权产品或者方法进行比较。但它们一个是文字,一个是实物,不能在整体上直接进行比较,所以进行侵权比较时,法院首先要把文字和实物都分解成技术特征,然后在技术特征这一级来进行比较。这种判定专利侵权是否成立的方法就是特征分析法。

在进行分析时,法院先将专利权利要求中构成技术方案的全部必要技术特征找出来,或将技术方案分解成各个组成部分。然后把被控侵权的技术方案(或组成部分)的全部特征找出来,列出数量及其名称。在我国,多数法院在审理案件时会要求双方当事人分别做出特征分析表,然后由法庭进行对比分析。对技术内容较复杂的,法院还会请有关技术专家帮助进行分析,弄清楚两者在名称、数量上是否一致。

(三)基本专利和从属专利

专利可以分为基本专利和从属专利两大类。基本专利是被授予的独立的、不依附于其他专利的最原始的专利。从属专利是指这项专利的权利要求覆盖了另一项专利权利要求里的所有技术特征。也就是说,从属专利保留了基本专利的所有技术特征,并且在这个基础之上又增加了一些新的技术特征,或者是发现了一种新的性能或者用途。比如甲拥有一项关于液晶显示电子计时电路的专利,乙把这种电子计时电路用于收音机的控制上,获得了一项关于钟控收音机的专利,乙的专利就是甲的专利的从属专利。丙有一项普通菜刀的专利,丁在这种刀的刀背上打上几个孔,使刀的重心下移,又在刀面上设有突槽,使被切好的东西顺槽脱离刀背,从而解决了丙的菜刀在切菜时经常被切好的东西贴附的问题,丁也获得了一项专利。丁的专利是丙的专利的从属专利。

在实践当中,绝大多数的专利都属于从属专利。根据技术特征全面覆盖原则,实施从属专利的行为构成对基本专利的专利侵权。这一点在各国的专利司法实践当中都是一样的。无论在中国还是美国,专利权人最难以理解、最经常提出的一个问题就是:为什么我有一项专利,我的专利技术跟从前的技术不一样,甚至比从前的技术还要先进,但我却不能够合法地使用我自己的专利技术?我使用的是我自己的专利技术,为什么还有专利侵权这个问题?

要回答这个问题,首先要弄清楚国家知识产权局授予专利的条件和法院判定专利侵权的标准是完全不一样的。在专利审查过程当中,专利局要审查的是专利申请里的权利要求所记载的发明创造是不是具有新颖性和创造性。也就是说,这项发明创造和已知技术相比是不是有所不同?只要和现有技术不一样,这种不同符合了新颖性和创造性等条件,专利局就可以授予专利权。在审查专利申请时,专利局并不考虑这项技术方案以后的实施问题。在专利侵权判定过程当中,法院要看的是被控侵权产品或者方法是不是具备了原告专利权利要求里的每一项技术特征。如果被控侵权产品或者方法具备了原告专利权利要求里的全部技术特征,专利侵权就成立。至于专利侵权案件里的被告是不是拥有自己的专利、是不是实施自己的专利技术,被告的技术是不是比原告的专利技术先进,这些问题都和判定专利侵权没有关系。

我国专利界的多数人士认为,从属专利与基本专利相比,通常在技术上要先进。如果基本专利的专利权人不同意从属专利权人实施专利技术,就会阻碍先进技术的实施,属于违反公共利益的行为。如果两个专利权人不能在合理的条件下签订实施许可合同,新技术就不能得到应用。为了排除障碍,使专利发明创造得到及时实施,从属专利的强制许可便应运而生了。在这种情况下,从属专利权人可以请求国家知识产权局作出对基本专利强制实施许可的决定。这种强制实施许可的决定可以在一定程度上限制基本专利权人的权利。

《中华人民共和国专利法》第五十六条规定:"一项取得专利权的发明或者实用新型比前已经取得专利权的发明或者实用新型具有显著经济意义的重大技术进步,其实施又有赖于前一发明或者实用新型的实施的,国务院专利行政部门根据后一专利权人的申请,可以给予实施前一发明或者实用新型的强制许可。"根据这一规定,颁发从属专利的强制许可必须满足以下条件:

第一,后一专利发明或实用新型一定要比前一专利发明或实用新型在技术上有重大进步,且具有显著经济意义。

第二,后一专利发明或实用新型的实施有赖于前一专利发明或者实用新型的实施。

第三,后一发明或者实用新型的专利权人曾经与前一发明或者实用新型的专利权人就许可问题进行过协商,但是没有能够在合理的条件下达成协议。

专利法在授予后一专利发明或实用新型的专利权人对前一专利发明或实用新型有申请强制许可的权利的情况下,同样也允许前一专利发明或实用新型的专利权人对后一专利发明或者实用新型有申请强制许可的权利。国家知识产权局在给从属专利权人强制实施基本专利的情况下,也可以根据基本专利权人的申请给予基本专利权人实施从属专利的强制许可。

（四）等同原则

专利侵权判断可以被分为两个步骤：第一步就是把被控侵权产品或者方法和专利权利要求进行比较。如果被控侵权产品或者方法具备了权利要求里的每一项技术特征的话，专利侵权就成立了；这一步在国内称为全部技术特征原则或全面覆盖即侵权原则，在美国称为字面侵权。两者说法不同，本质上是一样的。被控侵权产品或者方法不具备权利要求里的所有技术特征，并不等于专利侵权就不成立。法院还要再走第二步，看看被控侵权产品或者方法和专利权利要求所覆盖的技术特征是不是等同。

等同原则是指被控侵权产品或者方法和权利要求相比，两者只有一些非实质性的区别。在这种情况下，为了公平起见，法院就把专利保护的范围扩大到专利技术的等同物。值得注意的是，等同原则扩大的不是权利要求的范围，而是专利保护的范围。专利的权利要求并不因为法院适用了等同原则而改变。

在中国和美国，等同原则都是由法院根据实际需要而创立的。两国的专利法都没有对等同原则做明确规定。美国是案例法国家，案例一出来就成为法律的一部分。以后的法院在判案时，除非指出以前的案例在认定事实或者适用法律方面有错误，应该被推翻；否则法院一定要沿袭以前案例的做法。我国虽然不是案例法国家，但已经发生法律效力的判决，特别是上级法院的判决，对以后或者下级法院的法官判案会有一定的影响，有的还可以起参照作用。

案例 2：处方加减算不算侵权的问题

甲药厂生产了一种贴剂，获得了专利保护，专利文件中记载的产品配方为丁香、肉桂、荜茇三味中药，对小儿腹泻治疗效果很好，产品上市后销售很火爆。可不久，市场上出现了乙药厂生产的也用于治疗小儿腹泻的贴剂，乙厂的药品配方为丁香、肉桂、胡椒、五倍子四味中药。甲药厂将乙药厂告上了法庭。药方不完全一样，这种情况算不算侵权呢？经过严格的庭审和鉴定调查，人民法院终审判决乙药厂停止生产，赔偿甲药厂 40 余万元。这场官司运用了专利侵权判定中国际通用的等同原则，即被控产品以等同物替换的方式实现了与专利产品等同的技术方案和技术效果时，可以适用等同原则，判定被控侵权方侵权。此案中荜茇与胡椒功效、主治相同，即两种产品中的区别技术特征在本质上相等同，属于等同物，而被控产品中五倍子的加入并未使技术方案发生实质性改变，因此，被控产品与专利产品的技术方案是等同的，判乙药厂侵权也是必然的，这一案例实际上也回答了处方加减算不算侵权的问题。

（五）禁止反悔原则

专利的权利要求决定专利的保护范围。由于文字不像数字那么精确，经常出现模糊不清的地方，专利法就创立了一整套解释权利要求的方法。法院一方面要保护专利权人的合法权益，另一方面又要保证公众能够通过权利要求了解专利的保护范围。为了同时满足这两方面的需要，法院设立了两个互相制约的原则：一个是为了保护专利权人的合法权益，把专利保护范围扩大到发明创造的等同物的等同原则；另一个就是为了保护公众利益不受侵害，防止专利权人出尔反尔，任意扩大专利保护范围的禁止反悔原则。

在我国，国家知识产权局专利局的审查员在进行专利审查过程中，认为专利申请不符合授予专利的条件时，也要向专利申请人发出审查意见通知书，要求专利申请人陈述意见。这时，专利申请人必须讲明发明创造和已知技术相比到底有哪些区别。专利申请人也可以对权利要求作一些修改，根据现有技术对权利要求重新划界，更明确地把发明和已知技术区别开。专利申请人一旦对权利要求进行过修改或陈述了意见，在以后专利侵权诉讼过程中，被控侵权人就可以根据专利申请文件里记载的有关内容，要求法院对专利权利要求做出前后一致的解释。所谓禁止反悔原则，顾名思义，就是指如果专利权人在专利申请过程中放弃了某些内容，在以后的专利侵权诉讼过程中，专利权人就不能够再把这些内容重新"捡回来"，并且用来对抗被控侵权人。

禁止反悔原则在我国也是由法院创立的一项原则，《中华人民共和国专利法》中没有明文规定。我国的法官认为，在专利申请和专利侵权审判过程中，专利权人对权利要求的解释应该一致。专利权人不能够为了获得专利，在专利申请过程中对权利要求做出狭义的或者较窄的解释；而在以后的专利侵权诉讼过程中，为了使权利要求能够覆盖被控侵权物，又对权利要求做出广义的、较宽的解释。对于在专利申请过程中已经承诺、认可或者放弃的那部分内容，专利权人在以后的专利侵权诉讼过程中不能反悔。任何发明人申请专利时都想得到一个较宽的保护范围,这是可以理解的;但是,如果权利要求限定的保护范围过宽,就会侵害公众利益。因此,专利申请人为获得专利权,有时不得不按照专利审查员的意见,对权利要求中一些保护范围过宽、模糊的地方,以及和现有技术相似的技术方案、技术特征做出说明,在说明过程中不得不放弃、修改及承诺一些技术内容。不这样做,专利权人就可能得不到专利权。对于专利权人在申请过程中已经放弃的东西,在以后专利侵权诉讼中不能允许专利权人再"捡回来"。我国的专利法虽然没有强调专利申请文件对于解释权利要求、确定字面侵权和限制适用等同原则这两个不同阶段里的不同作用,但专利申请文件的这两种作用都已经在多起专利侵权案例里面有所体现。

在多数专利侵权案件里,法院一旦发现专利权人在专利申请过程中所做的陈述或者对权利要求的修改,具有禁止反悔效力,就立刻判定专利侵权不成立。在少数案件的判决里,法院提到由于专利权人在专利申请过程中对专利发明做过狭义的解释,这种解释具有禁止反悔的效力,所以,被控侵权产品或者方法不等同。《最高人民法院关于审理侵犯专利权纠纷案件应用法律若干问题的解释》第七条第二款规定了等同原则:被诉侵权技术方案包含与权利要求记载的全部技术特征相同或者等同的技术特征的,人民法院应当认定其落入专利权的保护范围。此外,该解释的第六条还规定了禁止反悔原则,即在专利授权或者专利无效宣告的程序中,专利申请人/专利权人通过修改或者意见陈述而放弃的技术方案,不能在侵犯专利权案件中又将其纳入专利权保护范围。该禁止反悔原则构成对等同原则适用的一种制约。

(六)现有技术和等同原则

我国学术界对一旦认定被控侵权产品属于现有技术,法院就可以判定专利侵权不成立这一点存有过一定分歧。一些学者认为,以现有技术来判专利侵权不成立,不符合专利法里的有关规定。法院的职责是把专利权利要求和被控侵权产品或者方法进行比较,判断专利侵权是否成立。至于专利技术是否覆盖了现有技术,这个问题只能由负责审理专利无效请求的专利局复审和无效审理部和相关法院等单位来回答。这种观点实际上是把判定专利无效和判定等同的范围这两个问题给弄混了。法院在这里并不是要根据现有技术宣告专利无效,而是要依据现有技术得出专利侵权不成立的结论。法院在这里要决定的是这个有效专利的权利要求的等同范围有多大。等同的范围越大,覆盖被控侵权物的可能性就越大。专利权人都希望这个等同的范围越大越好。当等同的范围扩大到一定程度以后,就有可能和现有技术产生交叉。如果专利局不能给覆盖了现有技术的权利要求授予专利权的话,那么,法院也同样不能够把覆盖了现有技术的等同范围作为判断专利侵权的依据。决定等同的范围是判定专利侵权的一个重要组成部分,明显是属于法院的职权范围。

(七)全面覆盖原则

2009 年 12 月最高人民法院出台了新的《关于审理侵犯专利权纠纷案件应用法律若干问题的解释》,该解释第七条规定:"人民法院判定被诉侵权技术方案是否落入专利权的保护范围,应当审查权利人主张的权利要求所记载的全部技术特征。"2015 年 1 月最高人民法院公布了修改后的《关于审理专利纠纷案件适用法律问题的若干规定》,此次修改将原条文中"权利要求书中明确记载的必要技术特征"修改为"权利要求记载的全部技术特征"。2017 年 4 月北京市高级人民法院公布了《专利侵权判定指南(2017)》,该指南明确指出:"全面覆盖原则是判断一项技术方案是否侵犯发明或者实用新型专利权的基本原则。具体含义是指,在判定被诉侵权技术方案是否落入专利权的保护范围,应当审查权利人主张的权利要求所记载的全部技术特征,并以权利要求中记载的全部技术特征与被诉侵权技术方案所对应的全部技术特征逐一进行比较。被诉侵权技术方案包含与权利要求记载的全部技术特征相同或者等同的技术特征的,应当认定其落入专利权的保护范围。"

具体来说,全面覆盖原则也被称为全部技术特征覆盖原则或字面侵权原则。在实际操作中,需要将被控侵权方案与专利权利要求中的每一项技术特征进行对比,确保每一项技术特征都得到体现。只有当被控侵权物或方法具备专利权利要求中所描述的所有技术特征时,才能认定为侵权。此外,全面覆盖原则强调的是"全面"和"覆盖",即被控侵权物必须包含专利权利要求中的全部必要技术特征,不能缺少任何一项。这一原则与等同原则不同,后者允许在某些情况下即使被控侵权物没有完全覆盖所有技术特征,但如果其功能、效果与专利权利要求的技术特征相同或相近,也可能被认定为侵权。

《中华人民共和国专利法》把发明专利和实用新型专利都规定在同一部法律里。实用新型又称为"小发明",是指对产品的形状、构造或者两者的结合所提出的适于实用的、新的技术方案。我国的实用新型专利制度对创造性或者"发明高度"的要求比较低,只要求发明创造具备实质性特点和进步,也就符合了所谓创造性条件。在审查、批准的程序上,专利法规定不对实用新型专利申请进行实质审查。因此,实用新型专利从申请到获得专利保护所需要的时间比较短。这对于保护小改革的"小发明"无疑起到积极的作用。由于实用新型专利制度的这些优点,许多发明人乐于选择实用新型专利保护。我国对实用新型采用的是初步审查制,实际上就是登记制。由于没有经过实质性的审查,实用新型专利的质量经常得不到保障。法院在判定实用新型专利的侵权问题时就要更加谨慎。

在实践中经常可以看到,实用新型专利的权利要求里面混进了不属于实用新型专利的保护内容。实用新型专利的保护范围比较窄,只保护产品的形状、构造及其组合的发明,而不保护方法发明。有少数方法发明的权利人,为了及早获得专利权,利用实用新型审查简便的特点,将方法发明以实用新型专利的方式要求保护。

根据《中华人民共和国专利法》的规定,在审查实践中,对实用新型没有实行实质审查制,专利法在权利要求的撰写方面,也没有把发明与实用新型加以区别。因此,必然会有些不属于实用新型保护的内容以各种形式的技术特征写入实用新型权利要求之中,形成混合型权利要求,而使许多带有非实用新型技术特征的专利申请获得了实用新型专利权。这就涉及一个问题,即一旦发生侵权纠纷,法院怎样看待实用新型权利要求中的非实用新型技术特征。

在国家知识产权局的实际审查中,对产品与方法的划分,只能掌握到实用新型名称(或标的物)这一层次。也就是说,审查中只要求前序部分主题名称是产品而不是方法,但要从每一个技术特征来加以区别是有实际困难的。因此,相当多的实用新型权利要求中含有用途、制造工艺(加工方法)、使用方法、材料成分(组分、配比),甚至是微观结构等技术特征。严格来说,这些特征都可以称为非实用新型技术特征或非专利技术特征。含有这类特征的实用新型权利要求均可以称为混合型权利要求。

从目前的实际情况出发,要想杜绝这种混合型的权利要求是不可能的。在与第三人发生侵权争议时,这种权利要求可能处于不利地位。从专利权的保护范围来看,权利要求中的每个技术特征都构成对保护范围的限制,当和被控侵权物相比较时,每一个必要技术特征都要予以考虑。除非法官认为某一特征不是必要的技术特征,否则除掉一个必要技术特征就是扩大了授权时已限定的保护范围。因此,一般来说,实用新型权利要求中的非实用新型技术特征在侵权诉讼中,原则上都要予以考虑。这一点同无效宣告请求程序中考虑的理由正好相反,在无效程序中,如果一个新的技术议案对现有技术的改进主要不是在于形状、构造或其结合时,勉强申请实用新型专利以后,很有可能在无效程序中被埋葬。

既然没有经过无效程序,含有非实用新型技术特征的专利权仍有效存在,在侵权判断中,对它的保护范围的划定就应当严格按照权利要求书记载的内容。在专利侵权诉讼中,法院不能允许实用新型的专利权人争辩说这些特征是非实用新型技术特征,或者简单地归为非必要技术特征,要求法院不予以考虑,否则就是承认了权利要求中有不能用实用新型专利保护的内容。因为一项权利要求是一个整体,混合型权利要求本来就不应给予保护,既然授权时容忍了,就只能看作审批中的缺陷。一旦授了权,在侵权争议中绝不能轻易删除某些技术特征,其中当然包括非实用新型技术特征。

如果允许实用新型的专利权人在专利侵权诉讼中删去非实用新型技术特征,等于扩大了专利的保护范围,对公众是不利的,在这种情况下,法院不能运用多余指定原则判定侵权。

附:外观设计侵权判定

《中华人民共和国专利法》保护的对象,除发明、实用新型以外,还包括外观设计。外观设计虽然也作为发明创造的一类,但外观设计和发明、实用新型在判断侵权的方法上有很大不同,在进行外观设计的侵权判断中也有许多值得研究的问题。

1. 外观设计专利的保护范围 《中华人民共和国专利法》第二条规定，外观设计是指对产品的整体或者局部的形状、图案或者其结合以及色彩与形状、图案的结合所作出的富有美感并适于工业应用的新设计。根据这个规定，我国外观设计的对象必须符合五个条件。

第一，外观设计必须以产品为载体，不能脱离具体的产品。如果一种创新的形状、图案没有在产品上应用，它就不能作为外观设计的保护对象。

产品是指除了作为外观设计载体以外，还有其独立用途的各种制成品。产品可以是有一定形状的各种立体产品，也可以是壁纸、布料、瓶贴、包装纸等各种平面产品，但不能单独使用的物品不能算作产品，如刀具和水杯的把手、高跟鞋的鞋跟。要保护一种新型的把手或鞋跟时，应当连同刀具、水杯或皮鞋一起保护。专利法要求申请人在申请一项外观设计专利时，要在请求书中写明使用这项外观设计的产品名称。

第二，外观设计必须以产品的形状、图案、色彩为对象。外观设计是以具体产品的形状、图案或其结合或者是色彩与形状、图案的结合为设计对象的，没有固定形状的物质和产品，如气体、液体、粉状物等，是不能作为外观设计保护对象的。

外观设计的形状是指对立体或平面产品外部的点、线、面的移动、变化、组合而呈现的肉眼可以观察到的外表轮廓，一般是对产品的结构、外形等同时进行设计的结果；图案是指把设计构思所产生的线条、图形或变形文字的排列、组合，通过印刷、编织或其他手段在产品的外表形成的肉眼可以观察到的图形；色彩是指产品外表面使用的装饰性颜色或者颜色的组合，产品材料的本色，如金、银制品本身的色泽，不是外观设计所保护的色彩，但这些颜色的变化、组合可以按图案对待。

形状是产品必须具备的空间特性。图案和色彩并不是每件产品都必须具有的。事实上没有图案和外观设计中所称的色彩的产品是普遍存在的。只有形状即可以单独作为产品的外观设计给予保护，图案和色彩必须依附于一定形状的产品表面，形成形状图案、形状色彩或三者结合的外观设计。有些产品,可以认为是平面产品,如布料、纺织品,作为外观设计时其厚度和平面形状不是设计的主要创作部位,这时只以图案或者以图案和色彩的结合提出外观设计也是允许的。

外观设计只保护肉眼可以看见的形状、图案和色彩。要在放大镜下才能观察到的设计是不能受到保护的。另外,外观设计只对产品本身的形状给予保护,用产品形成的其他形状是不受保护的。如手帕、缎带本身都是平面产品,把它们扎成花以后就不能再作为手帕和缎带享受保护了,只能作为花这种产品享受保护。

第三,外观设计必须富有美感。根据专利法规定,只有那些通过视觉使人产生美感的产品的外观设计才能享受法律保护。富有美感是一种带有相当多主观色彩的条件,由于人生活环境、文化修养、爱好和习惯的不同,对同一产品的看法往往会有很大差异,过分强调这个因素会造成审批结果的不统一。所以,在实际中只要不是极为丑陋的或违反社会习俗的,能为大多数消费者接受的,一般都可以认为是富有美感的。一项外观设计是否富有美感,这只是专利局在授权审查中考虑的问题。法院在外观设计侵权判定中,一般不予考虑。有人认为,在专利侵权中,法院应当以产品的整体美感效果作为评判是否相同或相近似的依据,这种观点是不妥的。

第四,外观设计必须适于工业上应用。所谓适于工业上的应用,是指使用这种外观设计的产品能够在工业生产或者手工业生产的过程中大批量复制。不能通过工业生产过程形成的物品是不能作为外观设计的载体的。不能复制或者不能大批量复制的物品也不能作为外观设计的保护客体。如绘图、雕塑等艺术作品,桥梁和固定建筑物等的造型。

第五,外观设计必须是一种新的设计。新设计的含义,是指它不能是以常见的形状、图案为基础在同一种产品上的设计,也不能是在同一种产品上的为公众所知的设计。如用三角形、正方形、长方形设计的头巾,以圆柱体、正多面体、长方体设计的罐盒等。

《中华人民共和国专利法》第六十四条规定:"外观设计专利权的保护范围以表示在图片或者照片中的该产品的外观设计为准,简要说明可以用于解释图片或者照片所表示的该产品的外观设计。"由此可见,外观设计虽然不要求申请人提交权利要求书,但是权利要求还是有的,它具体表现在外观设计专利产品的主视图、后视图、俯视图、仰视图、左视图、右视图、斜视图、(局部)放大图、展示图等图形上。也就是说,外观设计专利的保护范围是由专利权人在申请专利时向国家知识产权局提交的图片、照片及相关说明确定的。在进行侵权判断时,法院也应当以此作为确定外观设计保护范围的依据。

根据我国法院制作判决书的格式要求与惯例,在判决书上是不能出现附图的。这一点对一般案件而言并不重要,但对外观设计侵权案件的判决来说,就显得有些欠缺。有的案件只要一看图片和照片,其保护范围和是否构成相同、相近似就一目了然;用文字表达不仅烦琐,而且也很难表达清楚,便从判决中看不出到底是怎么回事。

外观设计专利侵权的比较对象同发明、实用新型专利侵权判断的比较对象不同。在外观设计专利侵权判断中,主要是把被控侵权物或被控侵权物的图片、照片和外观设计专利的图片或者照片中表示的形状(造型)、图案及色彩进行比较,对比两者是否相同或相似。如果两者相同或相似,侵权成立,否则就不构成侵权。应当注意的是,外观设计专利受到保护的是由专利权人在申请专利时提交的图片或照片中表示的某项产品的外观设计。产品只是外观设计的必要载体,但不是外观设计本身。如果专利权人在专利申请以后对产品的外观进行了改动,新的设计就可能不再受到原有的外观设计专利的保护了。在侵权判断中,作为比较的依据应当是申请人向国家知识产权局提交并且经过其授权公告的图片、照片,而不应当是专利权人在申请专利之后制造的专利产品。只有前者才是确定外观设计专利的保护范围的基准。

2. 外观设计侵权的判定标准

(1)关于相同产品的分类:《中华人民共和国专利法》第二十三条规定:"授予专利权的外观设计,应当不属于现有设计;也没有任何单位或者个人就同样的外观设计在申请日以前向国务院专利行政部门提出过申请,并记载在申请日以后公告的专利文件中。授予专利权的外观设计与现有设计或者现有设计特征的组合相比,应当具有明显区别。授予专利权的外观设计不得与他人在申请日以前已经取得的合法权利相冲突。本法所称现有设计,是指申请日以前在国内外为公众所知的设计。"在授权审查中,为了更好地执行这一规定,国家知识产权局在《专利审查指南》中规定了一系列审查原则和基准。

外观设计的分类方法采用国际外观设计分类表分类。1996年9月19日《建立工业品外观设计国际分类洛迦诺协定》在我国正式生效。洛迦诺协定表采用两级分类制,用阿拉伯数字按顺序编号,一共设有32个大类,200多个小类,商品列表中包括6 600多个产品系列。

在授权审查中,国家知识产权局要根据国际外观设计分类表,看申请外观设计专利的产品属于哪一大类,哪一小类。分类应当以记载在图片或者照片中的产品为依据,并参考记载在请求书中的使用外观设计的产品名称等作出。

在侵权诉讼中,法院怎样根据外观设计分类判定专利侵权。目前比较权威的观点是外观设计专利权的保护范围应该限制在相同产品或者用途相同的同类产品上。确定外观设计专利产品的类别范围,应当以《国际外观设计分类表》为标准。一件外观设计专利所能够覆盖的产品范围应限于同一小类的产品。

(2)判定是否具有明显区别的尺度:要想对某件事物做出正确判断,首先必须根据该事物的固有属性来确定出有资格和能力对它进行正确判断的人选,否则就不可能得出前后一致和公正的判断。判断被控侵权物与外观设计产品是否具有明显区别、是否构成侵权也是一样,不同水平的人站在不同的立场上,用不同的眼光,会得出完全相反的结论。所以,在外观设计侵权判断时,必须有一个相同的尺度、相同的标准。

我国《专利审查指南》在谈到判断外观设计是否具有明显区别时,强调的尺度是按一般购买者水平判断。一般购买者指的是有关领域里的普通消费者,而不是指专家或专业技术人员。有些相近似的产品的细微差别,专业人员能很容易地辨别出来,一般的购买者往往会忽略掉。专利审查人员要从一般购买者的角度进行判断。

授权的外观设计属于发明创造,外观设计的具体表现形式是对产品外表款式的创新设计。判断产品创新设计在很多情况下是一般购买者所不能及的,以一般购买者的水平来执行《中华人民共和国专利法》第二十三条规定的授予外观设计专利权的标准是不科学的,所得出的判断结论也不可能是正确的。真正有能力判断产品的设计是否和已知的设计相似,应该以相关技术领域的普通设计人员的水平为准,而不应该以一般购买者的水平为准。专业外观设计人员的分辨力高,他们对外观设计的要求也就相对较高。如果以一般购买者的水平为标准,则必然导致一些水平很低的外观设计,仅仅由于没有造成购买者把新的设计和已有外观设计相混同而获得专利权(实际上外观设计专利申请与实用新型一样,采用初步审查制;这里探讨的原则主要是指在无效宣告程序)。这既不能体现出授予专利权的外观设计所固有的属性,也不利于实现专利法的立法宗旨。

在侵权判定中,法院应当以什么标准认定侵权是一个完全不同的问题。当一项外观设计申请被授予专利权后,它的保护范围也随之确定。外观设计专利保护的目的在于防止不正当竞争,防止抄袭、仿冒行为的发生,使消费者把一种产品误认为是另一种产品。所以判断外观设计专利侵权的标准应该是普通消费者,而不是所属领域的专业技术人员。

(3)功能性部分不能作为判定侵权的依据:功能性部分通常不作为判定外观设计专利侵权的依据,因为外观设计专利的核心在于保护产品的视觉美感和装饰性特征,而非其功能或技术性能。根据《中华人民共和国专利法》第二条第四款的规定,外观设计是指对产品的形状、图案或者其结合以及色彩与形状、图案的结合所作出的富有美感并适于工业应用的新设计。这意味着外观设计专利的核心在于保护产品的外观美感,而非其功能性特征。根据《最高人民法院关于审理侵犯专利权纠纷案件应用法律若干问题的解释》第十一条的规定:"人民法院在认定外观设计是否相同或者近似时,应当根据授权外观设计、被诉侵权设计的设计特征,以外观设计的整体视觉效果进行综合判断;对于主要由技术功能决定的设计特征以及对整体视觉效果不产生影响的产品的材料、内部结构等特征,应当不予考虑。"

(4)判定具有明显区别的方法:在外观设计侵权判定中,判断两个产品外观是否相同比较容易。但在现实生活中,被控侵权产品往往要改头换面,很少完全照搬照抄,如产品形状、大小发生变化,图案有所改变等;在这种情况下,法院就要看被控侵权产品和专利设计是否具有明显区别,如果两者区别不明显,根据等同原则,专利侵权成立。法院在做判断时,要把被控侵权产品和专利设计进行整体比较;如果被控侵权产品和专利设计只有微小差别,被控侵权产品就落入专利保护的范围之内[①]。

（5）关于对色彩的保护:外观设计专利保护的是产品的形状、图案、色彩或者其结合。在进行侵权判断时,法院应当把对产品形状(造型)的比较作为重点。只要形状相同或相似,法院就可以认定侵权。外观设计的图案和色彩可以看作是形状的从属因素。图案和色彩是很难分开的,任何一种图案至少有一种颜色,有时图案本身就是由色彩组成的。申请外观设计专利的色彩是指用于产品上的颜色或颜色的组合。色彩是不能脱离产品而单独存在的,同时产品也必须有固定的形状。由此可见,一般情况下,外观设计可以视为形状、图案、色彩三个要素的组合。

在申请专利时,当要求保护的外观设计主要部位着重于色彩时,申请人就必须声明要求保护色彩。这时,申请人除提交一份黑白照片外,还应当提交一份彩色照片,并在简要说明中注明请求保护色彩,而不必用文字说明具体的颜色。色彩很难用文字准确表达,尤其是当一件产品的外观色彩是多种颜色组合时更是如此。

在进行侵权判断时,如果外观设计专利要求保护的是色彩,而被控侵权产品与专利权人声明保护的色彩相同,就构成了侵权。法院怎样看待在一项外观设计中的形状、图案和色彩三者之间的关系呢? 如果外观设计专利的图片和照片中没有说明要求保护色彩,那么,其他人在相同的产品中采用了与专利设计不具有明显区别的形状就构成侵权。采用了与专利设计不具有明显区别的形状,并增加了色彩,仍然构成侵权。如果专利要求保护色彩,其他人在同类产品中采用了不具有明显区别形状,色彩也相同,侵权成立。如果被控侵权物的色彩相同,形状具有明显区别,就不构成侵权。

有关外观设计专利形状相同,色彩不同是不是也构成专利侵权呢? 我国司

---

① 汤宗舜.专利法教程[M].北京:法律出版社,1988:238.

法界对此问题一直存有争论。有人认为,当没有色彩保护要求的外观设计已满足了授权条件时,即使专利权人没有要求色彩保护,在授权后也不会因没有色彩而影响专利的保护范围。有的学者则提出,外观设计专利之间也存在从属关系,可以用从属关系来解决形状、图案、色彩之间的关系。假定甲设计了一种造型特殊的茶杯,甲可以因此获得一项外观设计专利。乙在甲设计的无色透明的茶杯上添上醒目的特殊的色彩图案,使之很容易和不具备这种彩图的茶杯相区别,乙也获得了一项外观设计专利。乙甚至还可以要求保护这种特殊的色彩。但是,乙获得专利并不意味着乙可以无偿使用甲的专利,不经过甲的许可擅自生产这种特殊造型的茶杯。乙的专利实施显然有赖于甲的专利实施。具有乙设计的特殊彩图的茶杯,尽管与没有这种特殊图案的茶杯有明显区别,但因两者造型相同,都有别于其他造型的茶杯,乙要生产这种造型特别并且自己设计彩图的茶杯,就必须向甲方支付专利使用费;反之,甲在实施自己的专利时,当然也不能不经过乙的许可擅自使用乙的特殊图案。这就是上述两个外观设计专利之间的关系。有人发明了四人象棋,新的棋盘已获得外观设计专利;如果另外有人在这种棋盘上覆盖大面积的浅色底纹,并且在四角或四边添上特殊的醒目的标志或彩色图案,造成与原棋盘有明显区别,当然也可获得外观设计专利。但后者实施自己的专利显然应向前一专利权人支付专利使用费。如果法院不承认这样构成的新的外观设计是从属于原先的外观设计的,允许新专利的获得者无偿使用原先的专利,那么任何一个外观设计都可能被轻易侵犯[①]。

3. 对不该授权的外观设计怎样保护　在外观设计侵权判断中,有时会遇到外观设计专利产品的形状是公知的、常见的,而又无图案及色彩标注,致使保护范围过宽。有时外观设计专利产品中包含了功能特征。对于这些有授权不当之嫌的外观设计专利,在侵权诉讼中,可以由当事人通过反诉专利权无效或请求撤销专利权的方式解决,而不宜直接由法院认定该外观设计由于不符合专利性条件而不能得到保护。

---

① 陆牛.外观设计专利之间的从属关系[N].中国专利报,1996-7-3.

根据《中华人民共和国专利法》的规定,我国专利权的授权机关只有国家知识产权局;有权对授权不当的专利权作出无效行政决定的只有专利局复审和无效审理部。

在我国司法实践中,对于上述权限的分界已基本形成了共识。因此,一项外观设计申请只要获得了专利权,就应当受到法律保护。当事人如果对这项外观设计专利权的效力有异议,应当通过请求宣告无效等途径解决,受理侵权案件的人民法院无权对专利权的效力问题在侵权诉讼中一并解决。

四、侵权抗辩

在专利侵权诉讼中,原告对被告即专利权人和其利害关系人对被控侵权人的侵权指控不一定全部成立;在很多情况下,被告被指控的侵权行为并不能认定构成侵权,被告可以针对侵权起诉从多个方面进行抗辩。

(一)专利无效

专利侵权诉讼中,最常见的抗辩就是请求宣告专利无效。专利权人拿着专利证书到法院打官司,法院假定凡是经过国家知识产权局审批、授予的专利,都符合专利法关于授予专利的要求,都是有效的专利。但是,专利的有效性只是一个假定,而不是绝对的。例如:在审查一项发明是不是具有新颖性的时候,专利局很难做到对国内外的所有有关出版物进行无一遗漏的检索。又如:按照《中华人民共和国专利法》规定,对实用新型和外观设计专利申请,并不对其进行全面的实质审查,只进行初步的形式上的审查。基于这些原因,各国的专利法都允许公众对专利的有效性提出质疑,更允许被控侵权人在专利侵权诉讼中对专利的有效性提出挑战。只要被控侵权人能够证明原告的专利是无效的,他就不用承担专利侵权的法律责任。可见,专利法规定无效程序的目的在于,通过公众的监督,保证专利权的质量,维护公众的合法权利。

根据我国最高人民法院司法解释的有关规定,专利侵权诉讼可以向各省、自治区、直辖市人民政府所在地的中级人民法院、各经济特区人民政府所在地的中级人民法院,以及经最高人民法院指定的中级人民法院提起。但是,请求宣告专利权无效只能向国家知识产权局专利局复审和无效审理部提出请求。专利侵权诉讼一般属于民事诉讼，而请求宣告专利权无效的结果将可能引起一场专利行政诉讼。所以，这两类案件的审理所适用的诉讼程序法是不一样的，不适宜合并审理。

被告在用专利无效进行侵权抗辩时，法院是否对专利侵权诉讼中止审理往往事关重大。因为无效程序启动后，往往时间很长，无效程序之后，还可以经过行政诉讼程序，时间会更长。在这期间，侵权诉讼如果中止审理，对专利权人很不利，被告可以趁机转产，或加紧侵权行为，给专利权人造成更大损失；如果侵权诉讼不中止审理，对被控侵权人又很不利，法院一旦作出侵权判决生效并执行后，万一专利被宣告无效，无效的决定对已生效并执行的判决又无溯及力，即使重新审理侵权纠纷，被告胜诉后，执行回转也很困难。在实践中，这个矛盾十分突出。然而，随着我国司法体系的不断完善，这类问题正在得到有效解决。

（二）侵权例外

专利权是一种排他性的权利。没有经过专利权人的许可，任何人都不能擅自制造、使用、许诺销售、销售、进口专利产品，或者使用专利方法。为了维护公众的利益和防止专利权人滥用专利权，各国专利法都规定，在某些特殊情况下，制造、使用、许诺销售、销售、进口专利产品，或者使用专利方法的行为不视为侵权行为。

1. 专利权用尽原则 《中华人民共和国专利法》第七十五条第一款第一项规定，专利产品或者依照专利方法直接获得的产品，由专利权人或者经其许可的单位、个人售出后，使用、许诺销售、销售、进口该产品的不视为侵犯专利权。这个原则在专利法里被称为专利权用尽原则。

2. 非故意行为 《中华人民共和国专利法》第七十七条规定，为生产经营目的使用、许诺销售或者销售不知道是未经专利权人许可而制造并售出的专利侵权产品，能证明该产品合法来源的，不承担赔偿责任。专利法作出这一条规定的目的是从维护公众利益出发。使用、许诺销售或者转售专利产品的人，往往不知道这个产品是用什么方法制造出来的，是不是对其他人的专利构成侵权。这一类使用或者销售侵权产品的非故意行为虽然属于专利侵权行为，但如一概要求其承担赔偿责任,就未免过于苛刻了。同时,法律规定这种侵权行为的行为人必须能证明其合法来源,即交代其侵权产品的提供者是谁,以便专利权人可进一步追究制造、销售或进口者的侵权责任。

我国法院在实践当中,运用这一项侵权例外条款判定不承担赔偿责任的条件非常严格。首先,这个条款只限于使用或者销售专利产品的非故意行为。制造侵权产品或者使用侵权方法都不能够用事先不知道这种行为会构成专利侵权来开脱专利侵权的法律责任。这个侵权例外条款在制造和销售侵权产品的行为主体是同一个人的时候不适用。其次,这个侵权例外条款只有在使用或者销售侵权产品的人的确是不知道自己所使用或者销售的产品是侵权产品的情况下才能适用。一旦其知道了所使用或者销售的产品是侵权产品,那么他继续使用或者销售这个产品的行为就应当承担赔偿的侵权责任了。最后,对于这类侵权行为人,必须能证明其产品的合法来源,即必须提供其合法来源的依据。

3. 先用权原则 先用权是指在专利权人提出专利申请以前,已经有人制造或者使用了相同的产品,或者使用了相同的方法,或者已经做好了制造、使用的必要准备,在专利权人获得专利以后,这个人可以在原有范围内继续制造或者使用。根据《中华人民共和国专利法》第七十五条第一款第二项,这类行为不视为专利侵权行为。

我国在专利法里设立先用权原则并不是为了保护发明在先的人,而是为了保护正常投资,维护社会经济生活的稳定。享有先用权的人不一定是第一发明人,但他在专利权人提出专利申请以前就已经投入了一定的人力和物力去开发、实施新技术,或者已经为实施新技术做了大量准备工作。如果他在专利权人获得专利以后必须停止实施这个技术,这种结果对他自然是不公平的。所以,法律从公平的角度出发,允许他在一定范围内继续实施这个技术,而不用承担专利侵权的法律责任。

法院适用先用权的条件必须是十分严格的。过分地适用这个原则,会给专利权人排他性的权利造成严重损害。我国的法院只有在同时满足下面几个条件的情况下才会适用这一原则。

第一,先用权人,也就是被控侵权人实施或者准备实施专利技术的行为必须发生在专利权人提出专利申请以前。在专利权人提出专利申请到国家知识产权局授予专利这一段时间,其他人实施或者准备实施该技术的行为不享有先用权。法院一般可以通过审查被告的生产记录、销售发票或者其他有关证据,对被告开始实施或者准备实施专利技术的时间加以确认。

第二,先用权人（即被控侵权人）在专利权人提出专利申请以前实施或者准备实施的技术,必须是其独立发明或者合法取得的,而不是抄袭、窃取专利权人的发明成果。

第三,先用权的使用范围必须以专利权人提出专利申请之前的原有范围为限,而不包括在专利权人提出专利申请以后扩大使用的范围。也就是说,先用权人在原有范围内的实施行为,依法不视为侵权,但超出原有范围的实施行为仍然属于专利侵权行为。

我国的专利司法实践把先用权视为先用权人个人的权利。先用权人只能自己在原有的范围内实施专利权人的专利技术,除非是随着先用权人所属的企业一同转让,否则,先用权人不能够把先用权转让出售。

4. 临时过境　根据《中华人民共和国专利法》第七十五条第一款第三项的规定,临时通过中国领陆、领水、领空的外国运输工具,依照其所属国同中国签订的协议或者共同参加的国际条约,或者依照互惠原则,为运输工具自身需要而在其装置和设备中使用有关专利的行为,不视为侵犯专利权。

5. 实验性的使用　《中华人民共和国专利法》第七十五条第一款第四项规定,专为科学研究和实验而使用有关专利技术的行为不视为侵权行为。包括美国在内的其他国家的专利法或者专利司法实践当中,也都有类似的规定。

以研究为目的而使用专利,不仅有利于不断地创造出新技术,而且这种使用不是以获利为目的,不和专利权人的经济利益发生冲突,所以,法律把实验性的使用当作一种侵权例外情况处理。这里所说的获利,并不单指以商业营利为目的。获利可以有多种形式,非商业营利机构同样可以通过使用专利技术而获得效益。

关于"实验性的使用"问题,在实践当中存在很多误解。实验性的使用不是说只要是为了做科学实验,就可以使用其他人的专利技术,而不用承担专利侵权的法律责任;否则,这个例外的范围就太大了,其结果必然要和专利权人的经济利益以及建立专利制度的根本目的发生冲突。所以,法院在适用实验性使用这项例外法律规定的时候,应该注意把对专利产品进行实验和在别的实验过程当中使用专利产品这两种情况区别开来。对专利产品进行实验是指以研究、改进专利产品为目的,实验的结果可能改变原来专利产品的技术性能,产生新的技术成果。这种实验活动是允许的,不视为侵权行为。而在实验过程中使用专利产品的结果对专利技术本身没有任何影响。如对计算机进行研究可能会产生出新的计算机技术,但在生化实验里使用计算机根本不会产生新的计算机技术。尽管这个生化实验是由一个大学实验室来完成的,是以发展新的生化技术为目的的,而且和商业营利没有直接的关系,这种使用计算机的行为仍然有可能构成专利侵权。

(三)诉讼时效或者懈怠

诉讼时效,是指权利人在法定期间内不行使权利,就丧失了请求人民法院保护民事权益的权利的法律制度。在我国,保护公民和法人的民事权利是法院的一项重要任务。但权利的保护是有时间限制的,人民法院在法定诉讼时效期间内,对权利人的诉讼请求依法予以保护;对于超过了法定诉讼时效期限的诉讼请求,人民法院则不再予以保护。

《中华人民共和国专利法》第七十四条规定:"侵犯专利权的诉讼时效为三年,自专利权人或者利害关系人知道或者应当知道侵权行为以及侵权人之日起计算。"对于诉讼时效的起算日,各国专利法规定不尽相同。《中华人民共和国专利法》规定是从专利权人或者利害关系人"知道"或者"应当知道"侵权行为之日起计算。由于我国幅员广阔,信息传递不够发达、迅速,采取"知道"或者"应当知道"之日起计算时效是较为适宜的。无论侵权行为的发生是一个时间点,还是一个延续的过程,对诉讼时效规定的适用都是一样的,即都是从专利权人或者利害关系人知道或应当知道侵权行为发生之日起三年的时间。过了这个时效期间,专利权人再就侵权行为提起诉讼,就不能得到法律的保护了。

法律上规定诉讼时效,目的就是要使已经发生的事实能够处于相对稳定的状态。侵权行为的发生有的是出于故意,有的是由过失引起的。对于故意侵权行为人,过了诉讼时效,专利权人不追究其侵权责任,侵权行为人可能认为专利权人已经默许了他实施专利技术的行为,或者已经放弃了专利权;对于非故意的侵权行为人,在应当知道而实际不知道侵权的情况下,侵权行为已经实施多年,这时候,如果再允许专利权人禁止侵权人实施这项技术,对侵权行为人来讲是不公平的,也不利于社会经济生活的稳定。专利权人在诉讼时效内对侵权行为不予追究,实际上等于放弃权利,是对侵权行为的一种默认。这时,法院驳回专利权人的诉讼请求,就等于专利权人允许侵权行为人无偿使用。但是,专利权人对任何未超过诉讼时效的侵权行为,仍然有权提起诉讼,要求行为人停止侵权,并且赔偿损失。对于上述关于诉讼时效的观点,近年来在我国专利界争论很大。由于专利界理论界争论不休,司法实践中也出现了不同做法。最高人民法院曾经在一个专利侵权案件的批复中指出,"对于侵权行为是持续发生的,诉讼时效应从侵权行为实施终了之日起计算。"也就是说,只要是侵权行为正在进行,无论何时,专利权人均可以提起诉讼,直至侵权行为完全结束之日起,仍有三年可以提起诉讼的时间。

使用懈怠这项抗辩的第一个条件就是,专利权人没有在合理的时间内提起侵权诉讼。换一种说法,就是专利权人行使权利有不合理的拖延。构成懈怠的第二个条件是专利权人拖延起诉给被控侵权人造成严重损害。通常专利权人推迟起诉给被控侵权人带来的不利情况有两种:第一种是专利权人的拖延,严重影响了被控侵权人为自己辩护从而胜诉的可能性。如被控侵权人的主要证人已经去世,或者证人的记忆力严重衰退,或者重要的文件已经遗失。这一类的不利一般很容易被法庭所接受。比较有争议的是第二种不利情况,这一类的不利是指在专利权人拖延期间,被控侵权人已经做了投资,扩大了生意的规模。在被控侵权人明明知道其他人有这方面的专利,但仍然存有侥幸心理的情况下,法院一般认为构成懈怠的第二个条件没有得到满足。

(四)滥用专利

专利权人的权利包括制止其他人制造、使用、许诺销售、销售、进口专利产品,以及向其他人授予专利许可。但专利权人的权利不是无限的,在某些情况下,被控侵权人可以用滥用专利作为抗辩,为自己开脱专利侵权的法律责任。

如果法庭判定专利权人滥用专利的话，尽管专利是有效的，而且专利侵权成立，专利权人也不能用这项专利来对抗被控侵权人。

滥用专利作为一项原则产生于衡平法。衡平法的基本原则就是原告必须清清白白地行使他的法律权利。滥用专利从广义上说，属于一种不公正、不清白的行为。滥用专利的一种常见的情况是强行搭配。例如，专利权人甲拥有两项专利：一项是关于打火机的专利，一项是关于钥匙链的专利。乙有意从甲那里得到打火机的专利许可，但甲告诉乙，要想得到打火机专利的许可，乙必须先答应两个条件：一个是乙必须从甲那里买打火机要用的汽油，另一个是乙还必须同时从甲那里购买钥匙链专利的许可。在这种情况下，甲有足够的经济实力去影响打火机的市场，甲的这两个条件都构成了滥用专利。2007年8月30日第十届全国人民代表大会常务委员会第二十九次会议通过了《中华人民共和国反垄断法》；2022年6月24日，第十三届全国人民代表大会常务委员会第三十五次会议对《中华人民共和国反垄断法》进行了修订，自2022年8月1日起施行。该法旨在预防和制止垄断行为，防止专利权人滥用专利、保护市场公平竞争。如果出现了专利权人明知自己的专利不符合专利性条件，或是靠欺骗手段获得的专利，而他在获得专利后又起诉他人侵权，这时被控侵权的被告可以考虑用滥用专利进行侵权抗辩。

（五）专利申请过程中的欺骗行为

我国的专利法没有对这项抗辩做出规定。目前，国内的专利司法实践也没有出现这方面的案例。

（六）自由公知技术

在我国的专利侵权诉讼中，被告用自由公知技术进行抗辩已不乏其例，且有越来越多的趋势。这个抗辩理由的出现，起先是在等同原则的适用中。在适用等同原则进行侵权判断时，等同物应当是指侵权物中替代专利权利要求中的技术特征，并非指整个侵权物将专利技术方案全部替换。而且，被认为是等同物的技术特征应当是专利权利要求中的区别技术特征，不应当是公知技术。

在我国的专利司法实践中，被告往往直接以自己实施的是自由公知技术或者原告申请专利并获得专利权的技术方案是自由公知技术，不应获得专利权为由作出抗辩。这一观点和抗辩理由得到了专利界许多人的支持。其法律依据是我国宪法规定："中华人民共和国公民在行使自由和权利的时候，不得损害国家的、社会的、集体的利益和其他公民的合法的自由和权利。"尽管制定宪法的时候还没有制定专利法，立法者当时可能没有考虑到宪法的该条规定也可适用于专利侵权纠纷，但宪法是国家的根本大法，其中确立的基本原则应当是毫无例外地普遍适用的。公民和单位显然有权利使用自由公知技术，这个权利不应当由于专利授权而受到损害，所以，此时应当将公众的利益放在优先的地位考虑[①]。在专利侵权诉讼中，法院通常会考虑公共利益因素，以确保专利权的行使不会损害社会整体利益。

关于对"一旦认定侵权产品为自由公知技术，就可以判定被告不构成侵权"的观点，也受到了许多学者的指责。一些人认为，"不再对'侵权'产品与专利的异同上进行分析，而以其为公知技术来判定不侵权的做法是不符合《中华人民共和国专利法》有关规定的。按照专利法的规定，判断一件产品是否侵犯了专利权，就是要分析它是否侵犯了该专利的权利要求所限定的保护范围，其他任何理由不能作为判断是否侵权的依据。至于判断与上述产品相对应的专利产品是否是公知技术，可否获准或维持专利权，能作出确定结论的部门在专利被批准前只能是专利局，在授予专利权之后，只能是专利局复审和无效审理部。"即使在"侵权物"包含了专利权利要求的全部必要技术特征，且又是申请日前的公知技术的情况下，法院也不能以产品是公知技术为理由作出不侵犯专利权的结论。因为此时该专利权仍然有效，从专利法意义来看，该产品应该是侵犯了专利权的。对于这种情况，侵权纠纷的被告方可以以此公知技术为证据，依法向专利局复审和无效审理部提出宣告该专利权无效的请求。如果该公知技术已包含了权利要求的全部必要技术特征，专利局复审和无效审理部就会将该专利权宣告无效，从而侵权的基础不复存在，侵权诉讼的结案结果不言自明。当然，也有可能实际情况并非如此，如该公知技术并未披露权利要求的全部必要技术特征，也就是未破坏该专利的新颖性和创造性，这样，

---

① 田力普.关于专利保护与专利侵权中若干基本问题的研究[N].中国专利报,1996-3-18.

专利局复审和无效审理部就有可能作出维持或部分维持该专利权的决定。此时,有关法院仍需比较"产品"与"权利要求保护范围"两者的异同,以便正确地作出是否侵权的判断。[1]

有的学者主张,当被控侵权人用自由公知技术进行侵权抗辩时,法院必须严格掌握。可作为自由公知技术抗辩的技术应当具备一定条件。①必须是可自由使用的公知技术:该技术必须是在专利申请日或优先权日之前已被公众所知或所用,成为可自由使用的已有公知技术。换句话说,在专利申请日或优先权日之前尚处保密或尚未公知公用的现有技术,不能作为抗辩的依据。②必须是非组合而成的公知技术:用于抗辩的公知技术,不应当是组合而成的公知技术,因为为特定发明目的对已有公知技术的组合往往本身就是一项新的发明创造,而非公知技术。作为抗辩他人专利的公知技术,应当掌握一比一的原则,即以一项已有公知技术去比他人的一项专利技术,切忌将分散的公知技术加以综合或组合后作为抗辩的公知技术。确切地说,用以抗辩的公知技术应当使抗诉其侵权的专利技术的新颖性、创造性同时都足以被否定。③必须是极为近似或完全相同的公知技术:如果一项公知技术与专利技术相比,近似程度不高,或者有某些技术特征仍有差异时,最好不要轻易作为自由的公知技术来抗辩他人专利。只有当该技术极为近似或完全相同时,法院才考虑作为抗辩成立的依据。[2]

目前,关于自由公知技术可否作为侵权抗辩的理由在国内学术界仍有争论,在司法实践中也仍在探索之中。适用这项原则有几个基本的界限应当明确。①用自由公知技术进行侵权抗辩,这个自由公知技术不应当仅仅是专利中的某个技术特征,而应当是一个完整的技术方案;否则,就应归纳到等同原则的适用范围中进行讨论。②用自由公知技术进行侵权抗辩时,被告应该证明自己运用的是自由公知技术,而且这个公知技术是一个完整公知技术,而不是拼凑的公知技术。③被告不能用自由公知技术来攻击专利权的有效性,也

---

① 阳锋. 侵权产品为公知技术不应作为判定不侵权的理由[N]. 中国专利报,1992-3-30.
② 温旭. 自由公知技术抗辩在专利诉讼中的应用[J]. 科技与法律,1998(1):1.

就是说,用自由公知技术进行抗辩只能得出被控侵权产品是否构成侵权的结论,而不能得出由于原告的专利无效,法院不应予以保护的结论。因为在这一点上,我国的法律规定与其他许多国家不同,对专利是否有效的结论并不是由负责审理专利侵权的法院直接审查作出的,而是由专利局复审和无效审理部作出的,在强调依法办案的情况下,法院不能超越职权。

专利侵权诉讼是要解决是否侵权的问题,而侵权诉讼的前提是专利权人的专利有效。如果被控侵权人认为该专利不具备授予专利权的条件,他应当走无效宣告程序。如果没有人提出无效宣告请求,法院只能认为该专利权有效,并在专利权利要求保护的范围内对被控侵权物作出是否侵权的判断。授予专利权是国家知识产权局的职责,是否应宣告专利无效是国家知识产权局专利局复审和无效审理部的职责。全国有几十个有专利案件管辖权的人民法院,在处理专利侵权纠纷中,如果都可以对专利权的效力作出认定,那么将可能造成执法的不统一。这种认定不仅涉及自由公知技术,而且涉及明显违反法律法规的技术,明显不属于专利法保护范围的技术等。所以说,专利权的保护范围不得及于公知技术的原则是正确的,但这个原则不能在专利侵权纠纷中由负责审理专利侵权案件的人民法院适用。在专利侵权诉讼中,被控侵权人提出原告的专利技术是自由公知技术,不应获得专利保护这些问题,不属于专利侵权案应当解决的问题。

第二节　商标侵权的判定

一、商标侵权判定

(一)商标侵权的概念及其特点

1. 商标侵权的概念　商标侵权是指未经商标专用权人许可,在与商标专用权人相同或者类似的商品上,使用与其相同或近似的商标的行为。

相同商标是指在视觉上与注册商标相比难以区别的商标;近似商标是指

在文字的字形、读音、含义或者图形的构图、颜色或者文字与图形的整体结构上，与注册商标相比较，易使消费者对商品来源产生误认的商标；相同商品是指与注册商标核定使用的商品相同的商品；类似商品是指与注册商标核定使用的商品在功能、用途、原料、生产者、消费对象、销售渠道等方面相关，或者存在着特定联系，并容易导致消费者对该商品的来源产生误认的商品；商标专用权人主要是指商标注册人。在该权利使用范围上还包括由于注册人许可产生的商标被许可人以及与商标注册人利害关系密切的注册商标的合法使用人和权利继承人。

2. 构成商标侵权行为应具备的要件

（1）损害事实的客观存在：如果没有侵权事实的客观存在，就不能认定其侵权。属于侵犯注册商标专用权的行为主要是指：①未经商标注册人的许可，在同一种商品或者类似商品上使用与其注册商标相同或者近似商标的；②伪造、擅自制造他人注册商标标识或者销售伪造、擅自制造的注册商标标识的；③销售侵犯他人注册商标专用权的商品的；④未经商标注册人同意，更换其注册商标并将该更换商标的商品又投入市场的；⑤故意为侵犯他人注册商标专用权行为提供仓储、运输或者其他便利条件的；⑥将他人注册商标或者与其近似的文字、图形作为同一种商品的名称、装潢使用，或者以其他方式在相关的营业中使用，容易引起消费者误认的；⑦给他人的注册商标专用权造成其他损害的。

对于是否为同一种或者类似商品，是否为相同或者近似商标，是否在相关营业中使用，以商标局的判定为准。

（2）行为具有违法性：商标侵权侵犯国家商标法律所保护的商标专用权。商标专用权属于工业产权的范畴，是商标专用权人的一项民事权利。任何形式和环节上的商标侵权，都是违法的，都会侵犯民法所保护的商标专用权人的民事权利；假冒商标行为，情节严重，构成犯罪的，侵犯刑法所保护的社会主义经济秩序，要依法追究其刑事责任。

（3）违法行为造成损害的事实：损害事实不同，形成的因果关系也不同。侵犯商标专用权的违法行为，造成了损害事实的客观存在，违法行为与损害事实形成因果关系。如某种假冒名牌的中成药，质量很差，消费者服用后，会误认为某种名牌的中成药质量下降了。这就是侵权行为与损害后果之间有因果关系。

（4）违法行为是由于当事人的过失或故意造成的:《中华人民共和国商标法》对于商标专用权的保护作了特殊规定,即无论侵权人主观上故意或过失,都应承担法律责任。

3. 商标侵权的特点 商标侵权属于知识产权侵权范畴,其侵权行为构成有其自身特点。

（1）被侵害的商标专用权具有法律性:《中华人民共和国商标法》规定,经商标局核准注册的商标享有商标专用权,受法律保护。因此,侵权行为侵害的客体——商标专用权,必须经法定程序予以确认,才能受到法律保护。而不像民法中所保护的人身权、肖像权、财产权等,不需要通过特定法定程序而设定。

（2）商标侵权行为受核定使用的商品及核准注册的商标限制:商标侵权行为不仅受到商标相同或近似的限制,还同时受到商标所核定使用的相同商品或者类似商品的限制。与注册商标相比,只有侵权人在与注册商标核定使用的相同商品或者类似商品上使用了与其相同或者近似的商标,才构成商标侵权行为。一般来说,在非相同或者非类似商品上使用与注册人相同或者近似的商标,不构成商标侵权行为。例如,使用在《商标注册用商品和服务国际分类》（尼斯分类）第 25 类裘皮服装上的白兔文字商标,他人在第 16 类文具上使用同样的白兔文字商标,由于两者不属相同或类似商品,则不构成商标侵权行为。

（3）基本适用无过错原则:除经销环节中的经销者以及为他人侵权提供便利条件的侵权人以外,判定行为人是否构成侵权行为适用无过错原则,只要发生侵权事实,行为人就要承担侵权责任。药品商标在我国采用的是强制注册原则,因而,对于没有注册商标的药品是不能上市流通的,所以,在中药商标侵权实践中,应该说大部分是故意行为。如冒充、仿制知名中成药注册商标等。但在流通领域,要求每一个销售者都能识别商品的真假是不现实的,如果仍采取无过错责任的原则,对于销售者来说是不公平的。因此法律规定,在销售环节,要有主观故意或者过失,才能够承担商标侵权责任。

（4）在经贸活动中擅自使用他人注册商标:侵权行为的主要表现形式是

侵权人擅自使用了他人注册商标。使用商标一般是指在经贸活动中,其商标处于某载体之上,或者商标与商品处于物质的或者其他不能分离的关系之中,这种行为可以自视到、触摸到或者体验到,并且可以用图像显示出商标商品。商标侵权行为人实施侵权行为是指擅自在与商标注册人核准使用的商品或者类似商品上使用了与其注册商标相同或者近似的商标,也就是说,擅自使用即为侵权。因此,用以下方式擅自使用他人注册商标属于实施了商标侵权行为:将商标直接使用于商品或者商品包装,或者其提供的服务工具上;将商标使用在商品或者服务的交易文书中,如合同、发票等;将商标使用在为商品销售所做的广告宣传中;将商标使用在商业展览活动中;将商标使用在为生产、经营商品或者提供服务的场所上,如建筑物;将商标使用在公关物品上,如名片、请柬、礼品等;将商标使用在工作人员的服装、办公用品上。

（5）商标侵权行为侵害了被侵权人的利益:侵害被侵权人的利益主要包括两方面。一是有形财产的侵害,即这种侵权行为使被侵权人遭受实际财产、收益的减损;二是无形财产侵害,即侵权行为致使被侵权人商誉下降,应当得到的收益没有得到。在民事领域中,商标侵权带给被侵权人的损失还包括侵权期间被侵权人因调查、追诉有关侵权行为而支出的合理费用,如调查费、证明费、律师费等,以及因侵权行为的发生损害第三人利益应当承担的法律责任,如商标被许可人因侵权行为的发生受到的使用注册人商标带来的利益减损等。

（6）商标被侵权人所受损失与侵权行为的发生具有因果关系:要求侵权人承担侵权民事责任,必须首先判定其侵权行为与被侵权人所受损失之间是否存在因果关系。由于商品内在质量问题,或者商品季节转换问题等市场因素以及商标注册人本身的管理因素带来的商品滞销、退货等结果致使商标注册人受到的损失,与侵权行为无因果关系,不应当一并归入商标侵权损失数额中,由侵权人承担相应民事责任。

（7）侵权行为本身即给被侵权人带来损害:商标侵权行为以损害事实为前提,但是,这种损害事实不一定会造成被侵权人实际物质财产的减损。商标侵权损害事实包括有形财产损害和无形财产损害,只要实施了侵权行为,这种行为后果就会产生有形的或者是无形的财产损害事实,即构成商标侵权。

案例 1：尚未进入商品流通领域的商标侵权

某企业生产出一批侵权的中成药产品，刚储放在仓库里，就被商标注册人发现并接受了工商行政管理机关就商标侵权问题的调查，这批产品尚未进入商品流通领域，没有给消费者带来实际损害，但商标注册人为调查该批侵权产品的生产行为，耗费了人力、财力，商标注册人产品的正常生产和经营活动受到了干扰，由于制止及时，才未使商标侵权给消费者带来的实际损害扩大。因此，这种行为同样属于给商标注册人带来了损害，应当承担商标侵权责任。

（二）商标侵权的判定

界定商标侵权行为，是查处商标侵权案件的关键环节，也是一个难点问题，在认定中，需要依法和依职权认定。所谓依法认定，是指依照《中华人民共和国商标法》《中华人民共和国商标法实施条例》以及其他法律、法规和规章的规定，结合实际情况认定。所谓依职权认定，是指县级以上工商行政管理机关在法律赋予的职权范围内，结合实际情况认定。法律规定不明确以及在职权范围内认定有困难的，可以根据有关规定逐级请示，并附与案件有关的材料，报上级机关认定。

作为企业在商标管理和使用的实践中，在判定是否属于商标侵权行为时，需要把握以下几点。

1. 遵循保护注册商标的原则　商标专用权是通过注册产生的，其间经过了法定的程序和严格的审查。因此，商标专用权确立后，就应当在法律范围内予以保护，即使是认为注册不当的商标，在未撤销之前，也应如此。

2. 准确判定近似商标　近似商标是指在文字的字形、读音、含义或者图形的构图及颜色或者文字与图形的整体结构上，与注册商标相比较，易使消费者对商品的来源产生误认的商标。判定近似商标，需要具体情况具体分析，主要从商标的音、形、义三方面，结合构图、颜色及整体结构等因素，并以普通消费者施以一般注意力作为判定的主观标准，采取隔离观察、整体观察、局部观察相结合的方法，进行综合判定。在判定中，应当以是否使消费者对商品的来源产生误认的可能性为基本条件，但不以造成实际误认为必要条件。

判定商标近似，应以核准注册的商标文字、图形或其组合为准，而不以注册商标所有人实际使用的商标为准,因为注册商标所有人实际使用的商标有时与核准注册的商标并不完全一致。值得指出的是,在注册和管理过程中,判定商标近似的标准是一致的,但就个案处理而言,有时略有差别,原因在于注册的判定是静态的,而管理的判定是动态的。

案例2:近似商标侵权

"猴姑""猴菇"近似商标侵权案

江西某食疗公司系"猴姑"商标权利人。某园公司生产、销售的"猴菇"饼干商品上使用了"猴菇"标识。法院经审理认为,被控侵权产品外包装盒正面标注"猴菇"标识及与原告图形商标相同的图形,能够起到指示商品来源的作用,构成商标性使用,"猴菇""猴姑"二者在字形、读音方面构成近似,属于在同一种商品上使用与注册商标近似商标的情形,某园公司侵犯了某食疗公司的注册商标专用权。据此,法院判决某园公司赔偿某食疗公司经济损失及合理开支共计4万元。

3. 正确判断类似商品 类似商品是指在使用与注册商标相同或者近似商标的情况下,与注册商标核定使用的商品在功能、用途、原料、生产企业、消费对象、销售渠道等方面近似,易使消费者对商品的来源产生误认的商品。判断是否属于类似商品,前提是商品之间的关系,并考虑商品和商标之间的关系。商品的功能、用途相同,并且具有共同的消费对象、销售渠道的,一般认定为类似商品,但商品的原料、生产企业等因素,能够明显表明商品的来源,不会使消费者产生误认的,不应认定为类似商品。如果商品与服务之间存在着特定的联系,使用相同或者近似商标易使消费者认为是同一企业提供的商品或者服务的,该商品与服务应认定为类似。

4. 不应以商品质量的优劣作为判定是否构成商标侵权的标准 作为区别商品来源的标志,商标有表明商品质量的功能,但这不是其主要功能,在《中华人民共和国商标法》中并不占有主导地位。《中华人民共和国商标法》的主要内容在于保护注册商标专用权。因此,在处理商标侵权案件中,商品质量优劣不会影响到商标侵权行为的认定。他人擅自使用与注册商标相同或者近似的商标,即使其商品质量优于注册商标所有人的商品质量,也应当认定为商标侵权行为。至于注册商标所有人的商品质量低劣甚至粗制滥造，以次充好，欺骗消费者的行为，可以适用《中华人民共和国产品质量法》和《中华人民共和国商标法》的其他条款处理，与商标侵权认定没有直接的关联。

5. 商标注册人的违法使用不影响对商标侵权的认定　商标专用权是一种民事权利，注册人可以在法律允许的范围内行使其权利。如果注册人在使用注册商标过程中，有违反《中华人民共和国商标法》和《中华人民共和国商标法实施条例》的情形，可以适用相关条款处理，要求注册人承担相应的行政法律责任，但不影响他人对其商标实施侵权的认定。在这种情况下，他人擅自使用与其注册商标相同或者近似的商标的，应认定为商标侵权行为。虽然商标注册人违法使用注册商标，不影响对其商标侵权的认定，但有可能影响其权利的行使，甚至使其丧失赔偿请求权。

6. 合理界定正常使用行为　他人擅自使用与注册商标相同或者近似的文字、图形，并不一定就构成商标侵权。这要视其使用是否具有正当理由而定。

案例 3：有侵权表象，但不构成侵权

"三株"商标是某企业使用在药品上的注册商标，另一企业在口服液商品包装上使用了"三株菌 + 中草药"文字，以表示口服液商品的成分（经查证属实）。由于"三株"在这里既不是作为商标使用，又不是作为商品名称使用，而是对商品的正常说明，因此不应认定为对"三株"注册商标专用权构成侵犯。但是，如果对注册商标文字的使用无正当理由，即有可能构成侵权。

案例 4：不属合理使用，构成侵权

例如，某药厂在医药类商品上注册了"一九八八"商标，另有两家药厂在其生产的包装盒底部分别使用了"19：88"和"19-88"字样，由于"19：88"和"19-88"不属于正常标注生产日期或规格的方式，因此不属合理使用，其行为均构成对"一九八八"注册商标专用权的侵犯。

7. 综合衡量其他因素进行侵权界定　在商标侵权案件界定过程中，除上述需要把握的因素外，还有可能涉及其他因素，如商标的知名度、显著性、具体使用方式、主观过错程度及商品的零部件与整体之间的关系等。由于个案涉及的其他因素不一致，对商标侵权的界定也会不一致。就商标的知名度而论，即使是驰名商标,也有知名度高低的区别。

8. 服务商标的侵权界定　根据《中华人民共和国商标法》第四条第二款规定:"本法有关商品商标的规定,适用于服务商标。"因此,认定商品商标侵权行为性质的原则,同样也适用于对服务商标侵权行为的认定。但是,服务与有形的商品有不同的性质,因此,服务商标侵权也有其自身特点,在侵权认定时需认真把握。

(1)服务商标继续使用权:我国于1993年7月1日开始受理服务商标注册申请。《中华人民共和国商标法实施条例》第九十二条规定:连续使用至1993年7月1日的服务商标,与他人在相同或者类似的服务上已注册的服务商标相同或者近似的,可以继续使用;但是,1993年7月1日后中断使用3年以上的,不得继续使用。已连续使用至商标局首次受理新放开商品或者服务项目之日的商标,与他人在新放开商品或者服务项目相同或者类似的商品或者服务上已注册的商标相同或者近似的,可以继续使用;但是,首次受理之日后中断使用3年以上的,不得继续使用。

总之,在判定服务商标侵权时,要严格区分服务商标使用人是否享有继续使用权,是否在依照继续使用权限范围使用商标,以期在保护服务商标专用权的同时,保障服务商标在先使用人依法享有的权益。

(2)服务商标相同近似的判定:其复杂性高于商品商标,具体表现在,服务商标的认定不仅包括相同服务和类似服务中的相同商标、近似商标的认定,还包括服务与商品之间的相同商标和近似商标认定问题。一般来说,化妆品商品与美容服务类似;首饰商品与饰品加工服务类似;信用卡商品与金融服务类似;医药商品与医疗、药品器械经营服务类似,等等。商品与服务之间,由于服务行为是借助于具体商品来完成的,彼此之间存在着千丝万缕的联系。在认定商标侵权时,必须严格把握服务商标使用行为的界限,以及服务商标与商品商标之间是否造成消费者误认这一尺度来判定服务与商品之间商标的相同、近似。通常情况下,在航空、火车、出租车上放置急救常用药品的行为,不认为是药品商品的使用行为,商品售后维修服务是与推销出去的具体商品联系在一起,不视为维修服务商标的使用行为。当服务与商品使用相同商标不会造成消费者对其来源产生误认时,可以分别在各自领域中使用,与非类似商品商标使用原则相同。

（3）服务商标与企业名称问题：服务商标是区别不同服务提供者的一种标记。可以使用注册的服务商标,也可以使用未注册的服务商标。企业名称是企业开始经营活动时,必须先行进行登记注册而获得的法定名称,就像身份证明一样,是标示企业身份的文字表述形式。企业名称权不是名称登记机关赋予的,而是法律赋予的。商标与企业名称分别受到《中华人民共和国商标法》和《企业名称登记管理规定》的调整。由于有些服务商标源于企业名称缩写或者取其名称中具有显著性的文字,而一些企业名称中的特定部分（商号）因商标的知名度而被纳入企业名称中,致使两者在实践中发生相互交叉的现象。企业名称与服务商标应分别以区别不同企业和不同服务来源为主要目的,一旦发生混淆,应当保护在先使用人的权益。

（4）服务商标侵权行为：在相同或者类似服务上,擅自使用与他人服务商标相同或者近似的服务商标的。在相同或者类似服务上,擅自将与他人服务商标相同或者近似的文字作为服务名称使用,并足以造成误认的。伪造、擅自制造他人服务商标标识或者销售伪造、擅自制造他人服务商标标识的,上述行为主要是指伪造、擅自制造或者销售伪造、擅自制造的该服务行业所使用的、带有他人服务商标标识的物品（如中药业的煎药器具等）。利用广告、宣传媒介或者其他引导消费的手段,擅自使用与他人服务商标相同或者近似的服务商标,并足以造成误认的。故意为侵权人实施侵权行为提供场所、工具、辅助设备、服务人员、介绍客户（消费者）等便利条件的;或者为侵权人提供仓储、运输、邮寄、隐匿带有服务商标标识的物品等便利条件的。

二、商标侵权与其他违法行为的正确区分

（一）商标侵权与一般商标行政违法行为

商标侵权行为是侵犯了商标注册人注册商标专用权的行为。一般商标违法行为是商标注册人或者未注册商标的使用人违反商标法律、法规所实施的

行为。商标侵权行为与一般商标违法行为是两种性质不同的行为，注册商标和未注册商标在使用中违法，有的不会侵犯他人注册商标专用权，按照法律规定依法纠正即可，而有的则不仅属于商标违法行为，还会给他人注册商标专用权带来损害，这时，商标违法行为同时构成商标侵权。一般情况下，商标违法构成商标侵权的情况主要有两种：一是自行改变注册商标的；二是擅自印制和买卖商标标识行为。

（二）商标侵权与假冒注册商标行为

假冒他人注册商标是指在与商标注册人核定使用的同一种商品上，使用与其核准注册的商标相同的商标。在视觉上两商标无差别或差别细微的视为相同商标。

假冒注册商标是商标侵权行为中的一种，并且是商标侵权行为中情节最严重、社会危害最大的一种商标侵权形式。假冒注册商标行为在主观上属于故意违法，在达到一定标准时，还会被司法机关追究其刑事责任的商标侵权行为。

在认定假冒他人注册商标行为时，应当注意：相同商品上的相同商标是相对而言的。由于纸张、模具新旧程度、颜色深浅等因素差异，即使商标注册人自己印制的商标，批号不同，也可能产生细微差别。另外，相同商品并不意味着与注册人实际使用的商品完全相同。同一种商品可以容许有不同的口味、容量，如水果饮料中的苹果汁和桃汁，牙膏商品80克装与120克装，均为相同商品。相同商标指商标与注册人核准注册的商标完全一样，在相同商品上使用他人注册商标即使商标载体不同也不影响对假冒商标行为的判定。如注册人在中成药包装上使用自己注册商标是采用烫金印刷，侵权人为降低成本而采用普通印刷，但只要其商标图样完全相同，即属于假冒注册商标行为。商标标识真伪不是假冒商标行为的构成要素。判定假冒他人注册商标行为不应将两种商标标识进行比较，鉴定标识的真伪。在实践中，假冒他人注册商标标识来源主要有两个：一是伪造，二是偷盗。两者的差别在于前者的商标标识本身是虚假的，后者的标识本身是真实的，但两者均属于擅自使用他人注册商标行为，在性质上是非法的，应当承担假冒他人注册商标的法律责任。我国刑法规定：假冒商标犯罪行为还包括销售明知是假冒注册商标的商品，伪造、擅自制造他人注册商标标识或者销售伪造、擅自制造的他人注册商标标识行为。

（三）商标侵权与不正当竞争行为

根据《中华人民共和国反不正当竞争法》第六条规定，"经营者不得实施下列混淆行为，引人误认为是他人商品或者与他人存在特定联系：（一）擅自使用与他人有一定影响的商品名称、包装、装潢等相同或者近似的标识；（二）擅自使用他人有一定影响的企业名称（包括简称、字号等）、社会组织名称（包括简称等）、姓名（包括笔名、艺名、译名等）；（三）擅自使用他人有一定影响的域名主体部分、网站名称、网页等；（四）其他足以引人误认为是他人商品或者与他人存在特定联系的混淆行为。"

由于商标侵权这一大概念中，包含假冒他人注册商标这种不正当竞争行为，因此有一部分商标侵权行为同时也属于不正当竞争行为。构成不正当竞争行为的商标侵权行为应当同时具备两个条件，其一是行为人有主观故意性，其二是在相同或者类似商品上使用他人相同或者极其近似的商标。具体可以分为以下五个方面：行为人违反诚实信用原则，以抄袭、模仿、复制、翻译等方式擅自使用他人注册商标；在相同商品上使用他人相同商标或者极其近似的商标；在类似商品上使用他人相同商标；经销明知或者应知是假冒他人注册商标的商品；伪造、擅自制造或者销售伪造、擅自制造他人注册商标标识。

第三节　著作权侵权的判定

一、著作权侵权的判定

（一）承担民事责任

《中华人民共和国著作权法》第五十二条规定，有下列侵权行为的，应当根据情况，承担停止侵害、消除影响、赔礼道歉、赔偿损失等民事责任：

1. 未经著作权人许可，发表其作品的；

2. 未经合作作者许可，将与他人合作创作的作品当作自己单独创作的作品发表的；

3. 没有参加创作，为谋取个人名利，在他人作品上署名的；

4. 歪曲、篡改他人作品的；

5. 剽窃他人作品的；

6. 未经著作权人许可，以展览、摄制视听作品的方法使用作品，或者以改编、翻译、注释等方式使用作品的，本法另有规定的除外；

7. 使用他人作品，应当支付报酬而未支付的；

8. 未经视听作品、计算机软件、录音录像制品的著作权人、表演者或者录音录像制作者许可，出租其作品或者录音录像制品的原件或者复制件的，本法另有规定的除外；

9. 未经出版者许可，使用其出版的图书、期刊的版式设计的；

10. 未经表演者许可，从现场直播或者公开传送其现场表演，或者录制其表演的；

11. 其他侵犯著作权以及与著作权有关的权利的行为。

（二）追究刑事责任

《中华人民共和国著作权法》第五十三条规定，有下列侵权行为的，应当根据情况，承担停止侵害、消除影响、赔礼道歉、赔偿损失等民事责任；同时损害公共利益的，由主管著作权的部门责令停止侵权行为，予以警告，没收违法所得，没收、无害化销毁处理侵权复制品以及主要用于制作侵权复制品的材料、工具、设备等，违法经营额五万元以上的，可以并处违法经营额一倍以上五倍以下的罚款；没有违法经营额、违法经营额难以计算或者不足五万元的，可以并处二十五万元以下的罚款；构成犯罪的，依法追究刑事责任：

1. 未经著作权人许可，复制、发行、表演、放映、广播、汇编、通过信息网络向公众传播其作品的，本法另有规定的除外；

2. 出版他人享有专有出版权的图书的；

3. 未经表演者许可，复制、发行录有其表演的录音录像制品，或者通过信息网络向公众传播其表演的，本法另有规定的除外；

4. 未经录音录像制作者许可，复制、发行、通过信息网络向公众传播其制

作的录音录像制品的,本法另有规定的除外;

5. 未经许可,播放、复制或者通过信息网络向公众传播广播、电视的,本法另有规定的除外;

6. 未经著作权人或者与著作权有关的权利人许可,故意避开或者破坏技术措施的,故意制造、进口或者向他人提供主要用于避开、破坏技术措施的装置或者部件的,或者故意为他人避开或者破坏技术措施提供技术服务的,法律、行政法规另有规定的除外;

7. 未经著作权人或者与著作权有关的权利人许可,故意删除或者改变作品、版式设计、表演、录音录像制品或者广播、电视上的权利管理信息的,知道或者应当知道作品、版式设计、表演、录音录像制品或者广播、电视上的权利管理信息未经许可被删除或者改变,仍然向公众提供的,法律、行政法规另有规定的除外;

8. 制作、出售假冒他人署名的作品的。

(三)抄袭剽窃作品的界定

抄袭剽窃他人作品是侵犯著作权行为中较为常见的,也是最为严重的侵权行为,是指将他人作品的全部或部分当作自己创作的作品,以自己的名义发表的行为。在界定抄袭剽窃行为时,我们也应掌握以下原则:①对于已进入公有领域的人类社会的共同文化财富的利用,不属于抄袭剽窃行为;②受他人方法和思想影响完成的作品,不属于抄袭剽窃行为;③基于反映客观事实的历史素材、地理地貌知识、自然科学知识等完成的作品,不属于抄袭剽窃行为。对于抄袭剽窃行为的认定,《国家版权局版权管理司关于如何认定抄袭行为给某某市版权局的答复》(权司〔1999〕第6号)中,曾作过具体答复,现摘录如下。

1. 著作权法所称抄袭、剽窃,是同一概念(为简略起见,以下统称抄袭),指将他人作品或者作品的片段窃为己有。抄袭侵权与其他侵权行为一样,需具备四个要件:第一,行为具有违法性;第二,有损害的客观事实存在;第三,和损害事实有因果关系;第四,行为人有过错。由于抄袭物需发表才产生侵权后果,即有损害的客观事实,所以,通常在认定抄袭时都指经发表的抄袭物。因此,更准确的说法应是,抄袭是指将他人作品或者作品的片段窃为己有发表。

2. 从抄袭的形式看,有原封不动或者基本原封不动地复制他人作品的行为,也有经改头换面后将他人受著作权保护的独创成分窃为己有的行为,前者在著作权执法领域被称为低级抄袭,后者被称为高级抄袭。低级抄袭的认定比较容易。高级抄袭需经过认真辨别,甚至需经过专家鉴定后方能认定。在著作权执法方面常遇到的高级抄袭有:改变作品的类型将他人创作的作品当作自己独立创作的作品,如将小说改成电影;不改变作品的类型,但利用作品中受著作权保护的成分并改变作品的具体表现形式,将他人创作的作品当作自己独立创作的作品,如利用他人创作的电视剧本原创的情节、内容,经过改头换面后当作自己独立创作的电视剧本。

3. 如上所述,著作权侵权同其他侵权行为一样,需具备四个要件,其中,行为人的过错包括故意和过失。这一原则也同样适用于对抄袭侵权的认定,而不论主观上是否有将他人之作当作自己之作的故意。

4. 对抄袭的认定,也不以是否使用他人作品的全部还是部分、是否得到外界的好评、是否构成抄袭物的主要或者实质部分为转移。凡构成上述要件的,均应认为属于抄袭。

(四)引用中的侵权界定

为介绍、评论某一作品或者说明某一问题,在作品中适当引用他人已经发表的作品,根据《中华人民共和国著作权法》第二十四条的规定,属于合理使用范围,但是如果对适当引用的原则把握不当,则常常构成侵犯他人著作权的行为。世界知识产权组织编写的《著作权与邻接权法律术语汇编》中对"引用"一词的解释为:"从他人作品中取较短的一段,来证明自己的论点,或使自己的论点更令人信服,或如实地将其归结为另一位作者的观点。只要引用的数量不超过与引用目的相符的数量,法律允许公众适当引用他人作品,此种适当引用属于合理使用的范围。"

如何界定是"适当引用"还是已构成侵权行为,一般认为,适当引用他人已发表的作品,必须具备下列条件:①引用的目的仅限于介绍、评论某一作品或者说明某一问题;②所引用部分不能构成引用人作品的主要部分或实质部分;③不得损害被引用作品著作权人的利益。我们在这里尤其要指出的是,被引用的作品必须是已经发表的作品,在引用时应当按照《中华人民共和国著作权法》第二十四条的规定,注明被引用作品的名称和作者姓名或者名称,在引用时不得根据自己的需要任意篡改和删节他人的作品,否则将侵犯著作权人保护作品完整权的权利。

二、权利的限制

《中华人民共和国著作权法》的立法宗旨,是为了保护文学艺术和科学作品的作者的著作权,以及与著作权相关的权益,鼓励有益于社会主义精神文明、物质文明建设的作品的创作与传播,促进社会主义文化和科学事业的发展与繁荣。所以,妥善协调作者个人利益与社会公众利益之间的关系,是著作权法所坚持的基本原则之一。因此,《中华人民共和国著作权法》在尊重和保护作者权益的前提下,又对其规定了一些必要的限制。

(一)著作权合理使用制度

《中华人民共和国著作权法》第二十四条规定,在下列情况下使用作品,可以不经著作权人许可,不向其支付报酬,但应当指明作者姓名或者名称、作品名称,并且不得影响该作品的正常使用,也不得不合理地损害著作权人的合法权益:

1. 为个人学习、研究或者欣赏,使用他人已经发表的作品;

2. 为介绍、评论某一作品或者说明某一问题,在作品中适当引用他人已经发表的作品;

3. 为报道新闻,在报纸、期刊、广播电台、电视台等媒体中不可避免地再现或者引用已经发表的作品;

4. 报纸、期刊、广播电台、电视台等媒体刊登或者播放其他报纸、期刊、广播电台、电视台等媒体已经发表的关于政治、经济、宗教问题的时事性文章,但著作权人声明不许刊登、播放的除外;

5. 报纸、期刊、广播电台、电视台等媒体刊登或者播放在公众集会上发表的讲话,但作者声明不许刊登、播放的除外;

6. 为学校课堂教学或者科学研究,翻译、改编、汇编、播放或者少量复制已经发表的作品,供教学或者科研人员使用,但不得出版发行;

7. 国家机关为执行公务在合理范围内使用已经发表的作品;

8. 图书馆、档案馆、纪念馆、博物馆、美术馆、文化馆等为陈列或者保存版本的需要,复制本馆收藏的作品;

9. 免费表演已经发表的作品,该表演未向公众收取费用,也未向表演者支付报酬,且不以营利为目的;

10. 对设置或者陈列在公共场所的艺术作品进行临摹、绘画、摄影、录像;

11. 将中国公民、法人或者非法人组织已经发表的以国家通用语言文字创作的作品翻译成少数民族语言文字作品在国内出版发行;

12. 以阅读障碍者能够感知的无障碍方式向其提供已经发表的作品;

13. 法律、行政法规规定的其他情形。

从以上规定可以看出,合理使用作品的目的仅限于个人学习、研究和欣赏,或者出于科研、教学及公共文化利益的需要,不以营利为目的,其可以合理使用的作品,必须是已经发表的作品。在合理使用作品时,必须指明作者姓名或者名称、作品名称,不得侵犯著作权人依法享有的其他权利。

(二)法定许可须付报酬

法定许可与合理使用一样,也是为了鼓励优秀作品的广泛传播而设立的一种规定,它是指在《著作权法》规定的情形下,表演者、录音制作者、广播电视传媒、报刊等使用者,在利用他人已经发表的作品时,可以不经著作权人的同意,但必须向其支付报酬,同时不得侵犯著作权人的其他权利。

根据我国《著作权法》第二十五条、第三十五条、第四十二条、第四十六条、第四十八条的规定,法定许可有以下五种情形。

1. 为实施义务教育和国家教育规划而编写出版教科书,可以不经著作权人许可,在教科书中汇编已经发表的作品片段或短小的文字作品、音乐作品或者单幅的美术作品、摄影作品、图形作品,但应当按照规定支付报酬,指明作者姓名或者名称、作品名称,并且不得侵犯著作权人依照本法享有的其他权利。

2. 作品刊登后，除著作权人声明不得转载、摘编的外，其他报刊可以转载或者作为文摘、资料刊登，但应当按规定向著作权人支付报酬。

3. 录音制作者使用他人已经合法录制为录音制品的音乐作品制作录音制品，可以不经著作权人许可，但应当按照规定支付报酬；著作权人声明不许使用的不得使用。

4. 广播电台、电视台播放他人已发表的作品，可以不经著作权人许可，但应当按照规定支付报酬。

5. 电视台播放他人的视听作品、录像制品，应当取得视听作品著作权人或者录像制作者许可，并支付报酬；播放他人的录像制品，还应当取得著作权人许可，并支付报酬。

法定许可中可以使用的作品，是指他人已经发表的作品，凡未公开发表的作品不在法定许可作品的范围内。在以上五种法定许可使用的情形下，使用他人作品虽然无须征得著作权人的许可，但一般在使用时必须指出作者姓名或者名称、作品名称，同时应按规定向著作权人支付报酬，并尊重著作权人的其他权利。

第四节　商业秘密侵权的判定

《中华人民共和国反不正当竞争法》第九条明确指出，商业秘密包括不为公众所知悉、具有商业价值并经权利人采取相应保密措施的技术信息和经营信息。

一、商业秘密侵权的行为

《中华人民共和国反不正当竞争法》第九条明确规定，"经营者不得实施下列侵犯商业秘密的行为：（一）以盗窃、贿赂、欺诈、胁迫、电子侵入或者其他不正当手段获取权利人的商业秘密；（二）披露、使用或者允许他人使用以前项手段获取的权利人的商业秘密;(三)违反保密义务或者违反权利人有关保守商业秘密的要求,披露、使用或者允许他人使用其所掌握的商业秘密;(四)教唆、引诱、帮助他人违反保密义务或者违反权利人有关保守商业秘密的要求,获取、披露、使用或者允许他人使用权利人的商业秘密。经营者以外的其他自然人、法人和非法人组织实施前款所列违法行为的,视为侵犯商业秘密。"

二、商业秘密的司法救济

商业秘密权利人可以通过民事诉讼来追究侵权人的法律责任。依据《中华人民共和国反不正当竞争法》和《中华人民共和国民事诉讼法》,法院可以对侵犯商业秘密的行为进行审理,并作出相应的判决。最高人民法院发布的《关于审理侵犯商业秘密民事案件适用法律若干问题的规定》明确了如何处理此类案件的具体法律条款,包括停止侵害、赔偿损失等。对于严重侵犯商业秘密的行为,如盗窃、利诱、胁迫等方式获取商业秘密,可以依法追究刑事责任,依据《中华人民共和国刑法》,对于这些行为可判处刑罚。

三、商业秘密与专利技术、非专利技术的关系

(一)非专利技术与商业秘密的关系

1. 两者定义的特征一致。从非专利技术定义可以看出非专利技术具备三个特征,即技术性、秘密性、实用性,从商业秘密定义可以看出商业秘密也是具备三个特征即秘密性、经济性、实用性,非专利技术权利人和商业秘密权利人都要采取保密措施。所以可以这样说,非专利技术也就是商业秘密,或者说非专利技术是商业秘密组成的一部分。

2. 两者适用的法律一致。非专利技术与商业秘密在适用法律保护方面是一致的,都受《中华人民共和国刑法》《中华人民共和国民法典》《中华人民共和国反不正当竞争法》《中华人民共和国劳动法》等法律调节。

3. 非专利技术与商业秘密不同的一点是,非专利技术包括的范围只是技

术秘密和技术信息,而商业秘密不但包括技术秘密和技术信息,还包括经营信息。

(二)技术秘密与专利确定的标准和方法不同

确定国家科学技术秘密的标准从《科学技术保密规定》中可以看出,必须以保障国家科学技术秘密安全和促进科学技术事业发展为标准。《科学技术保密规定》中第十条、第十二至十六条又做出密级确定的具体规定。中央国家机关、省级机关及其授权的机关、单位可以确定绝密级、机密级和秘密级国家科学技术秘密;设区的市、自治州一级的机关及其授权的机关、单位可以确定机密级、秘密级国家科学技术秘密。中央国家机关作出的国家科学技术秘密定密授权,应当向国家科学技术行政管理部门和国家保密行政管理部门备案。省级机关,设区的市、自治州一级的机关作出的国家科学技术秘密定密授权,应当向省、自治区、直辖市科学技术行政管理部门和保密行政管理部门备案。确定商业秘密中技术信息的标准在《中华人民共和国反不正当竞争法》第九条中作出明确规定:"本法所称的商业秘密,是指不为公众所知悉、具有商业价值并经权利人采取相应保密措施的技术信息、经营信息等商业信息。"

技术信息即为技术秘密,或称专有技术。确定方式国家没有做具体规定,由权利人自己决定,但应有记载和标志,切记这是司法判案的重要法律文件。专利与之不同,专利必须具备严格的"三性"条件,即新颖性、创造性、实用性,"三性"在国际上通用,以国际专利文献检索审查合格并无争议作为法律依据,不能自己决定。批准专利权的机构只有国家知识产权局专利局。

(三)技术保密与专利保护在保护方式上不同

技术保密的保护方式是采取隐蔽的方式,只限一定范围的人员知悉,控制在必要的最小的范围之内。而专利具公开原则,是公开加保护的方式。发明人在申请专利时,必须把发明内容、技术情况等向专利审批部门讲明,专利审批部门发给专利证书并将其全部技术在《中国专利公报》上公开。专利权人受到《中华人民共和国专利法》的保护,未经专利权人许可、转让,不能随意使用、仿制。《专利法》规定,允许专利权人在其专利产品的包装上标明专利样记和专利号,让公众都知道,该专利的技术不得侵权。

第五节 不正当竞争的判定

一、不正当竞争行为的判定

《中华人民共和国反不正当竞争法》明确规定以下行为属不正当竞争。

1. 经营者不得实施下列混淆行为,引人误认为是他人商品或者与他人存在特定联系:①擅自使用与他人有一定影响的商品名称、包装、装潢等相同或者近似的标识;②擅自使用他人有一定影响的企业名称(包括简称、字号等)、社会组织名称(包括简称等)、姓名(包括笔名、艺名、译名等);③擅自使用他人有一定影响的域名主体部分、网站名称、网页等;④其他足以引人误认为是他人商品或者与他人存在特定联系的混淆行为。

2. 经营者不得采用财物或者其他手段贿赂下列单位或者个人,以谋取交易机会或者竞争优势:①交易相对方的工作人员;②受交易相对方委托办理相关事务的单位或者个人;③利用职权或者影响力影响交易的单位或者个人。

3. 经营者不得对其商品的性能、功能、质量、销售状况、用户评价、曾获荣誉等作虚假或者引人误解的商业宣传,欺骗、误导消费者。经营者不得通过组织虚假交易等方式,帮助其他经营者进行虚假或者引人误解的商业宣传。

4. 经营者不得实施下列侵犯商业秘密的行为:①以盗窃、贿赂、欺诈、胁迫、电子侵入或者其他不正当手段获取权利人的商业秘密;②披露、使用或者允许他人使用以前项手段获取的权利人的商业秘密;③违反保密义务或者违反权利人有关保守商业秘密的要求,披露、使用或者允许他人使用其所掌握的商业秘密;④教唆、引诱、帮助他人违反保密义务或者违反权利人有关保守商业秘密的要求,获取、披露、使用或者允许他人使用权利人的商业秘密。经营者以外的其他自然人、法人和非法人组织实施前款所列违法行为的,视为侵犯商业秘密。第三人明知或者应知商业秘密权利人的员工、前员工或者其他单位、个人实施本条第一款所列违法行为,仍获取、披露、使用或者允许他人使用该商业秘密的,视为侵犯商业秘密。

5. 经营者进行有奖销售不得存在下列情形:①所设奖的种类、兑奖条件、奖金金额或者奖品等有奖销售信息不明确,影响兑奖;②采用谎称有奖或者故意让内定人员中奖的欺骗方式进行有奖销售;③抽奖式的有奖销售,最高奖的金额超过五万元。

6. 经营者不得编造、传播虚假信息或者误导性信息,损害竞争对手的商业信誉、商品声誉。

7. 经营者不得利用技术手段,通过影响用户选择或者其他方式,实施下列妨碍、破坏其他经营者合法提供的网络产品或者服务正常运行的行为:①未经其他经营者同意,在其合法提供的网络产品或者服务中,插入链接、强制进行目标跳转;②误导、欺骗、强迫用户修改、关闭、卸载其他经营者合法提供的网络产品或者服务;③恶意对其他经营者合法提供的网络产品或者服务实施不兼容;④其他妨碍、破坏其他经营者合法提供的网络产品或者服务正常运行的行为。

二、不正当竞争的行为与责任

1. 假冒行为

(1)具体行为:《中华人民共和国反不正当竞争法》第六条的第1、2、3项具体规定了几种引人误认为是他人商品或者与他人存在特定联系的不正当竞争行为。①擅自使用与他人有一定影响的商品名称、包装、装潢等相同或者近似的标识;②擅自使用他人有一定影响的企业名称(包括简称、字号等)、社会组织名称(包括简称等)、姓名(包括笔名、艺名、译名等);③擅自使用他人有一定影响的域名主体部分、网站名称、网页等。

在商品交换过程中,为了能使消费者区别不同品种的商品,或者为了区别不同生产者、经营者所生产和经营的同类商品,商品生产者和经营者在其所生产、经营的商品上标上商标、企业名称、产地、质量标志、认证标志、特有的包装、装潢等,这就是商品的特有标志。商品的特有标志便于消费者挑选,也督促生产者、经营者加强对自己商品的质量管理。商品的特有标志必须具备显著性特征,必须真实,严禁假冒。其中,特有标志中的认证标志是表示商品质量的一种重要标志,如纯羊毛标志、安全认证标志等。产地标志是用以表示产品的生产地区或国家的标记。

（2）法律责任:《中华人民共和国反不正当竞争法》第十七、十八条专门规定了经营者违反本法实施混淆行为的,由监督检查部门责令停止违法行为,没收违法商品。违法经营额五万元以上的,可以并处违法经营额五倍以下的罚款;没有违法经营额或者违法经营额不足五万元的,可以并处二十五万元以下的罚款。情节严重的,吊销营业执照。同时经营者登记的企业名称应当及时办理名称变更登记;名称变更前,由原企业登记机关以统一社会信用代码代替其名称。权利人因被侵权所受到的实际损失、侵权人因侵权所获得的利益难以确定的,由人民法院根据侵权行为的情节判决给予权利人五百万元以下的赔偿。

2. 商业贿赂行为

（1）具体行为:《中华人民共和国反不正当竞争法》第七条规定,经营者不得采用财物或者其他手段贿赂下列单位或者个人,以谋取交易机会或者竞争优势:①交易相对方的工作人员;②受交易相对方委托办理相关事务的单位或者个人;③利用职权或者影响力影响交易的单位或者个人。

（2）法律责任:《中华人民共和国反不正当竞争法》第十九条规定,经营者违反本法贿赂他人的,由监督检查部门没收违法所得,处十万元以上三百万元以下的罚款。情节严重的,吊销营业执照。

3. 虚假宣传行为

（1）具体行为:《中华人民共和国反不正当竞争法》第八条规定,经营者不得对其商品的性能、功能、质量、销售状况、用户评价、曾获荣誉等作虚假或者引人误解的商业宣传,欺骗、误导消费者。经营者不得通过组织虚假交易等方式,帮助其他经营者进行虚假或者引人误解的商业宣传。

（2）法律责任:《中华人民共和国反不正当竞争法》第二十条规定,经营者违反本法对其商品作虚假或者引人误解的商业宣传,或者通过组织虚假交易等方式帮助其他经营者进行虚假或者引人误解的商业宣传的,由监督检查部门责令停止违法行为,处二十万元以上一百万元以下的罚款;情节严重的,处一百万元以上二百万元以下的罚款,可以吊销营业执照。经营者违反本法第八条规定,属于发布虚假广告的,依照《中华人民共和国广告法》的规定处罚。

4. 侵犯商业秘密的行为

(1)具体行为:《中华人民共和国反不正当竞争法》第九条明确阐明了"侵害商业秘密权益"的行为。该条规定:经营者不得实施下列侵犯商业秘密的行为:①以盗窃、贿赂、欺诈、胁迫、电子侵入或者其他不正当手段获取权利人的商业秘密;②披露、使用或者允许他人使用以前项手段获取的权利人的商业秘密;③违反保密义务或者违反权利人有关保守商业秘密的要求,披露、使用或者允许他人使用其所掌握的商业秘密;④教唆、引诱、帮助他人违反保密义务或者违反权利人有关保守商业秘密的要求,获取、披露、使用或者允许他人使用权利人的商业秘密。经营者以外的其他自然人、法人和非法人组织实施前款所列违法行为的,视为侵犯商业秘密。第三人明知或者应知商业秘密权利人的员工、前员工或者其他单位、个人实施本条第一款所列违法行为,仍获取、披露、使用或者允许他人使用该商业秘密的,视为侵犯商业秘密。本条所称商业秘密,是指"不为公众所知悉、具有商业价值并经权利人采取相应保密措施的技术信息、经营信息等商业信息"。

(2)法律责任:《中华人民共和国反不正当竞争法》将侵犯商业秘密的行为列为不正当竞争行为,其中第二十一条规定:"……侵犯商业秘密的,由监督检查部门责令停止违法行为,没收违法所得,处十万元以上一百万元以下的罚款;情节严重的,处五十万元以上五百万元以下的罚款。"

5. 不正当的有奖销售活动

(1)具体行为:《中华人民共和国反不正当竞争法》第十条规定,经营者进行有奖销售不得存在下列情形:①所设奖的种类、兑奖条件、奖金金额或者奖品等有奖销售信息不明确,影响兑奖;②采用谎称有奖或者故意让内定人员中奖的欺骗方式进行有奖销售;③抽奖式的有奖销售,最高奖的金额超过五万元。有奖销售对于扩大企业销售,加速资金周转,提高企业的知名度,引发消费者的购买欲望有着积极作用。但有奖销售并不是经营者让利的行为,而是以牺牲众多消费者的利益为代价来换取经营者的利益,这种行为还损害了其他经营者的利益,助长投机心理,欺骗性的有奖销售更是如此,所以必须予以制止。这也是当初立法时的动机所在。

（2）法律责任:《中华人民共和国反不正当竞争法》第二十二条规定,经营者违反本法第十条规定进行有奖销售的,由监督检查部门责令停止违法行为,处五万元以上五十万元以下的罚款。

6. 商业诋毁行为

（1）具体行为:《中华人民共和国反不正当竞争法》第十一条规定,经营者不得编造、传播虚假信息或者误导性信息,损害竞争对手的商业信誉、商品声誉。商业信誉、商品声誉关系着经营者在市场竞争中的成败,是经营者赖以生存和发展的保证。而以捏造、散布虚伪事实诋毁、诽谤竞争对手,损害其商业信誉的行为是一种极为恶劣的不正当竞争行为。

（2）法律责任:《中华人民共和国反不正当竞争法》第二十三条规定,经营者违反本法第十一条规定损害竞争对手商业信誉、商品声誉的,由监督检查部门责令停止违法行为、消除影响,处十万元以上五十万元以下的罚款;情节严重的,处五十万元以上三百万元以下的罚款。

7. 破坏网络行为

（1）具体行为:《中华人民共和国反不正当竞争法》第十二条规定,经营者不得利用技术手段,通过影响用户选择或者其他方式,实施下列妨碍、破坏其他经营者合法提供的网络产品或者服务正常运行的行为:①未经其他经营者同意,在其合法提供的网络产品或者服务中,插入链接、强制进行目标跳转;②误导、欺骗、强迫用户修改、关闭、卸载其他经营者合法提供的网络产品或者服务;③恶意对其他经营者合法提供的网络产品或者服务实施不兼容;④其他妨碍、破坏其他经营者合法提供的网络产品或者服务正常运行的行为。

（2）法律责任:《中华人民共和国反不正当竞争法》第二十四条规定,经营者违反本法第十二条规定妨碍、破坏其他经营者合法提供的网络产品或者服务正常运行的,由监督检查部门责令停止违法行为,处十万元以上五十万元以下的罚款;情节严重的,处五十万元以上三百万元以下的罚款。

第四章

中药知识产权保护的战略与措施

知识产权的本质是一种经济和商业权利。因此,许多国家纷纷利用知识产权来强化自己的竞争优势,并把知识产权的创造和保护作为国家经济社会发展总体战略的重要内容。知识产权战略应运而生。

目前,关于知识产权战略并没有一个权威公认的定义。所谓知识产权战略,就是以知识产权制度为基础,健全和完善知识管理体系,激励知识产权创造、知识产权保护和知识产权的转化与应用,提高知识创新能力和国际竞争力,推动经济社会持续发展的行动方案及相关政策措施。实施知识产权战略的主要目的,一是要加速知识产权制度建设和知识产权综合能力的提高,并通过提升本国或本地区拥有的知识产权数量和质量,进一步增强核心竞争能力;二是要适应世界知识产权制度的变革和发展,与世界知识产权制度接轨,扩大国际合作与交流,积极参与国际规则的调整与制定,维护自身利益,保障经济安全。因此,知识产权战略是经济社会科技总体发展战略的重要组成部分,也是现代知识管理的主要形式;它是国家、地区、行业或企业在经济全球化和知识化背景下,着力提高综合实力和核心竞争力的具体行动方案。

第一节　关于我国知识产权战略的思考与建议

这些年,我国逐步将知识产权工作提到国家战略高度,以此促进提高国家竞争力和国家综合国力,为国家发展服务。2008 年,《国家知识产权战略纲要》颁布实施,将知识产权工作上升到国家战略层面进行统筹部署和整体推进。2021 年,为统筹推进知识产权强国建设,全面提升知识产权创造、运用、保护、管理和服务水平,充分发挥知识产权制度在社会主义现代化建设中的重要作用,又制定了《知识产权强国建设纲要(2021—2035年)》(以下简称《纲要》)。

一、我国知识产权战略的背景

近十年来,我国知识产权事业发展取得显著成效,知识产权法规制度体系逐步完善,知识产权保护效果、运用效益和国际影响力显著提升,全社会知识产权意识大幅提高,涌现出一批知识产权竞争力较强的市场主体。进入新发展阶段,推动高质量发展是保持经济持续健康发展的必然要求,创新是引领发展的第一动力,知识产权作为国家发展战略性资源和国际竞争力核心要素的作用更加凸显。实施知识产权强国战略,回应新技术、新经济、新形势对知识产权制度变革提出的挑战,全面提升我国知识产权综合实力,大力激发全社会创新活力,对于提升国家核心竞争力,扩大高水平对外开放,实现更高质量、更有效率、更加公平、更可持续、更为安全的发展,具有重要意义。

二、总体战略发展目标及主要内容

《纲要》中指出,到2035年,我国知识产权综合竞争力跻身世界前列,知识产权制度系统完备,知识产权促进创新创业蓬勃发展,全社会知识产权文化自觉基本形成,全方位、多层次参与知识产权全球治理的国际合作格局基本形成,中国特色、世界水平的知识产权强国基本建成。

《纲要》明确了工作任务:建设面向社会主义现代化的知识产权制度、建设支撑国际一流营商环境的知识产权保护体系、建设激励创新发展的知识产权市场运行机制、建设便民利民的知识产权公共服务体系、建设促进知识产权高质量发展的人文社会环境、深度参与全球知识产权治理。

三、总体战略的思考

国家知识产权战略的定位是立足新发展阶段,贯彻新发展理念,构建新发展格局,牢牢把握加强知识产权保护是完善产权保护制度最重要的内容和提高国家经济竞争力最大的激励。

1. 目标定位强调国家的战略 首先考虑中国经济发展水平,还需考虑中国制造业水平、民族产业水平,制定适合中国国情的国家知识产权战略。同时,知识产权战略是国家层面的总体性战略,坚持战略引领、统筹规划。

2. 突出制度性、政策性和引导性 知识产权制度不仅是保护制度,而且涉及知识产权创造、利用、扩散和保护各个环节。知识产权战略包括各环节与知识产权有关的制度,如经济、科技等各领域中与知识产权有关的政策和制度,与其他各环节的政策密切结合,相互协调。国家战略的目的是引导企业,而不是代替企业决策。

3. 把握知识产权制度与发展阶段相适应的问题 战略与发展阶段相适应体现几个原则。一是保护与发展相适应;二是遵循国际规则,合理保护;三是鼓励引进技术的消化吸收、创新的同时更加鼓励自主创新;四是加强知识产权反垄断。

4. 抓住实际和企业的迫切需求,明确战略重点和阶段性目标,解决一些实际问题 目前,我国知识产权制度的完善千头万绪,每个阶段要抓住几个重点问题,集中突破。如:①保护方面要抓住重点环节。②建立统一协调的执法标准,完善跨区域、跨部门执法保护协作机制。③构建政府引导、多元参与、互联共享的知识产权公共服务体系。④加强对企业的服务,特别是加强对中小企业的服务,合理保护企业的利益。⑤加快规范中介机构。⑥坚持知识产权以市场为导向,防止在一些政策引导下指标化和形式化的倾向。⑦加强知识产权的理论和案例研究。组织跨学科的研究,吸收各方面人士,包括经济界和企业参加,把知识产权制度建设与促进产业、经济、科技发展结合起来。⑧加强国际宣传,增加透明度。

四、总体战略的行动设想

实施国家知识产权战略的主要内容包括四方面：首先是推进、鼓励知识产权的获得，争取我国在世界上的发言权和应有的地位。第二是知识产权的保护。既要保护我们自己的智慧结晶，也要维护他国的合法利益。第三是加速知识产权的转化，将知识产权转变成财富。第四是完善知识产权制度。这四方面需要齐头并进。我国知识产权保护法的基本完备，仅仅是迈出了第一步，如果缺少直接鼓励人们用智慧去创造成果的法律措施，缺少在"智力成果"与"产业化"之间搭桥的法律措施，将很难推动一个国家从"肢体经济"向"头脑经济"发展，要在国际竞争中击败对手，就更不容易做到。因此，要实施国家知识产权战略，必须首先开展以下四个方面的行动：即知识产权创新、知识产权保护、知识产权应用、知识产权人才。具体行动计划如下：

1. 知识产权创新 ①国家作为知识产权战略实施主体，制定有助于技术创新的政策，引导技术创新；②高等院校和企业作为知识创新主体，制定具体激励政策措施激发知识产权创造能力；③管理机关理顺机制，注意避免和创新相矛盾，避免妨碍竞争；④提供培养创造力教育和研究工作的人力资源。

2. 知识产权保护 ①建立传统知识产权保护机制；②确保专利审查和审判及时和高质量；③创立真正的"专利法庭"功能；④强化反假冒和盗版产品的措施；⑤促进国际协调与合作，强化面向世界的专利授权制度；⑥强化商业秘密保护；⑦新兴领域的知识产权保护。

3. 知识产权应用 ①促进知识产权利用；②促进来自院校技术的转化；③开发知识产权价值和利用知识产权。

4. 知识产权人才 ①大量培养知识产权法律和管理人才；②加强专业审查员和代理人的培养；③重视知识产权普及和推广；④提升知识产权国家意识。

第二节　关于中药知识产权保护战略的思考与建议

一、中药知识产权保护的总体战略

中医药是中华民族与疾病长期作斗争的实践产物,是世界医药学的瑰宝,是世界传统医学的重要组成部分,是一个拥有几千年宝贵实践经验的巨大宝库,并经历代医家不断发展创新,总结提高,逐渐形成独特系统的理论体系,为中华民族的繁衍昌盛及人民的医疗保健事业作出了巨大贡献,同时对世界医学也作出了卓越的贡献。随着生命科学界对人类疾病发病模式认识的发展,中医药已引起了国际医药界的广泛关注。笔者认为,中药产业是我国未来最具特色、最易获得独立知识产权的优先发展领域,加强中药知识产权保护,开发我国独立的知识产权药物,推动中医药现代化与产业化,保持中医药的可持续发展和在世界传统医药领域的领先地位,是民族利益赋予我们的责任。因此,如何在继承和发扬祖国医药学的同时,针对其技术领域的特征,寻求整体协调、有效的知识产权保护方式,形成指导性的发展战略,将对中药自主知识产权的保护、行业的经济腾飞和科学技术进步等起到积极的促进作用,为中药走向世界提供更加切实的保证。

建立国家中医药知识产权战略的核心内容仍可从以下四个方面着手:即知识产权创新、知识产权保护、知识产权应用、知识产权人才。具体行动计划如下:

1. 中医药知识产权创新　①国家制定有助于中医药技术创新的政策,引导技术创新;②高等院校和企业制定激励政策措施激发中医药知识产权创造能力;③中医药管理机关理顺机制,注意避免和创新相矛盾,避免妨碍竞争;④提供培养中医药创造力教育和研究工作的人力资源。

2. 中医药知识产权保护　①建立传统知识产权保护机制;②完善中药发明专利"三性"的界定,确保专利审查和审判及时和高质量;③创立真正的"中医药专利法庭"功能;④强化中医药反假冒和盗版产品的措施;⑤促进中医药的国际协调与合作,强化面向世界的专利授权制度;⑥强化中医药商业秘密保护;⑦新兴领域的知识产权保护。

3. 中医药知识产权应用 ①促进中医药知识产权利用;②促进来自院校中医药技术的转化;③开发中医药知识产权价值和利用知识产权。

4. 中医药知识产权人才 ①大量培养中医药知识产权法律和管理人才;②加强中医药专业审查员和代理人的培养;③重视中医药知识产权普及和推广;④提升中医药知识产权国家意识。

二、中药知识产权保护的基本策略

1. 以专利保护为主导,捍卫中医药核心技术 专利是保护发明创造最有效的手段。专利所保护的是发明创造的技术方案。对于药品发明,其最本质的特征是:药品的技术特征、药品生产方法的技术特征和药品应用的技术特征。专利在药物研究过程中不仅能起到很好的保护作用,对药物市场开发也起着积极作用,它可以促进和保护我国新药的自主研制与开发。单纯的处方是不能获得专利保护的,申请专利保护的应是可进行工业化生产的中成药产品。目前世界上大多数的国家的专利制度采用先申请制,即专利权属于先申请人,因此,推迟申请很可能由于已被其他人占先或发明已被公开等原因而丧失取得专利权的机会。因此,中医药产品在进入国际市场前,最重要的事情就是及时向进入国提出专利保护申请,或通过 PCT 途径获得该国的专利保护,才能在真正意义上保护中医药产品的国际市场利益。

2. 以商标保护为形象,树立中医药的国际品牌 商标权对于中药知识产权的保护有着重要意义。中药作为特殊商品,消费者无法靠自己的能力辨别质量的优劣,同一产品最有效的区别方式就在于使用不同的商标。另外,中药老字号有悠久的历史,在海内外享有一定的声誉,也是中药企业宝贵的无形资产。因此,中医药产品应以国际标准为目标,塑造中医药驰名品牌,敢于和国际上的名牌较量,推动企业的创新能力和市场竞争能力。为此,应注意以下几方面：①通用商标与专用商标相结合。通用商标又可称为主商标，是指企业生产经营的中药产品均使用同一商标，成为企业的象征。专用商标是指中药企业根据产品的不同情况而采用不同的商标。它主要适用于不同类别、不同档次、不同品种及新的中药产品。企业可采用统一商标与个别商标相结合的策略，以统一商标为基础，创制个别商标，以达到和谐统一，既维护了企业商标的统一性，又突出了商标的个性化。②与国际接轨，重点突出商标名，淡化药品通用名称。我国传统的中药和西药相比，较少使用商品名，通常只有通用名称。对于中药企业而言，由于目前中成药的生产主要以古典名方或传统制剂为主，这些通用名经过历史的积淀，也蕴涵着无穷的文化品位和市场价值，因此将其淡化而重新启用商标名，也存在着一定风险。③加强商标宣传，提高知名度。④道地中药材应使用注册商标。

3. 以商业秘密保护为点缀，保护中医药特殊技巧 商业秘密保护是中药知识产权保护的重要方式之一。它是一种具有经济性、实用性和秘密性的技术或经营方面的信息，是智力劳动的成果，具有明显的财产价值，能通过转让来实现其价值，属于知识产权的一部分，已在很多国家受到相应的法律保护。传统的保密是我国中药行业上千年发展史中，业者进行自我保护所采用的传统手段。如以秘方的形式加以保护，保密措施是"家系独传""传子不传女"等。这种方式是行之有效的保护措施，但有一定的局限性。然而随着分析测试技术的发展，严密的中药现代质量体系的建立，使天然药物越来越接近化学药物的质量可控性，使中药现代化迈上了坚实的台阶。但中药及天然药物的易仿制性，使得中药产品的知识产权保护难以实施，有学者建议通过保密处方的方式保护中药知识产权，这种方式不仅能够避免配方泄露，还能有效防止其他企业轻易仿制[①]。允许中药企业以保密处方提出专利申请，可以鼓励企业将更多的资源和精力投入到新药的临床疗效评价中，这种做法能够更好地体现中药的创新价值，避免低水平重复现象的发生。此外，保密处方还可以作为一

---

① 王艳翚，姚峥嵘.中医药知识产权保护的困境及制度完善——以专利与技术秘密的协作为起点[J].时珍国医国药，2018，29（11）：2760-2762.

种有效的商业秘密保护手段,进一步增强中药企业的市场竞争力。这种策略也面临一定的挑战,如何在保护企业商业秘密的同时,确保公众的知情权和健康安全,是一个需要平衡的问题。此外,保密处方的管理也需要严格的法律和制度保障,以防止配方泄露或被滥用。

4. 以行政保护为补充,确保国内品牌在国际竞争的优势 目前,我国涉及与中药行政保护有关的有:新药监测期制度和知识产权边境保护。新药监测期制度依据是《药品注册管理办法》;知识产权边境保护的依据是《中华人民共和国知识产权海关保护条例》。现有的这些行政保护措施是中药知识产权保护的重要补充,应该是具有特色的部分。新的《药品注册管理办法》取消了对新药的行政保护政策,对新药实行监测期制度,对中国企业生产首次在中国上市的新药,国家药品监督管理局可以根据保护公众健康的要求,依据新药临床研究安全性、有效性和质量可控性评价结果,可以对药品生产企业生产的新药品种设立不超过 5 年的监测期;在监测期内,不得批准其他企业生产和进口该药品。行政保护只是国内强制性的措施,具有一定的局限性,只有依靠专利这一武器才能保护自己的药品知识产权。

5. 以版权保护为根本,保护中医药的传统思想和文化 版权保护的是思想表现形式。应用版权法保护中医药的传统思想和文化理念,树立中医药文化在世界上的地位,为中医药文化和产品走向世界奠定思想基础。

6. 以复合保护为体系,形成中医药知识产权保护的技术壁垒 知识产权保护是由不同部门的法律构成的。因此,首先应注意知识产权保护的整体性,做好不同法律部门的协调。要把不同形式的知识产权作为一个有机联系的整体来看待。在出现交叉保护时,在两部或几部法律之间协调,显得尤其重要。其次,应关注知识产权法与其他法律和政策法规的协调问题,如科技进步法、科技成果转化法、保密法等。从国家的角度来看,这需要既有分工,又有协调、配合,只有这样才能加大知识产权保护力度,形成一个完整的知识产权保护的技术壁垒。

三、中药知识产权保护的具体措施

1. 提高全行业知识产权保护的意识与水平

（1）针对当前中药行业的实际情况,以及面临中药现代化、国际化的强劲走势,要提高全行业的知识产权保护意识和整体水平,深刻认识知识产权作为无形资产和竞争武器的重要价值,以及其在开拓、占领国内外市场,保护竞争优势和发展后劲方面的积极作用,要从企事业单位科研、经营策略和发展战略的高度上重视和看待知识产权问题。

（2）在大、中型中药企业和科研院所,特别是中成药五十强企业中,建立专门的知识产权管理机构,根据企业发展的需要,收集信息,准备文件,研究专利、商标战略,提高申请、注册水平,办理诉讼等。

（3）要提高中医药专业技术人员的知识产权意识,将其提高到涉及国家经济发展和国家安全的高度来加以要求;学科带头人、项目负责人、参加涉外学术交流会议以及网上资讯技术人员的防范意识应进一步加强。

（4）有关技术保密审查和管理机构对科研项目的密级鉴定和确认管理,应及时提出安全防范建议,通过相关措施加强技术专利申请与保护。

（5）重点监控中医药的进出口贸易,出口中药材的流向和进口中药的成分鉴定是关键的监控指标。

（6）熟悉国际相关法规和惯例,充分运用好知识产权保护这把双刃剑,分别从专利保护、新药监视期保护、中药品种保护、传统保密方式、著作权保护,以及商标保护等诸多方面保护我们的国粹。

（7）把知识产权的管理融入科技管理的全过程,申请立项时避免重复,保证课题的新颖性、权威性,并促进相关知识产权的形成。

（8）补充、完善中药知识产权保护相关法律、法规,使其能快速而有效地确定产权纠纷,并有相应的手段保证其切实可行。

2. 不断完善中药知识产权法规,适应经济发展的需要　面向新时代知识产权保护制度的特点,一是要适应高新技术发展的需要;二是要适应国内市场经济发展的需要；三是要进行国际协调；四是要突出知识产权的主体性。因此,针对中药的特点,对中药知识产权的保护策略有全面重新考虑的必要。高新技术的发展对知识产权保护提出了新的要求,甚至是超越了原有知识产权保护所涵盖的范围,其中既包括全新的知识,也包括了已有知识的延伸。对中药有必要从新的角度重新探讨其专利的范畴、类别等问题。特别要探讨的是,专利法在中药专利保护方面的一些具体体现,如何进行操作有待进一步完善。特别是中药复方制剂的发明创造者,主要是希望寻求保护中药配方,对此如何从法律上给予全面有效的保护是摆在我们面前值得研究的一个重要课题。中医用药是经历了由简单到复杂,由单味药到复合诸药成方的发展过程,许多方剂疗效独特、确切,是我国医药的重要组成部分。对于中药处方的来源保护是否可以从立法上探讨一个全新的模式,以真正有利于促进中药自主知识产权的健康发展。美国植物专利就是在原有的专利法的框架内进行适当修改,将专利保护的对象扩大到通过无性繁殖的方法产生的植物品种。美国是世界上最早给予植物以知识产权法律保护的国家之一,这种积极采取知识产权保护的方式自然不排除考虑到对本国利益的保护。

（1）尽快制定出台商业秘密法：为建立一个公平竞争的符合国际规则的法律环境,完成我国中药产业与国际市场经济的接轨,建议有关部门尽快制定出台与中药知识产权保护关系极为密切的商业秘密法。

（2）修订完善知识产权法规：参照国际惯例和规则,修订完善我国的《专利法》《商标法》《著作权法》等知识产权法规,建议在修订时邀请中医药专家参与,对能体现我国技术优势的中药领域的知识产权给予充分有效保护,促进中药行业的发展。

（3）完善与中药知识产权保护相关的法规：为结合我国国情,建议完善与中药知识产权保护相关的法规,如《中药品种保护条例》等相关法规。

（4）研究与运用国际知识产权法规：在进行国际合作和开拓国际市场中,科研机构和企业要学会运用知识产权法规和国际专利制度来保护中药技术和产品的合法权益。特别是在进出口产品时,更需考虑专利法、商标法和名牌产品的选择与使用；要主动利用国外机构获取专利、商标、版权等最新信息和动向,扩大申请、注册国际专利、商标等,为培育国际名牌产品和商标创造条件;要熟悉掌握出口国的药品管理法、专利法、商标法、版权法和国际规则的最新信息,切实有效地保护自己出口到世界各地的专利技术和产品,在国际市场竞争中争取优势、保持优势和发展优势。

（5）必须兼顾国际的现实和我国的国情:随着高新技术的应用和各国正常的经贸往来及文化技术交流的日益频繁,地区合作及国际合作成为经济发展的重要趋势。我国已经加入世界贸易组织,知识产权保护的国际化已不可避免。我国正处在整个社会的转型时期,而我们对中药知识产权保护的研究才刚刚开始起步。落实知识产权保护措施,要考虑能否与大多数国家沟通。当今中外知识产权保护理论与实践的联系和相互影响是紧密的,有些问题已经是急迫地摆在了我们的面前。如英国植物药公司以知识产权为武器,除在本国生产了由中国医生组方的治疗皮肤病的药品外,还在我国申请相关"治疗皮肤病的药物组合物"专利就是一个典型的例子。我们不仅注重对国内现在已有问题的研究,更要考虑对已在国外提出而且必然会在我国出现的新问题的研究。只有这样,才能使我国的知识产权保护系统在现代社会中不断完善,并对增强我国的竞争地位起到应有的作用。

3. 加强中药知识产权的复合保护,形成一个完整的知识产权保护体系 知识产权制度是由不同部门的法律构成的。如中药将涉及《专利法》《商标法》《药品管理法》等。每部专门法多有自己的立法宗旨和目标,而知识产权的客体在技术发展的不同阶段,又有不同的表现形式。作为中药,在开发阶段其处方、工艺等受到《专利法》的保护;在市场推广阶段则受《商标法》的保护。

4. 建立中医药知识产权组织,形成行业保护体系

（1）组建中国中医药知识产权研究会:建议由中医药、法律和管理等多方面的专家及相关人员组成中医药知识产权研究会,结合本行业特点,研究中医药的知识产权理论问题和实际问题,为国家有关部门提供建设性意见。

（2）积极筹建全国中药企业知识产权保护组织:加强中医药企事业单位相互之间的团结,联合起来,积极筹建中医药知识产权保护同盟之类的行业保护和自律组织,在行业内部建立知识产权的集体保护机制,依靠集体和社会的力量,加强内部自律,协调对外行动,共同创造一个有利于保护知识产权的社会大环境。

（3）加强中药知识产权保护的政策研究工作,了解和掌握更多国际上有关中药及天然药知识产权保护的政策及法律、法规,进一步开拓国际合作新局面。

（4）在中药行业普及和宣传知识产权的基本概念和重要性,增强知识产权保护的法律意识以及学会如何保护知识产权,同时需要有更具体的保护发明者及产权者权益的有效机制出台。

（5）发展知识产权法律服务体系,鼓励、引导和发展多种所有制形式的代理、评估、咨询、许可转让等中介服务机构,并出台相关的管理规定。

5. 培养中药国际经贸与知识产权的专门人才

（1）普及知识产权教育。建议在中医药院校开设一定学时的知识产权课程,将知识产权教育培训工作纳入学生的课程计划中,通过学习基本知识,使学生较早受到知识产权的普及教育,初步树立产权意识。对中药的研究、开发、生产部门的从业人员普遍进行知识产权知识的宣传、学习,并列为新的从业人员岗前教育的必修内容之一,提高全行业的知识产权保护意识。对中药的研究、开发、生产部门的负责人,由行业主管部门组织开办短期知识产权轮训班,并将之作为履行职责的考核内容。行业中的骨干中药研究开发院所,应培训通晓知识产权的专门人才,负责在中药研究开发立项、鉴定、申请奖励,以及有关论文、报告、宣传材料公开发表前的审阅和专利申请、商标注册的咨询工作。

（2）培养从事中药国际经贸与知识产权保护的高级人才。为适应世界贸易组织基本规则和中药国际经贸的需要,必须加强中药国际经营管理与知识产权人才的培养,采取多种形式和方法抓紧对在职中药企业经营者及管理者进行知识产权业务的培训,要加强同世界贸易组织等国际组织和国际知识产权机构进行合作与交流,尽快培养一批懂科技、会经营、善管理、熟悉国际贸易规则、了解国际市场、精通多国知识产权制度和法律状况的"复合型"中药人才。从长远战略出发,建议我国医药院校与相关院校联合培养适应世界贸易规则的中药国际经贸与知识产权复合型高级人才,尽快提高我国中药国际经贸能力和知识产权保护水平,逐步缩小与发达国家的差距,为中药国际经贸奠定良好基础。

6. 加强国际合作中的中医药知识产权保护

（1）建立和遵循中医药科技合作与交流知识产权保护基本原则。中医药跨国科技合作是一个依据一定法律的契约过程,它明确了参与者之间各自应承担的义务以及享受的权利。中医药科研机构和科技人员参与科技合作,分享知识产权,必须按照平等互利、权利与义务相统一、所作贡献与所得权益相适应以及优先评价创造性的原则,确定中医药国际科技合作成果分享的方式,使其建立在符合科技规律和国际经济合理秩序的基础之上。

根据国际科技合作的普遍规则,为了确保合作达到预期目的,中医药科技合作双方应遵循以下主要原则。①及时通知原则:一方应当在执行科技合作协议时及时通知合作方,并商定对有关知识产权的适时保护方法。②公平利用原则:作为合作伙伴,双方对执行科技合作的成果享有非独占的、不可撤销的、免交使用费的翻译权、出版权和公开发行权。③保守秘密原则:在科技合作中,一方向另一方提供的信息或者双方合作获得的信息凡涉及商业秘密或国家机密,应承担保密责任。④立法差异的协调原则:即对于有些问题,当一方法律提供保护,另一方法律尚不提供保护,或者保护的范围、水平不对等时,原则上应按国民待遇原则协调处理立法差异,通过协商研究确定有关成果分享的法律框架。

（2）遵守中医药知识产权归属与分享的原则。中医药国际科技合作内涵丰富,合作领域广阔,合作形式多样,合作成果涉及不同形式的知识产权。因此,应当按照平等互利的基本原则,研究制定不同形式知识产权的归属和分享办法。①精神权利和经济权利的归属和分享:精神权利包括中医药科技成果完成者的身份权、荣誉权等人身权利,他人不得分享、侵夺或剽窃。经济权利包括使用、转让和其他权利,可以在平等互利的基础上合理分享。②不同科技合作方式的成果归属和分享:中医药国际科技合作形式多种多样,但从科技成果分享规则的角度来看,可以归纳为专业人员交流、学术交流和信息交流、合作研究和共同开发三种基本类型。

（3）建立不同国际合作形式的中医药知识产权保护措施。①专业人员访问：在互访中完成的科技成果，诸如高级专家在交换访问、执行项目过程中产生的知识产权，应当按合作研究或者教授讲学的合同来处理；中医药专业技术人员为对方提供咨询服务或执行智力输出项目的访问，应当按商务条件以合同形式明确有关知识产权的分享和报酬计算办法，而且我方专业技术人员的待遇和报酬应与其他国家同等专业人员相当；以进修为主要目的的科技人员在对方研究机构中完成的成果，原则上可尊重东道研究机构的章程处理。②学术和信息交流：举办研讨会、展览会、学术会议和互换科技情报信息是国际科技合作的重要形式。任何一方在获得知识和信息的基础上，作出新的科技成果，应由完成科技成果的一方享有一切知识产权。在实际执行中，从有利于发展双边合作关系的基础出发，我们可以通过协议的形式约定；如果完成成果的一方放弃该项权利时，提供信息的一方可以获得；如果成果的一方转让该项权利时，提供信息的一方可以优先受让。但这属于合作双方的互惠安排，不是法定原则。③合作研究和共同开发：合作研究和共同开发是指两个以上国家或机构的中医药科研人员就专项课题共同参加的研究开发活动。其知识产权的具体分享办法，可以在协议中根据不同情况作出相应安排。

7. 调整管理政策，促进中药专利保护

（1）改进管理政策，鼓励发明创造。专利制度是激励科技创新、提高科技创新能力的重要机制。为了实现中药现代化的目标，要加强科技研究，在继承传统、保持特色的基础上充分运用、吸收现代科学技术，不断提高中药行业创新能力，要积极鼓励发明创造、调动企事业单位的发明人申请专利的积极性，引导科技工作者把取得专利作为科研开发立项的目标之一。制定激励政策，把取得专利作为业绩考核指标之一。设立专利奖，将专利奖励与科技奖励同等对待。

（2）开展中药专利战略研究，保持中药优势地位。专利战略是指运用专利及专利制度的特性和功能去寻求市场竞争有利地位的战略。制定专利战略的原则是针对已有的专利技术，制定控制和反控制现有市场的总体谋划。我

国是中医药的发源地,数千年的积累是国家和民族的宝贵财富,我国中药的科研、产品以及市场具有明显的优势,中药的技术和产品理应具有我们的自主知识产权。目前外国在华申请的中药发明专利虽为数不多,但这些申请在授权专利中占相当比例,这一现象不容忽视。如何保持我国中药的优势地位,不断提高中药技术和产品在中国和国际市场的竞争力,有必要开展中药领域专利战略研究,针对中药自身发展需要,结合中药行业整体发展目标,确定相关的发展战略。

（3）加强中药国际化的专利战略研究,建立国际专利申请基金。集中力量,重点对美、日、德等国家以及世贸组织成员和与我国已建立多边贸易关系的国家（地区）的专利文献进行调查、研究、分析,弄清楚这些国家和地区专利体系的法律状态和技术状态。对其在中药、草药及天然药物领域专利申请方面已获得专利权的项目进行科学研究和系统分析,提出我国中药及天然药物研究开发的主攻方向和重点项目领域。

行业主管部门应组织力量,收集、研究、掌握国际有关中药专利信息和动态,指导行业内的中药专利技术发展方向,提高专利技术水平。

在骨干的中药研究、开发、生产单位,特别是其领导集体中应该明确:中药专利申请的国际化（即由向一个国家和地区申请逐渐发展到向多个国家和地区申请专利）是中药现代化、国际化的必然趋势。因此,要研究探讨国际专利申请策略,最大限度地保护国家和企业利益。建议由有关部门共同筹资,建立国家中药国际专利申请基金,审查和资助中药研究开发机构向国外申请专利。

（4）完善中药发明专利"三性"的界定

1）关于经古方制剂:经古方,一般指清代和清代以前（1911年以前）载于中医典籍的方剂,是中医长期防病治病积累的精华,有的经受历代医家临床的反复实践,组方精确,疗效显著;有的是后代许多复方的祖剂。近年来对经古方开展了众多深入研究,研究水平、研究领域具有很大开拓,对于促进中医学术的发展和药学水平的提高起到了重要作用。由于经古方的配方已载在清代或其以前的典籍中,"在国内外出版物上公开发表过",似丧失其新颖性,极大影响对经古方这一中医瑰宝的进一步探索研究和开发利用。鉴于古代中医药典籍当时的出版量少,用药形式多数由病家自己煎煮服用,现代的研究开发虽然方名、配伍甚至用量相同,但已在原料、制剂、功能阐述上赋予了现代科技内涵,为发挥贯彻专利法宗旨,对未开发成上市的法定药品的经古方的配方,应视为不丧失专利新颖性,以利于中医药的继承和发扬。但对于经古方已经在国内外开发上市的法定药品,则视为丧失了新颖性。

2)关于医院制剂:中药新药的研制与西药不同,其处方多在临床应用、经验总结的基础上考察,再进行新药临床前研究,继而临床研究。在起始试用考察时,常作为医院制剂用于临床,有的使用了较长时间,或在病人中已有很高信誉,虽"为公众所知",但它尚不属正式的法定药品上市,应不属于"在国内外公开使用过"的范畴,因此不丧失其发明专利的新颖性。

3)关于成方组分的加减和药量的变更:中成药主要是复方制剂,由于加工、生产工艺一般都是采用本行业中的惯用制备技术,在中成药的发明中,配方是一个非常重要的技术特征。单纯就配方而论,有三种情况:

第一,在现有方剂基础上,通过药味的加减所作的改进:药味增减,如在主药、主证不变的情况下,随着次要症状或兼夹证的不同,增减其次要药味,以适应新的病情的需要,中医称为随证加减。判断其创造性,应决定其与原方相比,疗效是否突出,或是否有新的功效。为此,应提供实验药效或临床试验结果的证明。药味增减,发生了主药、主证的变化,则应视为有创造性。

第二,在现有方剂基础上,通过各组成药味用量比例的变化所作的改进:药味不变、药量加减,在中医实践上,是所谓方不变而法变,可引起方中配伍关系和主治范围的变化。这种变化可概括为加重药量,增强药力(如四逆汤与通脉四逆汤,均用附子、干姜、甘草,后者加重了附子、干姜用量,使回阳救逆的功效更强);改变药量,以改变主治(如小承气汤与厚朴三物汤,均由大黄、厚朴、枳实三药组成,小承气汤以大黄为君,用量倍于厚朴,主治阳明腑实结便秘,厚朴三物汤以厚朴为君,用量倍于大黄,主治气滞腹胀)。

对于加重药量以增强药力,判断其创造性要视其是否取得了突出的疗效。应提供具有显著性差异的实验药效或临床试验的可靠结果。

对于改变药量以改变主治,应提供两者药效不同的比较性数据,以判定其创造性。

第三,将原有的两个或几个方剂组合成方所作的改进:两个或几个已有方剂的相加,对其创造性的认可,应提供协同增效作用或产生新的医疗用途的研究数据。

4)关于新的药效(新的医疗用途):原有方剂发现新的药效,具有创造性。关于中药复方,特别是经典古方,发现新的药效有两种可能:①中医师在临床研究中,发现新的功能主治,这种新的功能主治是以传统的中医术语来表达的,是该方原来所没有的;②应用现代科技研究发现了新的疗效,这种疗效是以现代医学的术语来表达的,尽管这种功效包含在原来以中医术语表达的功能主治的含义之中。上述两种情况,均应视为具有创造性。

5)关于成药生产新工艺(生产方法):生产工艺的创造性应有两方面的理解。①生产工艺、制备方法本身的创新。即这种新工艺、新方法是前所未有的,并由此使产品的质量或疗效提高,或成本显著下降,具有创造性。②依附于配方的创新。即生产工艺本身并不构成显著的创造性,但由于配方的创新,用此工艺制备成的药品有创造性,此工艺也应依附于药品的创造性而有创造性。

6)关于剂型的改进:改变原有药品的剂型,按我国药品管理法的规定为四类新药,发给新药证书。在生产工艺上有创新的可授予发明专利。

7)提高中药专利保护力度:加快中药发明专利审批进度,缩短从申请到授权的时间;加快专利侵权诉讼审理时间,提高侵权赔偿额度;成立中药知识产权仲裁机构,减少专利纠纷。

8. 灵活运用商标,促进中药商标保护

(1)公司的主商标与商品商标灵活运用。主商标是企业的象征,如深圳某制药厂的"某九"商标即为企业的主商标,主商标使用在企业的商品上时,其叙述性越小越好。每一个中药企业都应有一个主商标,企业在建厂时就应当考虑选择和注册自己的主商标,企业在确定产品方向时应当考虑选择和注册自己的商品群商标,在新产品即将推向市场时应当考虑选择和注册单一商品的商标,对于单一商品商标可以选择有较强暗示性的商标。在使用这些商标时,企业应灵活运用自己的注册商标。对于中药新产品,为使消费者认识该

产品,认准该产品,应重点突出该产品的商品商标,创单一商品驰名商标。当然,企业也可采用主商标与商品商标相结合的策略,这样一个商品上可以同时使用两个或三个商标,应注意的是,商标的运用以不要冲击主商标为前提。

（2）重点突出商标,淡化药品通用名称。药品的通用名称属于一个国家或世界范围内的非专有名称,不具有排他性。为使自己的医药新产品区别于其他企业的同样产品,使用具有显著性和新颖性的商品名称是必不可少的。将商品名称进行商标注册,即形成了该药品的商标名。对于拥有专利的新产品,商标名的作用是非常大的,可以使消费者在整个专利有效期内只认识该商标名,创出自己的名牌。因此,中药新产品在使用商标时应重点突出商标,淡化通用名。

（3）重视商标宣传,培育中药驰名商标。在对中药产品进行推广应用时,必须重视并投入力量进行商标宣传。用广告突出宣传商标,扩大商标知名度,有利于开拓市场,推销商品;有利于提高商品的地位,增加商标的显著性,提高其区别作用;应注意避免宣传药品通用名,商标名为企业所独有,其他企业在生产同样产品时不得使用该商品名,如果用药品通用名进行宣传,因药品通用名不具有独占性,可以为其他企业使用,乘机推出自己的同样产品,宣传通用名可能帮了别人的忙。创驰名商标应当具有以下条件:具有优良的产品,良好的质量保证体系,良好的商标设计,投入力量进行商标宣传,良好的商标管理,依法使用注册商标。

（4）提倡道地中药材使用注册商标。我国道地中药材可以通过使用注册商标来区别其来源和保障其质量,同时也有利于质量优良的中药材创出名牌,有利于占领市场,创造效益。

（5）对中药商标注册给予倾斜政策。根据新药评审办法对中药命名的技术要求,中药产品的命名对药品的成分或疗效可以有一定叙述,这种命名符合我国人民千百年来对中药的认识习惯,也符合中医临床用药习惯。在中药产品名称进行商标注册时,商品名称如果不能暗示中药的成分和疗效,将使医生和患者难以认识中药,中药的特色将不能很好体现,这对我国中药的发展是不利的。为此,建议国家工商管理部门对中药商品名称的注册采取特殊政策,允许中药商品名称可以采取规范的方式表示成分、功能或用途，以利于中药产品创名牌，发展我国中药事业。

（6）中药商品名称与商标保护。中药商标与商品名问题是摆在我国中药制药界的一个现实问题。由于中药新产品经济效益好，有的新产品一上市即有多家企业仿制，严重地妨碍了新药开发的积极性，一些企业为了维护自己的在先开发权，试图将商标专用权变成产品专有生产权。由此引发了许多的法律纠纷，原因是我国中药行业没有建立药品商品名制度，企业为了限制竞争对手的仿制行为而将已列入国家或地方药品标准的药品名称进行商标注册，希望依据商标专用权来限制他人生产同一种产品。

建立商品名制度，可以解决上述问题，企业可以给已获国家批准的新药另起一个商品名称，进行商标注册，以区别于其他生产厂家生产的同类产品，但商品名的建立也会造成一药多名的情况，使患者难以进行选择。甚至可能将同一种药误认为不同种而造成超剂量服药的结果。因此，商品名应限制在有专利保护或中药品种独家保护的产品上使用，对于两家以上生产的产品不应批准商品名。

另外一种解决办法是：企业在企业总商标的基础上另注册一个与具体品种相关联的子商标，而子商标具有商品名的功能，这样就可以将商品名的保护与管理纳入商标管理的范畴，企业可以通过对子商标的宣传达到区别其他企业产品的目的。

（7）驰名商标申请外国商标注册。地域性是知识产权的特点之一，商标专用权依据哪个国家或地区的法律产生，便受到哪个国家或地区的法律保护。对于有潜力的中药产品，在开发过程中就应当考虑在国外申请专利和商标注册，以取得所在国的法律保护，一旦产品进入国际市场，就可以使用注册商标对产品进行有效宣传和保护。

9. 中药各类技术领域知识产权保护形式　我国中药生产技术源远流长，无论是传统的炮制技术，还是现代的分离纯化技术，都与中药的研究、开发、生产密不可分。技术的类型有多种，不同类型的技术可以得到不同方式的知识产权保护。对中药开发当中经常应用的技术，根据其特征进行系统分类，并研究不同类型的中药新技术通过何种方式可以得到有效保护,找出答案,以利于中药研究开发单位在实际工作中准确应用。我们将中药技术按其特征分为十类,对每类的技术内容再加以细化,对每一细化的技术类型进行分析,选择能较好保护知识产权的方式,列在技术类型之后(表4-1)。

表4-1 中药各类技术领域知识产权保护形式

分类	研究内容	技术类型	保护形式
一、中药材生产	1. 中药资源的分布、蕴藏	(1)国家、行业组织的资源普查调研结果、报告	国家秘密/著作权
		(2)企业就自身产品生产或研制所做的调研	商业秘密/著作权
	2. 中药栽培生产	(1)中药产地产区的育种技术	发明专利/技术秘密/著作权
		(2)中药野生变家种技术	发明专利/技术秘密/著作权
		(3)中药的组织培养、基因工程技术	发明专利/技术秘密/著作权
		(4)优质高产中药的栽培技术	发明专利/技术秘密/著作权
		(5)中药的采收与产地加工技术	技术秘密/著作权
		(6)专用栽培生产中的设备与工具	发明专利/实用新型/外观设计
	3. 中药养殖生产	(1)药用野生动物的驯化、繁殖、饲养技术	发明专利/技术秘密/著作权
		(2)药用动物的繁殖、饲养技术	发明专利/技术秘密/著作权
		(3)动物类中药的产地加工技术	发明专利/技术秘密/著作权
		(4)繁殖饲养用装置与设备	发明专利/实用新型/外观设计

分类	研究内容	技术类型	保护形式
	4. 矿物类中药的开采与加工	（1）矿物类中药的开采技术	发明专利／技术秘密／著作权
		（2）矿物类中药的产地加工技术	发明专利／技术秘密／著作权
		（3）矿物类中药的开采加工机械	发明专利／实用新型／外观设计
	5. 中药材的包装与仓储养护	（1）中药材的各类包装材料	发明专利／商标／实用新型／外观设计
		（2）中药材的各种包装	发明专利／商标／实用新型／外观设计
		（3）各类中药材的仓储养护设备	发明专利／实用新型／外观设计
		（4）各类中药材的仓储养护技术	发明专利／技术秘密／著作权
	6. 中药材的品质	中药材的品质	商标／技术秘密
	7. 中药新的药用部位	中药新的药用部位	发明专利
	8. 中药新的用途	中药新的用途	发明专利
二、中药炮制技术与饮片	1. 中药炮制	中药炮制技术	技术秘密／发明专利／著作权
	2. 中药炮制品	中药炮制品（传统饮片）	商标／技术秘密
	3. 中药新型饮片	中药新型饮片	发明专利／商标／技术秘密
	4. 中药保鲜方法与技术	（1）中药保鲜技术	发明专利／技术秘密／著作权
		（2）中药保鲜容器	发明专利／实用新型／外观设计

分类	研究内容	技术类型	保护形式
三、处方与配方制剂等	1. 中药成方制剂（单味药或复方）	（1）新产品、制备工艺、用途	发明专利／中药品种保护／新药监视期保护
		（2）传统名方的新工艺和剂型	发明专利／中药品种保护／新药监视期保护
		（3）新用途	中药品种保护
		（4）复方药物组成改变而引起效果或用途变化	发明专利／中药品种保护／新药监视期保护
		（5）复方药物剂量改变而引起效果或用途变化	发明专利／中药品种保护／新药监视期保护
	2. 中药单体或有效部位	（1）新产品、制备工艺、用途	发明专利／中药品种保护／新药监视期保护
		（2）已知结构化合物的新药用作用	发明专利／中药品种保护／新药监视期保护
		（3）已知单体药物经结构修饰改造形成的衍生物（处方）	发明专利／中药品种保护／新药监视期保护
	3. 中药保健食品	产品、制备工艺、用途	发明专利／商标／外观设计
	4. 中药化妆品	产品、制备工艺、用途	发明专利／商标／外观设计
	5. 饮食补充剂	产品、制备工艺、用途	发明专利／商标／外观设计
四、中药制药工程技术	1. 中药提取分离纯化精制浓缩干燥工艺技术	（1）中药提取分离工艺与技术	发明专利（生产方法）／技术秘密
		（2）中药纯化精制工艺与技术	发明专利（生产方法）／技术秘密
		（3）中药浓缩干燥工艺与技术	发明专利（生产方法）／技术秘密

分类	研究内容	技术类型	保护形式
	2. 剂型	（1）新剂型	发明专利
		（2）传统改进剂型	发明专利
		（3）新剂型工艺与技术	发明专利／技术秘密
	3. 制药机械与设备	（1）通用制药机械与设备的改进	发明专利／实用新型／外观设计／商标
		（2）专用制药机械与设备的改进	发明专利／实用新型／外观设计／商标
		（3）新专用机械与设备的创制	发明专利／实用新型／外观设计／商标
		（4）通用或专用制药机械与设备的配套装置	发明专利／实用新型／外观设计／商标
	4. 制剂辅料	（1）中药制剂新辅料	发明专利
		（2）辅料在中药制剂中的新用途	发明专利
		（3）辅料应用的新技术	发明专利／技术秘密
	5. 中药制药工程中的自动化控制	（1）制药自动化控制技术	发明专利／著作权／技术秘密
		（2）制药工程生产技术软件	发明专利／著作权
	6. 中药药渣	药渣的综合利用技术	发明专利／技术秘密／著作权
	7. 制药污染	（1）处理技术	发明专利／技术秘密／著作权
		（2）处理设备	发明专利／商标／实用新型／外观设计

分类	研究内容	技术类型	保护形式
五、中药质控技术	1. 检测用标准对照品	中药质量检测用标准对照品	商标
	2. 检测的方法与技术	中药质量检测的方法与技术	发明专利/技术秘密
	3. 控制技术	中药质量控制技术	发明专利/技术秘密
	4. 检测仪器设备	中药质量检测仪器设备（设计、改进、制造）	发明专利/实用新型/外观设计/商标
	5. 检测试剂	中药质量检测试剂	发明专利/实用新型/商标
六、中药产品的包装	1. 中药产品的说明书、广告、资料	（1）中药产品说明书（内容）	著作权
		（2）中药产品广告、包装（内容、形式）	著作权/实用新型/外观设计
		（3）宣传资料（内容、形式）	著作权/外观设计
	2. 中药包装与包装技术	（1）中药包装	著作权/实用新型/外观设计
		（2）中药包装技术	技术秘密/著作权
	3. 中药包装材料	中药包装材料	商标/发明专利
	4. 中药包装机械	中药包装机械	发明专利/实用新型/外观设计/商标
七、中药基础研究	1. 中医病、证实验动物模型	（1）中医病的实验动物模型	著作权/个别国家有动物专利
		（2）中医证的实验动物模型	著作权/个别国家有动物专利
	2. 中药作用原理	（1）中药药理作用的物质基础	著作权
		（2）中药产生药理活性的机制	著作权

分类	研究内容	技术类型	保护形式
	3. 中药复方配伍规律及其相互作用	（1）中药复方配伍规律	著作权
		（2）中药复方中药物相互作用	著作权
	4. 中药有效成分的活性与结构确定	（1）中药成分的活性测定方法与筛选技术	发明专利/著作权/技术秘密
		（2）中药成分的结构	发明专利/著作权
	5. 中药复方中新活性物质的研究	（1）中药复方中新活性物质	发明专利/著作权
		（2）中药复方中新活性物质的测定技术	技术秘密/著作权
	6. 中药成分构效关系研究	中药成分构效关系	技术秘密/著作权
	7. 中药中有毒有害物质的限量测定与确定	中药中有毒有害物质的限量测定与确定	技术秘密/著作权
	8. 中药药性理论研究	中药药性理论研究	著作权
八、中药临床研究	1. 中药临床新用途（第二适应证）	中药临床新用途	发明专利/中国新药（五类）保护/中药品种保护
	2. 临床方案	给药方案与治疗方案	著作权
	3. 剂量	剂量改变	著作权
	4. 给药方式和途径	给药方式和给药途径改变	著作权
九、中药信息资料	1. 中药文图声像	教科书、期刊、声像资料、论文、书籍	著作权
	2. 中药信息	中药信息及其分析结果	著作权/技术秘密

分类	研究内容	技术类型	保护形式
	3. CIS 设计	CIS 设计	著作权
	4. 科研项目	科研申报书	著作权 / 技术秘密
	5. 技术成果	科技成果鉴定证书	著作权 / 技术秘密
	6. 论证资料	可行性论证报告	技术秘密 / 著作权
	7. 营销策略、流通渠道与财务信息	（1）营销策略	商业秘密
		（2）流通渠道	商业秘密
		（3）财务信息	商业秘密
十、中药应用性计算机软件	1. GLP 等规范管理软件	（1）中药 GLP（优良实验室管理规范）管理软件	著作权 / 软件保护条例 / 商标
		（2）中药 GMP（优良质量管理规范）管理软件	著作权 / 软件保护条例 / 商标
		（3）中药 GCP（优良临床试验规范）管理软件	著作权 / 软件保护条例 / 商标
		（4）中药 GSP（优良储运管理规范）管理软件	著作权 / 软件保护条例 / 商标
		（5）SOPs（技术操作规范）管理软件	著作权 / 软件保护条例 / 商标
	2. 研究数据处理软件	（1）研究（实验室与临床）数据处理软件	著作权 / 软件保护条例 / 商标
		（2）可推广性自动化工业技术软件	著作权 / 软件保护条例 / 商标
		（3）企业内部生产数据软件	商业秘密
		（4）可有偿咨询的市场信息数据处理软件	著作权 / 软件保护条例 / 商标

分类	研究内容	技术类型	保护形式
	（5）可推广的中药企业管理软件	著作权/软件保护条例/商标
	（6）企业内部管理软件	商业秘密
	（7）产品销售数据分析处理软件	商业秘密
	（8）临床应用反馈与售后服务信息处理软件	商业秘密/著作权/软件保护条例/商标

10. 正确处理和加强 OTC 药品的知识产权问题

（1）加强外观设计专利和商标的保护：外观设计专利对保护药品的包装或装潢非常重要。尽管外观设计专利的保护期限只有 15 年，但药品的包装盒或其装潢如果获得了外观设计专利，15 年后即使已过了专利有效期，别人也不能任意仿制。因为，此时过了期的外观设计专利已经成为该产品知名商品的证据。

擅自使用知名商品特有的名称、包装、装潢，或者使用与知名商品近似的名称、包装、装潢，造成和他人的知名商品相混淆，使购买者误认为是该知名商品的，属不正当竞争。可用《中华人民共和国反不正当竞争法》来保护自己，净化市场。

以前曾多次发生将别人的商标或装潢拿去申请外观设计专利的情况，因为专利局对外观设计专利只进行形式审查，所以这样的申请也常被批准授权，从而引起纠纷。现行的《中华人民共和国专利法》对这一问题明确规定："授予专利权的外观设计，应当不属于现有设计；也没有任何单位或者个人就同样的外观设计在申请日以前向国务院专利行政部门提出过申请，并记载在申请日以后公告的专利文件中。"

（2）广告注重药品名与商标同时宣传：广告宣传应该宣传什么？是仅宣

传药品名还是仅宣传商标？都不是。OTC 药品大都是由多家生产厂家生产的老药，仅宣传药品名，没有针对性；仅宣传商标，宣传太过，有可能导致商标淡化。如阿司匹林原先也是一商标名，后来公众把这个商标名当成了解热镇痛药的药品名。这个商标名就此渐渐淡化了，最后变成了药品通用名。这种现象就叫商标的淡化，是我们在广告宣传中须努力避免的。尤其是 OTC 药品，因为其广告宣传是针对大众的，而衡量一个商标淡化程度的标尺也是大众的认识。所以，在广告宣传中要将药品名与商标名一起宣传。

（3）采取技术秘密与发明专利联合保护：药品质量与成本很大程度上取决于工艺。工艺的创新既可以用技术秘密来保护，也可以用发明专利来保护，最好是采取技术秘密与发明专利联合保护。

（4）OTC 药品的销售者应注意的知识产权问题：《中华人民共和国专利法》第七十七条规定："为生产经营目的使用、许诺销售或者销售不知道是未经专利权人许可而制造并售出的专利侵权产品，能证明该产品合法来源的，不承担赔偿责任。"OTC 药品的销售者在日常经营中应提高对知识产权的保护意识，严格审查商品来源，并在必要时提供充分的证据以证明合法来源。

此外，即使是赠送侵权产品也算侵权，因为这种赠送是一种促销的商业行为，暂时的不收费是为了以后更大地获利。

第三节　关于《中药品种保护条例》的思考和建议

根据《中药品种保护条例》（以下简称《条例》）实施期间发现的问题，坚持以问题为导向，提出修订完善思路以及建议内容。

一、《条例》修订完善的总体思路

法治是国家进行社会管理的核心内容，也是实现国家政治生活合理性的基础，所以，任何法律都要根据国家经济和社会的发展状况而及时修订，才是法律符合时代特征并保持其最有效性和生命力的基础要求。习近平总书记在2019年对中医药工作作出重要指示，"要遵循中医药发展规律，传承精华，守正创新，加快推进中医药现代化、产业化，坚持中西医并重，推动中医药和西医药相互补充、协调发展，推动中医药事业和产业高质量发展，推动中医药走向世界，充分发挥中医药防病治病的独特优势和作用，为建设健康中国、实现中华民族伟大复兴的中国梦贡献力量"。因而，《条例》的修订工作应当按照总书记的要求，充分贯彻落实《中共中央 国务院关于促进中医药传承创新发展的意见》和国务院办公厅印发《关于加快中医药特色发展若干政策措施的通知》精神，坚持"守正与创新结合、保护与提高并举、监管与引导并重"基本原则。一是鼓励中药创新，建立以临床价值为导向的评估路径，综合运用循证医学等方法，彰显中药特色；二是加强中药全生命周期管理，充分发挥中药保护制度对中药全生命周期监管的正向激励作用，积极引导中药保护品种证书持有者开展上市后研究和评价，大力推动中药质量安全提升和产业可持续、高质量发展；三是坚持医保、医疗、医药协同发展和治理，建立与基本药物遴选、医保目录调整等联动机制，促进产业升级和结构调整；四是坚持问题导向，针对中药品种保护实践中的突出问题，结合中药产业新发展形势，完善制度设计。

二、《条例》修订完善的具体思路

一是坚持以解决中药品种保护实践中的突出问题为导向。吸收实践中证明成熟的做法，突出中医药特色，鼓励创新，促进提高，保护先进，发挥其对中药创新药、中药改良型新药以及古代经典名方中药复方制剂等中药品种的保护作用，激励、引导中药保护品种证书持有者积极开展中药的上市后评价，持续改进产品质量、积累高质量循证证据。通过调整保护形式，破解原《条例》同品种保护产生的药品批准文号效力中止、恢复等次生问题。

二是坚持与药品注册管理体系相衔接、与国家有关政策法规相衔接、与专利保护制度相衔接。将中药品种保护制度纳入中药全生命周期的注册管理之中；探索增加保护品种范围，将具有独特炮制方法的中药饮片纳入保护范围；

探索与基本药物遴选、医保目录调整及支付等国家医药政策形成联动；发挥中药品种保护与专利保护的协同保护作用，加大对中药的保护力度。

三是坚持以人民为中心的发展思想，体现权利与义务对等的要求。认真贯彻落实《中共中央 国务院关于促进中医药传承创新发展的意见》等文件精神，守正创新，促进中药传承创新发展。同时，严格中药全生命周期监管，明确中药保护品种持有者或生产企业的权利与义务，建立中药品种保护退出机制，落实"四个最严"。

三、有关修订《条例》建议

1. 将中药饮片纳入中药品种保护范围　中药饮片是在中医药理论指导下，根据辨证施治及调剂、制剂的需要，经过加工炮制后形成的中药。中药饮片是中医用药、中成药生产的核心物质基础。中药饮片既是中医临床直接调配使用的处方药，也是生产中成药的原料药，是可以在市场上直接交易的药用产品。所以，将《中药品种保护条例》保护的法定中药品种扩大至整个中药产品符合现实情况和实际需要。将中药饮片纳入中药品种保护范围的益处如下：

（1）有利于解决中药饮片行业现有问题

1）饮片行业自身问题。主要表现为企业规模不大且分散，对产品做大做强的动力不强、能力不足；中药材产地粗加工不规范，缺乏统一工艺参数及质量控制指标；饮片质量参差不齐，市场竞争秩序混乱，难以建立质量追溯体系；中药炮制技术的传承与创新面临各种瓶颈。

2）饮片行业政策问题。中药饮片标准不统一，各地炮制规范不一致。目前，我国在饮片行业推行《中华人民共和国药典》《全国中药饮片炮制规范》，以及各省市中药饮片炮制规范三级标准，采用三级标准不但给中药饮片的炮制工作及质量控制带来困难，致使各地中药饮片质量差异较大，而且给中药饮片市场的监督管理带来挑战，如甲省合格饮片流通到乙省后可能被认定为不合格饮片。

中药饮片纳入中药品种保护有利于饮片炮制标准的统一，质量管理体系的规范，进而有利于中药饮片质量的提高；有利于饮片行业规模化发展，促进大品种大企业的培育；有利于中药饮片企业权益保护，进而提高企业传承创新的动力；有利于中药资源的有效利用，促进中药产业健康持续发展。

（2）为饮片的加工炮制等工艺技术提供保护：中药炮制是将中药材应用于临床以及制备成中成药的必经过程，它不仅可以起到减毒增效、改变药材性味的作用，还蕴藏着中华民族医药文化的深奥智慧。炮制方法既有传统的炒、炙、制炭、煅、蒸、煮、炖、煨、制霜等，也有一些新的炮制工艺，如提净、高压炮制等。饮片炮制工艺技术虽然可以通过现行的商业秘密保护或专利保护，但目前商业秘密保护存在制度改革、容易泄密、举证困难等缺陷，专利制度则对于炮制工艺等技术难以有效保护，因为炮制技术往往是渐进式发展，难以符合专利的创造性要求。

中药品种保护制度是我国专为中药领域的技术发展和市场保护而设置的特有制度，在实施过程中可以发挥其知识产权功能。中药品种保护制度不仅立足中医药的知识传承，还关注中医药的技术创新以及技术改良，它的知识产权保护方式体现着中医药特色，并能与专利制度形成互补，应能为中药饮片的传承创新发展提供有效的知识产权保护。

国务院办公厅印发的《关于加快中医药特色发展若干政策措施的通知》中也提出"探索将具有独特炮制方法的中药饮片纳入中药品种保护范围"。因而，将中药饮片纳入中药品种保护管理既是市场管理中对中药材种植、中药材质量管理、中药全链条追溯体系建设等方面的要求；也是保持中医药独特的卫生资源、潜力巨大的经济资源、具有原创优势的科技资源、优秀的文化资源和重要的生态资源优势的具体实践。

2. 将中药品种保护制度与专利制度有机衔接　虽然专利制度可以适用于中药技术领域，但专利制度起源于西方工业化时代市场从业者对机械技术和化学技术的独占需求。虽然之后不断扩大其保护范围，但专利制度对不同的技术方案所获得的权利范围存有差异，如以结构连接为特征的机械技术和以自身结构为特征的化工技术等不同的技术方案将获得不同的保护范围及保护强度。这意味着专利制度对不同的技术方案进行保护时存有强弱,或者说对中药等组合物变换及用途的技术方案或者以某种形式为人所知的技术方案存有不足。

如专利制度适用于中药领域时的可行性主题有:中药组方、提取物、制剂、炮制品、制备方法、鉴别方法、炮制方法、提取方法、制药用途、中药产品包装设计等。其中对于提取物、制剂、制备方法、鉴别方法、炮制方法、提取方法、中药产品包装设计等可以起到一定的保护作用,但是对于中药组方(技术特征的表征难以涵盖中药的辨证施治)、炮制品(涉及技术秘密)、制备方法(涉及技术秘密)、制药用途(使用现代术语表述中药传统用语)等则显得保护不足或者由于中药产品技术的保密性或现有技术的理解而不适宜专利制度。

中药品种保护制度专为中药产业的技术发展而设,其针对的是产品本身而不是其内部结构。尤其适合于具有独特组成的中药组方技术、具有独特的加工炮制技术和制备方法而形成的产品、按照中药自身发展规律而发展的制药用途等。实践中也证明,企业在联合运用专利制度和中药品种保护制度时,可以起到相得益彰的作用,成为中药企业除专利外的一项重要附加保护措施。

针对专利制度在保护中药技术上的短板,中药品种保护制度可从保护范围、保护阶段、中药质量改进等方面进行补足。而对于不属于中药品种保护范围的药品的新用途、中医药的炮制方法、栽培方法等改进技术则更需要通过专利制度进行保护。这种相得益彰的保护策略,才是对中医药全方位的有效保护。

中药保护品种在获得一定期限、一定程度的市场独占权后,同时肩负着不断改进该品种的技术并提高其质量等义务,建立了一种根据中药自身发展规律、旨在继承优秀中药品种和鼓励技术改进来提高中药品种质量的法律机制,该机制基本符合"传承精华、守正创新"的基本原则,也是对药品发明知识产权保护的一种延续和加强,具有合理性。

3. 促进将古代经典名方中药复方制剂发展为保护品种 根据《中药注册管理补充规定》第七条规定,"来源于古代经典名方的中药复方制剂,是指目前仍广泛应用、疗效确切、具有明显特色与优势的清代及清代以前医籍所记载的方剂"。发展古代经典名方与中药品种保护制度的目的相一致。根据定义,古代经典名方是疗效确切、具有明显特色与优势的方剂,这正与《中药品种保护条例》中要求保护的品种必须是对特定疾病有特殊疗效或显著疗效的,或用于预防和治疗特殊疾病的要求是一致的。

将古代经典名方纳入中药品种保护是贯彻国家大政方针。2017年颁布的《中华人民共和国中医药法》和中共中央办公厅、国务院办公厅印发《关于深化审评审批制度改革鼓励药品医疗器械创新的意见》中都有鼓励和促进中医药传承发展的精神,将古代经典名方纳入中药品种保护是落实国家药监局在《关于促进中药传承创新发展的实施意见》中的要求,即发挥中药品种保护制度"……古代经典名方中药复方制剂等中药品种的保护作用"。

根据《古代经典名方目录制定的遴选范围与遴选原则》来设定中药品种保护级别。将古代经典名方纳入中药品种保护后,可以依据处方中是否含有毒性药材或配伍禁忌;处方中药味是否有法定标准;生产工艺是否与传统工艺基本一致;给药途径和日用饮片量是否与古代医籍记载一致或相当;功能主治是否与古代医籍记载一致等因素来确定其品种保护的级别。

鼓励古代经典名方发展成为中成药和中药保护品种,目的是排斥被低水平仿制,提升入选中药企业和产品的品牌影响力和市场竞争力,调动企业研发和培育传统经典药的积极性。

所以,将古代经典名方中药复方制剂的管理纳入保护品种管理不仅可以促进古代经典名方中药复方制剂研发,推进古代经典名方向新药转化,而且可以丰富中药品种保护制度的内涵,推动中药复方制剂的稳步发展,为人民群众健康提供更好的保障。

4. 与中药材源头质量管理有机衔接 中药产品的质量很大程度上取决于其原材料:中药材资源(种质、产地、种植等)及其相关的产地加工技术。将中药材源头的质量管理纳入中药品种保护的管理范围有利于有效提高中药产品质量,也符合中药产业链不可分离的基本规律。

将中药材资源的管理与中药品种保护审批工作相衔接符合国家要求。国务院办公厅印发《关于加快中医药特色发展若干政策措施的通知》中明确指出"完善中药新药全过程质量控制的技术研究指导原则体系","引导医疗机构、制药企业、中药饮片厂采购有质量保证、可溯源的中药材。"因而,中药品种保护制度的修订工作要与中药材资源的管理相衔接,实现国家药监局《关于促进中药传承创新发展的实施意见》中提出的"将中药品种保护制度……纳入中药全生命周期注册管理之中,发挥其对中药创新药、中药改良型新药以及古代经典名方中药复方制剂等中药品种的保护作用"。

在中药品种保护实践中,已经将中药材基源纳入审批标准中。2009年国家药监局发布的《关于印发中药品种保护指导原则的通知》中已经规定,"多基原药材应明确其基原,主要药味应明确产地,有相对稳定的供货渠道,并有相关证明性材料","以中药饮片投料的应提供炮制方法及标准,直接购买中药饮片的,还应明确生产企业及供货渠道"。可见,在中药品种审评实践中,已经将药材的基源和炮制加工方法及标准纳入指标中。

5. 加强中药品种保护制度的激励机制

(1)借鉴国际上对新药的保护模式,实行市场独占的保护。已获得市场独占保护的中药品种,建议国务院药品监督管理部门在该品种保护期内不受理其同名同方药的注册申请。已受理的继续审评,通过审评的应当提出中药品种保护申请,批准注册,同时给予中药品种保护,保护截止日期与首家一致。

(2)建议通过设定中药品种保护专用标识,起到中药监管的正向激励和引导作用。鼓励保护品种持有人使用承诺的高企业标准转为药品注册标准,以及通过保护专用标识加强其市场竞争,从而保护技术进步,淘汰落后产能,这也符合我国药品供给侧结构性改革的基本精神。

(3)在国家基本药物目录的遴选中,优先考虑中药保护品种,支持将中药保护品种纳入诊疗指南和临床路径。

(4)在医保目录的调整中优先支持符合条件的市场独占保护的中药品种,同时鼓励商业保险机构优先将中药保护品种纳入保障范围。

(5)独家持有且已纳入国家基本药物目录或者医保目录的中成药在申请中药品种保护时,可以走"绿色通道"缩短审评时限。

通过以上政策衔接条款鼓励中药保护品种能更好地为临床服务,满足人民群众用上好药的需求。

6. 加强监督管理,完善证书持有者的义务 通过设置证书持有者的相关义务,在中药品种保护监管中加强对中药保护品种的生产、销售、上市后评价研究,以及改进提高工作等的管理力度,通过省、自治区、直辖市人民政府药品监督管理部门对本行政区域内中药保护品种及其药品上市许可持有人、生产企业的日常监督管理,督促《中药保护品种证书》持有者履行义务。

7. 完善中药保护品种的退出机制 通过设定不同情形,例如增加不再符合获得中药品种保护时的要求的;发生重大质量安全责任事故的;发生说明书未标注的严重不良反应,且未按规定修订说明书的;已上市 5 年的中成药,其说明书安全性事项内容仍存在"尚不明确"情形的;中药保护品种证书持有者的药品生产许可证被注销、撤销或者吊销的;中药保护品种的药品批准证明文件被注销、撤销或者吊销的;中药保护品种证书持有者主动提出终止保护的等,国务院药品监督管理部门应当对上述情形的中药保护品种终止保护,注销中药保护品种证书并公告。

8. 发挥中药品种保护制度在中药全生命周期管理中的作用 中药品种保护制度基于中药行业的自身规律和特点,支持优秀品种在市场存续,建议受保护者必须按要求开展上市后临床研究,积累临床使用的高质量循证证据,动态评估药品临床价值,进一步弥补已上市品种缺乏系统科研资料的缺陷,提升传统中成药品种的科技含量。中药品种保护制度定位在药品上市后的时间阶段,通过申报中药保护品种使药品在药效和品质方面高于同类品种,从而实现用药的安全和有效,增强中药品种的市场竞争力,推动中药上市许可持有人对已上市中药持续研究提高,形成了中药品种提高、保护、再提高、再保护的良性循环,在加强中药全生命周期管理等方面形成中药上市后监管的有力工具。此外,还可通过设定受保护者义务中与标准管理相适应的药品注册标准提高,完善药品说明书、标签等内容,规定受理与公示内容,以及明确相关部门责任等条款,从而进一步加强该制度与中药全生命周期注册管理的密切联系。

9. 做好中药品种保护审评审批与中药注册程序衔接

（1）重复审评和重复提交资料的衔接建议:药品注册申请和中药品种保

护申请均是国家药品监督管理局受理并审评审批,应当避免重复审评和重复提交资料,建议对于中药新药,只要获批注册,就可以依申请给予中药品种保护,中药品种保护审评审批主要是根据中药保护认定标准,确定市场独占保护的期限;对于实施审批管理的已上市中药,做出显著改进或者提高属于重大变更的,应当先按照药品注册规定进行上市后变更,获批后可以依申请给予中药品种保护,中药品种保护的审评审批应当根据中药品种保护认定标准,确定市场独占保护的期限;对于其他符合中药保护条件的已上市中药,可以直接提出中药品种保护申请,中药品种保护单独进行审评审批。这样安排,应当不存在重复审评问题。对提交资料也建议明确规定,对于按药品注册管理要求已经提交的资料,不再重复提交。

(2)明确市场独占保护和已受理同名同方药的处理:已获得市场独占保护的中药品种,其同名同方药的注册申请不再受理。已经受理的同名同方药建议继续审评,但是必须申请中药品种保护才能获得批准注册,与首家共享市场独占。

10. 完善法律责任　围绕中药品种保护制度的特殊性,有针对性地设定法律责任。对于同类违法行为设定的法律责任,建议参考药品管理法、医疗器械监督管理条例等,并与之相当,同时充分考虑中药产业实际情况。

近年来,党中央、国务院高度重视中医药事业,发布一系列重要文件,作出一系列重大部署,要求大力推动中药质量提升和产业高质量发展。党的二十大报告进一步强调促进中医药传承创新发展。为落实国家最新决策部署,贯彻新修订的《中华人民共和国药品管理法》规定,适应产业发展新需要和群众用药新需求。据悉,经过前期调研论证,国家市场监督管理总局已将《条例》列入 2023 年立法计划第一类立法项目。下一步,将积极推动《条例》修订,继续发挥中药品种保护技术支撑作用,努力开创中药品种保护新局面,满足中药保护品种临床需求,推动中药产业高质量发展,更好地服务"健康中国"建设。

参考文献

［1］隋洪明．知识产权法律应用研究［M］．北京：知识产权出版社，2019．

［2］齐爱民．知识产权法总论［M］．北京：北京大学出版社，2014．

［3］曹新明，梅术文．知识产权保护战略研究［M］．北京：知识产权出版社，2010．

［4］李金秋，邹玉友，陈伟．多主体视角下知识产权管理系统演化机制研究［M］．北京：经济科学出版社，2021．

［5］苏芮，孙鹏，范吉平．世界卫生组织及世界知识产权组织关于促进传统医学知识保护相关政策研究［J］．中医杂志，2015，56（15）：2．

［6］董涛．全球知识产权治理结构演进与变迁——后 TRIPs 时代国际知识产权格局的发展［J］．中国软科学，2017（12）：21-38．

［7］李衡，李慧．中药知识产权保护现状研究［J］．中国药事，2011，25（4）：4．

［8］邓勇．强化中医药知识产权司法保护［J］．法治与社会，2023（3）：64-64．

［9］谢伟，马治国．论中药商业秘密保护的协同性研究［J］．中国软科学，2021（9）：11．

［10］李慧．中药品种保护知识产权化的理论基础［J］．中草药，2024，55（9）：3217-3222．

［11］杨帆．知识产权的国际保护［M］．北京：中国人民大学出版社，2020．

［12］李钰，刘谦，国华，等．中医药传统知识保护与知识产权制度的关系［J］．中国医药导报，2022，19（27）：5．

［13］刘宁，尤金亮．我国传统中医药的知识产权保护研究［J］．锦州医科大学学报：社会科学版，2019，17（6）：4．